大国转型中的法官管理
信息、激励与制度变迁

The Judge Management in the Transform of China
Information, Incentive, and Institutional Change

艾佳慧 著

图书在版编目(CIP)数据

大国转型中的法官管理:信息、激励与制度变迁/艾佳慧著.—北京:北京大学出版社,2023.1
国家社科基金后期资助项目
ISBN 978-7-301-33422-5

Ⅰ.①大⋯　Ⅱ.①艾⋯　Ⅲ.①法官—司法制度—研究—中国　Ⅳ.①D926.2

中国版本图书馆 CIP 数据核字(2022)第 185417 号

书　　　名	大国转型中的法官管理——信息、激励与制度变迁 DAGUO ZHUANXINGZHONG DE FAGUAN GUANLI ——XINXI、JILI YU ZHIDU BIANQIAN
著作责任者	艾佳慧　著
责 任 编 辑	王　晶
标 准 书 号	ISBN 978-7-301-33422-5
出 版 发 行	北京大学出版社
地　　　址	北京市海淀区成府路 205 号　100871
网　　　址	http://www.pup.cn
电 子 信 箱	law@pup.pku.edu.cn
新 浪 微 博	@北京大学出版社　@北大出版社法律图书
电　　　话	邮购部 010-62752015　发行部 010-62750672 编辑部 010-62752027
印 刷 者	天津中印联印务有限公司
经 销 者	新华书店
	965 毫米×1300 毫米　16 开本　25.25 印张　452 千字 2023 年 1 月第 1 版　2023 年 1 月第 1 次印刷
定　　　价	69.00 元

未经许可,不得以任何方式复制或抄袭本书之部分或全部内容。
版权所有,侵权必究
举报电话:010-62752024　电子信箱:fd@pup.pku.edu.cn
图书如有印装质量问题,请与出版部联系,电话:010-62756370

献给我的儿子小树苗

国家社科基金后期资助项目
出版说明

后期资助项目是国家社科基金设立的一类重要项目,旨在鼓励广大社科研究者潜心治学,支持基础研究多出优秀成果。它是经过严格评审,从接近完成的科研成果中遴选立项的。为扩大后期资助项目的影响,更好地推动学术发展,促进成果转化,全国哲学社会科学工作办公室按照"统一设计、统一标识、统一版式、形成系列"的总体要求,组织出版国家社科基金后期资助项目成果。

全国哲学社会科学工作办公室

大国转型的法治难题(自序)

一

自秦一统天下以来,除了中间短暂的几次分分合合,中国几乎一直是一个超大规模的中央集权大国。在漫长的足以展开任何制度演化的时间中,借助郡县制(治理或政治)、儒家伦理(文化)和"重农抑商"(经济),我们的祖先不仅创造了辉煌文明,更建构了一个并不均质但统治架构却相当稳定牢固的农业帝国。这个"不均质",其实就是毛泽东概括的"政治、经济、文化发展不平衡",而这个稳定的统治架构,在一些学者看来,实为一种政治、经济、文化相互嵌套的超稳定态势。只不过以一种带有现代化偏见的"后见之明",这种超稳定结构看起来似乎是一种奇特的动态停滞。①

在信息和财政这两大制约条件下,如何有效治理这样一个超大规模的中央集权大国,从来都是历朝历代统治者需要殚精竭虑的大事。不管是早期的宗法制,还是后来居上的郡县制,足以齐家(父慈子孝、长幼有序、男女有别)治国(君为臣纲)平天下的儒家伦理以及以此为考试内容的科举制度,当然还有统一文字、度量衡和官话,甚至均输平准、盐铁官营等经济建制,都是"绑在土地上的中国"(费孝通语)对该问题的制度回应。以一种家国天下的视野,苏力将历史上这些足以构成(constitution)历史中国的政治经济文化制度概括为"大国宪制"。②

在广袤的国土下,除了保证皇权和各层级行政权力从容运行的具有政治性质的城市之外,历史中国的基础构成主要是以家族群居为特点的村落社会。由于交通和通信技术的局限,更由于历史上的农业中国既没有意愿(或需求)也没有能力(当然更没有这种想象力)进行公路网络此类基础设施的建设,一个一个基于地缘和血缘自然集聚的村落不得不散落在广袤阔大的中国

---

① "超稳定结构"是金观涛、刘青峰创造的概念,用以解释中国社会的深层结构。具体内容,请参见金观涛、刘青峰:《兴盛与危机:论中国社会超稳定结构》,法律出版社 2011 年版;《开放中的变迁:再论中国社会超稳定结构》,法律出版社 2011 年版。

② 苏力:《大国宪制:历史中国的制度构成》,北京大学出版社 2018 年版。

大地上,基本互不连通。这导致了空间上的封闭。另外,"男耕女织"的小农经济又使得一代又一代的农人们不得不"绑"在土地上日出而作,日落而息。由于社会很少变迁,在社会结构上,这是一种时间上的静止性。由于缺少将整个社会凝聚起来的治理能力,传统中国的核心凝聚力不得不仰仗"君君臣臣、父父子子"的儒家伦理,一种建构起来的本土文化。

回到本书集中讨论的司法,我们发现在传统农业中国,司法权的运行有两个层次。其一,乡土社会(村落内部)的司法权(更准确地说,此种司法权其实只是一种纠纷解决权)由绅权掌控;其二,作为皇权最末端代理人的州县官员,他们负责解决基层绅权处理不了的纠纷。不管是族长乡绅,还是州县官员,传统中国的纠纷解决主要依循儒家伦理对纠纷双方(或多方)进行教化,方式主要是重申儒家伦理以化解矛盾的调解(当然了,强调应该"始终如一、依法判决"的海瑞是一个例外①)。为了维护和强化足以稳定具有"家天下"特征之统治的礼治秩序,礼治社会的司法必然呈现一种浓厚的教化性。在这种规模虽巨大社会结构却非常简单的社会,只要教化得当,孔子的"必也使无讼乎"似乎也不是一个不能实现的理想。②

二

黄仁宇曾指出传统中国的社会结构是一个巨大的"潜水艇夹心面包"(submarine sandwich)③,以皇权为中心的朝廷试图通过松弛的地方政府统御散落各地且互不连通的基层社会。由于缺少基于组织的凝聚力和强有力的社会动员机制,这种扁平化的权力结构根本无力应对农民起义和外敌入侵。正是在救亡图存的历史背景下,中国共产党借助党建("将支部建在村上")和创造性的双重领导体制几乎重构了中国社会的基本秩序。借助自己强大的

---

① "始终如一依法判决"是海瑞对自己司法裁判经验的概括总结,苏力教授甚至在此基础上提炼了一个海瑞定理I(始终如一的依法判决会减少机会型诉讼)。海瑞对自己司法裁判经验的概括,请见(明)海瑞:《海瑞集》(上册),陈义钟编校,中华书局1962年版,第117页。苏力提炼的海瑞定理I,请见苏力:《关于海瑞定理I》,载苏力主编《法律和社会科学》第4卷,法律出版社2009年版,第239—263页。

② 不管是州县官员还是乡绅,他们处理纠纷的方式均为教化式的,在很大程度上,他们分享了传统农业中国中最重要的教化权。徐斌敏锐地发现费孝通在《乡土中国》中用"无讼""无为政治"和"长老统治"这三章系统阐述了"教化权"的概念和理论模型,更进一步指出:"中国传统中的教化权就是文化对于社会的新分子的强制权利,其本质是一种教化过程,从而有了长幼秩序,有了'长老统治',而达到'无讼'。"相关阐述,请见徐斌:《教化权、官员伦理与秩序变迁——以〈秋菊打官司〉中的李公安为分析对象》,载强世功主编《政治与法律评论》第三辑,法律出版社2013年版,第160—161页。费孝通关于"无讼"的相关论述,请见费孝通:《乡土中国》,北京大学出版社1995年版,第77—84页。

③ 〔美〕黄仁宇:《中国大历史》,生活·读书·新知三联书店1997年版,第296页。

意识形态控制和严密的科层化组织结构,我党不仅将包括司法部门在内的所有党政军机构统合了起来,更通过将国家政权下沉到乡镇一级,极大地加强了国家对农村社会资源的动员能力和汲取能力。与历史中国相比,新中国在国家治理能力上的大幅增强是有目共睹的。

就司法而言,不同于将纠纷解决过程视为重申和强化儒家伦理观的传统司法,在致力于建立新中国的中国共产党人眼中,司法只是国家政治的一个组成部分和增进国家权力的一个重要力量,因此,司法政治化、司法党化就成为必然。随着"党管司法"制度的全面确立,以陕甘宁边区确立的马锡五审判方式为典型代表,我们确立了人民司法传统,这是一种强世功概括的中国法律新传统。① 与此同时,礼治秩序和作为儒家伦理代言人的长老乡绅(作为一个社会阶层)在新中国成立后被系统性地破坏和清理,教化性的司法基本上失去了赖以存在的现实土壤。在新的历史时期,我们需要维系一种全新的政法秩序,由此需要一种全新的司法观,这就是致力于彻底解决纠纷并防止矛盾激化的"综合治理"司法观。

以一种熟人互动模式观之,我们发现,不管是教化性的司法还是"综合治理"性的司法,均致力于解决熟人社会的矛盾和纠纷。虽然解决纠纷的合法性资源大为不同(前者为相对普遍的儒家伦理,后者既包括地方性的伦理道德和社会规范,也包括更一般性的法律和党的路线方针政策),但解纷方式却令人惊讶地保持了一致,即调解。在我看来,这种熟人互动模式多为相对封闭静止的乡土社会所特有,也为计划经济社会(同样具有封闭静止的特点)所分享。由于封闭静止的社会内部或者有一套基于长期重复博弈而生发的、具有自我实施性的社会规范,或者有自上而下的强力管控系统,更有一套基于血缘和地缘的天然信任机制,因此既不需要一个在全国范围内普遍适用的统一规则,也不需要一个建立在规则之治(也即法治)基础上的、主要是解决陌生人之间信任问题的基于制度的信任机制。概言之,封闭静止的熟人社会自有一套秩序和维系秩序的办法,根本无须成本高昂的现代法治。进一步引申,如果将司法理解为成文立法的个案适用,我们发现不管是传统社会的司法之"法"还是司法新传统中的司法之"法",均不是普遍明确的成文立法。以此而论,前面提到的司法也许只具有一种修辞的意义。

但又不只是修辞。如果不教条主义地理解法律,站在国家治理的高度,不管采用教化的方式还是"综合治理"的方式,司法均为强化统治正当性的工具和手段,只不过皇权往往仰赖绅权且更多被动应对,而中国共产党则展现

---

① 强世功:《权力的组织网络与法律的治理化——马锡五审判方式与中国法律的新传统》,载《北大法律评论》第 3 卷第 6 辑,北京大学出版社 2000 年版,第 8 页。

出一种为"建设现代民族国家"而主动出击的姿态(典型如送法下乡)。以一种后果主义的眼光,我们发现,面对超大规模的简单社会及其"内嵌"的熟人互动模式,这两种性质迥异的"法"及其司"法"均能实现有效治理的效果,只不过"综合治理"模式需要国家投入更多的人力物力资源。

"天不变,道亦不变"。如果没有1978年以来的改革开放,没有由此而来的市场经济和社会结构转型,我们就既不需要制定一套帮助市场经济主体稳定预期的普遍统一的立法,也不需要通过在个案中落实和明确规则(甚至在立法空缺之际填补漏洞和法律续造)以促进陌生人之间通力合作的司法机制。问题在于,四十年以来的中国转型变迁确实已经发生,千百年以来被"绑"在土地上的、以熟人社会为特征的乡土中国正在快速迈向一个以陌生人社会结构为特征的城市中国。在这个历史变迁的过程中,一方面,我们制定了越来越多的立法;另一方面,以"谁主张,谁举证"的举证责任方式变革,以及从"下来访一访"到"坐堂问案"的民事审判方式改革为先声,我们开启了自上而下且规模庞大的司法改革运动。看起来,当代中国的法治之路似乎一路坦荡。

但问题在于,作为"政治、经济、文化发展不平衡"的超大规模社会,由于社会变迁导致熟人社会和陌生人社会混杂并存(不只在空间层面,也在时间和社会关系层面),更由于看重"综合治理"、纠纷解决的司法观与注重规则之治和稳定预期的司法观存在观念和知识设定上的巨大差异,使得中国法治的建设之路异常艰辛。正是基于此种对中国法治的再理解,重读苏力二十年前写的《送法下乡》,我发现书中展示的中国农村社会基层司法的现状正是基于"综合治理"(也有部分教化)的司法观处理乡土社会熟人纠纷的生动写照。①虽然有成文立法(既有实体法,比如"搭伙"还是"合伙";也有程序法,比如事件的公文格式化以及事后的卷宗制作术)或规则之治的制约,但基层法官在现实制度制约下为了自己的有效生存逐渐形成累积起来的各类司法知识,却更多是一类方便综合治理以彻底解决纠纷的调解知识。虽然在地方性知识理论的观照下,苏力成功论证了这些知识——比如抓住核心争议力求"釜底抽薪"和"无讼",强调调解或判决(其实是一种极具中国特色的调解式判决)结果让双方当事人都满意,防止矛盾激化,注意取得地方党政部门的支持和配合等——在应对本乡本土社会需要时的必要性和正当性,但此类知识很难

---

① 该书集中讨论和分析的几个案例,比如在炕上开庭的催收银行贷款案、耕牛案、通奸案和赡养案,均展示了基层法官力图通过综合治理的方式彻底解决纠纷的尝试和努力。更多详尽的案件分析和讨论,请见苏力:《送法下乡:中国基层司法制度研究》,中国政法大学出版社2000年版,主要是第一章、第五章、第六章和第七章。

应对现代陌生人社会对普遍性规则之治的制度需求却是显而易见的。

回到本书集中讨论的法官管理问题,这就涉及乡土社会(更一般的,熟人互动模式)的纠纷解决需要什么样的法官,判断这类法官是否合格的标准是什么以及他们需要积累何种司法知识的问题。如果这些司法知识不可能来源于法学院的讲授,而只能是经验性的地方性知识,那么乡土社会就不需要法学院毕业的法科学生(不管是本科生还是研究生),当然更不需要法官一定要通过统一司法考试。毕竟"一盆水洗脸,一桶水也洗脸"。就算是法学院毕业的法官,在多年浸淫于家长里短的纠纷解决之后,也会调侃:"学校(学)的那点儿东西,我都还给老师了。"①因此,问题就在于,基于知识本没有高下之分,只有合不合适之分的常理,中国的司法改革主政者在确立相关法官管理制度的时候,是否应该根据中国社会对不同法官类型的需求来分类设计不同的法官遴选标准、法官薪酬制度以及完全不同的判断法官是否合格甚至优秀的考核标准?

三

千百年以来,在很大程度上,我们的司法经验和对司法的想象受到了国人身处其中而不自知的熟人互动模式的塑造,不管是教化式司法还是"综合治理"司法观。但事情正在起变化。一方面,改革开放以来的市场经济变革以一种"润物细无声"的方式改变了中国社会的基本结构,封闭静止的熟人社会正在迈向一个开放流动的陌生人社会;另一方面,伴随着改革开放进程的展开,交通、通信技术的快速发展加上国家在基础设施上的大力投入,21世纪以来我们的铁路运输系统(特别是高铁的高速发展)、航空运输系统、高速公路系统和电子通信系统(特别是互联网和智能手机互联网)已经深度地将中国社会不同地区的个人和组织联结起来了。以卢曼关于秩序复杂性的概述,即社会复杂性的高低取决于要素的数量、要素的异质性和要素之间的连接②,我们发现传统中国社会虽然疆域广大、人口众多,但要素均质化且互不连通,因此规模虽大但社会秩序却是简单的。但以上两个根本变化就使得当前的中国社会已经从原来的超大规模的简单社会进阶到了超大规模的复杂

---

① 这是苏力教授通过实地调研了解到的基层法官心声,请见苏力:《送法下乡:中国基层司法制度研究》,中国政法大学出版社2000年版,第359—376页。
② 这是泮伟江对卢曼复杂性理论的概括,请见泮伟江:《法学的社会学启蒙》,商务印书馆2019年版,第250—251页。

社会,或者泮伟江概括的超大规模的陌生人社会。①

对于这种超大规模的陌生人社会,不仅熟悉于熟人互动纠纷解决的中国司法是陌生的,在如何有效治理的问题上,主导中国司法改革的执政党对此可能也缺乏明确的认知。问题要分两个方面来看。第一个方面,如果法治是当代中国不得不接受的"宿命",这种超大规模的陌生人社会需要何种法治?是将司法正当性建立在地方性知识和解纷方案被当地民众接受的一种地方性"法治",还是一种基于普遍、统一、明确之国家立法且努力通过纠纷解决落实规则(甚至填补漏洞以续造法律)以实现预期稳定和促进合作的普遍性的规则之治?答案不言而喻应该是后者。更进一步,之所以现阶段存在这种对法治的不同想象,根源在于以完全不同的参照系来理解"人民司法"中的"人民"。中国司法新传统源于陕甘宁边区,一个典型的农业熟人社区,我们对"人民"的想象一定是这片土地上的父老乡亲,一个亲切的熟人形象。问题在于,现代工商社会已是一个超大规模的陌生人社会,家乡的父老乡亲尤在,但在社会结构变迁的过程中已日渐边缘化。面对已经来临的超大规模陌生人社会,坚持"人民司法"传统当然很必要,但今天我们对"人民"的想象必须有所扬弃,只有基于一个"既远又近"的冷淡的陌生人形象重构"人民"的内涵,才能真正地落实人民司法传统并实现司法为民。

因此,借用泮伟江对陌生人理论的阐释②,一个超大规模的复杂社会需要的法治,应该是一个为该社会中相互连接的个体安排自己的生活提供参照以促进合作和稳定预期的基础性框架,该框架一定是以陌生人为典型形象构造出来的。要实现这样的法治,司法的功能就应突破传统的事后纠纷解决(无论通过教化还是综合治理),而集中于事前的规则之治(既指通过个案纠纷的依法判决落实抽象的立法规则以指引未来的类似行为,更指在法律模糊、法律空白和法律矛盾之处,通过法律审和判例制度的制定与落实确立一种基于个案的、事后的、补充性的规则之治)。很自然,司法的这种规则之治功能内在地对法官的专业化和职业化提出了很高的要求。

问题的第二个方面因此就是,超大规模的陌生人社会需要何种法官,判断这些法官是否优秀的标准如何不同于专注于纠纷解决的法官,以及需要这些法官积累何种专业司法知识。首先需要明确的是,日渐复杂的陌生人社会对调解型法官的需求会逐渐下降,而"始终如一的依法判决"转而成为我们对法官的基本要求。原因在于侧重纠纷解决的"含糊调停"无法落实既有规则,

---

① 对中国社会具有超大规模性且越来越复杂的讨论,请见泮伟江:《如何理解中国的超大规模性》,载《读书》2019年第5期,第3—11页。
② 泮伟江阐释的陌生人理论,请见泮伟江:《法学的社会学启蒙》,商务印书馆2019年版,第229—273页。

更无法在规则模糊之处重塑规则,不仅指引不了人们未来的行为,更容易因规则不明引发未来的争讼。"词讼作四六分问,虽止讼于一时,实动讼争于后。"[①]这个道理连几百年前的海瑞都明白。

其次,由于现代社会的立法(不管是实体法还是程序法)必然高度抽象,要求法官在个案处依法判决背后隐含着我们不得不授予法官一定的自由裁量权。可以发现,不管是事实认定还是法律适用,法官的自由心证和自由裁量意味着法官的内在思维过程根本不可能被有效观察和事后验证,这就导致了法官判断工作的低特定性或者难以监督性。如何解决?根据信息经济学的理论,如果很难观测工作的努力程度和廉洁程度,那么就只有在入口处提高门槛(只因学历和法考成绩是测度准法官在投入方面的可观测变量),以一种事前遴选的高标准部分化解事后监督的无效性。在很大程度上,这是为何现代工商社会需要大幅度提高法官遴选标准的经济学理由。与此相适应,由于司法人才市场的存在,要想遴选到高水准的法官,法官高薪就是顺理成章的,否则高水准的法律人才不会选择当法官,这其实就是法官市场的参与约束条件。除了事前的遴选高标准,有效限制法官自由裁量权的制度还有诉讼过程中的诉权制约以及判决书说理制度。无须事后严密烦琐的无效监督,程序法规定的诉讼程序本身就内含了诉权和审判权既相互合作又相互制约的有效机制。以民事诉讼为例,只要我们确定并落实了当事人主义和诉权保障机制,不仅诉权的实施能有效约束法官的审判权,更能通过实现一种主观感知的程序正义来分散裁判风险并提高司法的可接受性(息诉服判)。[②] 判决书说理制度之所以能系统性地限制法官自由裁量权,是因为要求法官为其判决寻找理由并证成,就是通过要求法官公开其推理和论证过程(不管是在法体系内部进行逻辑推理还是进行各种目的性解释或续造)来约束法官。

最后,由于简单案件基本无须说理(一个简单的三段论推理本身就是一种说理),判决书说理的需要往往出现在疑难案件的审理中。就事实不清的"疑案",法官除了需要熟练运用证据规则检验当事人提供的证据是否符合真实性、合法性和相关性并由此形成证据链(一种不同于客观真实的"法律真实"),更需要基于自由心证原则,在认定双方当事人提供的证据力量相当或者"真伪不明"之时确定举证责任的分配。不仅如此,遇到证据规则不清晰或有漏洞之时,法官还担负着在个案中完善和续造证据规则的义务。就法律不明的"难案",法官更要在法律模糊、法有漏洞、法有矛盾或理由冲突之际通过

[①] (明)海瑞:《海瑞集》(上册),陈义钟编校,中华书局1962年版,第117页。
[②] 有学者从社会心理学角度探讨了主观感知的程序正义之必要性及其建构,请见郭春镇:《感知的程序正义——主观程序正义及其建构》,载《法制与社会发展》2017年第2期,第106—119页。

法律解释、法律续造等多种法律教义学方法以明确规则、填补漏洞和规则选择,并在判决书中论证其为何如此判案的理由。在我看来,以上就是以高标准遴选进来的法官在审判实践中应该积累的种种专业司法知识,在质上完全不同于致力于综合治理的调解型法官应该积累的那一套司法知识。

四

问题的复杂性在于,当代正在转型变迁的中国既有与国际紧密接轨的现代都市,也有雪域高原和崇山峻岭,这就呈现了大国转型背景下城乡二元结构的法官管理难题,或者一种结构性的法治难题。面对这一新旧杂陈的既是"时间的丛集"也是一个不平衡的"空间的丛集"的过渡转型期①,中国法治应该采用何种方式妥善处理这种驳杂的地域差异?进一步,该如何制定既体现差异性又体现互补性的诸多法官管理制度?

如果不对"法"和"法治"采一种普适的教条主义看法,那么面对驳杂的时空结构,中国法治就既有面向超大规模陌生人社会的普遍性规则之治的面向,也有面向熟人社区的基于民间规范治理的个殊化、地方性面向。在前者,司法必然应该呈现出一种被动、消极的中立性,通过个案审理落实和补充立法以实现面向未来的普遍性的规则之治。在后者,司法可以成为国家主动出击以实现国家权力下乡、增强民族团结甚至建设现代民族国家的工具。以此观之,综合治理也好,政治性的教化也罢,只要能在一个个远离城市的熟人社区彻底解决纠纷并宣传和贯彻党和国家的路线方针政策,就是一个适合中国社会需要的司法观。

由于两种法治、两种司法观背后需要的是完全不同的两类法官,中国的司法改革主事者应该基于一种信息经济学和激励理论的视角为之分别设置两套完全不同的法官管理制度。首先是在当代转型中国的城乡二元结构下,两类法官的薪酬和遴选制度应该体现一种结构性差异。还是基于信息经济学的视角,我们发现乡土社会的法官在努力调停熟人之间的纠纷时,其工作是否勤勉以及工作效果好坏是容易被旁人观察并验证的,因此,其工作特定性就一定比自由心证和自由裁量的审判法官高出不少。由于其工作特定性高或者工作效果事后好监督(只需询问双方当事人对法官的调解工作是否满意),事前遴选的高标准因此就没有必要。再加上掌握了这类地方性知识的

---

① 周林刚:《内在于我们的陌生人》,载泮伟江:《法学的社会学启蒙》,商务印书馆2019年版,序言,第Ⅵ页。

法官不可能存在一个全国性的劳动力市场,也不可能基于该市场获得一个统一的市场价格,要让这些缺少市场外部机会的调解型法官获得和审判型法官同样的高薪就缺乏足够的理论正当性。如果说现代工商社会的审判型法官不得不是"双高"(高遴选标准加高薪酬水平)的话,那么对乡土社会的调解型法官而言,一个相对低的遴选标准和薪酬水平的制度结构是合适并能获得其正当性的。

其次,评价一个法官是否合格甚至优秀的标准也应该有所不同。对于调解型法官,合格的标准是是否在日常的司法工作中达成了让双方当事人都满意的调解方案;优秀的标准应该是不仅让双方当事人满意,更以其长期的调解工作在熟人社区获得较高的声誉,比如《马背上的法庭》中的冯法官。① 对于审判型法官,合格的标准在于在疑难案件的审理中不仅能尊重当事人的诉权、有效把控庭审节奏,更能在判决书中辨法析理以证成自己的判决理由;优秀的标准在于以其出色的法律论证能力在个案中创设具体规则并以此形成未来类似案件必须参考的判例。可以看到,这是两套迥异的判断标准,基于转型中国不同的社会需求,背后隐含着对两类法官的不同制度期待。

最后,针对完全不同的两类法官,法官培训的内容也应当有重大差异。对于致力于综合治理希望以"釜底抽薪"的方式彻底解决纠纷的调解型法官,培训的内容应当是如何提高调解技能以实现这一目的。但不管是"背靠背"还是"面对面",不管是抓住当事人的"麻筋"还是多方协调,这种极具地方性和特殊性的调解知识基本上与普遍性的正式法律无关。对于审判型法官,证据认定和法律适用是其主业,因此,如何适用证据规则、如何识别请求权基础以及学习如何解释各种新出台的法律法规,均为他们工作所需的培训内容。与调解型法官相比,这种差异是本质上的。

还需要特别注意的是,鉴于不管是侧重规则之治的专业审判知识还是侧重纠纷解决的调解知识,均体现了一种实践理性,都需要法官们在各自的岗位上长期地耕耘积累,我们因此应该在制度上一般性地限制在两类法官之间进行任意的职位调动,除非调解型法官通过了国家法律考试并愿意在法院内根据既定的职位调整程序转换为审判型法官(或准法官)。

---

① 《马背上的法庭》是一部反映在南中国的边远民族地区,当地人民法庭的冯法官带着书记员杨阿姨和刚从法学院毕业的阿洛怎样"送法上山"的故事。对这部电影的深刻剖析,请见苏力:《崇山峻岭中的中国法治——从电影〈马背上的法庭〉透视》,载《清华法学》2008年第3期;李晟:《法治的边陲》,载《清华法学》2008年第4期。

五

基于两种法治观、司法观以及两类法官的区分和有机融合,我们看起来似乎解决了大国转型的法治难题。但事情却没有这么简单。首先是普遍性规则之治的法治观和司法观能与地方性"法治"观及其支持的综合治理司法观有机融合吗?更进一步,陌生人社会和熟人社会是一种空间上的简单相加吗?基于泮伟江对大规模陌生人社会的研究,周林刚敏锐地指出,如果说差序格局的熟人社会是一种自我构成系统(陌生人仅为该系统的边缘异类),那么在系统内要素越来越紧密联系的现代陌生人社会,作为点缀在陌生人社会海洋中的熟人社区,只有以陌生人社会为前提才得以构成和维系。① 以一种社会变迁的历时性维度,我们发现,随着中国越来越快速发展的城市化进程,更随着近几年国家"精准扶贫"战略的落地生根,不仅乡土社会和城市社会在空间上的区隔越来越模糊,传统中西部山区和边疆地区的人民也日益被连接到陌生人网络,这背后隐含着当代中国在法治类型和司法知识上"不得不"的转型。

由于中国社会日渐陌生化,也由于侧重熟人纠纷之彻底解决的综合治理司法观在逻辑上不容于规则之治的司法观,这是不是意味着我们应该冷落建立在个殊化"法治"观基础上的中国司法新传统?那也不见得。作为一种有效的治理工具,只要建设现代民族国家(也包括解决民族问题、农村问题等)的政治任务没有完成,综合治理司法观就有其历史地位,大量培养像老冯这样的优秀调解型法官就是当代司法的一大任务。不仅如此,由于陌生人社会还存在各种熟人社区,即使在城市社会,我们也不应忽视强调纠纷解决的综合治理司法观。因此,不仅设置在乡土社会的人民法庭需要调解型法官(或者一种类似于治安法官的受命"乡绅"?),设在城市地区的基层法院也需配备足够数量的调解型法官,并为他们提供优质的调解知识培训以及保障其积累调解知识的制度环境。

行文至此,面对正在迈向超大规模陌生人社会的转型中国,以一种国家治理和信息、激励理论的混杂视角,基于熟人社会和陌生人社会不同的司法需求(背后意味着两类法官和两种司法知识),我们似乎描画了一幅大国转型的法治蓝图。但中国问题的复杂性却在于这一"看起来很美"的法治蓝图很难在既有的政法格局中得以实现。首先是法院内部的法官薪酬行政化。由

---

① 周林刚:《内在于我们的陌生人》,载泮伟江:《法学的社会学启蒙》,商务印书馆2019年版,序言,第Ⅵ页。

于大家都是中央政法编,更由于法官薪酬水平的高低源于行政级别的高低,审判型法官的薪酬凭什么要高于调解型法官?其次是法院内部的行政调动制度("五五改革纲要"已将之确立为内部岗位交流机制)。由于不太尊重专业分工和司法知识的积累,法院党组可以根据法院管理的需要在不同的职位间调动法官,而这就完全没办法实现调解型法官与判决型法官之间的制度隔离。最后,虽然在中国法官缺乏法律方法知识上面法学界已有共识,但问题的关键主要不在于法官欠缺证据认定以及法律解释、法律续造和法律论证等方面的专业司法知识,而在于法官所在的司法制度环境能否鼓励和支持法官积累专业司法知识。用泮伟江的话来说,中国司法的问题不在于这种知识的欠缺,而在于司法自身的结构。① 一方面,如果经过高遴选标准进入法院的法官在既有的制度环境下不得不从事司法调解工作并积累调解知识,另一方面,如果他们在目前的工作环境中并不愿意积累专业司法知识而是愿意积累有利于其行政级别升迁的相关知识,前面指出的审判型法官遴选的高标准和高薪酬也就失去了制度意义。

如果说当前中国缺少让职业化法官积累专业司法知识的制度环境,那么一个最根本的问题就在于,为何当代中国未能为专业司法知识的积累提供一个稳定的制度环境?鉴于当代中国的各级法院均为"嵌入"型法院,不管是"嵌入"在党政合一、"条块"结合的真实宪制结构下,还是"嵌入"在自秦以来的属地化管理(郡县制的分权逻辑)和科层化的双重领导体制(一种中央集权逻辑)既集权又分权的帝国治理逻辑中,中国法院扮演的角色就不得不是围绕党的中心工作并承担起法制宣传、综合治理、送法下乡等政治任务的纠纷解决主体。这是中国法院之所以迟迟未能转变司法功能的一种政治经济学解释。

但存在的不一定是合理的。如果说中国正在从超大规模的简单社会迈向超大规模的陌生人社会是一个客观事实,要实现后者的有效治理,就一定需要司法功能从纠纷解决到规则之治的转变,也一定需要建构法律审(以生成规则和稳定预期)和有效的判例制度(而不只是仅具有参考意义的指导性案例),更需要培养专业化、职业化的审判型法官以及保障他们在长期的审判实践中专心积累专业司法知识。

这是未来中国司法制度改革的重点和方向。当然了,在现实的宪制架构下,也隐含了大国治理的困难之处。

---

① 对法官知识和司法结构的讨论,请见泮伟江:《判例研习很重要,但更重要的是……》,载泮伟江:《法学的社会学启蒙》,商务印书馆 2019 年版,第 121—128 页。

六

本书的写作正是试图从信息经济学和激励理论的经济学视角探讨如何回应大国转型背后的法官管理难题和法治难题。基于长达十几年的法院调研和2000多份法官调查问卷，我尝试描绘当代中国真实的法官群体及其面临的制度环境，不仅在当代司法改革的历时语境中尽力概括一个既相互支持又相互制约的法官管理模式，更以一种"同情式理解"的态度设身处地地理解中国法官和中国法院在具有强烈路径依赖性的宪制架构下的种种"不得不"。

虽然中国法院深度"嵌入"在既有"条块"之间既结合又制衡的宪制架构中，但中国未来的司法改革应该基于信息经济学的相关理论推进法官的分类管理，并为审判型法官的培养和专业司法知识的积累提供制度基础。因为，面对当代这样一个空前绝后的历史变革期，正在到来的超大规模的陌生人社会要求一种普遍性的规则之治以及足以支撑这套法治有效运行的审判型法官是一种历史的必然。这也是本书的基本立场。

艾佳慧
辛丑牛年到来之际于南京寓所

致　　谢

本书是教育部一般项目资助的《社会变迁中的法官管理制度研究》项目的研究成果,同时也得到了国家社科基金后期项目的资助。

本书得以完成,首先要感谢在前后长达十几年的数次法院调研中,全力支持并提供了调研资源和细致后勤保障的各样本法院领导(特别是各法院的研究室主任和审管办主任),以及耐心接受访谈和提供调查问卷的两千五百余名法官。鉴于实证研究中的保密惯例,我不可能在此对他们的支持一一表达谢意,但希望大家在看到这本书的时候能接受我发自内心的感谢!

其次要感谢在各次调研中工作认真细致、合作无间的调研伙伴和学生。他们是 2004 年调研中的张静、张明和葛存义;2012 年调研中包括陈琪、唐科红、李姗姗、王晨、林巧、佘澍、于乐平、陆嬿池、李佳鸿在内的 16 名法理学、民诉法学的研究生们;2013 年和 2014 年调研中的曹晓琳、傅娇阳、李锡晶和吴飞;以及 2018 年调研中的李晓杰,还有南京大学社会学院的曹蕊和李潇晓。没有他们的全力协助,就没有本书翔实的调研数据和访谈材料。也要感谢胡耀云和汪西兴同学,由于 2018 年 9 月我远在台湾地区的"中央研究院"访学,是他们协助我完成了国家社科基金后期资助项目的结项工作,谢谢了!另外,在本书书稿的最后修改阶段,刘禹甸、余炅阳、陈都和宋云婷同学也以不同的方式协助了我的研究工作,同样对他们表示感谢!

感谢我的博士导师朱苏力教授,是老师将我领进了法律社会学研究的大门,您的严厉批评(背后肯定是殷切期望)一直是我在学术道路上"战战兢兢"又不得不奋力向前的动力。同时,您的《送法下乡》和《大国宪制》不仅是我们这个时代的学术精品,也是我这份研究最为重要的学术资源和研究基础。感谢我的博士后合作导师张维迎教授,本书缘起就是在其主持的"杰出青年基金"计划资助下开展的 2004 年法院调研,本书在一定程度上是基于这一调研计划展开的一个"未意图的结果",一个"副产品"。不仅如此,本书最为重要的理论视角——信息经济学和激励理论——也都来自老师的教诲以及对老师相关专著的精读。希望我的这个研究没有让两位导师失望。

我在北京大学学习(法学院)和工作(光华管理学院)期间,也深受很多老师的关心和厚爱,由于本书的底子来自我的博士论文,他们对我博士论文的提点肯定也在无形之中提升了本书的学术质量。感谢陈瑞华教授,不仅要感谢陈老师一直以来给我的鼓励和关心,更要感谢在我博士论文写作过程中陈老师的几次提点和指导(本书第二章、第六章的写作受惠于陈老师的许多建议),谢谢了! 感谢王亚新教授,感谢老师的承认和鼓励,不仅在百忙之中抽出时间阅读我并不成熟的博士论文初稿,还专门和我面谈指出我论文的不足之处,谢谢了! 感谢冯象教授,在我为博士论文每一章"出炉"而内心忐忑不安之时,总是第一个在冯象老师那里得到肯定,虽然我知道文章还有许多不足,但来自老师的肯定总让我在无形之中获得了许多力量,同样表示诚挚的谢意! 感谢强世功教授,不仅要感谢您的学术认可和一直以来的关心鼓励,您就马锡五审判方式展开的深刻研究以及提出的中国司法新传统思想在很大程度上影响了我对当代中国司法的认知,谢谢了! 还要感谢亦师亦友的丁利教授和邓峰教授,听你们的课、读你们的文章以及和你们的学术讨论让我获益匪浅,本书稿的很多分析无疑有你们的影响,谢谢了! 还有我的几位同门师兄,他们是贺欣教授、侯猛教授、刘忠教授和凌斌教授,在多年的学术讨论和交流中,他们对中国司法的独到理论视角和敏锐洞察力都深深影响了我,在此表示感谢!

我还要感谢我在南京大学法学院的同事吴英姿教授、李友根教授、宋晓教授、宋亚辉教授、蔡琳教授和陈坤教授,他们或者为我教育部课题的结项提供过专家意见,或者在我论文初稿的讨论中提供过切实的建设性意见,谢谢了! 不仅如此,我的这些出色同事们的很多研究成果也同样是我这份研究中参考的重要文献,也非常期待本书出版之后约好的"围炉座谈"。

我特别要感谢南京师范大学的李浩教授。之所以要特别感谢,是因为为了教育部课题的结项,我曾找过李浩教授为我写一份专家意见,但因为我的原始书稿"后果"编有两章分别涉及民事诉讼率变迁和民事上诉率变迁,他认为这两个现象不完全是法官管理制度引发的后果,建议我把这两章删除并因书稿结构不太合理拒绝了我。"忠言逆耳利于行。"后期我根据他的建议狠心删除了这两章,并根据后续调研的资料和数据重新撰写了第一章、第八章和第九章,并完善和增补了第二章、第五章和第七章,我相信现在的这份书稿应该可以让李浩老师满意了。鉴于李浩老师的建议大大提升了本书的质量,在此对李浩老师不留情面的批评性建议表示深深的感谢!

本文的部分内容作为论文曾发表于《法制与社会发展》《法商研究》《法律适用》《法律和社会科学》《东南大学学报(哲学社会科学版)》和《法治现代化研究》等杂志,我感谢这些刊物的责任编辑,是他们的认真负责才使得论文以更好的方式呈现,也使得本书的内容质量得以提升。还需要感谢的是北京大学出版社的王晶编辑,她的理解和体谅让我这个"严重拖延症"患者因为屡屡拖延交稿时间而心存歉意,她在本书编辑工作中的耐心和细心也使本书减少了不少可能会出现的错漏。

最后,我还应该感谢我的先生汤贵彬,在本书的撰写和修改过程中,他以其在政法系统工作多年(包括在基层法院当法官)的经验和独到的见解给予我许多启发和灵感。感谢我可爱的儿子小树苗,他的出生给我的生命增添了一抹亮色,这本书就是献给他的礼物!

感谢了这么多人,但一如既往,本书中的一切问题当然是文责自负!

艾佳慧

修改于2021年12月6日深夜

目　　录

导论　研究当代中国的法官管理 …………………………… 1
　　一、本书的研究对象 ………………………………………… 2
　　二、为什么从法官管理切入？ ……………………………… 5
　　三、为什么是当代中国？ …………………………………… 7
　　四、相关文献综述 ………………………………………… 10
　　五、学术意义和实践意义 ………………………………… 24
　　六、材料、进路和方法 …………………………………… 30
　　七、本书的结构安排 ……………………………………… 39

第一编　制　　度

第一章　转型中国的法官薪酬与遴选制度
　　　　——基于激励理论的审思 ……………………………… 45
　　一、问题的提出 …………………………………………… 46
　　二、一个基本的制度组合框架 …………………………… 48
　　三、社会变迁中的法官薪酬和法院初次遴选：外部遴选和薪酬
　　　　地方化 ………………………………………………… 54
　　四、法院内部的行政晋升机制：内部遴选和薪酬行政化 …… 60
　　五、大国治理视野下的法官薪酬与遴选制度 …………… 66
　　六、简短的结语 …………………………………………… 69

第二章　司法知识与法官流动
　　　　——一个法院内部"治理"的视角 ……………………… 71
　　一、样本概况 ……………………………………………… 72
　　二、为什么频繁调动法官？ ……………………………… 78
　　三、为什么忽视司法知识的积累？ ……………………… 84
　　四、更进一步的分析 ……………………………………… 92
　　五、一点余论 ……………………………………………… 98

附录:法官调查问卷(一) ·················· 99

第三章 中国法院绩效考评制度研究
——"同构性"和"双轨制"的逻辑及其问题 ·············· 100
一、问题的提出 ·················· 100
二、各级法院绩效考评的"同构性" ·············· 102
三、同一法院绩效考评的"双轨制" ·············· 110
四、"同构性"与"双轨制"并存的逻辑 ·············· 117
五、"同构性"和"双轨制"背后的问题 ·············· 124
六、简短的结语 ·················· 134
附录:"两权改革"的必要性及其限度:以 C1 中院的改革经验为基础 ·············· 135

第四章 法官管理的中国模式及其限度(1937—2013)
——谱系学考察与语境论审视 ·············· 138
一、问题的界定 ·················· 138
二、当代中国的法官管理模式 ·············· 139
三、百年司法变迁史上的司法改革 ·············· 144
四、谱系学的考察 ·················· 148
五、语境论的审视 ·················· 157
六、制度变迁的必要性 ·············· 164
七、结语:制度的未来? ·············· 169

第二编 后 果

第五章 中国法官最大化什么? ·············· 175
一、问题的提出 ·················· 175
二、数据以及相关说明 ·············· 177
三、对数据的初步分析 ·············· 190
四、中国法官的效用函数 ·············· 199
五、一点余论 ·················· 210
附录:法官调查问卷(二) ·············· 212

第六章　现代程序制度的建构与"失灵"(1978—2012)
　　——基于法官管理制度和理念的考察 …………………… 215
　一、引言 ……………………………………………………………… 216
　二、程序法治的建构与"失灵" ……………………………………… 217
　三、程序"失灵"的侧面证据 ………………………………………… 223
　四、程序法治为何"失灵":一个法官管理的角度 ………………… 231
　五、两种审判模式和司法理念的竞争与较量 ……………………… 236
　六、没有司法的"司法"(代结语) …………………………………… 242
　附录1:程序制度的信息价值 ……………………………………… 243
　附录2:各类司法统计数据一览表 ………………………………… 251

第三编　变　革

第七章　现代化进程中的司法改革(1978—2018)
　　——理论推演与改革实践 ………………………………… 257
　一、引子:已有的变革经验及其不足(1999—2013) ……………… 258
　二、理论推演之一:明确分类管理与设置调解法官 ……………… 260
　三、理论推演之二:重构内部遴选与外部遴选机制 ……………… 265
　四、理论推演之三:重建法官的声誉机制 ………………………… 271
　五、理论推演之四:重构法院的法官管理模式 …………………… 276
　六、法官管理制度的改革实践(2013—2018) …………………… 280

第八章　法官员额制改革:实效与困境 ……………………………… 287
　一、引子 ……………………………………………………………… 288
　二、一个动态的制度变迁模型 ……………………………………… 288
　三、"再任法官"的遴选和薪酬:实践中的入额标准和薪酬
　　　水平 ……………………………………………………………… 292
　四、法官员额制的预期目标:实效检验 …………………………… 296
　五、法官员额制改革的制度困境 …………………………………… 312
　六、一点余论 ………………………………………………………… 316
　附录:法官调查问卷(三) …………………………………………… 316

第九章　目标责任制下的法官管理
　　　　——兼论法院扁平化管理的制度基础 …………………… 319
　　一、引子 ………………………………………………………… 319
　　二、"嵌入""条块"宪制架构中的法院目标责任制 …………… 321
　　三、法院内部的目标管理责任制 ……………………………… 326
　　四、目标管理责任制下的考评与奖惩 ………………………… 330
　　五、法院扁平化管理的制度基础 ……………………………… 335
　　六、不算是结论的结论 ………………………………………… 338

尾论　中国理论的可能性和中国问题的复杂性 ………………… 340
　　一、中国理论的可能性 ………………………………………… 340
　　二、中国问题的复杂性和变革的艰难性 ……………………… 354

主要参考文献 ……………………………………………………… 363

图　目　录

图 0.1　人力资源管理流程及功能结构图 …………………………… 3
图 0.2　当代中国纠纷解决场域分解示意图 ………………………… 37
图 1.1　法官遴选标准与法官薪酬水平组合图 ……………………… 50
图 3.1　同一法院绩效考评"双轨制"图 ……………………………… 117
图 3.2　中国法院系统绩效考评制度"同构性"与"双轨制"并存图 … 117
图 3.3　基于委托—代理理论的法官业绩评价模式 ………………… 132
图 5.1　2004 年样本法官年龄分布比率饼图 ……………………… 180
图 5.2　2004 年和 2014 年法官年龄比较柱状图 …………………… 180
图 5.3　2004 年法官月均审结案件柱状图 ………………………… 188
图 5.4　2014 年法官月均审结案件柱状图 ………………………… 189
图 6.1　1981—2012 年间人民调解纠纷量和民商事一审收案量
　　　　变迁图 …………………………………………………………… 224
图 6.2　1981—2012 年间民商事一审调解率和判决率变迁图 …… 226
图 6.3　1989—2012 年间民商事案件二审发改率、调撤率变迁图 … 228
图 6.4　1986—2012 年间人民信访量变迁图 ……………………… 230
图 6.5　1986—2012 年间民商事案件再审收案量变迁图 ………… 230
图 6.6　1992—2012 年民商事案件再审发改率、再审调撤率变迁图 … 231
图 6.7　制度分析的一般框架 ………………………………………… 238
图 6.8　新传统审判模式的制度逻辑 ………………………………… 239
图 6.9　现代审判模式的制度逻辑 …………………………………… 240
图 7.1　法院人员分类管理流程图 …………………………………… 262
图 7.2　中国法官管理体制图(1949—1978) ……………………… 276
图 7.3　中国法官管理体制变化图(1978—2013) ………………… 277
图 8.1　法官遴选和法官薪酬制度动态变迁图 ……………………… 289
图 8.2　2018 年样本法官职能部门分布柱状图 …………………… 297
图 8.3　2018 年样本法官目前职位分布柱状图 …………………… 297
图 8.4　员额法官和非员额法官职能部门分布柱状图 ……………… 298
图 8.5　员额法官月均结案分布柱状图 ……………………………… 298

图 8.6　2018 年样本法官认定法官流失情况分布图（一）……………… 299
图 8.7　2018 年样本法官认定法官流失情况分布图（二）……………… 299
图 8.8　2018 年样本法官认定法官流失情况分布图（三）……………… 300
图 8.9　样本法官认定是否实现法官专业化和职业化提升的柱状图 … 301
图 8.10　2018 年样本法官认定是否有效提高审判质效的柱状图……… 301
图 8.11　2018 年样本法官认定是否实现司法权威提升的柱状图……… 302
图 8.12　是否实现法官职业化提升的分地区对比数据柱状图………… 303
图 8.13　是否有效提高审判实效的分地区对比数据柱状图…………… 304
图 8.14　是否实现司法权威提升的分地区对比数据柱状图…………… 304
图 8.15　是否员额法官在是否实现法官专业化提升的对比数据
　　　　柱状图 …………………………………………………………… 306
图 8.16　是否员额法官认定是否提高审判质效的对比数据柱状图…… 306
图 8.17　是否员额法官认定是否提升司法权威的对比数据柱状图…… 307
图 9.1　当代中国"党、政、法"关系图………………………………… 324
图 9.2　法院院长权力集中机制简图……………………………………… 326
图 9.3　C1 中院内部组织人事架构图…………………………………… 327
图 9.4　法院内部目标管理责任制实施机制简图………………………… 329
图 10.1　组织管理制度相对重要性坐标图……………………………… 350

表 目 录

表 2.1　1992—2001 年法官流动情况一览表（一）……………… 73
表 2.2　1992—2001 年法官流动情况一览表（二）……………… 74
表 2.3　2004 年法官流动情况一览表（三）……………………… 75
表 2.4　2004 年法官流动情况一览表（四）……………………… 76
表 2.5　2014 年法官流动情况一览表（五）……………………… 77
表 2.6　2014 年法官流动情况一览表（六）……………………… 77
表 5.1　2004 年法官年龄分布一览表……………………………… 179
表 5.2　2014 年法官年龄分布一览表……………………………… 179
表 5.3　2004 年法官学历一览表…………………………………… 180
表 5.4　2014 年法官学历一览表…………………………………… 181
表 5.5　2004 年法官学历状况简化表……………………………… 182
表 5.6　2014 年法官学历状况简化表……………………………… 182
表 5.7　2004 年司法考试通过率一览表…………………………… 183
表 5.8　2014 年司法考试通过率一览表…………………………… 184
表 5.9　2004 年法官进入法院途径一览表………………………… 184
表 5.10　2014 年法官进入法院途径一览表……………………… 185
表 5.11　2004 年法官月收入情况表……………………………… 185
表 5.12　2014 年法官月收入情况表……………………………… 186
表 5.13　2004 年法官期望月收入一览表………………………… 186
表 5.14　2004 年对目前月收入不满的法官数据表……………… 187
表 5.15　2004 年每月人均审结案件数量一览表………………… 188
表 5.16　2014 年人均审结案件数量一览表……………………… 188
表 5.17　2004 年对目前法官社会地位看法一览表……………… 189
表 6.1　1981—2012 年全国民商事收案及一审结案情况统计表……… 251
表 6.2　1989—2012 年全国民商事二审相关情况统计表………… 252
表 6.3　1986—2012 年全国民商事案件再审相关情况统计表…… 252
表 8.1　是否实现法官职业化的地区交叉分析表（％）…………… 303
表 8.2　是否有效提高审判质效的地区交叉分析表（％）………… 304

表 8.3　是否实现司法权威提升的地区交叉分析表(%) ………… 305
表 8.4　是否实现法官职业化的职位交叉分析表(%) …………… 306
表 8.5　是否提高审判质效的职位交叉分析表(%) ……………… 307
表 8.6　是否实现司法权威的职位交叉分析表(%) ……………… 307
表 8.7　是否实现法官职业化提升的 Ologit 模型回归结果表 ……… 308
表 8.8　是否有效提高案件审判质效的 Ologit 模型回归结果表 …… 310
表 8.9　是否实现司法权威提升的 Ologit 模型回归结果表 ………… 311
表 10.1　组织管理制度相对重要性表 …………………………… 349

导论　研究当代中国的法官管理

本书研究的是大国转型背景下当代中国的法官管理制度,并试图勾连起司法制度研究(在很多人看来,这是法理学的传统领地)与诉讼法学研究(这是崇尚"专业槽"的诉讼法学者的专长)之间隐秘的理论通道。我将主要以在长达十几年的法院①实地调研中获得的数据和材料为素材,在尽可能准确、全面地描述和概括这套制度之后,分析和探讨法官管理和程序法治,甚至社会和经济发展之间更一般性的理论问题。

自晚清变法开始,中国司法改革引发的制度变迁已经历了百余年的历程。三大诉讼法的相继出台和《法官法》的颁布实施,表明当代中国已在立法层面确立了职业化法官标准和市场经济亟须的现代程序架构。在过去三十多年中,中国法理学界和诉讼法学界为了推动中国法治进程以及为司法改革提供理论基础,不仅大量输入域外学理,比较中外制度,更评判既有体制,提出修法和改革建议。在中国司法制度研究的这一理论洪流中,本书既是其产物,更是对既有改革理论和实践的一次基于经验数据的实效检验和理论反思。

这就意味着,本书不追求在规范和应然的层面简单认同"司法独立""程序正义"等来自域外的法治信条,也不仅仅展示法官管理现状和司法运行实践(这只是一种简单化的经验主义研究),而是力求在国家转型和社会变迁的时代背景下、在形塑了既有的这套法官管理制度的政法大格局中冷静地考察如下问题:当代中国法官管理中的各项制度实际为何?已有的法官管理制度有何利弊?国内学界对各项制度的研究有哪些主要观点,各自有何可取之处?这套具有系统性和整体性的制度架构具有何种特点、来源于何处又如何变迁?如何借鉴国内外最新的学术发展成果以研究中国的法官管理制度?基于中国问题的理论思考能否提炼出一些既能解释中国又能解释西方的一般性理论?未来的法官管理制度应该如何构建,又将怎样实践?本书就是在经验材料的基础上对上述问题的理论探索和初步回答。简言

---

① 需要注明的是,在我国,四级法院均为人民法院:最高人民法院、高级人民法院、中级人民法院和基层人民法院。本书简称为法院,如最高法院、高级法院、中级法院和基层法院。但有时在文件名称、引用等处保留全称或原文。另外,在表格等情况下也会使用"高院""中院"这样的简称,后面不再一一说明。

之,本书力图从中国法院系统的一个"纵切面"——法官管理制度——进入①,以一种信息和激励的视角,不仅尝试对既有法官管理制度的若干方面进行深度"解剖"和讨论,并由此抽象出当代中国法官管理的基本模式,更希望通过考察中国 2013 年以来司法改革中的"变"与"未变",进而在经济和社会变迁的大背景下检讨当代中国法官管理模式背后的深层结构及其可能存在的问题,并进一步反思和厘清中国司法改革应有的理论逻辑以及未来的改革路向。

作为导论,我将在总体上分析一些与本书研究主题相关的相关问题,包括本书的研究对象是什么、为什么研究法官管理、为什么是当代转型中国以及本研究的学术意义和实践意义等,并进一步介绍和讨论本书所使用的经验材料、研究进路和方法以及大致的结构安排。

一、本书的研究对象

本书的研究对象是针对法官和准法官的若干管理制度,不仅探究其制度后果,更考察制度变革的现实逻辑和理论逻辑。我们需要在当代中国的制度语境下界定何谓"法官"和"准法官"。首先,本书所指"法官"是现行《法官法》第二条明确规定的依法行使国家审判权的审判人员,包括各法院的院长、副院长、审判委员会委员、庭长、副庭长(借用左卫民等的类型化区分②,本书称

---

① 之所以称法官管理研究为"纵切面",是与就法院系统的"横切面",比如基层法庭、基层法院、中级法院、高级法院和最高法院展开的研究相对而言的。后者包括苏力:《送法下乡——中国基层司法制度研究》,中国政法大学出版社 2001 年版;左卫民等:《最高法院研究》,法律出版社 2004 年版;侯猛:《中国最高人民法院研究》,法律出版社 2005 年版;赖波军:《司法运作与国家治理的嬗变:基于对四川省级地方法院的考察》,北京大学出版社 2015 年版;以及丁卫:《秦簪法庭:基层司法的实践逻辑》,生活·读书·新知三联书店 2014 年版。就中国法院的"横切面"研究而言,苏力教授的《送法下乡》已成为中国司法制度研究的经典之作,远在大洋彼岸的阿帕汉教授甚至为之撰写了一篇颇有深度的学术书评。See, Frank K. Upham, "Who Will Find the Defendant if He Stays with His Sheep? Justice in Rural China", *Yale Law Journal*, vol. 114, no. 7, 2005, p.1677. 当然了,最近几年还出现了综合了法院"纵切面"和"横切面"的出色研究,比如左卫民等:《中国基层司法财政变迁实证研究(1949—2008)》,北京大学出版社 2015 年版。

② 根据是否需要承担管理职责以及是否主要从事审判工作为分类标准,左卫民等将《法官法》中确定的中国法官区分为业务型普通法官、非业务型普通法官、业务型领导法官和政治型领导法官。由于法院内部存在相对普遍的行政调动,业务型普通法官和非业务型普通法官其实相互交叉,甚至混同,因此本书仅将中国法官区分为普通法官和领导法官。左卫民等的类型化区分,请见左卫民、全亮、黄翔、王禄生、张洪松:《中基层法院法官任用机制研究》,北京大学出版社 2014 年版,第 11—12 页。

以上为"领导型法官",有时也会概括地称为法院领导)①以及审判员(本书称之为普通法官,既包括业务型法官,也包括非业务型法官)。需要注意的是,在法官员额制改革之前普通法官其实还包括助理审判员。其次,本书所称的"准法官"是通过招工招干、转业或院校毕业后进入法院系统的法院新人,在法院人员分类改革前是书记员,在改革后是法官助理。不管改革前后,他们均为法院内部的法官后备队伍,是必不可少的重要生力军。由于准法官只要满足条件,假以时日也会成长为法官,因此本书一般地不做过多区分,只在有需要的地方特别说明之。另外,由于中国语境下的法官具有一定的特殊性,后面各章提及"法官"之时还会作进一步的界定。

人力资源管理是现代组织管理中的重要组成部分,由于法官是法院系统中的主要人力资源,研究法官管理制度就显得尤为重要。为了组织的有效运作和良性发展,不仅需要选择合适制度挑选到满意的人才,更需要确定后续的相关制度激励其为了组织目标努力工作,并在需要的时候能有效监督其工作行为。一般而言,人力资源管理流程和管理功能结构如下图。

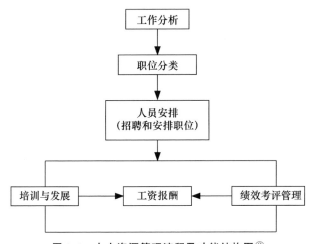

图0.1 人力资源管理流程及功能结构图②

根据上图,组织管理者首先需要对该组织运作需要的各项工作进行细致的分析和定位,以便分类并确定不同职位以及各自所需人员;接下来就是确

---

① 也许有人会质疑这一界定,因为只要未进入法院党组班子,即使是副院长也可能认为自己不是真正意义上的领导,更不要说基层法院的副庭长了。我之所以这样界定,是因为这些在法院内部拥有一官半职的法官和没有任何行政职务的普通法官相比,在法官管理的各个方面均存在系统性差异。
② 该图来自库伯的人事管理过程图,只是由于法官职位的特殊性,缺少了"工作岗位的重新设计"这一环节。参见〔美〕菲利普·J.库伯等:《二十一世纪的公共行政:挑战与改革》,王巧玲、李文钊译,毛寿龙校,中国人民大学出版社2006年版,第269页。

定相应的遴选制度和薪酬标准(根据不同职位确定不同薪酬并根据需求挑选不同的人选)、培训制度(意在开发员工的潜能以及帮助其跟上不断更新的职场知识)以及包括了指标设计、绩效考核和相应奖惩措施的绩效考评制度(目的在于激励和监督员工),员工事后的工资报酬则直接和绩效考核结果挂钩。由于不同职位需要不同的遴选标准以及后续的培训考核,这一管理流程隐含了亚当·斯密所推崇的专业分工精神。[①]

以一种信息经济学的理论视野,人力资源管理的功能在于:(1)选择合适的薪酬和遴选制度,挑选合适的人选,以解决组织和职位候选人之间的事前信息不对称以及可能的逆向选择问题[②]。(2)通过各种制度激励员工并使其努力方向尽量和组织目标一致。需要解决的是法院组织和法官之间事后的信息不对称以及道德风险问题[③]。根据图 0.1,人力资源管理是一个包括了事前的遴选制度、薪酬制度和事后的培训发展制度、绩效考评制度在内的整体性制度安排。

由于法院也是一个组织(准确地说,是具有公共性的非营利性组织),同样需要解决法院组织和法官之间的信息不对称,中国法院的法官管理因此同样包括了遴选制度、薪酬制度、培训发展制度和绩效考评制度(只不过在官方文件和法院日常管理中,我们将其统称为"法院队伍建设")。如果将研究对象聚焦在审判法官(今天的员额法官),由于法官工作的低特定性(该工作内生的、在事实认定和法律适用层面的"自由裁量权"带来的难以监督性),除了作为前提性存在的法官薪酬制度,在整个法官管理制度中起着"筛子"和"水

[①] 在经济学的奠基之作《国富论》中,斯密第一次提出了分工能增进效率的重要理论。See, Adam Smith, *The Wealth of Nations*, 1776, Cannan Edition, Modern Library, 1937. 中译本请见,亚当·斯密:《国民财富的性质和原因的研究》,郭大力、王亚南译,商务印书馆 1974 年版。

[②] 相关的经济学文献,See, Akerlof, G. , "The Market for 'Lemons': Quality Uncertainty, and the Market Mechanism", *Quarterly Journal of Economics*, vol. 84, issue 3, 1970, pp. 488-500; Rothschild, M. , and J. Stiglitz, "Equilibrium in Competitive Insurance Market", *Quarterly Journal of Economics*, vol. 90, no. 4, 1976, pp. 629-649; Wilson, C. , "A Model of Insurance Markets with Incomplete Information", *Journal of Economic Theory*, vol. 16, no. 2, 1977, pp. 167-207; Spence, A. M. , "Job Market Signaling", *Quarterly Journal of Economics*, vol. 87, no. 3, 1973, pp. 355-374.

[③] 关于道德风险的经济学文献,See, Alchian, A. , H. Demsetz, "Production, Information Costs and Economic Organization", *American Economic Review*, vol. 62, no. 5, 1972, pp. 777-789; Jensen, M. , W. Meckling, "Theory of the Firm: Managerial Behavior, Agency Costs, and Ownership Structure", *Journal of Financial Economics*, vol. 3, no. 4, 1976, pp. 304-360; Fama, E. , "Agency Problems and the Theory of the Firm", *Journal of Political Economy*, vol. 88, no. 2, 1980, pp. 288-307; Holmstrom, B. , "Moral Hazard in Team", *Bell Journal of Economics*, vol. 13, no. 2, 1982, pp. 324-340; Shapiro, C. , and J. Stiglitz, 1984, "Equilibrium Unemployment as a Discipline", *American Economic Review*, vol 74, no. 3, 1984, pp. 433-444。

龙头"作用的法官遴选和任用制度最关键。如果遴选和任用制度安排合理,事后的培训和考评都会更省心;如果遴选和任用标准过低,太多不合格候选人成为法官的后果可能就需要更多的培训、更严苛复杂的考评指标以及更多繁杂低效的监督。

在中国的政法背景下,上述制度之外,还要加上一个重要的非正式制度——法院内部的岗位调动制度。因此,中国法院的法官管理是一个同时包括五项既相互制约又相互关联之制度的整体性制度安排。本书力图从这一套法官管理制度进入,以一种信息和激励的视角观察其在中国司法改革中的"变"与"未变",不仅考察这种"变"与"未变"(以及其间的制度张力)给中国法治实践带来的各种未预期的制度后果,更希望借助现代社会科学的理论洞察力为未来的中国司法改革提供一些基于真实因果关系分析之后的更具针对性的制度方案。

二、为什么从法官管理切入?

现代法治的建立和运转,时刻也离不开法官。作为程序运转和法治理念的中介、载体和落实者,法官是构成一国法院系统的基本主体。但首先,需不需要对其实施相应的管理?其次,如果应该管理,又该制定何种具体制度并保障其有效实施?不论是正在转型变迁的中国还是法治相对健全的西方,这都是构建一国司法制度时需要考量的重要问题。

就中国而言,如果从20世纪80年代末基层法院自发的程序改革——从法院全面负责调查取证改为"谁主张,谁举证"——算起,司法改革走到今天已有三十余年。从纸面上的改革提纲到实践中花样翻新的诸多试错性的制度创新,从举证责任改革、审判方式改革、统一司法考试、人员分类管理、省以下法院人财物统管、员额制改革这样一些看上去根本性的制度变革到审判长选任、竞争上岗、审判流程管理、绩效考评、入额承诺等具体制度的出台,中国司法改革掀起的风浪不可谓不大,值得研究的、中国"独一份"的司法问题和制度冲突也不可谓不多。但本书为何选择法官管理这样一个"纵剖面"为切入点?对中国法官管理制度的研究能否突破既有的知识传统并进而构筑自己独有的知识贡献?

之所以选择法官管理制度为切入点的理由有四。第一,整个司法机制运行中"人"(在本书的语境中,特指"法官")的重要性。孟子曾言,"徒善不足以为政,徒法不足以自行"。① 沈家本先生也指出,"夫法之善者,乃在有用法之人,苟非其人,徒法而已"。② 就法官而言,由于直接与诉讼当事人面对面接触,也与复杂多变的社会现实更多"短兵相接",其言行举止不仅代表其个人,更在很大程度上代表着法院甚至国家司法权的形象。基于此,研究影响法官行为的种种因素以及法官的行动决策非常重要。不仅如此,由于一项制度或改革的实施效果受制于该制度或改革实施后人们的理性反应和行动选择,由于只有个体理性与制度预期激励相容的制度才是有效的,所以,只要我们想研究相关司法改革的实效性,就必须考察此种改革对法官行动决策的实际影响、这些行动决策导致何种社会结果以及此种结果是否符合改革预期。没有一个制度是悬空在天上、不需要人的配合或者不配合而起作用的。科斯的天才洞见在这里仍然有效:不仅权利之间有相互性,制度与制度(借着人的中介)、制度与人之间同样具有相互性,它们之间的互动及其相关的互动结果最终构成了中国司法改革成败与否的基础。③

第二,中国法官管理制度的特殊性。在全球司法管理的大背景下,不管是与地方财政直接挂钩的法官薪酬制度④,以及实践中建立在诉讼流程和节点管理基础上的量化绩效考评制度,还是忽视法院内部专业分工的行政性调动制度以及责任和权力集中于院长的"一把手"制度,中国的法官管理制度无疑极具中国特色。由于不管在大陆法系还是英美法系,诸多现代法治国家基本上不存在针对法官的上述制度,这一特殊的法官管理制度安排就是一个典型的中国现象。研究该制度安排产生的原因、背后的逻辑以及在社会变迁和转型的当代中国可能或者已经遭遇到的问题和困境,当然也就是一个既对司法实践有所助益又可能产出学术贡献和知识增量的中国问题。这是我选择法官管理制度作为研究对象的又一个重要原因。

第三,中国法院的法官管理制度不仅是整个司法制度的基础和核心,其改革成败更是中国程序法治能否成功的"胜负手"。可以看到,民事审判方式

---

① 《孟子·离娄上》。
② 沈家本:《唐刑制按语》。资料来源:fzzgh. hznu. edu. cn/c/2011-10-27//265380. shtml,2021年12月10日最后访问。
③ 科斯在《社会成本问题》一文中指出了"权利的相互性"问题,并在此基础上提出了后来被斯蒂格勒称为"科斯定理"的理论。需要注意的是,科斯理论的核心其实不在零交易成本处的科斯定理,而在于正交易成本处如何界权定则的科斯定律。参见罗纳德·哈里·科斯:《社会成本问题》,载《企业、市场与法律》,盛洪、陈郁译,上海三联书店1990年版。关于科斯定律,请见艾佳慧:《科斯定理还是波斯纳定理:法律经济学基础理论的混乱与澄清》,载《法制与社会发展》2019年第1期。
④ 这其实是司法地方化的一个表现。在中央主导的第四轮司法改革中,最高法院设置巡回法庭以及省以下法院人财物直管制度的试点,本意在于化解长期笼罩在中国法院头上的"司法地方化"魔咒,但效果如何还有待进一步实证研究的验证。

改革以来的诸多司法改革热点问题，比如审判委员会制度、法官绩效考核、统一司法考试、审判长选任、人员分类管理、法官责任制改革等，无一不涉及法官管理制度的安排和变革，而相关法官管理制度的变迁又直接或间接地影响诉讼法中若干程序制度的运行效果。具体而言，法官绩效考核制度中对调解率指标的强调是否会导致司法调解制度的变形，对发改率的强调是否会带来请示汇报制度的盛行从而破坏上诉制度的基础，等等。不管是之前的审判长选任还是法官员额制改革，也不管是饱受批评的错案追究制还是司法责任终身制，我们都能发现立法层面制定的相关程序制度与当下法官管理架构之间潜在的制度矛盾，以及致力于法院专业化、法官职业化的诸多规定在既有法官管理行政化和法院绩效考评"双轨制"的制约下无法实现的客观现实。这些都告诉我们当下中国程序法治能否实现的"瓶颈"在法院的法官管理。

不仅如此，由于法官在不同制度背景下的行动决策在长期内会影响当事人和潜在当事人的诉讼决策行为，法官管理的不同制度安排甚至更会进一步影响程序法治的实施效果。在某种程度上，中国法院既有的法官管理模式和理念已经成为现代程序法治能否实现以及未来的司法改革能否进一步深化的制度"天花板"。因此，运用激励理论、博弈论和谱系学的理论工具从历史、信息和激励的角度解释中国法官管理制度的内在逻辑及其隐含问题，就显得非常必要。

第四，虽然既有的司法制度研究形成了自己的知识传统，也累积了不少值得后人借鉴的知识，但还缺乏对法官管理制度的整体性研究和后果研究。冯象曾指出，一篇论文"正确的提问（question）首先来自对具体问题（issues）的把握。这就需要透过社会生活和法律业务中纷繁的实际问题（problems）的表象，看到学术传统的脉络、矛盾和突破口"。① 这其实就是学术写作中的三阶段或三层面：发现真问题、洞察问题的本质以及突破和完善已有的学术传统。因此，本书的追求就在于，根据实地调研的资料和数据发现中国法官管理中的真问题，再运用相关的社会科学知识洞察和解释之，从而实现对既有司法研究传统的补充、完善甚至突破。

三、为什么是当代中国？

这里的"当代"指的是改革开放之后中国经济高速发展的黄金四十年，尤其是1991年《民事诉讼法》（首次在立法上规定了"谁主张，谁举证"的现代举

---

① 冯象：《法学院往何处去》，载《政法笔记》，江苏人民出版社2004年版，第247页。

证责任制度)实施以来的三十年。之所以研究当代中国大体有如下考量。

首先,自秦汉以来的两千余年,中国的社会、经济、政治结构一直保持着一种内部相互嵌套的超稳定态势(借用金观涛、刘青峰的说法,这是一种奇特的动态停滞)①,但自1978年改革开放以来,市场经济的发展使得中国社会的基础及其背后的深层结构正在发生巨大的变化。具体表现为统治权威逐渐从强调领袖魅力的"克里斯玛"型统治转向了侧重规则之治的法理型统治(这背后是法理学界长盛不衰的法治/人治争论),民众也从千百年以来的儒家意识形态认同逐渐转向理性化的规范认同。② 在很大程度上,长期制约着中国社会变迁的深层结构(将统治权威建立在领袖魅力、儒家伦理或意识形态认同上的治理架构)有逐渐解构的可能。这是一个正在经历巨大社会变迁、经济变迁甚至宪制变迁的时代,更是一个转型中国正在驶过历史三峡的伟大时代。显而易见地,当代中国构成了本书研究之"走不出的风景"③,研究正在转型变迁的当代中国已经发生、正在发生以及将要发生的诸多法律现象和法律问题更是我们这一代学者逃避不了的责任和义务。

其次,"中国司法制度的改革更多是中国社会发展的内生需要"④,伴随着中国持续高速的经济发展,急剧跌宕的社会变迁和经济转型,各种传统的、新型的以民事和经济纠纷为主的案件大量涌入法院。一方面,这种司法供求之间的突然紧张触发了中国司法改革运动的引线,并最终使发端于20世纪80年代末的"自下而上"的民事审判方式改革的涓涓细流汇聚成了90年代末"自上而下"的中国司法改革运动的滔滔巨浪。⑤ 另一方面,中国式的"诉讼爆炸"又引发法官数量和法院规模的激增,最终,法院编制规模的巨大增长直接导致法院内部的分庭管理和日益细密的科层化,间接加剧了法院内部的

---

① "超稳定结构"是金观涛、刘青峰创造的概念,用以解释中国社会的深层结构。具体内容,请参见金观涛、刘青峰:《兴盛与危机:论中国社会超稳定结构》,法律出版社2011年版;《开放中的变迁:再论中国社会超稳定结构》,法律出版社2011年版。
② 金观涛、刘青峰认为,所谓规范认同,是指维系社会秩序的基本规范(如选举和立法程序)和人们的宗教信仰、意识形态原则相背离,具有不同信仰的人可以尊重并遵守共同规范。请见金观涛、刘青峰:《开放中的变迁:再论中国社会超稳定结构》,法律出版社2011年版,第145页。
③ 这里借用了苏力教授的一本书名。苏力:《走不出的风景:大学里的致辞,以及修辞》,北京大学出版社2011年版。
④ 参见苏力:《道路通向城市——转型中国的法治》,法律出版社2004年版,第170页。
⑤ 关于民事审判方式的改革,参看苏力:《关于抗辩制改革》,载《法治及其本土资源》,中国政法大学出版社1996年版;王亚新:《论民事经济审判方式的改革》,载《中国社会科学》1994年第1期;景汉朝、卢子娟:《审判方式改革实论》,人民法院出版社1997年版。这一"自上而下"的司法改革运动开始于1999年最高人民法院发布的"第一个五年改革纲要",具体内容请看《人民法院五年改革纲要》,载《中华人民共和国最高人民法院公报》1999年第6期。

行政化和法官绩效管理的数字化,更进一步侵蚀了现代诉讼制度的根基。①该如何理解和解释这些现象,又该如何化解这些制度与制度之间的矛盾,这是正在发展变迁的当代中国给我们法学者布置的作业和考卷,需要我们在理论上正面予以回应。

再次,就法官管理制度而言,正在转型变迁的当代中国是一个绝佳的研究场域。与西方国家的制度演化相似,中国独特的法官大众化、法院地方化和司法行政化也是在长期的革命斗争和根据地实践中逐渐生发和演化而来。但与西方不同的是,随着市场经济的长驱直入,中国社会的基本结构发生变化了,原来静止的、封闭的熟人社会结构逐渐被开放的、流动的陌生人社会结构所取代。社会结构的变迁必然带来社会治理方式的变迁。现代工商社会内在地对"规则之治"有强烈的需求,间接带来对程序法治和职业法官的急迫需要。正是在这样的背景下,中国的法官管理制度或主动或被动地开始变迁了,伴随着20世纪90年代的民事审判方式改革,我们开始强调法官的职业化和专业化,也逐渐开始认识到独立审判的价值。可以这样说,正是在这样的社会背景和制度变迁中,本书的研究才有所附着。

最后,研究当代中国,是中国法学者有可能作出独特于西方的中国学术贡献的基础和前提。比如,如果以司法公信力作为评判标准,那么今天中国的法治状况不容乐观。只要不是对现实问题视而不见的学术"鸵鸟",这就是一个必须直面的当代中国问题,一个有责任感的学者必须对此作出回答。就当代中国法治实践中的司法权威问题,借助当代经济学的激励理论和信息经济学,我们完全可以以法官管理制度为切入口,深入探讨司法公信力较低这一现象背后的法官管理制度基础,层层剖析法官管理、程序法治和社会经济发展之间的既是递进又是相互补强和支撑的复杂关系。不仅可以在理论上建构转型社会的司法管理学,为理解和探索中国的司法改革道路提供了一个新的理论可能性,更可以在实践层面,在对司法运行的现实困境作出系统学术诊断的基础上,为完善司法改革和推进法治建设提出具体的制度建议。

具体而言,由于普通法官、法院领导和当事人都是既有制度环境下"趋利避害"的有限理性行动者,由于任何组织管理都会遭遇事前、事后信息不对称的客观现实,要想有效提升中国的司法公信力,就必须通过有效的制度设计减少各类委托人和代理人之间的信息不对称程度,并使得普通法官、法院领导和法院系统在追求自身利益的同时也有利于司法制度目标(如司法公正、司法高效和司法权威)的达成。不仅如此,由于法院领导的行动决策会影响

----

① 对法院规模激增的现象,刘忠有过精彩的研究,请见刘忠:《规模与内部治理——中国法院编制变迁三十年(1978—2008)》,载《法制与社会发展》2012年第5期。

普通法官的行动决策,而普通法官的行动决策又会影响当事人和潜在当事人的诉讼选择,如何通过合理的法官管理制度之建构有效抑制当事人和潜在当事人的机会主义行为以保障现代程序制度的有效运行,也甚为关键。我们需要研究普通法官和法院领导面临的诸多正式和非正式的制度约束,以一种行为主义的视角关注普通法官、法院领导、当事人和潜在当事人的现实选择,力求在实证和理论的层面解释中国司法面临的诸多制度困境和疑惑,进而提炼一些既能解释西方又能解释中国的一般性理论。

四、相关文献综述

作为一本专门研究中国法官管理的书,对国内外相关的学术文献进行有价值的综述既是作者不可推卸的义务,更是后续研究的必要前奏。

(一) 国内研究

其实,自中国法院系统被动地以民事审判方式改革开始回应转型中国带来的巨大司法需求以来,中国的司法改革就在某种外在(或宿命)的强大力量推动下或快或慢地进行着。与此同时,法学界针对这一司法改革运动的学术研究也在同步跟进并发展着。到今天为止,既有的司法制度研究已经逐渐形成了自己的知识传统,那就是不以西方的司法理念和司法制度为旨归(至多将之作为一种参照系),在社会变迁的大背景下思考和研究中国司法实践中诸多与西方理想制度相左的具体制度,并尽量运用历史的、实证的、多学科的方法解释之,如有需要,也能够在合理解释的基础上给出种种"利更大而弊更小"的改革方案。

就一般的司法制度研究而言,此类研究内部有两个路向,其一是由王亚新、陈瑞华、李浩、张卫平、陈卫东、左卫民、龙宗智、吴英姿、傅郁林、陈航平等诉讼法学者开启的、以中国司法实践中存在的具体民刑诉讼制度和法院制度为研究重点的程序研究[①],其二是由朱苏力、贺卫方、张志铭、范愉、顾培东、

---

① 比如,王亚新:《社会变革中的民事诉讼》(增订版),北京大学出版社 2014 年版;陈瑞华:《刑事诉讼的前沿问题》,中国人民大学出版社 2000 年版;陈瑞华:《问题与主义之间——刑事诉讼基本问题研究》,中国人民大学出版社 2003 年版;李浩:《民事诉讼制度改革研究》,安徽人民出版社 2002 年版;李浩:《民事证明责任研究》,法律出版社 2003 年版;张卫平:《民事诉讼:关键词展开》,中国人民大学出版社 2005 年版;陈卫东:《程序正义之路(第一卷 第二卷)》,法律出版社 2005 年版;左卫民等:《中国刑事诉讼运行机制实证研究》,法律出版社 2007 年版;王亚新、傅郁林、范愉等:《法律程序运作的实证分析》,法律出版社 2005 年版;吴英姿:《法官角色与司法行为》,中国大百科全书出版社 2008 年版;傅郁林:《民事司法制度的功能与结构》,北京大学出版社 2006 年版;陈杭平:《论中国法院的"合一制"——历史、实践和理论》,载《法制与社会发展》2011 年第 6 期,等等。

强世功、王申、夏锦文、公丕祥等法理学者开启的、运用多视角和多学科知识对中国司法制度变革的深层机理以及其面临的诸多困境进行的理论解说。①

在中国司法制度研究史上，王亚新1994年发表在《中国社会科学》上的《论民事、经济审判方式的改革》值得首先提及。该文不仅首次在理论层面上回应了中国民事审判方式的改革，并且在中国社会转型的前提下界定了"调解型审判模式"和"判决型审判模式"，尤其指出转型后的中国更需要视法官为"裁判员"的判决型审判方式，只不过当下更需要调解过程与判决过程的分离与结合。② 在该文发表之后的二十余年中，王亚新不仅深入研究了民事诉讼中程序和组织之间复杂的互动③，第一个基于现实的"条块"政治架构揭示了法院如何围绕审判获取和分配资源④，更借助诉讼费用制度的改革探讨了中国法院的财政保障和法官激励⑤。

在中国法院管理行政化的研究领域，贺卫方第一个提出了中国司法管理

---

① 比如，张志铭:《法理思考的印迹》，中国政法大学出版社2003年版;强世功:《惩罚与法治:当代法治的兴起(1976—1981)》，法律出版社2009年版。贺卫方:《中国司法管理制度的两个问题》，载《中国社会科学》1997年第6期;贺卫方:《通过司法实现正义——对中国法官现状的一个透视》，载夏勇编:《走向权利的时代》，中国政法大学出版社1995年版;贺卫方:《对抗制与中国法官》，载《法学研究》1995年第4期;贺卫方:《司法改革中的上下级法院关系》，载《法学》1998年第9期。苏力:《法院的行政职能和审判管理》，载《送法下乡——中国基层司法制度研究》，中国政法大学出版社2000年版，第61—87页;苏力:《关于抗辩制改革》，载《法治及其本土资源》，中国政法大学出版社1996年版;苏力:《基层法院审判委员会制度的考察与思考》，载《北大法律评论》第1卷第1辑，法律出版社1998年版;以及苏力:《道路通向城市——转型中国的法治》，法律出版社2004年版。范愉:《非诉讼纠纷解决机制研究》，中国人民大学出版社2000年版;顾培东:《中国司法改革的宏观思考》，载《法学研究》2000年第3期;顾培东:《人民法院内部审判运行机制的构建》，载《法学研究》2011年第4期;夏锦文:《当代中国的司法改革:成就、问题与出路——以人民法院为中心的分析》，载《中国法学》2010年第1期;公丕祥:《全球化背景下的中国司法改革》，载《法律科学》2004年第1期;王申:《司法行政化管理与法官独立审判》，载《法学》2010年第6期;王申:《科层行政化管理下的司法独立》，载《法学》2012年第11期。除了以上几位先生，也有不少后进沿着这条研究路子作出了一些成绩，比如刘思达:《法律移植与合法性冲突——现代性语境下的中国基层司法》，载《社会学研究》2005年第3期;艾佳慧:《司法知识与法官流动——一个基于实证的研究》，载《法制与社会发展》2006年第4期;汪庆华:《中国行政诉讼:多中心主义的司法》，载《中外法学》2007年第5期;侯猛:《中国最高人民法院研究——以司法的影响力切入》，法律出版社2007年版;李晟:《低同质化背景下的法官外部环境约束》，载《北大法律评论》第15卷第2辑，北京大学出版社2015年版;方乐:《审委会改革的现实基础、动力机制和程序建构》，载《法学》2016年第3期;方乐:《司法供给侧改革与需求侧管理》，载《法制与社会发展》2017年第5期，等等。
② 王亚新:《论民事、经济审判方式的改革》，载《中国社会科学》1994年第1期。
③ 王亚新:《程序.制度.组织——基层法院的日常程序运作与治理结构转型》，载《中国社会科学》2004年第3期。
④ 王亚新:《围绕审判的资源获取与分配》，载《北大法律评论》1999年第2卷第1辑，法律出版社1999年版。
⑤ 王亚新:《司法成本与司法效率——中国法院的财政保障与法官激励》，载《法学家》2010年第4期。

(其实就是法院管理)的官僚化和行政化问题,指出中国法院管理行政化严重影响了法院正常的审判功能的实现,以一种行政的逻辑代替了司法的逻辑。① 苏力在《法院的审判职能和行政管理》一文中进一步讨论和分析了这一问题②,但与贺文不同,苏力关注体现在法院管理和审判工作中的各种非正式制度对正式审判制度的侵蚀,认为法院审判决定的行政化只是法院审判制度和行政管理制度这两套制度职能交错混合之后外现的特色之一,因此需要法院的行政管理职能与司法职能的逐步分离,需要一种制度上的分工。龙宗智更进一步指出在当前深化改革背景下,更需强化法院的司法审查功能,建立审判独立的"二元结构"并真正实现法院审判管理、司法行政管理和上下级法院业务管理上的"去行政化"。③

司法行政化之外,司法地方化也是学者们关注的重要议题。刘会生最早提出了司法不公的根本原因在于司法权地方化、法院内部管理行政化和法官非职业化④;刘作翔更以司法权国家化的司法改革思路严厉批判了中国司法的地方化及其附随的司法地方保护主义现象⑤。谭世贵、梁三利指出建立自治型司法管理体制是解决地方化司法管理问题的出路。⑥ 虽然在司法权是中央事权的理论支持下,"四五改革纲要"在顶层设计层面确立了法院系统在人财物的省直管改革,但陈瑞华认为虽然这些改革和理论主张剑指司法地方化,但其不仅有违宪法规定的"人大领导下的一府两院制",更可能导致"省级地方保护主义"的盛行⑦;杨清望指出这种司法权中央事权化的提法其实混同了司法权的法理内涵和政法语境下的政治要求,无助于解决长期以来的司法地方化难题⑧;陈卫东更指出不能将司法去地方化等同于司法系统内的垂直管理,不仅司法实务不可能垂直管理,即便是行政事务,也不能说是垂直管理问题⑨。周永坤和张建伟更是结合司法地方化和司法行政化问题,或提出

---

① 贺卫方:《中国司法管理制度的两个问题》,载《中国社会科学》1997年第6期。
② 苏力:《法院的行政职能和审判管理》,载《送法下乡——中国基层司法制度研究》,中国政法大学出版社2000年版,第61—87页。
③ 参见龙宗智、袁坚:《深化改革背景下对司法行政化的遏制》,载《法学研究》2014年第1期。
④ 刘会生:《人民法院管理体制改革的几点思考》,载《法学研究》2002年第3期。
⑤ 刘作翔:《中国司法地方保护主义之批判——兼论"司法权国家化"的司法改革思路》,载《法学研究》2003年第1期。
⑥ 谭世贵、梁三利:《构建自治型司法管理体制的思考——我国地方化司法管理的问题与出路》,载《北方法学》2009年第3期。
⑦ 陈瑞华:《司法改革的理论反思》,载《苏州大学学报(哲学社会科学版)》2016年第1期;陈瑞华:《法院改革的中国经验》,载《政法论坛》2016年第4期。
⑧ 杨清望:《司法权中央事权化:法理内涵与政法语境的混同》,载《法制与社会发展》2015年第1期。
⑨ 陈卫东:《司法"去地方化":司法体制改革的逻辑、挑战及其应对》,载《环球法律评论》2014年第1期。

超越司法地方主义的诸多改革措施以及将审判体制改革下沉到法官审判独立层面①,或提出司法应在去地方化和去行政化的基础上在宏观权力结构、内部组织体系、司法主体、司法行为和司法目标方面均回归司法的规范化主张②。

不管是诉讼法学者还是法理学者,关注中国实践的司法制度研究都不关心三权分立、司法公正、司法独立这些大词,也不过多强调中国司法改革的必要性和正当性。但他们都关注现实中的司法制度,关注各种正在进行的和可能的司法改革与现实中存在的各种制度之间的碰撞与融合,关注这种融合的能与不能以及是否可欲。他们也都或多或少地注意到了中国法院制度中的行政化和地方化问题,注意到了这一问题与中国司法改革之间千丝万缕的关系,虽然因研究领域和研究思路的差异,每个人提出的解决方案可能有所不同。

司法行政化和司法地方化之外,司法的边界、党法关系、法院的内部治理和外部生态也一直是中国司法制度研究中的重要主题。吴英姿指出,在司法能动和司法克制之间,司法权应当恪守自己的边界,对超越自身能力的事情保持克制,是司法权威的必要保证。③ 赖波军以四川省级地方法院为例,深入探讨了该院内部治理的历史沿革和现实困境,展示并解释了当前复杂的、颇为矛盾的各种司法运作现象。④ 苏力认为中国共产党在司法运作中的无处不在既是一个事实,也有其正当性和合理性。⑤ 李林指出党法关系问题不仅是一个法律问题,更是一个政治问题,党与法的关系在实践中会呈现出动态协调、高度统一的态势。⑥ 在法院内部治理方面,顾培东以一个中级法院的制度创新为例,探讨了在中国构建法院内部审判运行机制的可能性和必要性⑦;刘练军指出法院内部的科层化会导致法官流失和司法效率障碍,并进而导致法官之治的经典法治模式难以实现⑧;施鹏鹏、王晨辰开始反思中国法院内部的案件质量评估体系,并给出了优化评估模式的方法⑨。在法院外

---

① 张建伟:《超越地方主义和去行政化——司法体制改革的两大目标和实现途径》,载《法学杂志》2014年第3期。
② 周永坤:《司法的地方化、行政化、规范化——论司法改革的整体规范化理路》,载《苏州大学学报(哲学社会科学版)》2014年第6期。
③ 参见吴英姿:《司法的限度:在司法能动与司法克制之间》,载《法学研究》2009年第5期。
④ 请见赖波军:《司法运作与国家治理的嬗变:基于对四川省级地方法院的考察》,北京大学出版社2015年版。
⑤ 参见苏力:《中国司法中的政党》,载《法律和社会科学》(第一卷),法律出版社2005年版。
⑥ 参见李林:《论党与法的高度统一》,载《法制与社会发展》2015年第3期。
⑦ 参见顾培东:《人民法院内部审判运行机制的构建》,载《法学研究》2011年第4期。
⑧ 参见刘练军:《法院科层化的多米诺效应》,载《法律科学》2015年第3期。
⑨ 参见施鹏鹏、王晨辰:《论司法质量的优化与评估——兼论中国案件质量评估体系的改革》,载《法制与社会发展》2015年第1期。

部生态上,顾培东提出除了需要关注"中国需要、应当有什么样的司法"问题,更要关注"中国司法需要、应当有怎样的外部环境和条件",只有改善了司法生态,中国的司法权威才有可能生成。①

除了以上研究,研究清末司法改革及现代转型、南京国民政府的司法制度以及陕甘宁边区司法制度的论著也是一类重要的司法制度研究。强世功就马锡五审判方式和新中国法律改造运动展开的深入分析开启了此类研究的先声②,侯欣一的《从司法为民到人民司法——陕甘宁边区大众司法制度研究》和《党治下的司法——南京国民政府训政时期执政党与国家司法关系之构建》以及沈国琴的《中国传统司法的现代转型》则可为其代表。③ 最近几年,由于最高法院巡回法庭和法院、检察院省直管制度的设立,这类研究又开始活跃起来,比如贾宇研究陕甘宁边区时期的巡回法庭制度④;何勤华、王帅希望中世纪英格兰的巡回审判制度的研究能为我国巡回审判制度提供借鉴⑤;唐彭华探讨南京国民政府时期的地方"两院"省级统管,以期为当下的基层法院省直管制度提供历史镜鉴⑥。古人言,"以史为镜,可以知兴替"。虽然研究的是已经成为过去的制度和历史,但这类研究的可贵之处在于并不拘泥于一时一地的制度,而是尽量以理论解释史实,以历史关照当下,因此在某种程度上不仅构成了观察今天司法改革运动成败得失的历史之维,也足以对当今甚至未来的司法改革提供有效的制度启示。

还有一类值得关注的文献和2014年之后实施并落实意图重回法官职业化、司法专业化方向的相关司法改革方案有关。一是法官员额制。王静等以55名基层民事法官为样本,指出法官员额的编制应以审判的核心工作量为基础⑦;刘斌从法官员额制推行后法官反而大量离职的现象入手,反思了该制度隐藏的问题,指出如果认定"让优秀法官受惠"是法官员额制改革应当遵

---

① 参见顾培东:《当代中国司法生态及其改善》,载《法学研究》2016年第2期。
② 参见强世功:《法制与治理——国家转型中的法律》,中国政法大学出版社2003年版,特别是第二章和第三章。
③ 参见侯欣一:《从司法为民到人民司法——陕甘宁边区大众司法制度研究》,中国政法大学出版社2007年版;侯欣一:《党治下的司法——南京国民政府训政时期执政党与国家司法关系之构建》,载《华东政法大学学报》2009年第3期;沈国琴:《中国传统司法的现代转型》,中国政法大学出版社2007年版。其他的相关著作还有,韩秀桃:《司法独立与近代中国》,中国政法大学出版社2003年版;吴永明:《理念、制度与实践——中国司法现代化变革研究(1912——1928)》,法律出版社2005年版。
④ 参见贾宇:《陕甘宁边区巡回法庭制度的运行及其启示》,载《法商研究》2015年第6期。
⑤ 参见何勤华、王帅:《中世纪英格兰的巡回审判:背景、制度以及变迁》,载《法律科学》2015年第2期。
⑥ 参见唐彭华:《司法行政权的合理配置与地方"两院"省级统管——以南京国民政府时期为例》,载《法学》2015年第5期。
⑦ 参见王静、李学尧、夏志阳:《如何编制法官员额——基于民事案件工作量的分类与测量》,载《法制与社会发展》2015年第2期。

循的根本逻辑,认真回答"什么是优秀法官、如何辨别优秀法官以及如何吸引优秀法官"这些前设性问题并加以落实才是改革得以成功的前提①;张千帆在中外司法结构比较的基础上指出中国的法官员额制改革不宜实行全国"一刀切"②;陈永生、白冰认为法官员额制改革的具体规定——法官员额比例不得超过中央政法专项编制的39%——不太合理,有比例过低之嫌,未来不仅应该提高比例,更应根据不同地区、类型、级别的法院确定不同的员额比例③。二是巡回法庭和司法责任制。顾永忠认为最高法院的巡回法庭不具有终审管辖权,其受案范围虽不同于高级法院但审判管辖权却与高级法院相同④;方斯远对最高法院巡回法庭的设立背景、功能和若干制度问题展开了探讨,指出这一温和的制度改革剑指司法地方化的破除⑤。朱孝清认为错案责任追究与豁免相辅相成,分别体现对司法权的控制与保障⑥;李晟认为在法官奖惩上要区分科层制的基本逻辑和科层制之外的其他逻辑⑦;陈瑞华指出在法官责任的追究上,中国存在三种模式,分别是结果责任模式、程序责任模式和职业伦理责任模式,现实的改革之路应该从裁判结果、诉讼程序和职业伦理三个方面重新整合⑧。

　　尤其需要提及的是,与本书主题最为相关的是最近几年来发表的颇为出色的法院制度和法官制度研究,代表人物是左卫民、刘忠和方乐。作为一个刑诉法学家,左卫民教授的研究领域已从早年的刑事诉讼制度研究和一般化的司法制度研究转向更深入、更具体、更实证的法官管理制度领域,其代表作有著作两本,分别是《中基层法院法官任用机制研究》⑨和《中国基层司法财政变迁实证研究》⑩;论文三篇,分别是《中国法院院长角色的实证研究》⑪、《省级统管地方法院法官任用改革审思——基于实证考察的分析》⑫和《审判委员会运行状况的实证研究》⑬。虽然就法官遴选和选任而言,既有研究在法

---

① 参见刘斌:《从法官"离职"现象看法官员额制改革的制度逻辑》,载《法学》2015年第10期。
② 参见张千帆:《如何设计司法:法官、律师与案件数量比较研究》,载《比较法研究》2016年第1期。
③ 参见陈永生、白冰:《法官、检察官员额制改革的限度》,载《比较法研究》2016年第2期。
④ 参见顾永忠:《最高人民法院设立巡回法庭之我见》,载《法律科学》2015年第2期。
⑤ 参见方斯远:《最高人民法院巡回法庭的制度建构》,载《法律科学》2015年第2期。
⑥ 参见朱孝清:《错案责任追究与豁免》,载《中国法学》2016年第2期。
⑦ 参见李晟:《法官奖惩:制度的逻辑与定位》,载《法律适用》2017年第7期。
⑧ 参见陈瑞华:《法官责任制度的三种模式》,载《法学研究》2015年第5期。
⑨ 左卫民等:《中基层法院法官任用机制研究》,北京大学出版社2014年版。
⑩ 左卫民等:《中国基层司法财政变迁实证研究(1949—2008)》,北京大学出版社2015年版。
⑪ 左卫民:《中国法院院长角色的实证研究》,载《中国法学》2014年第1期。
⑫ 左卫民:《省级统管地方法院法官任用改革审思——基于实证考察的分析》,载《法学研究》2015年第4期。
⑬ 左卫民:《审判委员会运行状况的实证研究》,载《法学研究》2016年第3期。

官任职标准上基本达成了共识①;更有大量针对法官任用程序和法官任用制度的比较研究②。但正如左卫民教授所言,这些研究基本上均在西方法治理论的关照下形成,且多为规范分析,因此,本着对真实世界的法官遴选制度的考察,左卫民及其研究团队基于大量实证数据和资料,不仅区分了实践中的业务型普通法官、业务型领导法官和政治型领导法官及其不同的任用机制,更进一步探讨省级统管法官任用中潜在的利弊,并提出了"有限集中,分层授权"的解决思路。③ 在我看来,不管是研究法院财政制度还是法官任用制度,左卫民教授的研究均偏重于从具体的实证数据和材料中,抽象出中国法院管理制度与西方迥然不同的特殊样貌,一方面对这些既有制度抱有一种同情式的理解,另一方面又对那些不关注实际的宏大制度改革方案表达了担心与忧虑,其整体研究兼具理论深度和改革导向。王禄生的研究在很大程度上是在左卫民教授开辟的学术领地上展开的,也具有强烈的实证性和理论反思性。④

刘忠的研究偏向于从历史和现实的两重维度讨论中国法院院长的选任、法院规模变迁与分庭管理制度、"党管司法"思想如何生成以及四级两审制的发生演化等问题⑤。其主要观点集中在:(1) 历史维度:从党史的角度挖掘"党管司法"思想的合理性,与西方的司法独立相比,政治范式的差异直接决定了司法治理的差异⑥;从司法制度史的角度反对将陕甘宁边区司法视为新

---

① 相关研究有,姚建宗:《国家统一司法考试与我国法官遴选:基本认识与框架设计思路》,载《法制与社会发展》2002 年第 2 期;张泽涛:《司法资格考试与我国法官选任制度的改革》,载《法学家》2003 年第 2 期;刘忠:《关于法官的选任年龄》,载《比较法研究》2003 年第 3 期,等等。
② 相关研究,请见夏克勤:《中国法官职业化的必由之路——以法官选任制代替审判长选任制》,载《法学》2001 年第 4 期;陈永生:《两大法系法官制度之比较》,载《政法论坛》1998 年第 5 期;周道鸾主编:《外国法院组织与法官制度》,人民法院出版社 2000 年版;王丽萍:《美国的律师考试制度及其对我国司法考试的启示》,载《法律科学》2001 年第 5 期;关毅:《法官遴选制度比较(上、中、下)》,载《法律适用》2002 年第 4、5、6 期,等等。
③ 左卫民、全亮等:《中基层法院法官任用机制研究》,北京大学出版社 2014 年版;左卫民:《省级统管地方法院法官任用改革审思——基于实证考察的分析》,载《法学研究》2015 年第 4 期。
④ 王禄生:《对本土制度语境下法官职业化的回顾、反思与展望——以三十年法院人事制度改革为分析样本》,载《四川大学学报(哲学社会科学版)》2010 年第 2 期;王禄生:《论现代型法官考评机制的建立——以四川省若干法院为实证依据》,载《理论与改革》2012 年第 3 期;王禄生:《相马与赛马:中国初任法官选任机制实证研究》,载《法制与社会发展》2015 年第 2 期。
⑤ 刘忠:《论中国法院的分庭管理制度》,载《法制与社会发展》2009 年第 5 期;刘忠:《"从华北走向全国"——当代司法制度传承的重新书写》,载《北大法律评论》第 11 卷第 1 辑,北京大学出版社 2011 年版;刘忠:《规模与内部治理——中国法院编制变迁三十年(1978—2008)》,载《法制与社会发展》2012 年第 5 期;刘忠:《条条与块块关系下的法院院长产生》,载《环球法律评论》2012 年第 1 期;刘忠:《"党管政法"思想的组织史生成(1949—1958)》,载《法学家》2013 年第 2 期;刘忠:《格、职、级与竞争上岗——法院内部秩序的深层结构》,载《清华法学》2014 年第 2 期;刘忠:《政治性与司法技术之间:法院院长选任的复合二元结构》,载《法律科学》2015 年第 5 期;刘忠:《四级两审制的发生和演化》,载《法学研究》2015 年第 4 期。
⑥ 相关具体内容,参见刘忠:《"党管政法"思想的组织史生成(1949—1958)》,载《法学家》2013 年第 2 期。

中国人民司法的前身,认为新中国真正的司法制度传承来源于彭真领导的华北解放区司法①;从当代司法体制的制度史前史(1949—1954年间的制度规范和实践)的角度,探讨了四级两审制度的演化与变迁②。(2)现实维度:1978年以来中国社会的复杂性催生了法院内部组织的复杂性,分庭管理和坚硬的科层化是其制度回应,但后果是法院编制的激增和规模的急剧扩大③;从极具中国特色的条条与块块关系出发,探讨了地方法院院长的产生问题,并进而指出中国法院院长选任中政治性知识和司法技术知识并重的复合二元结构④;不仅敏锐地观察到中国法院现存秩序的内部深层结构,即法官被划分为细密的,与权力、福利、待遇相关的格、职、级,并通过竞争上岗方式将其激活⑤。更对员额制改革的"起始—进行—结果"构成的进程进行深描,通过细致绘制员额制真实的发生历程,不仅隐含批评了"案多人少"中的"人少"命题,更指出效仿美国的法官助理制度由于导致了更隐蔽的科层化,实际上只是一种制度改劣⑥。

作为年轻一辈学者的出色代表之一,方乐近些年将研究触角投向了2013年以来的司法体制改革和现实中的法官管理制度,其研究思路既有整体的制度探究,又有局部的具体制度之运行逻辑和实效研究。具体而言,从司法供求的角度探讨了员额制改革后的司法供需不平衡,认为只有增强司法的有效供给和规范司法需求才能实现司法领域内资源/利益的均衡配置⑦;进一步聚焦审判权内部运行机制的行政化,不仅揭示了审判权所置身其中的内在制度逻辑的复杂性,更强调未来的改革还是要以庭审为中心来塑造司法裁判的运行模式⑧;就法官责任制度的改革实践,不仅指出在既有组织制度和结构下,法官责任制度改革的功能期待可能会落空,更提出了法官责任制度未来应该司法化改造的具体方案⑨;就法学界深为诟病的审判委员会制

---

① 参见刘忠:《"从华北走向全国"——当代司法制度传承的重新书写》,载《北大法律评论》第11卷第1辑,北京大学出版社2011年版。
② 参见刘忠:《四级两审制的发生和演化》,载《法学研究》2015年第4期。
③ 参见刘忠:《论中国法院的分庭管理制度》,载《法制与社会发展》2009年第5期;刘忠:《规模与内部治理——中国法院编制变迁三十年(1978—2008)》,载《法制与社会发展》2012年第5期。
④ 参见刘忠:《条条与块块关系下的法院院长产生》,载《环球法律评论》2012年第1期;刘忠:《政治性与司法技术之间:法院院长选任的复合二元结构》,载《法律科学》2015年第5期。
⑤ 参见刘忠:《格、职、级与竞争上岗——法院内部秩序的深层结构》,载《清华法学》2014年第2期。
⑥ 参见刘忠:《员额制之后:法院人员分类构成评析》,载《华东政法大学学报》2020年第6期。
⑦ 参见方乐:《司法供给侧改革的需求侧管理——从司法的供需结构切入》,载《法制和社会发展》2017年第5期。
⑧ 参见方乐:《审判权内部运行机制改革的制度资源与模式选择》,载《法学》2015年第3期。
⑨ 参见方乐:《法官责任制度的功能期待会落空吗?》,载《法制与社会发展》2020年第3期;方乐:《法官责任制度的司法化改造》,载《法学》2019年第2期。

度,不仅揭示了审委会制度改革的现实基础、动力机制和程序建构,也给出了审判委员会制度改革的若干类型化方案①;不同于前面介绍的以理论解释史实、以历史关照当下的巡回法庭研究,方乐的巡回法庭研究更多是现实的实证考察,不仅分析司法改革者对最高法院巡回法庭的功能定位,也考察这些预期功能是否实现,更进一步深入巡回法庭的审判权内部运行机制,来回答这一改革是否提升了巡回法庭化解社会矛盾纠纷的能力以及改革效果是否具有稳定性和可复制性②。

(二) 国 外 研 究

1. 法院和法官行为研究

在很大程度上,无论属于大陆法系还是英美法系,域外法治发达国家的法官管理制度均与中国的迥然不同。比如,严格的法官遴选标准、高薪的法官待遇、司法责任豁免制和司法独立构成了域外法官管理的制度基础,也正因为此,波斯纳法官才指出在美国,基本上没有针对法官的激励机制,联邦法官面前既没有胡萝卜也没有大棒。③

由于域外法治发达国家的法官管理制度是一个逐渐演化和相互配套的制度系统,制度与制度之间的抵牾较少,相关研究也就阙如。国内对英美德日等国的相关制度也都大多是介绍式的,比如宋冰主编的《读本:美国与德国的司法制度及司法程序》④,关毅发表在《法律适用》上的系列论文⑤等。但在美国,与研究法官管理制度的冷场相比,对法院管理和法官行为的研究却很火热。首先,法官们就法院管理问题撰写了不少的论文和著作⑥,最有学术

---

① 参见方乐:《审委会改革的现实基础、动力机制和程序建构——从"四五改革纲要"切入》,载《法学》2016 年第 3 期;方乐:《审判委员会制度改革的类型化方案》,载《法学》2018 年第 4 期。
② 参见方乐:《最高人民法院巡回法庭的制度功能》,载《法学家》2017 年第 3 期;方乐:《最高人民法院巡回法庭的运行机制——以审判权的内部运行为中心的考察》,载《法学》2017 年第 4 期。
③ 参见理查德·A. 波斯纳:《超越法律》,苏力译,中国政法大学出版社 2001 年版,第 128 页。
④ 具体内容,请参见宋冰编:《读本:美国与德国的司法制度及司法程序》,中国政法大学出版社 1998 年版。
⑤ 请参见,关毅:《法官遴选制度比较(上、中、下)》,载《法律适用》2002 年第 4/5/6 期;关毅:《德国模式的法官成长之路》,载《法律适用》2008 年第 5 期;关毅:《美国模式的法官成长之路》,载《法律适用》2008 年第 8 期;关毅:《美国的司法培训对其司法发展战略的影响》,载《法律适用》2012 年第 2 期。
⑥ See, Russel Wheeler, Judicial Administration: Its Relation to Judicial Independence, Williamsburg, VA: National Center for State Courts, 1988, p. 23; Henry J. Friendly, *Federal Jurisdiction: A Study View*, Columbia University Press, 1973; Stephen Breyer, "The Donahue Lecture Series: Administering Justice in the First Circuit", *Suffolk University Law Review*, vol. 29, no. 1, 1990, p. 29.

影响力的就是波斯纳法官对联邦法院的精彩研究。就联邦法院案件负担增长这一现象,波斯纳法官基于大量的实证数据和经济学思路探讨了案件负担增长背后复杂的因果关系,并据此提出了一系列临时或根本的改革措施。①其次,针对联邦法官行为的研究蔚为可观。除了波斯纳法官基于经济学效用函数对联邦法官最大化行为的研究②,还有来自政治学家对法官决策中意识形态偏好的研究③,法官行为与媒体的关系④,以及就法官行为展开的经验研究⑤,等等,这类研究的集大成者是政治学家爱波斯坦、经济学家兰德斯和法官波斯纳鼎力合作的定量研究著作——《联邦法官行为:一个理性选择的理论和经验研究》(The Behavior of Federal Judges: A Theoretical & Empirical Study of Rational Choice)。在这本书中,三位作者将法官视为趋利避害的理性行动者,借用经济学中的劳动市场模型建构了一个统一的法官司法决策理论,在使用统计检验的方法验证相关假设之后,驱散了长期笼罩在联邦法院系统的司法神秘。⑥

2. 激励与治理理论

法官管理制度的背后其实是法官激励机制和法院治理逻辑。因此,来自经济学的激励与治理理论当仁不让地成为本书研究的主要方法。一个简单

---

① See, Richard A. Posner, *The Federal Courts: Challenge and Reform*, Harvard University Press, 1999.
② See, Richard A. Posner, *Overcoming Law*, Harvard University Press, 1995, pp. 109-144.
③ See, Frank B. Cross, "Political Science and the New Legal Realism: A Case of Unfortunate Interdisciplinary Ignorance", *Northwestern University Review*, vol. 92, no. 1, 1998, p. 251; Gerald Rosenberg, "Across the Great Divide (Between Law and Political Science)", *Green Bag. An Entertaining Journal of Law.* (Second Series), vol. 3, issue 3, 2000, p. 267; Charles Gardner Geyh, "Can the Rules of Law Survive Judicial Politics?" *Cornell Law Review*, vol. 97, issue 2, 2012, p. 191.
④ See, Richard Davis, *Justices and Journalists: The U.S. Supreme Court and the Media*, Cambridge University Press, 2011; Lawrence Baum, *Judges and Their Audiences: A Perspective on Judicial Behavior*, Princeton University Press, 2006; Elliot Slotnick, Jennifer A. Segal, *Television News and the Supreme Court*, Cambridge University Press, 1998; William Haltom, *Reporting on the Courts: How the Mass Media Covers Judicial Actions*, Cambridge University Press, 1998.
⑤ See, Gregory C. Sisk, "The Quantitative Moment and the Qualitative Opportunity: Legal Studies of Judicial Decision Making", *Cornell Law Review*, vol. 93, issue 2, 2008, p. 873; Frank B. Cross, "What Do Judges Want?" *Texas Law Review*, vol. 87, issue 2, 2008, p. 183; Michael Heise, "The Past, Present, and Future of Empirical Legal Scholarship: Judicial Decision Making and the New Empiricism", *University of Illinois Law Review*, vol. 2002, issue 4, 2002, p. 819.
⑥ See, Lee Epstein, William M. Landes, Richard A. Posner, *The Behavior of Federal Judges: A Theoretical & Empirical Study of Rational Choice*, Harvard University Press, 2013. 中文译本请见,李·爱波斯坦、威廉·M.兰德斯、理查德·波斯纳:《法官如何行为:理性选择的理论和经验研究》,黄韬译,法律出版社2017年版。

的文献综述因此很有必要。

先看激励理论。激励问题又称委托—代理问题,其产生来自两个困难,一是委托人和代理人的目标不一致,比如法官关心的是收入和职位,法院领导关心的法院整体业绩和自己的政治升迁;二是委托人和代理人之间的信息不对称和不完全,比如法官知道自己是否偷懒而法院院长不知道。委托人和代理人之间的目标冲突和信息不对称必须结合起来才能导致激励问题的产生。由于激励问题来源于现代组织中普遍存在的劳动分工、授权和信息分散化,因此成为现代组织必须寻求解决的中心问题。

根据周黎安的总结,经济学解决激励问题的办法有如下几种。第一种是设计合适的激励契约。所谓激励契约(incentive contracts),是委托人为了引导代理人更加努力工作而制定的契约,它将代理人的薪酬与代理人的业绩以某种形式联系起来。参与约束(让代理人出于自身利益的计算愿意接受这项契约)和激励相容约束(委托人所期望的努力程度是代理人的最优努力水平)是委托人在设计激励契约时需要考虑的两个约束条件,困难是如何做到代理人报酬与产出挂钩[1]。具体的解决方案是能抑制代理人互相破坏和减少测度代理人误差水平的相对绩效考核(relative performance evaluation)[2],以及事先设定奖励额度并完全根据各代理人业绩相对排名来支付报酬的锦标赛(torrnament)激励[3]。第二种办法是效率工资理论。所谓效率工资是对代理人支付高于市场工资水平的激励策略,既有助于减少代理人事后的道德风险,也有助于提高其努力程度。[4] 第三种办法是职业前景理论。一方面,只要存在一个有效的职业经理人市场,公司的经理为了确立自己在市场上的声誉就会有充分的激励努力工作,另一方面,由于职场新人有着最为广阔的职业发展空间,职业前景对于刚刚步入职业生涯的年轻人来说最能起到激励作用。[5]

再看治理理论。科斯提出的交易费用概念开启了经济学研究企业组织

---

[1] See, Holmstrom, B., P. Milgrom, "Aggregation and Linearity in the Provision of Intertemporal Incentives", *Econometrica*, vol. 55, no. 2, 1987, pp. 303-328.

[2] See, P. Milgrom, "Moral Hazard in Teams", *Bell Journal of Economics*, vol. 13, no. 2, 1982, pp. 324-340.

[3] See, Lazear, E. and S. Rosen, "Rank-Ordered Tournaments as Optimum Labor Contracts", *Journal of Political Economy*, vol. 89, no. 5, 1981, pp. 841-864.

[4] See, Shapiro, C., and J. Stiglitz, "Equilibrium Unemployment as a Worker Discipline Device", *American Economic Review*, vol. 74, no. 3, 1984, pp. 433-444.

[5] See, Fama, E., "Agency Problem and the Theory of the Firm", *Journal of Political Economy*, vol. 88., no. 2, 1988, pp. 288-307; Holmstrom, B., "Managerial Incentive Problems: A Dynamic Perspective", *Review of Economic Studies*, vol. 66, issue 1, 1999, pp. 169-182.

的全新视角。① 威廉姆森秉承科斯的分析视角，他认为任何一种经济组织的治理结构，其设计都是为了降低交易费用的目的，背后的关键性因素是有限理性、机会主义和资产专用性，治理结构设计的一个核心问题是如何为事前的专用性投资提供可信的承诺和事后保护。② 钱德勒指出企业组织形式有U型（权力集中于总部）、H型（类似于一个松散联盟）和M型（总部放权，各事业部成为相对独立的利润中心），现代企业已经逐渐从U型结构转向更适合企业多元化扩张战略的M型结构。③ 钱颖一和许成钢更是用该理论比较了中国和苏联的改革，指出苏联的U型结构难以应对复杂的经济环境，而中国的M型结构信息具有处理成本较低且可进行制度试验的优势。④ 在威廉姆森企业理论的基础上，三位经济学家格罗斯曼、哈特和莫尔基于委托人和代理人之间存在的不完全契约，发展了一种关于产权的理论（GHM理论），将产权定义为委托人对于企业非人力资产的剩余控制权（residual control rights），可以帮助我们理解组织内的授权和分权现象。⑤ 米尔格罗姆、霍姆斯特罗姆等强调治理结构是一种激励系统，认为治理结构由一系列组织要素（激励和约束工具）组成。该理论的一个核心概念是组织要素之间的互补性，即整体的组织绩效由这些互补的组织要素之间的共同作用来决定。⑥ 另外，伯恩海姆和惠斯顿的关联博弈理论也含有激励互补性的性质⑦，青木昌彦更进一步强调了制度的多样性及动态演化过程⑧。

不能忽视的一个研究方向是，基于以上激励理论和治理理论的学术传统和理论脉络，周黎安和周雪光不约而同地将研究视野投入到中国的官员激

---

① See, Coase, R., "The Nature of the Firm", *Economica*, vol. 4, no. 16, 1937, pp. 386-405.
② See, Williamson, O., *Markets and Hierarchies*, The Free Press, 1975; *The Economic Institution of Capitalism*, The Free Press, 1985.
③ See, Chandler, Alfred D., *Strategy and Structure: Chapters in the History of the American Industrial Enterprise*, The MIT Press, 1962.
④ See, Qian, Yingyi and Chenggeng Xu, "Why China's Economic Reform Differ: the M-Form Hierarchy and Entry/Expansion of the Non-State Sector", *Economics of Transition*, vol. 1, no. 2, 1993, pp. 135-170.
⑤ See, Grossman, G., Oliver Hart, "The Costs and Benefits of Ownership: A Theory of Vertical Lateral Integration", *Journal of Political Economy*, vol. 94., no. 4, 1986, pp. 691-719; Hart, Oliver, and John Moore, "Property Rights and the Nature of the Firm", *Journal of Political Economy*, vol. 98, no. 6, pp. 1119-1158.
⑥ See, Bengt Holmstrom, Paul Milgrom, "The Firm as an Incentive System", *American Economic Review*, vol. 84, no. 4, 1994, pp. 972-991; Bengt Holmstrom, "Managerial Incentives Problems: A Dynamic Perspective", *Review of Economic Studies*, vol. 66, no. 1, 1999, pp. 169-182.
⑦ See, Douglas B. Bernheim, Michael Whinston, "Multimarket Contract and Collusive Behavior", *Rand Journal of Economics*, vol. 21, no. 1, 1990, pp. 1-26.
⑧ See, Masahiko Aoki, *Towards A Comparative Institutional Analysis*, The MIT Press, 2001. 中文译本，请见〔日〕青木昌彦：《比较制度分析》，周黎安译，中信出版社2001年版。

励、政府治理和国家治理领域,不仅创造性地提出了政治锦标赛、行政发包制、控制权理论这样一些极具中国问题意识又极具理论解释力的一般性治理理论,更是本书分析中国法院治理和法官管理的重要理论资源。具体而言,经济学家周黎安不仅将相对绩效考核和锦标赛理论创造性地用于解释地方政府之间的经济竞争,提出了政治锦标赛理论①,更将企业理论中关于发包制和雇佣制的区别经过一定的转换和发展引入政府治理领域,提出了行政发包制理论。在他看来,行政发包制是在政府上下级结构的科层制内部引入"分封"和"包干"的因素,或者说在科层制的外壳之下置入"发包制"的灵魂,是一种混合或中间形态的组织类型。②将行政发包制和"政治锦标赛"理论结合起来,从纵向行政发包和横向晋升竞争两个维度进一步拓展了官员激励和政府治理的理论深度。③社会学家周雪光和练宏更在周黎安提出的行政发包制理论基础上,吸收了格罗斯曼、哈特和莫尔提出的不完全契约理论,提炼了一个解释集权—分权悖论的控制权理论,力图通过控制权的分配组合来解释中国的帝国治理逻辑。④周雪光更以"项目制"为例,从控制权理论视角提出了一个分析框架,不仅分析解读项目制的不同权威类型、条件和博弈过程,更讨论项目制在中国国家治理中的意义。⑤在我看来,虽然周黎安的行政发包制理论更适于解释中国宪制架构中的"块块"逻辑,而周雪光提炼的控制权理论更适合解释中国宪制架构中的"条条"逻辑,但两个理论一结合便可有效解释镶嵌于"条块"宪制结构中的中国法院及其治理逻辑。

(三) 现有研究的不足

根据上述文献,我们发现国内学者对程序法治、司法行政化、司法地方化、法院组织管理和法官管理等重大问题已经展开了若干有意义的深入研究,也出现了一批很有价值的研究成果;国外的研究虽与中国法治实践相距遥远,但却能在理论研究视角和方法论上给予中国学者以启示。但是,不管是国内研究还是国外研究,都存在以下特点或不足。

首先,中国的法官管理是一个相互制约又相互关联的整体性制度,因此,国内的相关研究虽然有其深刻性和针对性,却偏于局部,不见整体,未免有些

---

① 请见周黎安:《中国地方官员的晋升锦标赛模式研究》,载《经济研究》2007年第7期,第36—50页。
② 请见周黎安:《行政发包制》,载《社会》2014年第6期,第9页。
③ 同上注,第1—36页。
④ 请见周雪光、练宏:《中国政府的治理模式:一个"控制权"理论》,载《社会学研究》2012年第5期,第69—93页;周雪光:《行政发包制与帝国逻辑:周黎安〈行政发包制〉读后感》,载《社会》2014年第6期,第39—51页。
⑤ 请见周雪光:《项目制:一个"控制权"理论视角》,载《开放时代》2015年第2期,第82—102页。

遗憾。由于缺少一个宏大的整体视野,不仅可能导致对现行制度表现出过多的同情式理解,也可能因忽视制度与制度之间潜藏的矛盾导致进而忽视各类正在进行的改革之内在困难。比如,由于在遴选标准、遴选程序、考核机制、知识构成等方面的全面差异,普通职业化法官与政治家法官("一把手"院长)其实是两类不同的群体,我们完全认同在"党管司法"的政法大格局下各级院长选任和考核的特殊性,但当这些主要承担政治职能和管理职能的法院领导占据相对稀少的员额法官岗位时,会不会影响法官专业化、职业化这一改革目标的实现?

其次,虽然已有不少的诉讼法学者成功地进入司法制度研究领域,比如民事诉讼法学者王亚新、李浩、傅郁林和吴英姿,刑事诉讼法学者陈瑞华、左卫民和龙宗智,但现有研究还缺少将法官管理制度与程序法治有效勾连的优秀作品。程序法治的根基在于建立保障诉权和审判权有效博弈的法制度空间和架构,其实践不仅能通过诉权有效制约法官的自由裁量权,更能通过满足当事人的主观程序正义提升甚至型塑司法公信力和司法权威。但不同的法官管理制度安排既可以保障也可以破坏这一基础性的权利/权力配置和程序空间。比如法官绩效考核制度的考核指标设计就非常重要,如果将"发回改判率"作为重要考核指标并与法官收入、升迁直接联系,面对自己吃不准的疑难案件,法官的理性决策一定是向领导和上级法院请示汇报。但如果一审判决结果其实是二审法院的意见,当事人的上诉行动是没有意义的。在这种情况下,不仅当事人的上诉权受损,就连民事上诉制度、二审终审制也是名存实亡。再比如,最近几年,以"审判管理"之名,法院各级领导已经加强了对法官自由裁量权的控制,这一趋势甚至借司法责任制的全面落实而更加强化。而这样的法官管理制度会诱导尽力规避审判风险的普通法官把手头有处理难度或敏感的案件向院庭长、审判委员会或上级法院请示汇报,最终导致"案件的处理和最终结果主要由诉讼程序外的因素所决定,所谓法律程序不过就是处理过程的形式或外观而已"。[1]

再次,域外的研究,不管是法院、法官行为研究,还是激励治理理论,虽然有方法论上的启迪,但其一,波斯纳研究的联邦法官是一群偏好众望、声望、投票和休闲的法治精英,与追求收入和行政级别升迁的中国法官[2]可比度不

---

[1] 王亚新:《社会变革中的民事诉讼》(增订版),北京大学出版社2014年版,第167页。
[2] 这一对中国法官的判断可能更适合中国的男性法官。与男性法官相比,虽然女性法官也追求收入和行政级别升迁,但她们更看重家庭生活和职位安稳。这是为什么从法院流失(不管是主动的离职还是被动的流动,比如被判刑)的法官多为男性的原因,同时也是女性法官为什么很难在升迁上获得更多机会的原因。对中国女性法官的职业升迁研究,See, Chunyan Zheng, Jiahui Ai and Sida Liu, "The Elastic Ceiling: Gender and Professional Career in Chinese Courts", *Law & Society Review*, vol. 51, no. 1, 2017, pp. 168-199。

高。因此,尽管波斯纳法官在司法行为研究上的成就世所瞩目(不仅在精致程度更在实证分析层面),由于这类研究背后的方法论不会关注当事人和法官、法官和笼罩在其身上的诸多管理制度之间的长期互动博弈,其局限性是不言而喻的。其二,经济学的激励和治理理论虽然富有解释力,但经济学家们往往没有意愿将其研究视野投向法官行为和法官管理,更不要说远在万里之外的中国的法官行为和法官管理。这中间巨大的理论空隙需要中国的法院研究者加以填补。

最后,既有的研究缺乏在整体意义和中国意义上的理论创新。在整体意义上,中国的法官管理制度是一个整体,法官管理制度和现代程序制度又是一个更大的整体,它们往往"牵一发而动全身"。在中国意义上,域外的前沿理论研究和解决的是域外的问题,在中国问题的研究上,我们不能仅仅满足于简单的理论应用,更要在独特的中国问题上创造属于中国的理论。但是,就法官管理制度研究领域而言,相关的研究大多关注描述、解释和理论反思,相对缺少整体性的基于中国问题的中国理论提炼,这不能不说是一个遗憾。

因此,本书的追求就在于,站在既有的知识传统上,根据实地调研的资料和数据发现中国法官管理中的真问题,并运用实证研究的方法展示中国司法和程序运行面临的制度困境,利用相关理论工具和前沿知识研究中国司法的问题、解释中国司法的现象(这其实就是陈瑞华教授所倡导的"中国的问题,世界的眼光"),并进而在中国问题的基础上提炼更为一般性的理论,不仅努力实现对既有司法研究传统的补充或者突破,更希望以此为未来的法院制度改革提供新的分析工具和理论支撑。

五、学术意义和实践意义

社会学家米尔斯认为,现代人应该培养一种社会学的想象力,这是一种心智的品质,能够"帮助他们利用信息增进理性,从而使他们能看清世事,以及或许就发生在他们之间的事情的清晰全貌"。对于社会科学研究者而言,这种社会学的想象力,或者更宽泛地说,一种社会科学的想象力,能够帮助他们看清更广阔的历史舞台,看到许多看似杂乱无章的制度生成和变迁过程中的内在逻辑和矛盾,从而帮助其更好地理解和解释这个变化多端、纷繁复杂的现实社会。在米尔斯看来,在人类社会的研究历史中,拥有这种想象力的学者既包括浮华、统合、综观全局的斯宾塞,优雅、直率、寻根究底的 E. A. 罗斯,复杂又微妙的曼海姆,也包括具有超常反讽性洞察力的凡勃伦,善于从多角度构建事实的熊彼特,深刻又清晰的马克斯·韦伯,当然还有伟大的马克思和涂尔干。在很大程度上,是他们贡献了人类社会研究的精华。①

运用米尔斯提炼的学术问题类型学,具体到本书研究的法官管理制度,我们需要回答的几组学术性问题分别是:(1)当代中国的法官管理制度作为一个整体,其结构和基本组成制度是什么?这些组成成分又是如何相互制约、相互影响和相互联系的?有没有一个能够统合这些组成制度的法官管理模式?该模式与域外法治诸国的法院管理模式有何不同?在既有法院管理模式中,哪些因素保持其稳定,又有哪些因素促使其变化?(2)在中国百年司法变迁史上,该模式处于什么位置?导致其产生和变化的社会动力是什么?现代社会的基本特征是什么,与传统小农社会和计划经济时代有何不同?面对正在急剧变迁和转型的中国社会,当制度创建者预期的目的已在不经意间改变之时,该模式能否成功地与司法制度改革相配合并促成改革的成功?如果很难有效配合,这样的法官管理模式在今日中国又会带来什么样的后果?(3)在现行法官管理模式下,占主流地位的是什么类型的人?在现代工商社会,什么类型的人又应当在法院中逐渐占据主流?通过什么途径,这两种类型的人如何被选择、被塑造、被压制以及被激励?这两种类型的人积累和拥有的知识有何不同?由于法官工作内在的判断性和高度不特定性,该选择何种制度以解决法院管理者与法官之间严重的信息不对称?(4)站在制度系统性和大国治理的角度,虽然相关制度随着社会变迁和经济转型的需求在不断变革,但为什么当代中国法官管理制度的实际效果却不尽如人意?背后的根本性原因何在?如果以一种中央集权的政治经济学视角,未来进一步的司法改革方向何在?

这是一些具有社会学想象力的研究者必然会提出的问题。为了全面、统合、深入地研究中国法院的法官管理制度,我们需要一种视角转换的能力:既能从普通法官的视角转换到法院管理者,甚至执政党的视角,也能从内部参与者的视角转换到外部观察者的视角,从关注纠纷解决的当事人视野切换到强调规则之治的法律人视野一直到看重司法政治功能的政治家视野。不仅需要拥有一种从谱系学、政治学转移到经济学、管理学的能力,也需要一种能将最不个人化、最间接的社会变迁历程与最个人化的个体体验和行动决策连接起来并观察两者之间联系的能力。就本书的写作和研究而言,米尔斯的教诲予我启发良多。②

本书的学术意义和实践意义正是在这样一种社会学想象力的指引和关

---

① 〔美〕C.赖特·米尔斯:《社会学的想象力》,陈强、张永强译,生活·读书·新知三联书店2005年版,第3—4页。
② 更多相关内容,参见同上注,第4—6页。

照下得以凸显。

(一) 学 术 意 义

早在1996年,苏力就指出,当前中国正在进行的社会变迁以其潜藏的制度张力和矛盾为中国学者研究中国问题提供了一个学术"富矿","因此关注中国当代的现实生活,发挥我们的比较优势,是中国学者有可能作出独特学术理论贡献的必由之路"。[①] 就法院制度的研究而言,苏力已经运用法律社会学理论和个案研究方法为我们展示了中国农村地区基层司法运作的全景图,并对初审法官的知识、实践和经验进行了成功的总结和提炼;[②]侯猛也基于个案和实证材料对中国最高法院独特的运作逻辑进行了描述和分析。[③]刘思达更是通过长期大量的实地调研和访谈,不仅刻画了中国类型多样且高度割据的法律服务市场中竞争与合作、定界与交换之间复杂的关系,更在此基础上提炼出了定界与交换的空间社会学。[④] 虽然由于历史总要向前,既有的这些研究并不可能终结未来更进一步的学术探索,但不管怎样,已有的研究成果例证了变革时代的中国确实是一个学术富矿,只要肯下功夫,深入实践,中国法学研究者是可以也能够作出自己独特的知识贡献的。

对于本书集中关注的法官管理制度,由于域外根本没有相应的制度(当然也就没有附随其上的相关研究),因此研究中国特有的法官管理模式之"前世今生"并在社会变迁的背景下考察该模式可能遭遇到的制度困境就是一个值得深入研究并可能产出专属于中国的知识贡献的中国论题。由于世界上还有大量的前法治国家以及正在经历转型变迁之痛的前社会主义国家,由于"知识是否具有普遍意义……在于它有没有效用,能否为不同的人广泛借鉴和使用"[⑤],因此将当代转型中国的法官管理制度背后的逻辑和问题加以提炼和一般化,不仅可以产出一个个具体的"地方性"理论,更有可能对其他国家的司法实践有所启发和助益。

具体而言,由于经济基础决定上层建筑,小农经济和计划经济时代对司法的需求和市场经济时代完全不同,其纠纷解决和法官管理所需的信息和风险分担也比市场经济时代容易得到和解决。因此,传统农业社会和现代工商

[①] 苏力:《什么是你的贡献?(自序)》,载《法治及其本土资源》,中国政法大学出版社1996年版,第Ⅶ页。
[②] 苏力:《送法下乡——中国基层司法制度研究》,中国政法大学出版社2000年版。
[③] 侯猛:《中国最高人民法院研究——以司法的影响力切入》,法律出版社2007年版。
[④] 刘思达:《割据的逻辑:中国服务市场的生态分析》,上海三联书店2011年版。
[⑤] 苏力:《导论:研究中国基层司法》,载《送法下乡——中国基层司法制度研究》,中国政法大学出版社2000年版,第13页。

社会、计划经济和市场经济需要的是两种完全不同的司法体制,其法官管理模式也因此迥异。林毅夫、蔡昉、李周对改革开放前中国的经济体制作过如下概括,"中国传统经济体制是为了在资金稀缺的条件下实现资金密集型重工业优先发展战略的目标,以扭曲产品和生产要素价格的宏观政策环境、高度集中的资源计划配置制度,以及没有自主权的微观经营机制为特征的三位一体模式"。① 在这套经济体制下,没有频繁的人口流动,也没有对司法解决纠纷和规则之治的需要,法院只是巩固政权和镇压阶级敌人的有效工具,法官因此无须专业化,法院的行政化管理也与法院的制度功能相得益彰。但自1978年以来的改革开放开始,这一经济体制逐渐松动和解体。从农村的包产到户到城市地区的承包经营制,中国执政者开始对原有微观生产经营单位逐渐放权让利,这一以市场为导向的社会变迁慢慢触及资源配置制度和宏观政策环境并促使其加以改革,而这种"摸着石头过河"的渐进策略也最终造就了"中国的奇迹"。正是在这一变迁过程中,人口流动频繁了,各种冲突和纠纷增加了,对法院的社会需求出现了,纠纷解决中的信息获得和风险分配更困难了,因此程序才会变得越来越重要,法院和司法的功能也在这一变迁中悄然改变。在很大程度上,中国的司法改革只是中国法院系统在市场经济要求宏观制度环境加以改变的大背景下的一种被动回应。

可以说,现代陌生人社会给传统的纠纷解决带来了严重的信息问题、裁判风险分担问题以及附随其上的司法正当性和效率性问题,这些问题如何解决? 由于无论中外,几乎所有的程序制度和法官管理制度都意在回应上述信息和风险问题,制度的有效性也取决于能否成功突破信息和风险的制约,因此,可能存在一个司法制度的有效性理论,即在所有人(既包括诉讼参与人或潜在诉讼参与人,也包括普通法官和法院领导)都有"趋利避害"倾向的前提下,一国司法制度安排(或变革)的成功与否应该以能否在国家可以负担的成本条件下解决诉讼当事人之间、诉讼当事人与法官之间以及法官与法院管理者之间的信息不对称,以及能否在诉讼当事人和法官之间有效配置因不可避免的事实难题而导致的裁判风险(这是司法和法院能够获得权威和正当性的基础)为标准。

依此理论,我们发现不管是从域外法治诸国传播而来的司法独立和程序正义,还是中国本土生长的群众路线、实事求是和人民司法,只要能在与之配套的社会背景和制度环境下有效解决上述风险和信息问题,就是一个符合机制设计理论和成本—收益标准的良好制度模式。但当代中国的问题在于,群

---

① 林毅夫、蔡昉、李周:《中国的奇迹:发展战略与经济改革》(增订版),上海三联书店,上海人民出版社1999年版,第5页。

众路线、实事求是、追求实体正义的人民司法理念适应于信息获得不太困难、裁判风险很低的农业社会和计划经济时代。一旦中国社会实现了从农业社会到工商社会、从熟人社区到陌生人社会,更重要的,从乡土中国到城市中国的深刻转型和变迁,在纠纷解决的信息获得越发困难、用于分担裁判风险和提高司法公信力的程序制度和司法知识越发重要的现代工商社会,固有的司法理念和相伴随的一套司法制度(体现在法官管理方面,就是一个大众化、地方化、行政化的整体制度安排)就有和现代社会"咬合"不上的危险,当然也很难有效解决上述的信息和风险分担问题。

以一种全球化的视野,我们发现正是当代中国特殊的司法实践和制度难题开启了理论提炼之门,在司法制度有效性理论之下,域外司法实践中的诸多制度设置其实只是特定社会、特定时代的一种特例。这是一种建立在中国司法实践和中国问题意识基础上的理论提炼,需要更进一步的深化和拓展,也期待着后来者的证伪和挑战。

(二) 实 践 意 义

理论和实践的关系,历来就是一个众说纷纭、意见不一的领域。有人坚持理论就是理论,不愿现实的尘埃弄脏了纯净的理论世界(比如那些研究纯而又纯的法哲学的人们);有人只顾埋头"拉车",不愿抬头"看路"(比如那些沉迷于实地调研和历史资料的旧制度经济学家)。在我看来,前述两种态度都太偏激,理论和实践其实是一种相互支撑、相互影响的关系,或者理论来源于实践,又必将回馈和服务于实践。就中国的司法制度研究而言,一方面,中国司法改革中呈现的诸多难题和困境为理论研究者提供了研究对象和中国问题;另一方面,借用相关理论工具对该问题的有效回答和理论提炼又能反过来指导或者影响进一步的改革思路和走向。在理想状态下,这两者是一个循环往复、互相支持的系统。

但什么是知识或者学者眼中的理论?在诸多关于知识的概念之争中(比如亚里士多德"纯粹理性、实践理性和技艺"的区分,罗素科学、神学和哲学的三种知识观等),我认同丹尼尔·克莱因的界定:"知识不仅仅只是信息,它还是一种解释和判断。"[①]因此,就研究者应该具有的社会责任和学术作为而言,"一个社会科学研究者就不仅是一个勤勉的'资料收集者',一个与社会保持一定距离的'理解者',一个高超的'解释者',更应该是一个明智的'建议

---

① Daniel B. Klein, "Introduction: What Do Economists Contribute?", from: *What Do Economists Contribute?* ed. by Daniel B. Klein, Palgrave Macmillan, 1999, p. 6.

者',一个真诚的'社会影响者'。"①作为一个将当代中国法官管理制度和相关司法改革作为研究对象的研究者,就不能仅仅将域外法治诸国看似美好理想的诸多制度和理念视为标准,并以此批判中国既有的制度格局。必须在了解中国法院现实运作的前提下,运用种种社会科学的工具剖析既有制度格局背后的逻辑和问题,并以一种历史的眼光和政治的高度对既有的司法理念和制度安排保有一种基于谱系考察和语境论的"同情式的理解"。不仅如此,虽然可能遭受非议,一个明智的建议者肯定还应在自己的理论框架内提出种种"利更大,弊更小"的改革措施。用美国现实主义法学领军人物弗兰克的话来说,这样的社会科学研究者其实是一个"建设性的批评者"。②

在我看来,虽然不是根本性的问题,但中国司法改革的一个比较重要的问题就是缺乏足够的理论基础和知识支援。从民事审判方式的改革开始,尽管有法学家大力传播和引进程序制度和司法独立理念,被动回应市场经济和现代工商社会需求的中国司法改革却一直都是一种"头痛医头,脚痛医脚"的改革模式,因此免不了前后改革措施的相互矛盾和冲突,也免不了字面上漂亮的制度安排无法落实到司法实践中的尴尬。因此,虽然既有司法模式有强烈的路径依赖特质,执政党在长期革命和运动的政治环境中塑造和养成的司法理念也很难在短时间内得到调整,但从现代社会纠纷解决的信息和风险分担问题入手,运用社会科学工具的研究者不仅可以得出既有大众化、地方化、行政化的中国法官管理模式已经难以应对市场经济和社会发展需要的结论,更能从信息不对称的角度论证既有模式只能在现实层面上造就追求行政级别升迁和高收入的法官,不仅会激发当事人和潜在当事人滥用诉权的机会主义行为,更可能进而消减人们对司法系统甚至国家司法权的信任。

因此,如果我们希望提高司法公信力以及保障司法应有的权威和声誉,如果中国决意要走市场经济之路,并力图通过市场经济的良性发展实现中华民族百年以来的崛起和复兴之梦,中国司法改革主事者就无法不面对法官管理和程序制度设置中的信息问题和裁判风险分担问题。正是在这个时候,研究者就不能只是一个隔岸观火的高超"解释者",中国未来的良性发展更需要其扮演一个明智的"建议者"和真诚的"社会影响者"的角色。这其实就是知识或理论"有所作为"的一面,也是理论能够间接影响司法实践的一种可能。

---

① 艾佳慧:《知识的"能"与"不能"》,载《读书》2007年第5期,第130页。
② 〔美〕杰罗姆·弗兰克:《前言》,载《初审法院——美国司法中的神话与现实》,赵承寿译,中国政法大学出版社2007年版,第3页。

六、材料、进路和方法

（一）材　料

一个好的社会科学研究，应该在四个前后相继的研究阶段上都付出努力并力求有所突破。首先，要想有效地描述中国的现象和问题，除了掌握充分的第二手资料，还必须深入实际，尽可能收集第一手的数据和材料；其次，运用自己的学术素养和敏锐，或者进行个案的梳理，或者在实地数据的统计基础上发现专属于中国的特殊问题；第三，在中国问题的基础上，运用已有的理论（包括古今中外的理论）进行解释，这就是"中国的问题，世界的眼光"；最后也最重要的一步是，一旦已有的理论资源无法解释或解释不好中国的问题，我们就需要在中国问题的基础上提炼和创造属于中国的理论，并将之一般化和抽象化。本书追求这样的境界。

很明显，真实、准确、有代表性的数据和资料是所有后续研究的基础。本文的经验数据来自多年来频繁往来各地法院的无数次调研，也包括《中国法律年鉴》等官方出版物给出的相关统计数据以及其他学者已经整理出来的第二手材料和数据。

首先是我自己主持的各种实地调研所获得的数据和资料。具体地：

1. 自 2004 年起，主要的法院调研包括如下六项：

其一，2004 年夏天张维迎教授"杰出青年基金"资助的法院调研课题。在一个半月的时间里，不仅收集了 1992—2001 年度三个样本中院共 1500 份一审经济纠纷判决书的相关数据，还获得了一个高院、三个中院和五个基层法院共 587 份详尽的法官调查问卷。本书第二章、第五章的研究很大程度上就建立在这些问卷展示的法官数据基础之上。

其二是 2007 年 12 月和 2011 年底在最高法院开展的两次调研。这两次调研不仅访谈了几个刑庭、民庭的法官，更在和最高法院政治部相关人员的交谈中了解了最高法院人事管理的基本情况，并在他们的配合下获得了一些最高法院人事管理方面的相关文件（当然是可以公开的）以及一些难得的基层法院和中级法院的规章制度汇编（比如江苏省南通市海安县法院的《海安县人民法院规章制度汇编》和山东省东营市中级法院的《人民法院管理文件汇编》）。本书第三章对法院绩效考评制度的研究在很大程度上就建立在这些资料和文件的基础上。

其三是 2012 年 2 月，在江南富庶地区 J 省 C2 法院开展的长达半个多月的调研。在该院研究室和 16 位研究生的帮助下,获得了 486 份有效的法官调查问卷,2002—2011 年间共计 1300 余份该院一审经济合同纠纷判决书的数据表以及大量法官和当事人的访谈材料。本书第二章、第五章的相关分析建立在此次调研的部分数据基础上。

其四是 2013 年春夏和 2014 年初,为更新本书的法官数据、案件数据和访谈材料,本人带着几个研究生展开了一次多法院、多调研任务的大规模调研。首先是重访 S 省的 C1 中院,深度访谈了将近二十名法官,获得了 165 份有效的法官问卷;其次是对 A 省 M 中院及其辖下几个基层法院进行了调研,深度访谈了十几名法官并获得了 179 份有效的法官问卷;最后,在位于西部地区的 D 中院院领导的协助下获得了 D 中院及其辖下基层法院共计 167 份有效的法官问卷。本书希望通过这次的数据更新发现司法改革的新举措以及隐含的新问题,并为更一般性的理论提炼提供中国经验的数据基础。不仅本书第一章、第八章的部分法官访谈材料来自此次调研,第二章和第五章的数据更新也来自此次调研。

其五是 2018 年春夏对西部 C3 法院(包括中级法院和下辖的基层法院)以及东部 N 市中院和下辖几个基层法院的调研,主要集中在对法官员额制、法院人财物的省直管、司法责任制等最新改革方案的运行实效的了解,具体的调研方式是发放问卷和深度访谈,共获得了 C3 法院 174 个样本法官的有效问卷和 N 法院 800 个样本法官的有效问卷,以及 8 份深度访谈记录。不仅本书第一章、第八章的另外一些访谈材料来自此次调研,本书第八章对法官员额制的实效考察更是建立在此次调研的法官数据基础上。

其六是 2020 年底和 2021 年初我造访 J 省高院和 N 市 Y 法院,集中了解"四五改革纲要"实施以来的法官绩效考评指标与以往有无变化、法院内部岗位交流机制、法院内部扁平化管理在实践中的运行状况。本书第七章、第九章和尾论部分的相关讨论有一些是在此次调研中获得的数据和材料。

2. 各种官方出版物或准官方出版物中所公布的统计数据,比如《中国统计年鉴》和《中国法律年鉴》。需要说明,这些数据和指标的真实性依赖于政府的公信力。虽然中国已经制定和公布了《统计法》,并采取各种措施确保数据的准确性和真实性,但一来统计环节众多,统计人员素质参差不齐,二来政府部门可能有美化某些数据的动力,这些数据的公信力可能因此受到影响。不过就本书研究所需的司法数据而言,不仅因为考察的是长期变迁趋势,这种影响应该不大,而且因为如有需要,我也会尽量补充实地调研的数据予以对照和调整,因此,本书所用统计数据的准确度还是可以保障的。本书第六章的研究使用了一些这样的统计数据。

3. 最后一个来源是一些学者在已出版和发表的文献中使用的数据和资料,即二手资料,但在本书中不是主要的资料来源。具体而言,在第四章对中国法官管理模式的谱系考察中,借用了侯欣一对陕甘宁边区司法研究的一些历史资料。虽然是第二手资料,如果原作者的数据来源准确、史料考证翔实,运用第二手资料也不会对本书研究基础的真实性产生不利影响。

(二) 进路和方法

在一篇研究中国法学知识转型的文章中,苏力指出,区别于强调政治话语合法性的政法法学以及坚持概念分析和技术导向的诠释法学,建基于社会科学传统的社科法学常常借助经验科学的实证研究方法,关注小写的复数的真理(truths),并力图发现法律规则或制度"背后"或"内在"的道理。① 作为中国法学知识转型的一股参与力量,本文对当代中国法官管理制度的研究秉承一种多元化的社会科学方法论。由于既有的学科划分只是在人类无法完整观察世界基础上的一种"不得已而为之",由于每个学科以及学科下的具体研究方向其实都只是对这个复杂世界某个特定角度的观察,因此,不管是经济学、统计学、社会学,还是谱系学、政治学,甚至波斯纳牌号的实用主义哲学,只要能有效解释中国法官管理中呈现的中国问题和制度困境,都可以被纳入本书研究方法的大"熔炉"中。

1. 波斯纳牌号的实用主义法理学

作为法律经济学界的领军人物,美国联邦上诉法院法官波斯纳其实并不仅仅将眼光局限在经济学领域,其法官身份和长期的司法实践使得他赞同一种法律的"行动"理论,相信和主张一种由霍姆斯开创的实用主义哲学,强调法律是一种实践的知识,而不是一套原则和概念。他认为,面对法学(特别是其所强调的司法)必须回答的一个个具体问题,由于不可能从一套逻辑严密的概念体系或者几个绝对正确的基本原则中获得系统、准确的答案,因此就需要从一种后果主义的、经验主义的、时时同具体问题相联系但又贯穿始终的理论出发来研究和解决问题,追求一种微观的制度性理解和处置。

波斯纳主张那种新型的实用主义法理学,也即对法律过程作一种功能性的、充满政策性的和非法条主义理解的法理学,是一种努力以思想为武器促成更有效行动的、以未来为导向的工具主义法理学。"对法理学的传统的(新

---

① 参见苏力:《也许正在发生》,载《也许正在发生——转型中国的法学》,法律出版社2004年版,特别是第16—19页。

传统的、自由主义的和激进的)恭顺应当抛弃,应当按照实用主义来重新理解法律的事业。"①这里的实用主义意味着具体地、试验性地、现实地考察问题,对一切形而上的实体和抽象原则抱怀疑态度;不追求体系,而追求具体理论对司法活动的实际指导和指导司法的效率;始终坚持把社会思想和活动作为实现人类所珍视的目标的工具来评价,而不是作为目的本身来评价;并进而一开始就不把法律视为一个自给自足的学科,喜欢综合性地运用一切可以获得的人类知识解决具体司法实践中碰到的实际问题。这就是"波斯纳牌号"的实用主义,一种以行为主义和后果主义为导向的法理学,一种"超越法律"的法理学。②

就当代中国的法官管理制度研究而言,同样要对一切形而上的抽象原则(比如司法独立和程序正义)抱有一种怀疑的态度,同样需要具体地、试验性地、现实地考察中国司法实践中的真问题,并从一种后果主义的、经验主义的、时时同具体问题相联系但又贯穿始终的理论出发来研究和解决中国司法改革中出现的制度困境和难题。这就是波斯纳牌号的实用主义法理观在具体司法制度研究中的、一种不在场的强势存在。因此,就本书的研究而言,虽然没有特别的章节能与波斯纳牌号的实用主义法理学直接挂上钩,但波斯纳的法理学思想和影响却几乎渗透和贯穿了本研究的全过程,并充分体现在各章具体的制度分析之中。

2. 博弈论视野下的新制度经济学

由于道格拉斯·C.诺斯的开创性贡献③,近年来很多经济学家和法学家开始关注制度,特别是政治和法律制度对经济发展和社会进步的重要作用。在诺斯开创的学术传统中,有大量研究都表明一国司法制度的好坏对金融市场和经济发展关系巨大④,阿西莫格鲁更从理论到实证进一步揭示了产权保

---

① 〔美〕理查德·A.波斯纳:《法理学问题》,苏力译,中国政法大学出版社 2003 年版,第 577 页。
② 对波斯纳法学理论的全面了解,可以阅读其著名的"法理学三部曲"。参见,〔美〕理查德·A.波斯纳:《法理学问题》,苏力译,中国政法大学出版社 2002 年版;〔美〕理查德·A.波斯纳:《超越法律》,苏力译,中国政法大学出版社 2001 年版;〔美〕理查德·A.波斯纳:《道德和法律理论的疑问》,苏力译,中国政法大学出版社 2001 年版。
③ See, North, Douglass C., *Structure and Change in Economic History*, Nordon Co., 1981.
④ See, Delong, J. Bradford, Andrei Shleifer, "Princes and Merchants: European City Growth before the Industrial Revolution", *Journal on Law and Economics*, vol. 36, no. 2, 1993, pp. 671-702; La Porta, R., Lopez-de-Silanes, F., Andrei Shleifer, Robert Vishny, "Law and Finance", Journal of Political Economy, vol. 106, no. 6, 1998, pp. 1113-1155.

护制度对于长期经济增长的关键性意义。① 但在中国经济高速发展而司法对产权的保护不足的事实面前,这些理论看似缺少应有的解释力。

该如何看待中国经济的高速增长以及司法改革的步履维艰？博弈论视野下的新制度经济学给我们提供了一个解释的框架,这也是解释中国法官管理模式之所以如此生成、演化和发展的有效视角。新制度经济学的制度观强调最基本的趋利避害之人性,强调历史和传统的重要性,强调"字面上的法"和"行动中的法"之区别,更强调这两种制度或规则的互动。这是一种深入实际、注重实效的制度观,同时也是一种对秩序的向下和向内追问(如果把制度视同于秩序的话)。由于一项制度结果很有可能与统治者、立法者或政府的初衷不尽相同,因此,在进行制度研究时,不仅要对那些初始的制度条件,诸如旧制度的遗产、现行的非正式规则、人力资产的水平和种类如何影响公共政策进行仔细和系统的研究,还要考察政治规则的设定如何影响其他博弈规则以及它们之间如何相互作用。这才是科学有效的研究制度的方法。

就本书研究主题而言,面对中国法院独特的法官管理模式,以"程序正义""法官独立""审判独立"这样一些司法理念和应然语词来解说中国的司法现实显然没有什么意义;如果想以此替代当前的法官管理模式和人民司法理念,无疑只是一种想用逻辑的事物来替代事物的逻辑的幻想。运用博弈论视野下新制度经济学的制度观才能深入这一中国现象的背后问题和内在逻辑,并进而给出一个令人信服的解释:基于趋利避害的理性人假设和成本—收益分析,基于正式制度和非正式、半正式制度之间的互动和博弈,之所以法学家们提倡的那种现代社会所需要的专业化司法和程序正义,以及这一套现代司法制度所隐含的审判独立前提在中国的真正落实比较艰难,之所以行政化、地方化的法官管理模式大行其道,原因既可能是相关制度路径依赖的顽固性,也可能是社会变迁之后执政党和国家对司法职业和司法制度的功能定位问题,甚至还有可能是司法改革以来最高法院借法官职业化和"独立审判"之名反而加强了法院系统内部行政化管理之实的现实。这背后不仅涉及制度与制度之间的勾连与紧张,也涉及制度变迁的可能性与复杂性。由于理论自身的有限性,这样的研究和制度理解虽然不可能很快地有助于中国司法制度的改善,但至少有助于我们了解真实的因果关系,了解"世界上的事情是复杂的"。

---

① See, Acemoglu, Daron, Simon Johnson, and James A. Robinson. "Institutions as a fundamental cause of long-run growth." *Handbook of economic growth*, vol. 1, Part A, 2005, pp. 385-472.

3. 信息经济学视野下的激励和治理理论

激励问题,其实就是如何调动人们的积极性。经济学的激励和治理理论虽然主要以企业和市场为研究对象,但它们的基本分析思路和方法经过一些适当的转换之后完全可以用来理解政府组织中的激励和治理问题,当然也包括法院中的激励与治理。

在信息经济学和激励理论看来,由于"趋利避害"的微观个体总是会在既定的制度激励下选择对自己最有利的行动,由于组织管理总会面临事前、事后的各种信息不对称情形,法官管理的核心就在于设计一个合适的激励结构,限制法官的自由裁量权并促使追求自我利益的法官之行动方向与法院管理的目标和方向一致。在很大程度上,这就是一种能实现自我实施且使得法院管理成本最小化的"激励相容"安排,同时也是一种能保障法院和程序有效运行的微观激励基础。

虽然现实中存在对法院的整体性激励,但秉承经济学一以贯之的个体主义方法论传统,本书对法官管理制度的研究却始终坚持和强调对普通法官、法院领导和当事人的微观激励研究方法。更进一步,本项研究将重点放在中国法官(包括法院领导)的激励和中国法院的内部治理问题上。对于企业的经理和工人,我们需要给予适当的激励,他们才可能努力工作;对于法官,合适的激励同样重要。法院治理的特征源于法官的自由裁量权和法院所从事的职责的特殊性质。更进一步,在当下中国,普通法官的自由裁量权主要集中在对案件证据和适用法律上的裁量权,而院庭长的自由裁量权却不止于此。除了在重大复杂疑难案件以及法官们提请审核和审批的案件上有对事实和法律的裁量权,还有对法院内的人、财、物、事具有的程度不等的支配力和控制力。我们会试图将分析视角伸向法院背后的普通法官和院领导,分析他们在既定制度环境下的激励和行为,然后在此基础上解释中国司法改革层面上所发生的各种现象。

由于法院治理的核心就在于设计一个合适的激励机构,限制法官们的自由裁量权和院领导们的行政权力,鼓励法院系统内的人员以一种激励兼容的方式促进法院目标(公正、高效和权威)的实现,因此需要把法官的激励和法院的治理问题作为一个专门的研究领域去认识和理解,不能仅仅局限于讨论法院职能转变的必要性和理想设计,更重要的是揭示现实中法院运行的微观激励基础。

4. 社会学的场域理论及其他

但还不只是经济学,本书也立足于有着田野调查传统的社会学研究方法,大量通过实地调研得来的法官数据和法院资料就是证据。实际上,不仅从田野调查和统计分析中发现的中国问题是进一步使用经济学研究工具进行分析的基础,社会学的视野还可以避免布迪厄批评的经济学唯理性主义①,而将理性选择的个体行动放置在一定的社会背景、历史背景和制度背景之上。

具体地,布迪厄的场域理论值得在此提及。在具体的研究过程中,我发现在法院和法官身处其中的纠纷解决场域②,当代中国的政治、司法和社会三个子场域之间存在一种不满与回应、支配和服从之间的动态复杂关联。③这不仅在很大程度上能有效解释2002—2013(特别在2008—2013)年间中国司法的调解转向和法治"倒退",也能有效解释触发中国司法改革的各种内生变量和外生变量,以及中国法院面对的复杂激励和制约。具体而言,当事人对正式司法既有解纷能力和法官职业操守的不满(表现为愈来愈多的涉诉信访,这是当事人所在的社会子场域对法官所在的司法子场域的反应)导致中央政法委所在的政治子场域不得不介入正式的纠纷解决和司法改革方案的设计,不管是"调解优先"和"大调解"政策的出台,还是2013年出台的司法改革顶层设计,均是这种介入的结果。由于中国司法新传统的政法特点④,中央政法委所在的政治子场域当然应该支配最高法院所在的司法子场域,因此对中央政法委不得不介入后确定的司法政策和改革方案,法院系统的反应自然应该是服从、紧跟和制定相关具体措施以便尽快落实之。

以下是纠纷解决(以及隐含的司法改革逻辑)三场域之间复杂且动态的关系示意图。

---

① 布迪厄反对用那种唯经济主义的观点理解行动者,认为行动者的选择受制于一定的历史结构、制度结构。相关内容参见〔法〕皮埃尔·布迪厄、〔美〕华康德:《实践与反思——反思社会学导引》,李猛、李康译,邓正来校,中央编译出版社1998年版。

② "场域"是法国社会学家布迪厄的核心概念。在布迪厄看来,一个分化了的社会是各个相对自主的"游戏"领域的聚合,每个场域都规定了各自特有的价值观,拥有各自特有的调控原则。更多内容,参见同上。

③ 武红羽从司法调解的生产过程入手,深入探讨过这三大场域之间的复杂关系。详见武红羽:《司法调解的生产过程——以司法调解和司法场域的关系为视角》,法律出版社2010年版,特别是第三章。

④ 这是强世功对陕甘宁边区以来中国式司法的概括说法。在他看来,中国法律新传统下的"法律的目的既不是通过审判来实现社会正义,也不仅是通过调解来平息纠纷,而是在解决问题的过程中贯彻党的路线、方针和政策,实现共产党改造社会、治理社会的目的。"请参见,强世功:《权力的组织网络与法律的治理化——马锡五审判方式与中国法律的新传统》,载《北大法律评论》第3卷第2辑,法律出版社2000年版,第209页。

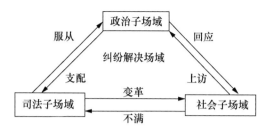

图 0.2 当代中国纠纷解决场域分解示意图

根据上图,我们发现当代中国的司法改革路径之所以不断地"改弦易张",一在于司法改革方案必须及时回应和反馈民众对既有司法实践的不满,二在于司法改革方案必须有效落实中央政法委不同阶段或"维稳"或深化司法改革的政治要求。一方面,如果说 2002 年以来的调解转向很大程度上是最高法院基于民众的不满反思此前"重判轻调"的司法改革经验的政策结果的话,2008 年以来"调解优先"政策,甚至"能动司法"模式的出台和实施应该归因于政治子场域和社会子场域均对司法不满后形成的一股合力。这也是那些年法官绩效考评中越来越强调"调撤率"和"申诉上访率"的政法原因。另一方面,若能动司法和大调解导致了民众的抱怨和法学界的批评,再或者职业化、专业化的司法改革不太能适应当代中国的制度需要,基于人民司法传统和政治子场域的双重合力,那么司法改革方案就不得不一而再,再而三地"改弦易张"。这其实就是 2013 年以来"四五改革纲要"和"五五改革纲要"的具体改革举措之所以有所不同背后的政治逻辑。

除了场域理论,社会学中经典的结构功能主义也是本书倚重的分析工具。其实,比较经济学和社会学的研究方法,其共同之处在于都不看重理念,却很看重经验研究的方法,看重真实世界的问题。不同之处在于经济学分析偏重个体主义方法论,对任何制度或现象的分析都是首先从单个的有限理性主体入手。由于任何追求最大化效用和收益的个体能够根据不同的激励因素来改变自己的行为,因此要想实现某种制度目标或者获得某种社会效果,就只需改变激励机制使得理性行为人的偏好发生变化,以便最终实现制度功能。与经济学的研究重点不同,社会学,特别是马克思、涂尔干、帕森斯一脉的结构功能主义社会学,则偏重整体主义方法论。由于要考察整个社会结构的变迁,考察作为一个客观物(即涂尔干概括的社会事实)存在的某种社会现象,持有整体主义方法论的社会学家显然无法将研究焦点放在已经融入整个社会变迁过程和社会现象中的个体以及个体行动,而只能是站在远处描绘和勾勒山形的大致形状及其变化,然后解释其原因和相应的社会功能变迁。①在很大程度上,这种整体主义进路的社会学和强调个体主义方法论的经济学完全可以实现视角和方法的互补和相互支持。

就本书研究而言,就既有对制度参与人行动选择的微观考察,又有基于长期、大量统计数据基础上的结构变迁和整体关注。面对当代中国的法官管理整体性制度安排,综合运用社会学的方法和经济学的工具也许是一个不错的方法论搭配。因此,虽然在学界多有"经济学是社会学的敌人"的论调或善意调侃,本书的研究却希望通过呈现两种社会科学方法论在具体制度研究上的有机融合来展示经济学和社会学其实完全可以是一对相互协作和配合的"朋友"。

5. 谱系学、比较法等其他研究方法

除了以上四种研究进路,本书还努力以一种谱系学的进路、比较法的视角和政治学的视野考察当代中国的法官管理模式,尝试从纵深的历史背景和"路径依赖"(path dependence)效应来解释一些看似不合理的现象,并给予一种"同情的理解"。

在福柯看来,谱系学是一种效果历史,是一种不考虑目的和起源的偶然性追溯。对于中国的司法改革以及诸多需要改或不需要改的现实司法制度,谱系学不作任何"文过饰非"的事后建构,它只是仔细地考察一个事件、一个制度出现或变迁背后的诸多细节和开端,辨认和试图展现这些时间和制度背后不同的利益和力量;它只考察这些制度的不为人所意图的效果和作用,在这个层面上,它是经验主义、后果主义和实用主义的(因此又与波斯纳的实用主义法理学暗中相通)。就本书研究主题而言,本书第四章的研究就是一个运用谱系学和语境论研究中国法官管理模式之"前世今生"的谱系学考察,不仅将当前这套管理模式初次"萌芽"和"出现"的场域确定为战时的陕甘宁边区,更从国家建设、社会变迁和司法话语权的激烈争斗中展示该模式出现、成型、固化以及在现代工商社会所需的法治建设中凸显问题的历史维度和制度背景。不仅是谱系学,本书其他各章节还利用了比较法和政治学的一些视角和理论,以便更全面地考察中国法官管理制度背后深层次的政法逻辑和理论问题。

综上所述,本书的研究取向是社科取向的交叉学科研究,其基本风格可

---

① 当然还有另外一种社会学,那就是一头钻入个案中,显微镜一般地细细考察个案中的诸多细节和关联。虽然不同的学者偏好不同,但这两种社会学模式却并不冲突,而是互补的,因为对于复杂多变的社会,单单勾勒粗线条或者热衷于对个案细节孜孜以求都不足以使得我们全面理解和解释身处其中的世界,综合两者之长恐怕是一个不错的选择。

简单概括为,在比较法的背景下,根据田野调查中得来的实证数据和资料,以一种"波斯纳牌号"的实用主义法理观、博弈论视野下的新制度经济学、信息经济学中的激励和治理理论以及社会学的场域理论、谱系学等综合研究方法,来"凝视"和探究当代中国法官管理制度"是什么""为什么"以及"如何改"中的制度和理论逻辑,不仅努力寻找正式制度与大量非正式制度之间的互动,考察其对现代法治之形成和现代程序运行的各种影响,更希望通过考量每一个制度可能的利弊得失并进一步探询制度改革的必要性、可能性和现实性。

七、本书的结构安排

最后需要对本书的结构安排做一些提前的介绍或导读。除去"导论"和"尾论",全书共九章,分三编,其中"制度"编有四章,"后果"编有两章,最后的"变革"编有三章。具体如下。

首先是导论:"研究当代中国的法官管理",概括全书的问题意识、理论框架和基本内容。具体地,首先需要在总体上对"为什么从法官管理切入?""为什么是当代中国?"这样一些相关的基本问题作一个初步的分析和阐述,并简略讨论本研究在司法制度研究和当代国家治理中的学术意义和实践意义。然后,针对上述问题隐含的理论方向展开文献综述,发现有关学术研究可能的空白或尚未推进的理论场域,由此确立本书的理论起点和分析框架。最后,对本书运用的经验材料、研究方法和基本内容作一简单介绍。

接下来的四章是"制度"编。需要提前声明的是,在论证逻辑上,本书将"变革"编的理论前提建立在既有法官管理模式带来的制度后果之上,因此本编聚焦的制度及其变迁主要集中在2013年(此为十八届三中全会后重新强调职业化、专业化的司法改革开启之年)之前。具体而言,第一章"转型中国的法官薪酬与遴选制度",集中讨论作为前提性制度的法官薪酬制度和遴选制度,以一种法官薪酬水平和遴选标准相互配合补充的制度组合视角,指出"规则之治"的现代工商社会应该在法官制度上确定并落实(高遴选标准,高薪酬水平)的"双高"组合。改革开放以来,虽然中国法院的初次遴选越来越强调法官的专业化和职业化,但法院领导的内部选拔却呈现出专业化和行政化混杂的特点。因此,在市场经济条件下,如何避免法院内部的人才选拔出现逆向选择效应是我们应该关注的大问题。第二章"司法知识与法官流动",根据大量实地调研得来的、关于法官流动的共时性数据和历时性数据,发现中国法官管理中一个长期存在但却不为外人道的内部行政性调动制度。本章力图分析中国法院内部行政调动制度的生成机理、该制度忽视司法知识积累的原因以及这种改变的困难性。第三章"中国法院绩效考评制度研究",根据从实地调研中搜集到的几个样本法院的绩效考评制度,本章总结出中国法院系统绩效考评"数字化"的特点,发现"同构性"和"双轨制"并存这一现象并进一步分析了该现象背后隐含的问题。第四章是"法官管理的中国模式及其限度(1937—2013)",根据实地调研中获得的法院管理资料,发现中国司法实践中五个既相互牵掣又相互配合的法官管理制度,以一种整体的制度观总结出中国法官管理模式"遴选大众化""薪酬地方化""管理行政化"和"考评数字化"的特点,借助语境论和谱系学的研究方法,考察该模式的前世今生,并进一步追问,在我国社会经济条件大幅变迁的背景下,这种已然有所变化的法官管理模式能否应对现代工商社会的需要以及支持现代程序制度的有效运行。

然后是"后果"编,主要运用大量第一手数据和材料讨论2013年之前的法官管理模式会导致何种直接和间接的制度后果。第五章是"中国法官最大化什么?",从大量法官数据入手概括出当代中国法官的几个特点,探讨其在当下中国制度环境下理性的效用偏好,再运用经济学中的效用函数理论抽象出一个中国法官的效用函数,本章的初步结论是在当前的制度环境下,中国法官是一个比较年轻且乐于追求高收入和行政级别升迁的群体。第六章是"现代程序制度的建构与'失灵'(1978—2013)",聚焦于从法官管理的角度讨论当代中国确立于三大诉讼法中的程序法治为何在司法实践中出现程度不同的"失灵"问题。基于大量整体性的历时性司法数据,本章指出当前程序失灵的一个原因可能在于,在法官遴选大众化、法院内部管理行政化的基础上,以调撤率、申诉上访率、发改率为主要考核指标,越来越数字化的法官绩效考评制度不仅破坏了现代社会本应具备和拥有的"规则之治",更在很大程度上侵蚀了现代程序制度得以有效运行的基础。

接下来是"变革"编,主要讨论2013年以来致力于去行政化和去地方化的新一轮司法改革的若干司法改革举措(这些举措随后确立于2014年颁布实施的"四五改革纲要"中)及其实效。第七章是"现代化进程中的司法改革(1978—2018)",先从理论推演的角度讨论中国法官管理制度应该如何变革,然后概括2013年以后展开的司法改革的主要改革举措,并简要分析理论推演和实际的制度变革之间的差异。第八章"法官员额制改革:实效与困境",基于实地调研中获得法官数据和访谈材料,本章力图回答如下一些问题,比如法官入额的高标准在实践中是否真正落实、法官提薪的落实情况怎样、此次改革是否消解了法官薪酬的地方化和行政化、法官们是否认同法官员额制的预期目标已经实现、不同地域的法官以及员额法官和未入额的法官在这些问题上的态度是否有所差异以及当前已经全面完成的法官员额制改革可能会在哪些方面遭遇制度困境,又该如何化解。第九章"目标责任制下的法官管理",本章以此轮改革力图推行的法院内部"扁平化管理"为对象,从当前中国政府治理和国家治理中广为盛行的目标管理责任制切入,深入讨论这一改革举措背后的制度逻辑及其隐含的制度张力,以便未来透过相关改革的实效检验进行更深入的理论反思。

最后是尾论:"中国理论的可能性和中国问题的复杂性"。以中国法官管理制度的研究为范本,指出在中国问题的研究中,单一研究视角完全不可行,而开阔的社会科学视野和交叉学科研究不仅有其必要性更具可行性。并进一步以中国法官管理制度的生成和演化为例,一方面探讨现代法治理念和制度要在中国落地生根是一个既具有长期性又具有复杂性的制度实践,另一方面探讨中国学者在借鉴西方学术时如何坚持独立自主的主体立场,以及基于中国问题提炼出一般性理论的可能性。面对"五五改革纲要"隐含的改革"回流"问题,进一步指出当代中国的司法改革仍然存在专业化司法话语和大众化司法话语的竞相争斗,以及以司法职业化、精英化为特点的专家司法路线和以群众路线、实事求是为核心的人民司法路线的暗中较量。针对中国法院系统普遍存在的这一法官管理模式,我们也许应该顺应城市中国的制度需求适当反思和调整源自根据地时代的、曾经非常成功的法官管理模式以及附随其上的司法观。

第一编

制　度

第一章 转型中国的法官薪酬与遴选制度
——基于激励理论的审思

> 最有助于维护法官独立者,除使法官职务固定外,莫过于使其薪酬固定。……就人类天性之一般情况而言,对某人的生活有控制权,等于对其意志有控制权。在任何置司法人员的财源于行政机关的不时施舍之下的制度中,司法权和行政权的分立将永远无从实现。
>
> ——汉密尔顿、杰伊、麦迪逊①

> 社会科学的功能性目标并非仅仅在抽象意义上预见人类行为,而是分析社会制度和评价制度革新的建议。
>
> ——Roger B. Myerson②

如果将法官管理制度视为一个既包括事前"如何选对人",也包括事后"如何激励人"的整体制度框架或者体系,其中最基础性的就是前提性的法官薪酬制度和遴选制度了。作为中国司法改革的重要制度内容,能否确立科学且有吸引力的法官薪酬水平,以及能否规定严格的法官遴选标准和公平公正的遴选程序并有效落实之,不仅影响法院改革的实践效果,更关系到法治理想在中国能否真正实现。就法官薪酬和遴选制度,如果从激励理论的角度看,前者涉及法院系统的薪酬管理,后者事关法官选任的机制设计。

鉴于中国法官均为制度制约下的有限理性行动者,法官管理之制度设计的关键是"把激励搞对",即如何给予广大的普通法官和法院领导合适的激励以引导他们充分合作从而实现既定目标。一方面,法院管理的特征在于法官的自由裁量权和审判职责的特殊性质;另一方面,在中国,除了普通法官在个

---

① 〔美〕汉密尔顿、杰伊、麦迪逊:《联邦党人文集》,程逢如、在汉、舒逊译,商务印书馆1980年版,第396页。需要注明的是,原文是立法机关和立法权,鉴于当代各国的财权都掌握在政府手中(中国也不例外),故笔者将此句中的立法机关和立法权替换成了行政机关和行政权。

② Roger B. Myerson, "Nash Equilibrium and the History od Economic Theory", *Journal of Economic Literature*, vol. 37, no. 3, 1999, p. 1069.

案审判上的自由裁量权,法院领导手中的自由裁量权极具特殊性:一是行政权力较大,二是所受约束有限(特别体现在"一把手"现象)。因此,法院薪酬管理和遴选机制的核心就在于能否设计一个合适的激励结构,鼓励普通法官和法院领导以激励相容的方式促成法院公正、高效、权威之目标的实现。因此,本章的重点在于揭示现实中司法改革的微观激励基础。如果不了解既定制度背景下各类法官的理性选择,我们就不可能真正理解法院体系内发生的种种系统现象,也无法真正理解中国司法转型的困难之处。

一、问题的提出

要聚焦本章的研究对象,首先需要在当代中国的制度语境下进一步界定何谓"法官"。根据现行《法官法》第 2 条的规定:"法官是依法行使国家审判权的审判人员,包括最高人民法院、地方各级人民法院和军事法院等专门人民法院的院长、副院长、审判委员会委员、庭长、副庭长和审判员。"由于在选任标准、选任方式、选任程序和承担职责上有很大差异,本章将《法官法》第 2 条法官粗略划分为"法院领导"(借用左卫民等的类型化区分①,也可称之为"领导型法官"②)和"普通法官"(未担任任何行政职务的普通审判员)。

鉴于"法院领导"这个词在司法实践中含义不太清晰,我们需要进一步在当代中国的政法背景下界定一个法院内部哪些人属于法院领导,他们之间又有何种有机的动态关联。首先,在"党管干部"的组织原则下,具有人事任免权的法院领导只能是以"一把手"院长为权力核心的党组班子。③ 他们决定着一个法院内部的行政职位和职级如何分配和任免,不仅中层干部的选拔和任用权在党组,普通法官的行政职级(包括副科、副处、副厅这样的实级,也包括副主任科员、主任科员、调研员这样的虚级)的任免也在法院党组。其次,基于法院党组的人事任免、职位分配和行政调动权,产生于法院内部的审判

---

① 以是否需要承担管理职责和是否主要从事审判工作为分类标准,左卫民等将《法官法》中确定的中国法官区分为业务型普通法官、非业务型普通法官、业务型领导法官和政治型领导法官。由于法院内部存在相对普遍的行政调动,业务型普通法官和非业务型普通法官两种分类在现实中存在相互交叉甚至混同的可能,因此本书仅将中国法官区分为普通法官和领导法官。关于左卫民等对法官的类型化区分,参见左卫民、全亮、黄翀、王禄生、张洪松:《中基层法院法官任用机制研究》,北京大学出版社 2014 年版,第 11—12 页。
② 也许有人会质疑这一界定,因为只要未进入法院党组班子,即使是副院长也可能认为自己不是真正意义上的领导,更不要说基层法院的副庭长了。本章之所以这样界定,是因为与没有任何行政职务的普通法官相比,法官管理制度为这些在法院内部拥有一官半职的法官设定的管理模式有很大不同。
③ 一般地,法院党组成员包括一把手院长、副院长(党外人士担任的副院长除外)、部分庭长,还包括政治部主任、纪检书记,根据院长的个人偏好,甚至有的地方还包括办公室主任。

委员会成员以及包括业务庭庭长、副庭长在内的所有中层干部。① 在一个相对长期的时间段内,一个法院的"一把手"院长会定期或不定期地更换。以"一把手院长"为领导核心的法院党组成员也会相应地进行人员更替,因此,党组成员和中层干部甚至普通法官之间存在着一种可预见的上下通道,这种有机的动态关联是一种围绕着行政级别晋升展开的职场竞争。就本章针对法官遴选和薪酬制度的讨论中,我们应该如何在这种"党管司法"的政法背景下进行薪酬管理的制度设计以激励法官们公正、廉洁、高效地审判?又该依据何种遴选标准和遴选程序选任法官和评判既有的遴选实效?

就法官薪酬和遴选制度而言,目前已有不少有价值的研究。② 我们从中可以看到,虽然已有不少有理论深度和现实关照的研究,但既有文献的不足在于缺乏对法官薪酬管理的专门研究,更忽视了法官薪酬制度和法院遴选制度之间隐含的逻辑联系。因此,本章尝试综合法官薪酬制度和法官遴选制度,以一种互补性的整体激励视角,不仅把分析对象聚焦于作为法官后备人才的社会人员和法学院毕业生,更集中于法院里的普通法官(包括已进入法院但还未被任命为法官的准法官群体)和法院领导,分析他们在既定薪酬制度和遴选制度环境下的激励和行为,考察在社会经济变迁的背景下应该如何科学确定法官薪酬水平和法官遴选标准。

更进一步地,我们还需要在大国治理的背景下探寻为什么法官高薪的制

---

① 可能有人会质疑"副庭长"是否属于法院领导,我的观点是可能很难一概而论。在基层法院,副庭长往往和普通法官相差不大,但越往上走,比如到了高级法院和最高法院,副庭长和普通法官的差异就会越来越显著。

② 在法官薪酬方面,王亚新和左卫民等分别从法院资源获取和司法财政模式的变迁方面侧面讨论了法官薪酬问题。参见王亚新:《围绕审判的资源获取与分配》,载《北大法律评论》1999年第1期,第49—79页;王亚新:《司法成本与司法效率——中国法院的财政保障与法官激励》,载《法学家》2010年第4期,第132—137页;左卫民等:《中国基层司法财政变迁实证研究(1949—2008)》,北京大学出版社2015年版,第134—142,221页。就法官遴选和选任而言,既有研究在法官任职标准上基本达成了共识,参见姚建宗:《国家统一司法考试与我国司法官遴选:基本认识与框架设计思路》,载《法制与社会发展》2002年第2期,第3—9页;张泽涛:《司法资格考试与我国法官选任制度的改革》,载《法学家》2003年第2期,第75—84页;刘忠:《关于法官的选任年龄》,载《比较法研究》2003年第3期,第90—97页,等。针对法官任用程序和法官任用制度的比较研究,参见夏克勤:《中国法官职业化的必由之路——以法官选任制代替审判长选任制》,载《法学》2001年第4期,第11—16页;陈永生:《两大法系法官制度之比较》,载《政法论坛》1998年第5期,第97—102页;周道鸾主编:《外国法院组织与法官制度》,人民法院出版社2000年版;王丽萍:《美国的律师考试制度及其对我国司法考试的启示》,载《法律科学》2001年第5期,第28—31页;关毅:《法官遴选制度比较》(上、中、下),载《法律适用》2002年第4、5、6期,第12—17页、第8—12页、第30—37页。对现实中国法官遴选制度的实证考察和理论反思,参见左卫民等:《中基层法院法官任用机制研究》,北京大学出版社2014年版;左卫民:《省级统管地方法院法官任用改革审思——基于实证考察的分析》,载《法学研究》2015年第4期,第23—40页;苏力:《法官遴选制度考察》,载《法学》2004年第3期,第3—24页;王禄生:《相马与赛马:中国初任法官选任机制实证研究》,载《法制与社会发展》2015年第2期,第41—53页。

度前提是法官遴选的高标准,以及应依照何种标准选拔出真正具有专业能力的法官?在城乡二元结构下的当代中国,可否根据熟人社会和陌生人社会的解纷需求设定两类法官并在此基础上分别设计薪酬水平和遴选标准?如果法官应与行政职级脱钩已成法学界的共识,那么它在实践中的可行性究竟如何?我们能否独立地根据法官等级确定法官薪酬标准?如果各地实际上存在差别化的法官薪酬,我们该在何种维度上实现薪酬的统一管理?固定法官薪酬是否可能?如何改革法官的薪酬调整机制?对这些问题的有效回答,都需要我们打开法官激励这一制度"黑箱"。只有深入认识准法官、普通法官和法院领导的激励来源以及产生的各种可预期、不可预期的后果,才能真正理解当代中国的法官和法院,以及中国司法改革的现实逻辑和政治逻辑。

二、一个基本的制度组合框架

首先需要界定何谓法官薪酬制度和法院遴选制度。

根据薪酬管理理论,薪酬是指组织内所有员工的货币性和非货币性劳动收入的总和,包括薪金、工资、奖金和福利待遇等各种报酬形式。一般地,薪酬可以分为两部分:内在薪酬和外在薪酬。内在薪酬是员工因为组织能否提供包括工作保障、身份标志、给员工更富于挑战性的工作、职业晋升、对突出工作成绩的承认、培训机会、弹性工作时间和优越的办公环境等条件而形成的心理状态。当员工在以上几方面都能获得比较高的满足时,该工作就是一个能提供较高内在薪酬的工作职位。① 外在薪酬包括基本薪酬、绩效薪酬(Merit Pay)、各种激励性薪酬以及各种福利与津贴。而薪酬管理,就是一个组织根据员工提供的劳动对本组织员工报酬的支付标准、发放水平、要素结构进行确定、分配和调整的过程。在管理学家看来,现代薪酬管理努力将物质报酬的管理过程与员工激励过程紧密地结合起来,使之成为一个有机的激励系统。② 因此,薪酬制度的核心功能就是激励,通过提供外部公平(强调与其他组织相比的外部竞争力)和内部公平(强调组织内部不同工作报酬之间的差异和协调)的制度设计以实现事前的吸引人才和事后的"人尽其才,才尽其用"。

法院作为一个具有公共服务功能的非营利性组织,法官薪酬(judicial compensation)一般采用一种政府主导型的薪酬管理机制,即通过行政指令或

---

① J. R. Hackman, G. R. Oldham, "Development of the job diagnostic survey", *Journal of Applied Psychology*, vol. 60, no. 2, 1975, p. 195.
② 张玉堂、刘宁编著:《薪酬管理》,北京大学出版社 2007 年版,第 1 页、第 11 页。

计划的方法规定法官薪酬水平和内部薪酬结构。不过,虽然法院的薪酬管理不能全然市场化,但只要法官拥有劳动力市场上的外部机会和自由选择权,市场主导型的薪酬管理机制(通过劳动力的流动和市场竞争)也能通过法官"用脚投票"的行动选择间接影响政府主导型薪酬制度的实效。① 因此,法官薪酬制度其实暗含了一种激励管理,成功的薪酬制度往往能极大的调动法官的积极性和创造性,反之,则会挫伤法官的积极性和创造性。

根据以上界定,本书认为法官薪酬制度是一个包括了法官薪酬水平、法院内部薪酬结构、法官薪酬调整以及更一般的法官薪酬管理在内的制度组合。但就事前吸引优秀人才和事后调动法官工作积极性而言,如何确定科学的法官薪酬水平毋庸置疑地成为法官薪酬制度的重点。

再看法官遴选制度。据称,法官遴选的重要目的是能真正选择最优秀的法律人才进入法官队伍。根据关毅的概括,域外法治诸国,不管是大陆法系的德国、日本,还是英美法系的美国和英国,目前最有代表性的法官遴选方式主要有四种,分别是:经过培训或通过考试后被任命为法官;由法官遴选委员会任命;行政机关任命和通过党派或非党派选举产生。② 如果加上中国独特的遴选方式,即名义上的各级人民代表大会或人民代表大会常务委员会任命,法官遴选方式就有五种之多。但在笔者看来,法官遴选制度并不仅指法官遴选方式。与法官薪酬制度相似,法官遴选制度也是一个制度组合,不仅包括法官遴选方式,更包括法官遴选标准、法官遴选主体和法官遴选程序等具体制度。就实现"真正选择最优秀的法律人才进入法官队伍"这一目标而言,能否确定严格的法官遴选标准并有效落实之才是该制度的核心。

将法官工作难以有效监督的特性③与法官薪酬制度和法院遴选制度相结合,我们发现,一方面,在现代陌生人社会中,之所以需要确定严格的法官遴选标准,是因为如果缺乏有效的事后监督和绩效考核机制,未加严格遴选的法官,其行为不仅容易存在非常严重的道德风险(比如偷懒卸责甚至贪腐)问题,也缺乏应对现代工商社会规则之治的司法知识和能力。另一方面,在市场经济的背景下,如果我们确定了严格的法官遴选标准,却没有落实相配套的较高的法官薪酬水平,结果就免不了"吸引不了人"或"留不住人",选择优秀法律人才进入法官队伍的目标也会落空。这其实就是激励理论视野下

---

① 关于政府主导型薪酬管理机制和市场主导型薪酬管理机制,请见张玉堂、刘宁编著:《薪酬管理》,北京大学出版社 2007 年版,第 13 页。
② 请见关毅:《法官遴选制度(上)》,载《法律适用》2002 年第 4 期,第 12 页。
③ 笔者将这种由于存在大量的自由裁量权而难以有效监督的审判活动,称之为工作特定性很低的工作。请见艾佳慧:《中国法官最大化什么:实证和比较视野下的经济学分析》,载《法律和社会科学》(第三卷),法律出版社 2008 年版,第? 页。

激励契约(incentive contracts)中的"参与约束"问题。

激励契约是委托人(制度设计者)为了诱导代理人(事前的法律人才)进入契约以及引导代理人(事后的法官)更加努力工作而制定的契约,而"参与约束"是指制度设计者在设计该激励契约时必须考虑的一个前提性约束条件,即法院为了吸引人才和留住人才,必须保证法官(事前的准法官)从法院获得的预期收入不得低于市场上其他工作机会的最高报酬,这样法律人才会出自自身利益的考量和计算心甘情愿地接受这项契约。① 在我看来,只要存在法律人才的劳动力市场,法官遴选的"参与约束"条件就既有事前的(如果法官薪酬水平低,很多优秀的法律人才不愿意选择法官这一职业)又有事后的(即使已经是法官,只要存在薪酬水平高于法官职位的外部机会,法官也有离开法院的动力和积极性)。因此,从激励理论的角度,法官高薪是"效率工资"理论(指对员工支付高于市场工资水平的一种激励策略)的实践应用,因为根据 Shapiro 和 Stiglitz 的理论,"高薪养廉"有利于减少法官的道德风险,提高法官的努力程度进而提高工作效率。②

由于法官薪酬和遴选制度的核心在于法官薪酬水平和法官遴选标准,基于以上的激励理论视角,本节尝试从法官薪酬水平和法院遴选标准两个维度构建一个基本的制度组合框架并将之视为一种韦伯意义上的抽象化分类(理想类型)加以分析。③

	法官遴选标准	
法官薪酬水平	高	低
高	遴选标准高 薪酬水平高	遴选标准低 薪酬水平高
低	遴选标准高 薪酬水平低	遴选标准低 薪酬水平低

图 1.1 法官遴选标准与法官薪酬水平组合图

根据图 1.1,如果法官遴选标准和法官薪酬水平分别有"高"和"低"两个

---

① 对激励契约的介绍,请见周黎安:《转型中的地方政府:官员激励与治理》,格致出版社、上海人民出版社 2008 年版,第 28 页;对参与约束的界定,请见张维迎:《理解公司:产权、激励与治理》,世纪出版集团、上海人民出版社 2014 年版,第 416 页。
② See, Shapiro, Carl, Joseph Stiglitz, "Equilibrium Unemployment as a Worker Discipline Device", *American Economic Review*, vol. 74, no. 3, 1984, pp. 433-444. 但周黎安认为,如果没有有效的监督和严厉的惩罚,高薪能否养廉其实要打一个问号。参见周黎安:《转型中的地方政府:官员激励与治理》,格致出版社、上海人民出版社 2008 年版,第 33 页。
③ See, Max. Weber, *The Methodology of the Social Science*, Free Press, 1949.

选项,制度设计者会面临四种基本的制度组合,即左上的(遴选标准高和薪酬水平高)、左下的(遴选标准高和薪酬水平低)、右上的(遴选标准低和薪酬水平高)以及右下的(遴选标准低和薪酬水平低)。这是一个基本的、抽象的、静态的制度组合。在此需要注意的是,遴选标准高或低其实要看以何种参照系来判断。本章,甚至在本书中,合理的法官遴选标准是以法官拥有较高的文化水平或具备专业司法知识来判断的,高遴选标准意味着法官职业的准入门槛较高。在专业分工和知识分工的现代工商社会,应以是否接受过法学专业教育和是否通过国家法律考试为标准;在欠缺知识分工的传统农业中国,则不得不以是否通过科举考试为标准。但在陕甘宁边区和计划经济中国,遴选标准以政治忠诚和出身来判断,由于很多有知识有文化的人无法入选,你也很难说这一标准就很低。此处称其为"低",其实隐含着本章不无武断地以法官文化水平以及专业化标准为统一参照系。

明确了法官遴选标准的统一参照系之后,先不考虑"多高""多低"这类复杂的变动幅度问题,本节将以一种比较的实然视角考察人类历史上曾存在和仍存在的几类制度组合,然后再从普遍性的规则之治如何落实的角度讨论现代工商社会应该选择何种制度组合。

首先,在明清两代,皇帝以科举取士(高遴选标准)但只给官员低薪(低薪酬水平)的历史现象符合图 1.1 左下的制度组合。① 在瞿同祖先生看来,司法是传统中国州县衙门最重要的功能之一,州县衙门就是中华帝国的基层法庭,而被授权就民事案件及刑事案件作出相应判决的州县官员就是基层法庭的法官。② 因此,我们可以理所当然地将此类制度组合归入本节的讨论范围。以清代为例,州县官员若要获得此职位,入仕的常规途径("正途")主要包括进士(京试及格者、举人(乡试合格者)和贡生(资深秀才选送入国子监者),官员的遴选标准不可谓不高。然而,与之不匹配的是,州县官员很多时候仅能得到一份微薄的俸薪,即使他们的收入在雍正朝之后增加了一份"养廉银",也完全不能满足私人和公务费用。③ 以一种微观行动者的激励理论视角,我们想要追问的是,这一个看似不配套的制度组合为何明清两代盛行了数百年之久?原因可能有二,其一,在农耕时代,缺乏竞争性制度和更好的

---

① 虽然在明清两代,科举考试的内容仅为儒家经典,不涉及法学法律,但根据前文的界定,由于高遴选标准指法官职业的准入门槛,科举取士当然算得上遴选高标准。至于举子入仕后才开始接触法律事务,因此不得不仰赖刑名幕友这种辅助机制的现象,我以为封闭静止的农业中国不需要普遍性的规则之治,也不会产生对专业法律知识的需求,刑名幕友所拥有的知识不过是一种在地性的破案解纷知识罢了。
② 瞿同祖:《清代地方政府》,范中信、晏锋译,何鹏校,法律出版社 2003 年版,第 193 页。
③ 同上注,第 34、42 页。

外部机会,读书人没有当官之外的更好选择,所以只好"学而优则仕";其二,由于皇帝和各级官员之间存在严重的信息不对称,再加上中国幅员辽阔,在多层级的"委托—代理"链条下,各级官员不仅会利用"陋规"这类制度惯例补贴常规薪酬的不足,更会利用手上的权力大肆谋私。在很大程度上,这就是历朝历代都根治不了的官员贪腐问题。民谚"三年清知府,十万白花银"即为例证。虽然有个把清官——比如海瑞——通过内化儒家伦理道德以抵抗这种权力的侵蚀,但在"趋利避害"的人性关照下,这种人并不具有普遍性。① 人"拗"不过制度,大致如此。

其次,在陕甘宁边区和计划经济时代,中国共产党创造并实践的相关制度(法官的低遴选标准配合低薪酬水平)正好符合图 1.1 右下的制度组合。一方面,在陕甘宁边区,我党注重起用没有太多文化的工农干部替代专业司法人员,若以前文明确的法官遴选标准为参照系,当时的遴选标准当然不会高。根据 1941 年 5 月 10 日陕甘宁边区高等法院对各县司法工作的指示,司法干部具备的条件包括:要能够忠于革命事业;要能够奉公守法;要能够分析问题和明辨是非以及能大致看懂条文和工作报告。② 另一方面,陕甘宁边区经济十分落后,司法人员的薪酬水平也极低,财政收入十分拮据的边区政府对包括司法人员在内的工作人员只能实行供给制,供给只包括微博的津贴、简单的伙食以及必要的被服。1949 年以后,我党延续和强化了陕甘宁时代的大众司法路线和"马锡五审判方式"。在法官遴选方面,经历了 1952 年全面清除专业化旧法人员的司法改革运动③,人民法院的法官遴选标准专注于出身和政治忠诚。一个以工农干部和转业军人为主的大众化法院,专业化程度一定不高。在法官薪酬方面,和其他政府工作人员相比,法官并不具有特殊性。1956 年,国家首次对企业、事业和国家机关的工资制度进行了统一改革,实现了多种工资形式向单一工资形式的转变,使全国工作人员的工资形式趋向统一,最终确立了单一的、平均的、"按劳分配"的低工资制度。④ 对劳

---

① 由于极具特殊性和不可复制性,所以黄仁宇称海瑞为"古怪的模范官僚",一个例子是,虽然官至二品,但海瑞死后仅仅留下白银 20 两,还不够殓葬之资,这在其他官员看来是不可思议的事情。参见〔美〕黄仁宇:《万历十五年》,生活·读书·新知三联书店 1997 年版。
② 参见马锡五:《新民主主义革命阶段中陕甘宁边区的人民司法工作》,载《法学研究》1955 年第 1 期,第 8 页。
③ 1952 年 6 月 24 日,中央人民政府政治法律委员会彭真副主任在政法干部训练会议上发表了"关于司法部门的改造与整顿问题"的讲话,自此开始了一场暴风骤雨般的清理旧法人员的运动。参见彭真:《关于司法部门的改造与整顿问题》,载《人民司法》1957 年第 11 期,第 3—7 页。
④ 武力、温锐:《新中国收入分配制度的演变及绩效分析》,载《当代中国史研究》2006 年第 4 期,第 5 页。

动者而言,这是一种缺乏激励的制度安排。①

可以说,从陕甘宁边区时代一直到 1978 年改革开放之前,针对法官,我党一直实行这种薪酬和遴选的"双低"制度组合。与域外法治诸国践行的法官高薪和基于严格遴选的法官专业化制度相比,这一"双低"组合其实是中国共产党立基于战争年代和计划经济时代的独特的制度创新。从法官激励角度,一方面,由于不存在劳动力市场,干部只能被选择而没有选择的余地;另一方面,没有市场经济带来的大量纠纷以及隐藏其中的"油水",因此也不存在对法官贪腐这类道德风险的监督问题。从实践效果角度,"双低"制度下的法官完全能够满足我党在特殊年代通过司法贯彻路线方针政策、动员组织民众和服务大局的政治功能。因此,在农业社会和实行计划经济的中国,这是一个能够长期维系和有效运行的制度组合。

第三种制度组合就是在比较法意义上最常见的法官高遴选标准和高薪酬水平的"双高"制度组合,位于图 1.1 的左上方。在域外法治诸国和地区,不管法官以任何方式被任命,官方均制定并落实了严苛的高遴选标准。② 与之相配套的,就是规定并落实法官的高薪酬水平。比如,英国、墨西哥等国的法官工资都直接对应司局级以上官员,德国、日本的法官薪酬也远远高于普通公务员。在美国,法官遴选标准很高的一个例证是,很多美国联邦法官"在决定做法官时,法官薪水这个因素在决定过程中所占分量很少甚至不占任何分量。这部分是因为他们已经挣到并积蓄了足够的金钱,足以弥补他们做法官时的薪水;但更大的原因是,金钱并非他们作出生活选择的重要因素"③。

在中国,不管是清末修法还是对列强"萧规曹随"的民国立法,深感在法治方面技不如人的司法制度设计者在法官遴选和薪酬制度上均"模范列强",制定了高标准的法官遴选标准和相应的高法官薪酬,在制度安排上同样契合了图1.1 左上的"双高"制度组合。比如,民国时期的法科学生必须通过严格的司法官考试,取得任职资格,然后经过长期的任前培训和试用才能成为一名候补法官。④ 在法官薪酬方面,全国实行统一的司法官官等官俸。根据 1928 年 7月 1 日施行的《司法官官俸暂行条例》,高等法院院长为荐任七级至一级,月俸 280 元至 400 元;庭长为荐任八级至一级,月俸 260 元至 400 元;推事荐任

---

① 杨志勇、杨之刚:《中国财政制度改革 30 年》,格致出版社、上海人民出版社 2008 年版,第 40 页。
② 域外各国法官的具体遴选标准,请参见关毅:《法官遴选制度》(上、中、下),载《法律适用》2002 年第 4 期、第 5 期和第 6 期。
③ 〔美〕理查德·A.波斯纳:《联邦法院:挑战与变革》,邓海平译,中国政法大学出版社 2002 年版,第 34 页。
④ 参见赖波军:《司法运作与国家治理的嬗变:基于对四川省级地方法院的考察》,北京大学出版社 2015 年版,第 52 页。

十一级,月俸200元至400元。以四川高等法院为例,不同官等人员的俸薪差别很大,同一个法院内,法官与录事、执达员的俸薪比例大约是12∶1。①

以一种比较法的历史视角,我们发现以上三种抽象的制度组合均是现实存在或曾经长期存在过的制度实践,但图1.1右上的制度组合——法官低遴选标准再配合高薪酬水平——却仅仅是一个抽象的理论存在,无论在历史长河还是在当今各国的制度安排中,均没有发现这一制度组合存在过的痕迹。在我看来,除了违背"德不配位"这一基本的常识之外,该制度组合无法实践的原因主要在于统治者刚性的财政约束(尤其在经济不甚发达的农耕社会)和高昂的信息成本及附随其上的事后道德风险(在匿名化的现代工商社会)。

以上是一个基于理想类型的静态制度分析。不加任何价值判断和主观评价,我们发现不管是作为历史事实还是现实存在,图1.1左上、左下和右下的制度组合都具有一定的历史正当性或现实合理性。需要进一步探讨的是,自英国工业革命以来全球社会或早或迟的现代转型之后,现代工商社会应该选择何种制度组合才能保证陌生人社会至关重要的规则之治?不同于传统农业社会中熟人之间的重复博弈,在流动性极强的现代社会,陌生人之间的交易往往是一次性博弈,陌生人之间的信任因此很难实现。在很大程度上,以普遍立法和统一司法为手段的现代法治,正是一套达成陌生人之间的信任并促进合作的机制。基于此,在个案中落实既定规则,并能在立法空隙处填补漏洞的专业化法官,不仅可以落实法律的可置信威胁来促合作稳预期,更保障了以市场经济为基础的现代工商社会的基本秩序。因此,一方面,现代工商社会必然要求法官遴选的高标准(专业化和职业化自然是题中之义)。另一方面,市场经济的发展催生了法律人才的劳动力市场。如果存在公司法务、律师和自主创业等其他职业选择,我们若想要法科学生选择法官这一职业,法官薪酬水平自然不能低于市场上其他职业的预期报酬,这是我们不得不考虑的"参与约束"问题。因此,不考虑历史正当性,只从现代工商社会的现实需求出发,制度设计者的最优选择只能是法官遴选标准和法官薪酬水平的"双高"制度组合。

三、社会变迁中的法官薪酬和法院初次遴选:
外部遴选和薪酬地方化

如果说前文侧重一种制度组合的静态分析,本节将以中国改革开放四十

---

① 参见赖波军:《司法运作与国家治理的嬗变:基于对四川省级地方法院的考察》,北京大学出版社2015年版,第52页、第65—66页。

余年以来的社会经济变迁为背景,总结我国法官薪酬制度和初次遴选制度的特点,考察在社会变迁的过程中这两大制度的动态变迁,并进一步从外部劳动力市场的供求出发分析中国法官和准法官面对种种外部机会的理性选择,以此解释法官供求不均和法官流失等现象。需要提前声明,这一部分仅讨论法官和准法官的外部遴选标准和法官薪酬地方化问题,而将法院内部的遴选(初任法官的选拔和行政职务的晋升)和法官薪酬行政化留待下一部分讨论。

首先需要将这一社会变迁和制度变迁的起点定位在1978年。根据上一节的论述,就法官的遴选和薪酬而言,我党自陕甘宁边区时代就一直推行"双低"的制度组合。在属地化管理的基础上,该制度组合的另一组特点就是法官遴选大众化和法官薪酬地方化。一方面,群众路线和马锡五审判方式是法官低遴选标准的理论基础和正当化依据,法官遴选大众化因此理所当然。在当时的治国者看来,法律和道德、政策和习惯之间并没有泾渭分明的分界线,与此同时,法官与干部、村长、村中有威信的人也没有根本上的不同,大家都是共产主义事业的"螺丝钉"。① 因此,在20世纪80年代之前,各级法院选调干部时,主要注意干部本人的阶级立场、政治立场,以及干部本人、家庭成员和主要社会关系中的政治背景,对文化水平的要求则相当低。② 另一方面,根据1951年3月发布的《政务院关于1951年度财政收支系统划分的决定》,我国开始实行统一领导、分级负责的财政管理体制,包括法官薪酬在内的行政机关经费由同级财政保障,少量的司法业务费由上级财政保障。③ 这是一种区别于中央财政保障的法官薪酬地方化,虽然在"全国一盘棋"的低工资制度下,彼时法官薪酬的地方化差异并不明显。

如果说没有四十余年前的改革开放,这一套针对司法人员的"双低"制度组合完全能够满足我党治理社会的需要,当然也就没有变革的任何可能性。然而,改革开放以及附随其上的社会转型和经济变迁终究还是来了。随着先农村后城市次第展开的经济体制改革,社会流动性增加了,涌入法院的民事、经济纠纷越来越多了,仓促应战的中国法院的首要应对之法就是扩编增员。在不到十年的时间里,中国法院系统的司法人员就由1979年的5.9万余人

---

① 强世功:《权力的组织网络与法律的治理化》,载《法制与治理——国家转型中的法律》,中国政法大学出版社2003年版,第133页。
② 董必武就指出,只要历史清白,有高小以上文化程度,身体健康,而且有志于政法工作的都可当法官。请见董必武:《关于整顿和改造司法部门的一些意见》,载《董必武法学文集》,法律出版社2001年版,第117页。
③ 左卫民等:《中国基层司法财政变迁实证研究(1949—2008)》,北京大学出版社2015年版,第33页。

激增至 1989 年的 24.7 万余人,后来更一路增加到 1995 年的 29 万人。① 在中共中央批准的这一扩编过程中,1985 年、1990 年和 1993 年是法院系统大规模招干和选调的三次小高峰。就法院遴选标准而言,随着改革的推进和社会经济的发展,进入法院的案件越来越多也越来越复杂,这直接导致法院内生出了对法官能力的要求,在实践中法院进人的条件因此也在相应提高。以四川省高级法院为例,1985 年,面向社会招干的核心条件是只需要具备高中以上文化程度即可;到了 1990 年,核心条件提高到具备法律、党政、中文等大学专科以上学历。② 到了 1993 年,最高法院明令要求新增的 4.2 万名干部应主要从政法专业学校和大专院校毕业生及部队转业军官中择优录用。③

正是由于蓬勃发展的市场经济亟须一批具备专业化能力的法官,我国于 1995 年首次制定了《中华人民共和国法官法》,虽然规则设计不乏但书和例外,但毕竟第一次明确了担任法官的学历条件:"高等院校法律专业毕业或高等院校非法律专业毕业具有法律专业知识。" 2001 年,修订后的《法官法》进一步提高了法官的任职条件:"高等院校法律专业本科毕业或高等院校非法律专业本科毕业具有法律专业知识。" 在中国法官遴选标准渐次提高的过程中,接下来更具标志性的事件是统一司法考试制度的制定和落实。《国家司法考试实施办法》规定,担任法官、检察官、律师和公证员必须通过国家司法考试,2002 年,以构筑法律人共同体为目标的统一司法考试正式开锣。以此为起点,虽然法院系统内部经历过初任法官要不要通过司法考试的争议,但在实践中,很多法院初次遴选的基本条件就是通过司法考试和公务员考试。到 2017 年《法官法》再次被修订,这一法官遴选标准之制度变迁的阶段性终点总算尘埃落定,该法第 12 条明确规定"初任法官采用考试、考核的办法,按照德才兼备的标准,从通过国家统一司法考试取得资格并且具备法官条件的人员中择优提出人选"。

可以看到,改革开放四十年以来,中国法官外部遴选标准的制度变迁方向非常清晰,即对初任法官从不太要求文化程度到要求高中毕业,再到中专、大专、本科一直到要求通过司法考试,中国法官的初次遴选越来越强调法官的专业化和职业化。由于开放之后的中国社会越来越需要稳定人们预期的规则之治,这一法官遴选标准"由低到高"的变迁趋势在很大程度上符合了现

---

① 具体的扩编时间和增员人数,请见刘忠:《规模与内部治理——中国法院编制变迁三十年(1978—2008)》,载《法制与社会发展》2012 年第 5 期,第 48—49 页。
② 赖波军:《司法运作与国家治理的嬗变:基于对四川省级地方法院的考察》,北京大学出版社 2015 年版,第 86—87 页。
③ 相关报道参见杨永启:《法院增编工作即将开始》,载《人民法院报》1993 年 8 月 20 日,第 1 版。

代工商社会对职业化法官的需求。

我们再看法官薪酬制度在这四十年间的动态变迁。改革开放前,在全国统一的低工资制度下,各地各级法官的薪酬差距很小。但随着中国经济的迅猛发展,中国法官的薪酬水平发生了一些变化。首先,从纵向的时间轴线来看,随着各地经济水平的提高和固定的逐年增资制度,即使考虑了通货膨胀因素,同一家法院(不管归属何地)的法官薪酬水平在绝对量上也总是在持续上涨的。① 其次,由于 1993 年的公务员工资制度改革在制度上明确了地方津贴制度②,在属地化管理制度(即"法院的人、财、物全归'块块'管"③)之下,这一制度变化使得在横向的全国性比较下,各地经济发展水平不平衡导致法官薪酬水平呈现出非常显著的地区差异。在很多情况下,即使同在一个城市,各区县经济发达程度不同也会导致法官薪酬的地区差异。换句话说,虽然不同行政级别的法官收入在本院内差异较大,但与其他法院相比,这一基于行政级别的工资差异会被地区性津贴差异抵消。这就是法官薪酬的地方化问题。比如,我在 2018 年夏天的法院调研中了解到,在东部发达地区的 N 市,由于 C 法院和 G 法院分属 N 市经济发达程度有很大差异的 C 区和 G 区,C 法院一位有着十余年审判经验的副科级法官,其月收入居然比 G 法院一位刚入职法院两年的法官助理少了四千余元。④

由于事关法官薪酬制度的有效设计,本节还想更加深入地讨论这一法官薪酬地方化问题。首先,大一统的中国自秦以来就确立了"属地管理"的基本原则。因此,虽然中国在行政体制上是一个高度集权的国家,但实际上中央几乎把所有的事务均委托地方政府具体实施,事权高度集中于地方政府。⑤ 基于"属地化管理"原则,中国目前的法院系统严格与中国当前的行政区划体制配套(比如基层法院、中级法院和高级法院分别对应于县区、地市和省),并受同级党政领导,完全合乎自古以来的治理逻辑。其次,改革开放以来,和法官薪酬密切相关的地方财政制度是 1980 年正式推行的"财政包干制",也即

---

① 一个例子,根据笔者的调研,在东部地区的 N 市某基层法院,1995 年进入法院的法官,当时的月薪是 380 多元;2007 年进法院的法官,月薪已经是 1700 多元了;2018 年新进的法官助理,月薪已经达到了 5000 多元。
② 《李鹏总理、罗干秘书长、宋德福部长在全国推行国家公务员制度和工资制度改革会议上的讲话摘要》,载《中国人才》1993 年第 11 期。
③ 王怀安:《法院体制改革初探》,载《人民司法》1999 年第 6 期,第 30 页。
④ 两位受访法官均曾为我的研究生,月收入信息来自她们的当月工资条,因此该信息的真实度没有问题。
⑤ 周黎安:《转型中的地方政府:官员激励与治理》,格致出版社、上海人民出版社 2008 年版,第 11 页。

财政预算包干制。① 由于1978年以来各地经济发展水平有快有慢，该制度必然导致地区间财政资源的巨大差异不断扩大，更导致依附于地方财政的法官薪酬水平呈现出巨大的地区差异。除此之外，进一步扩大法官薪酬地区差异的是地方政府建立在土地出让金基础上的"非税收入"。最近二十年，随着中国大力推进城市化和房地产行业的持续性增长，地方政府全面进入"土地财政"时代，即预算内靠城市扩张带来的产业税收效应，预算外靠土地出让收入。② 由于区位效应，越发达的地区，地方政府的土地出让金和其他相关收入也就越高。由于在法官薪酬结构中，除了和行政级别挂钩的基本工资，还存在各种地方性津贴和补贴，因此，法官实际薪酬水平与其所在地区的经济发达程度成正比。虽然笔者没有专门就此问题做过调研，但在今天，北京、上海等一线城市的基层法官和西部偏远地区基层法官的薪酬水平必然存在巨大的差异。

正是基于根深蒂固的属地化治理逻辑，改革开放四十余年来，与法院初次遴选标准一路向上的清晰走向不同，我国的法官薪酬水平不仅没有在经济发展的过程中实现统一化，反而呈现出越来越严重的地方化色彩。在此制度下，法官的薪酬激励不是与司法绩效建立起一种直接的联系，而是与地区差异直接挂钩。不过，如果没有出现专业法律人才的劳动力市场，这一地方化的法官薪酬制度其实不太会影响到法官的激励，因为毕竟从纵向的时间轴上看，法官薪酬的绝对量还是在逐年上升的。然而，问题的关键在于，法律人才的劳动力市场必然会随着市场经济的发展而出现，该市场的供求在很大程度上受制于法律人才的外部机会和预期价格（或者预期薪酬）。正是在此基础上，计划经济时代完全不会出现的"参与约束"问题出现了。

以一种市场是否完全和完善的视角，我尝试将法律人才市场在1978—2018年的发展分为三个阶段：

第一，很不完善的法律人才市场（1978—1992年）。之所以说该阶段的法律人才市场很不完善，不仅因为市场经济在当时并没有被承认和推行，更因为人们在彼时并没有太多的职业选择权，不仅高等院校毕业生还处于"包分配"的时代，很多人选择法院也不是因为经济的原因（可供选择的党政机关的薪酬相差不大），虽然1985年、1990年法院的招工招干背后还是隐含了应召者的有限选择。

---

① 周黎安：《转型中的地方政府：官员激励与治理》，格致出版社、上海人民出版社2008年版，第177页。
② 刘守英、蒋省三：《土地融资与财政和金融风险——来自东部一个发达地区的个案》，载《中国土地科学》2005年第5期。

第二,部分完善的法律人才市场(1992—2002年)。之所以说此阶段的法律人才市场部分完善,是因为在此期间高等院校(不管是法学还是非法学)的毕业生们开始了自主择业,至少形成了法律人才市场的供给方;几乎与此同时,在《法官法》的要求下,法院进人也开始要求高等院校毕业的基本条件,法律人才市场的需求方也开始出现。有了市场,预期薪酬高低和职业前景如何开始成为高等院校,特别是法科毕业生们是否选择法院、选择哪个法院的首要因素。可以想见,此阶段能够吸引法科学生的法院不是坐落在首都和省会的最高法院和高级法院,就是经济发达地区(比如沿海的江浙沪地区和珠三角地区)的中级法院和基层法院。甚至当这些法院的预期薪酬不及其他职业选择之时,进法院当法官甚至不是最优秀的法科学生的选项。这是一种事前的"参与约束"条件。从法院的角度,低薪限制了选择法官的余地。因此,在择业自由的年代,应该没有法科学生愿意选择"老少边穷"地区的法院,除了那些"生于斯长于斯"并愿意"化作春泥更护花"的本土法律人。①

第三,相对完善的法律人才市场(推行国家司法考试的2002年至今)。之所以称此阶段的市场相对完善,是因为在推行国家统一司法考试之前,有职业选择权和地域选择权的择业主体仅仅是高等院校(主要是法科)毕业生,但在2002年之后,伴随着各地经济发展不平衡导致的法官薪酬地区差异的激增,该市场的择业主体有了很大的变化,即除了毕业的法科学生(除了本科生和法学硕士,此阶段的变化是越来越多的法学院为法律人市场培养了大量的法律硕士)还有法院系统内通过了司法考试的普通法官。在此之前,即使你自认为很优秀,被锁定在某地的法官不仅不可能自由流动到自己想去的城市,更不可能在不同的法律职业间权衡利弊以进行职业的再次选择。完全可以说,统一司法考试制度不仅创造了全国范围内的法官流动市场,更创造了一个更大的包容了不同法律职业的流动市场。即使已经是法官,通过司法考试这一条件就使令你拥有了大量的外部机会和选择权,这就是前面讲过的事后的"参与约束"问题。

结合最近十几年越来越严重的法官薪酬地方化现象,以一种法律人才市场和"参与约束"的视角,我们大概能明了法学界热议的法官流失问题的症结在哪里。② 由于法官也是在既定制度下的理性行动者,法官一旦拥有了选择

---

① 苏力就曾指出,对于那些法学院毕业生不愿意去的基层法院,从本土本乡出去上学然后因各种原因回到家乡的大中专学生,以及具有高中以上文化程度的转业军人可以填补这一似乎难以填补的空缺。请见苏力:《送法下乡:中国基层司法制度研究》,中国政法大学出版社2000年版,第382页。

② 对法官离职问题的一个讨论,请见李浩:《法官离职问题研究》,载《法治现代化研究》2018年第3期。

权,权衡考量之后,自然会有随后的"趋利避害"的行动选择。因此,在上述已知的制度约束下,一个通过了国家司法考试(此处不考虑只有地方效力的 B 证和 C 证)的普通法官(不仅包括审判员,也包括助审员、法官助理,甚至书记员),如果其身处经济不发达的城市和地区,在薪酬待遇低下、职业前景灰暗的情形下,如果有发达地区法院以高薪为条件在全国范围内招揽优秀法官的机会,他/她一定不会放弃。即使没有发达地区法院的招聘,如果该法官够年轻够有闯劲,他/她也有勇气放弃法官职位,去经济发达地区从事更有挑战性的律师工作。① 在很大程度上,中西部地区的法院之所以留不住人才,是因为其提供的薪酬水平完全不具备与发达地区相抗衡的外部竞争性,与竞争对手相比,它们在法律人才的劳动力市场上竞争能力太弱。②

改革开放以来,虽然法院初次遴选标准呈现出一路向上的变迁势头,但是我们结合地区经济发达与否带来的薪酬差异进行观察就会发现,"参与约束"问题带来的一个必然后果就是中西部地区的法官流失。

四、法院内部的行政晋升机制:内部遴选和薪酬行政化

如果不考虑法官薪酬的地区差异,在一个法院内部,行政级别的高低以及掌握资源和权力的大小直接影响到法官薪酬的多少,这就是法官薪酬行政化。之所以一个法院内部的法官薪酬水平、薪酬结构和薪酬调整均与行政级别紧密相关,是因为我们一直以来都将法官视为和其他公务员无甚区别的干部。因此,在横向比较上,法院内部与行政级别挂钩的薪酬结构与同一个地方的其他党政机关并无二样。一个法官如果能从科员提拔到副科或正科,其工资薪酬会随之调整并直接影响其到手的工资薪酬水平。2006 年的公务员工资制度改革进一步调整了职级工资制度,此改革更加增强了行政级别对法院干警的激励功能。③

也正是因为薪酬行政化,法院内部不同工作(比如审判、行政管理和司法辅助)的薪酬不可能拉开差距。在中国法院内部,薪酬的差异不来自专业分

---

① 这其实就是苏力提出的因统一司法考试而导致的"法院内部人才的逆向流动"。参见苏力:《法官遴选制度的考察》,载苏力:《道路通向城市——转型中国的法治》,法律出版社 2004 年版,特别是第 251—258 页。
② 关于薪酬的外部竞争性理论,请见张玉堂、刘宁编著:《薪酬管理》,北京大学出版社 2007 年版,第 113 页。
③ 转引自左卫民等:《中国基层司法财政变迁实证研究(1949—2008)》,北京大学出版社 2015 年版,第 224 页。

工,而来自行政级别的高低。①

与法院事前的面向外部劳动力市场的初次遴选相比,法院内部的法官选拔和中层干部遴选却是一种基于内部劳动力市场的事后选拔。由于与行政级别高低密切相关的就是法院内部的行政晋升机制(或者内部提拔),本节重点讨论中国法院内部的行政化遴选机制。

如果说法院进人的初次遴选标准呈现一路向上的制度变迁趋势,那么对包括庭长、副庭长在内的中层干部以及法院院长的遴选,不管是遴选标准、遴选程序还是遴选方式,均与普通法官存在较大的差异。② 某种程度上,可以将法科学生和普通法官所处的劳动力市场视为一个法院之外的外部劳动力市场,比如本法院之外的全国性法官市场、律师市场、公司法务市场等,而在法院内部选任法官,以及在普通法官中挑选副院长、审判委员会专委、庭长、副庭长等各级领导的内部竞争和内部晋升就是所谓的"内部劳动力市场"。③ 前者可以称为事前遴选(什么样的人愿意进入法院),后者其实就是事后遴选(法院内部的任用制度,在职数有限的前提下,法院党组决定什么样的人能在行政级别上升迁)。基于激励理论,之所以存在内部劳动力市场,是因为法院内部的专用性人力资本和信息不对称问题。域外法治诸国采用的长期雇佣(比如法官终身制)、"论资排辈"(看重法官资历)和设计良好的内部晋升机制(比如职业晋升制度)均为消解前述管理难题的应对之策。因此,从法官激励的角度,内部提拔的功能有二,其一是把最有才能的法官提拔到最需要这些人的岗位,其二是激励法官努力工作。④ 就法院而言,在应然的层面上,法院应将最具有专用性人力资本(司法经验和专业司法知识的积累最多)的法官提拔到最能发挥其能力的审判工作岗位上,并通过相对绩效评价的弱激励机制(因为法官对风险很敏感)和职业晋升阶梯(更好的薪水、福利待遇和社会地位)激励法官,赋予法官一种安定感和职业尊荣感。

---

① 与之相对照的是,法官和司法行政辅助人员工作性质不同因而薪酬应该迥然不同的理念早在清末司法新政制定之初就已经深入人心了,翻看清末法部编定的各省审判厅经费人员表,发现作为推事的法官薪酬几乎是书记官的好几倍,而庭长、厅长的薪酬差距却反而不大。参见汪庆祺编、李启成点校:《各省审判厅判牍》,北京大学出版社2007年版,第431—442页。

② 根据左卫民等的研究,在中国,其实不仅是法院领导的遴选,如果助审员和审判员的选拔任用需要满足一定的行政职级标准,即便是法院内部普通法官的遴选也完全由党组掌控,与法院领导的选拔相差不大。但由于基层法院的初任法官在行政级别上仅为科员,不是领导干部,所以只需满足学历标准和工作年限标准即可,党组不会插手。请见左卫民等:《中基层法院法官任用机制研究》,北京大学出版社2014年版,第44—46页。

③ See, Doeringer, P., M. Piore, *Internal Labor Markets and Manpower Analysis*, Lexington, MA: D. C. Heath, 1972.

④ 张维迎:《理解公司:产权、激励与治理》,世纪出版集团、上海人民出版社2014年版,第504页。

问题在于,理想层面的应然有可能与实际层面的实然存在一定的差距。因此,本部分的任务就在于揭示:(1) 法院院长的遴选标准、遴选程序以及其应承担的职责和管理目标;(2) 拥有人事任免权的"一把手"院长依据何种标准、何种程序和何种方式选拔法院内部的各级领导,被选拔的法院中层干部又该承担何种职责、实现何种目标;(3) 这种遴选标准和遴选程序能否挑选出最具司法能力的优秀法官。

在讨论法院院长如何提拔"下属"之前,我们应先考察法院院长是如何遴选出来的,这就是法院院长的选任制度。根据刘忠的概括,"党管干部"的基本原则下,法院院长的遴选主体是包括了上级党委、上级法院和同级党委的多元主体,遴选程序(或者院长产生的几个关键节点)是:首先,上级法院党组和本级党委就院长人选提出建议;其次,上级党委与上级法院党组、本级党委协商,并征求政府、人大和政协、各民主党派等各方意见,该阶段又被称为"酝酿"程序;再次,上级党委对人选确定行使最后决定权;最后,由本级人大选举产生。① 以一种更具开阔视野的政法眼光,我们发现中国法院院长如何产生只能放在极具中国特色的"条块"关系——或者"条块结合",这是一种"条条"和"块块"相互交叉和相互制衡的宪制结构——中才能说清楚。

以上是法院院长的遴选主体和遴选程序,接下来再看法院院长的遴选标准。我党一直强调组织路线对于贯彻执行党的政治路线和思想路线的关键性意义,所以党的干部选拔标准要求干部德才兼备和又红又专,一方面要求干部的专业化和知识化,另一方面要求干部具备政治品质,忠于党的路线方针政策。② 正如左卫民所言,在法院院长的任用上,党委组织部门往往倾向于派遣其信得过的思想政治素质过硬的人选来主持法院的工作。这种人首要的特质是"具有较强的全局观念和纪律观念,具有雷厉风行的战斗作风,办事坚决果断,一切行动听指挥"。③ 只要干部具备过硬的思想政治素质,能够"识大局、讲政治",他以前是不是学过法律、搞没搞过司法工作、符不符合《法官法》规定的条件可能都不是特别重要。因为在党政领导看来,保证政治上的可靠性,可能远比法官队伍自身所主张的职业化更为重要。④ 基于此,我完全同意刘忠的判断,不同于要求专业化(以司法考试资格为前提)的初任法官遴选,在中国共产党的治理逻辑中,法院院长的产生任命其实是一个重要

---

① 刘忠:《条条和块块关系下的法院院长产生》,载《环球法律评论》2012年第1期,第119页。
② 周黎安:《转型中的地方政府:官员激励与治理》,格致出版社、上海人民出版社2008年版,第102页。
③ 参见《中共中央关于进一步加强政法干部队伍建设的决定》,中发[1999]6号文件。
④ 左卫民:《中国法院院长角色的实证研究》,载《法学研究》2014年第1期,第20页。

的政治过程。①

正是在上级党委、上级法院党组和同级党委既相互角力又通力协作之下,法院院长产生了。在当代中国,法院系统实行"党政一肩挑"的院长负责制,即兼任党组书记和院长的"一把手"是整个法院工作的责任承担者,不仅要对本院的工作负责,还要对其所辖地区下级法院的工作负责;不仅要向同级党委、人大负责,还要对上级法院负责。② 在很大程度上,这是一种基于结果的连带责任制。由于法院管理的工作既包括队伍建设(也即法院各级领导的内部选拔)和廉政建设,也包括审判业务、财务装备的全面管理,作为责任承担者和党政"一把手"的法院院长因此不得不全面掌握法院内部的人权、事权和财权,其权力来源分别是同级党委、上级法院和同级政府。从委托—代理理论的角度,如果说法院院长是代理人,那么同级党委、上级法院和同级政府在各自不同的领域充当了法院院长的委托人。基于此,一个合适的法院院长除具备良好的管理和沟通、协调能力外,还应具有一种紧跟党的中心工作,把握法院工作大局,带领法院为地方经济、社会建设"保驾护航"的明确意识。在此,服从党委领导,能从政治高度妥善处理各类棘手案件,不给地方治理"添乱",构成法院院长应具备的"思想政治素质"。③

接下来,我们考察法院院长又是基于何种遴选标准、何种遴选程序和何种遴选方式来挑选他/她心目中的各级下属。先看遴选程序。根据党的组织程序,对副院长的遴选,由院长提出候选人,然后经同级党委组织部考察并组织民主考评,经同级党委任命相应行政级别(比如高级法院副院长是正厅级,中级法院副院长是正处级,基层法院副院长一般是正科级),最后根据《人民法院组织法》经同级人大常委会任命(对其他党组成员的任命则不需要人大任命程序)。在这一遴选过程中,对遴选结果发挥决定性作用的是本院院长(也是本院党组书记)向同级党委的提名建议权。根据政治惯例,由于对法院的具体情况不熟悉,同级党委通常会尊重法院院长的提名权。而对各庭庭长和其他中层领导的任命,一般是由院长或副院长提出人选,经法院党组会议通过后再报送同级党委组织部任命,根据《人民法院组织法》的规定,庭长还需同级人大常委会任命。至于副庭长和各机构的副职,一般由庭长和各机构正职提出人选,经本院党组会议通过后报送同级党委组织部任命,副庭长还需同级人大常委会任命。综上,就法院的内部选拔而言,不管是对副院长的

---

① 刘忠:《条条和块块关系下的法院院长产生》,载《环球法律评论》2012年第1期,第125页。
② 赖波军:《司法运作与国家治理的嬗变:基于对四川省级地方法院的考察》,北京大学出版社2015年版,第107页。
③ 左卫民:《中国法院院长角色的实证研究》,载《法学研究》2014年第1期,第12页。

选拔,还是对其他党组成员、庭长、副庭长的选拔,最终的决定权一定在法院党组手中。然而,院长又是根据什么标准选择自己的下属呢?

一方面,作为同级党委、同级政府和上级法院的代理人,法院的"一把手"院长其实是各类目标责任状的承包人和第一责任人,因此,他/她的选拔标准就是要能够帮他高质量完成各类党政和审判任务的分包人和下级承包人,院长当然也会考虑候选人是否具备高超的司法能力和审判水平,只不过除此之外还有其他的考量因素。如果竞争业务分管副院长或业务庭庭长的几个候选人的审判能力均不错,最终人选的审判能力自然不差。

需要注意的是,自2002年最高法院倡导"竞争上岗"以后,法院院长提拔各级下属的权力其实有所消减。根据我的实地调研,在中级法院,"竞争上岗"的职位主要局限于处级以下的庭长和副庭长。"竞争上岗"的运作程序如下:第一,根据职位空缺情况,政治部确定报名的基本条件并通知全院法官;第二,有意愿的法官申报拟竞选的职位或岗位;第三,每个竞争者面向全院法官和领导发表公开竞职演说;第四,对候选人进行业务能力笔试;第五,进行民主测评并统计分数;第六,分数靠前的法官人选进入党组讨论环节;第七,党组决定最后人选并报送同级党委组织部任命;第八,被选定的候选人经组织部任命后再经同级人大常委会任命庭长、副庭长。① 最高法院之所以提倡"竞争上岗",是因为随着法律法规日渐完善,新型案件越来越多也越来越复杂,法院系统内部需要在知识和人员上"大换血"。位于我国中部地区的M市中级法院的一个受访法官这么说:

> 竞争上岗从2002年开始。那个时候法律不停地出台,以前一些老的军转干部虽然工作能力很强,但是他们在法律这块不行。肖扬任最高法院院长以后实行改革,他们不能适应。这一批老的军转干部以后都转到后勤行政岗去了。当时我们M法院动作还是挺大的,在中层这块基本上是推倒重来。2002年以后,院校的一批就上来了,那一批老同志就慢慢退了。(访谈编号:FJAH1301)

不过,虽然通过法院内部的"竞争上岗"激发了普通法官的工作热情和积极性,但法院党组主导人事任免权的基本格局其实并没有太多的变化。正如M中院的很多法官所言,首先,这个"竞争上岗"并不是硬性规定,要不要搞"竞争上岗",采用什么方式"竞争上岗",其实最后还是党组说了算。

---

① 这是2013年春夏之际,我在位于我国中部地区的M中院调研时,该院研究室副主任的介绍和概括。虽然这是一个中级法院的程序,但据我在其他法院(既有中级法院也有基层法院)的调研情况而言,不同法院的"竞争上岗"程序基本上没有差异。

> 我们法院有过竞争上岗,但这是根据领导来的。我们前一任领导就喜欢搞竞职演说,这一届院长来了以后基本上没有搞过。确实这个根据领导,领导想搞,大家竞职演说就是了。但到最后其实都是党组决定。(访谈编号:FJAH1304)

可以这样说,在中国法院系统中,法院内部的选拔标准虽然也看候选人的司法能力和审判水平,但并不是全部。虽然在案件审判压力很大的法院,在庭长,特别是副庭长层级,遴选者要求候选法官必须具备较高的审判能力。总体而言,这种混杂了行政逻辑和专业要求的标准不可能将最具司法能力的法官一一挑出并委以重任。① 结合优秀法官的不断流失,中国法院系统似乎出现了一种法官选任的"逆向流动"现象。具体而言,如果法官本身就在经济发达地区,法官离职可能有如下两种情况:其一,鉴于法院内部不同的行政级别导致的薪酬差异和权力差异巨大,如果升不了审判员,或者在法院内仕途不顺,再加上发达地区案子多、工作压力大,放弃法官职位去当律师是一种选择,如果公司、银行愿意出高薪,去担任法务总监也是不错的选择。② 其二,鉴于法院的职数很少且竞争激烈,职业前景不明朗,法院内不少优秀的男性法官为了更好的政治前途愿意调任党政部门。在实地调研中了解到,党政部门挑人的标准有四:男性、中共党员、28岁以下和研究生学历,缺一不可。③ 而法官们之所以愿意去,用位于西部地区的C市法院一个受访法官的话来说,是因为

> 从仕途的角度,去党政口发展更好。在基层法院,普通法官最多能

---

① 最近几年的一个现象是,由于男性法官的大量流失,进入法院的案件又越来越多,很多法院在案件审判上不得不依赖那些认真细致、能力不错的女法官,在内部提拔上,庭长、副庭长层级的领导岗位越来越多地被女性法官占据。但郑春燕、艾佳慧和刘思达的研究发现,女法官的职位升迁会面临一个弹性的天花板,也即被提拔为副院长和院长会很困难,这隐含了一种性别不平等和女性法官在中国法院的结构性位置。但依据法院内部提拔的官场逻辑标准,女法官之所以很难获得提拔的原因是她们缺乏此类官场知识或者不屑于这种知识。关于女性法官的职业升迁研究, See, Chunyan Zheng, Jiahui Ai, Sida Liu, "The Elastic Ceiling: Gender and Professional Career in Chinese Courts", *Law & Society Review*, vol.51, no.1, 2017, pp.168-199.
② 据统计,2013年上海法院辞职的法官超过70名,较2012年有明显增加;2014年共有105人离职,其中法官86名,在这些法官中,有17个审判长,43人拥有硕士以上学历,63人是年富力强的"70后"。参见陈琼珂:《司法改革能消解法官离职吗》,http://www.shobserver.com/news/detail?id=4592,2021年8月24日最后访问。2013年春夏之际,我曾带队访谈过位于我国西部地区的C中院、位于中部地区的M中院和辖下几个基层法院的法官,就法官离职问题,被访法官不约而同地羡慕那些离开法院当律师或法务总监的法官,并且为自己没有能力出去而懊恼,比如"如果年轻十岁,我也离开法院了"或者"作为一个女同志,考虑到家庭,我虽然没有勇气出去从事律师这个职业,但我很羡慕那些离开的同事"。
③ 这是访谈位于西部地区的C市中院审管办主任时获得的信息,在此对这位法官表示感谢!

混到一个副科级就到头了,有什么前途可言?(访谈编号:FJSC1302)

但是去党政口发展就不一样了。请看 M 中院的一个实例:

> 我一个同事10年前去了党政机关,现在又回法院,他已经是副处或者正处了,而我一直在法院,10年后我还是副科。(访谈编号:FJAH1301)

因此,我们发现,当法官在法院内部的发展前途取决于法院党组,特别是"一把手"的评价体系时,法院内部复杂的纵向层级式链条中一定会铸造出一种上下级法官之间的人身依附关系。为了竞争法院内有限的领导职位,法院内部围绕着行政级别升迁展开的各种竞争自然会相当常见。在很大程度上,这其实就是解释法院领导之行动的微观激励基础。

青木昌彦有言,"参与人围绕着制度所需技能的竞争有助于积累对制度耐久性意义重大的资源。制度也同时按照维持现状的方式根据参与人的政治权力和技能赋值。从现存制度获益较多的参与人赋有维持现状的资源和能力,而在另一种制度下可能获益的参与人也许缺乏实现这种潜在利益的资源"。① 因此,当本应不受外界干扰独立审判的法官为了更好的政治发展和经济报酬而不得不围绕着稀缺的行政职级展开激烈竞争之时,法官们最具共识的信念必然不是提高司法能力,法院内最有用的知识也一定不是专业的司法知识。② 在很大程度上,在现有的党政体制下,这是一种相当稳定的制度均衡。也因此,一方面,法院内部的各级领导有维持现状的资源和能力,而部分优秀的普通法官除了"用脚投票"(所谓的法官流失或离职),却没有改变制度的能力和资源。另一方面,这种法官对身份等级形成的制度性期待,已经深深地影响着法院的内部结构和运行程式,而这种结构性影响必然使得诸多改革措施难以发生预期的作用。③

五、大国治理视野下的法官薪酬与遴选制度

行文至此,我们发现前文不仅以一种法官薪酬水平和法官遴选标准相互配合补充的制度组合视角,论证了现代工商社会应该在法官制度上确定并落实(高遴选标准,高薪酬水平)的"双高"组合,更进一步指出改革开放四十余

---

① 〔日〕青木昌彦:《比较制度分析》,周黎安译,上海远东出版社2001年版,第237页。
② 一个关于职场知识与司法知识的讨论,请见艾佳慧:《司法知识与法官流动——一种基于实证的分析》,载《法制与社会发展》2006年第4期,第103—105页。
③ 赖波军:《司法运作与国家治理的嬗变:基于对四川省级地方法院的考察》,北京大学出版社2015年版,第161页。

年以来,中国法官的薪酬与遴选呈现出一种二元制度结构,即在法官薪酬水平与行政级别挂钩的基础上,法官的初次遴选虽越来越强调法官的专业化和职业化,但法院内部的职务晋升却呈现出强烈的行政化和依附性。因此,在市场经济条件下,法官薪酬的地方化和行政化不仅可能使得法院吸引不了优秀的法学院毕业生,更会导致法院内部持续的人才流失。

但问题在于,上述结论正确的前提条件是当代中国已然是一个现代工商社会,以及法官薪酬和遴选制度针对的对象只能是专业化、职业化的法官,其制度设计目标在于在未来吸引更多优质的法律人才进入法院以及避免法院内部的人才流失。需要再次重申,面对城市中国和越来越复杂的陌生人社会,为了稳定市场经济主体的稳定预期,以及促成陌生人之间达成一种基于制度的相互信任,我们确实需要确立并落实一套普遍性的规则之治(这其实是现代法治的制度功能),而拥有专业法律知识和司法审判经验的职业法官不仅能够通过依法判决这一方式落实既有的成文法规则以实现稳定预期,更能在疑难案件处通过不得不的"空隙处立法"(在大陆法系,这被称为法律续造)及其正当性证成实现对既有规则体系的明确、补充和完善。因此,苏永钦教授才明确指出,在长期内,法官累积的司法能力可使法治的成本降低而效益增加,不仅民事法官可以通过民法典中一些概括授权的转介将私法自治与三种外部规范(公共政策、善良风俗和宪法人权规定)加以调和①,民事法官更可以在坚守体系思维传统之余,有能力发现体系的漏洞以及填补漏洞,以补充本质上就不可能完美的民法体系。②

但问题的另一面是,当代中国即使发展到了今天,也仍然没有完全脱离城乡二元结构的基本社会架构。毛泽东早就敏锐地指出"中国是一个政治、经济、文化发展不平衡的大国",因此在别国不太复杂的制度变革到了中国总会遇到大大小小的困难。就法官薪酬和遴选制度的变革而言,为了实现普遍性的规则之治,现代工商社会和城市中国确实需要专业化、职业化的法院和法官,需要严格的法官遴选标准,需要为保证遴选高标准足以落地的法官高薪酬。但在那些尚未进入现代社会或者市场经济发展甚为缓慢的乡村地区和少数民族地区,却更需要深入基层、调查研究、方便群众的"马锡五审判方式"和以调解方式解纷的法官。换句话说,城市中国需要以实现普遍性的规则之治为己任的职业化法官,乡土中国却需要彻底解决纠纷以获得民众认同的大众化法官。更进一步,即使同在城市地区,一方面,由于急剧的社会变迁带来了很多法院和法律也无法解决的社会难题(比如农地征收和城市房屋拆

---

① 苏永钦:《寻找新民法(增订版)》,北京大学出版社 2012 年版,第 95 页。
② 同上注,第 97 页。

迁等带有群体性的结构性纠纷),为了社会安定和司法和谐,中国法院内部仍然需要有一些擅长协调和调解的法官。另一方面,由于陌生人社会还存在各种熟人社区以及各类熟人之间生发的纠纷,我们也不应忽视大众化法官通过调解彻底解决纠纷的能力。

因此,面对由于社会变迁导致熟人社会和陌生人社会混杂并存(不止在空间层面,也在时间和社会关系层面)的当代中国,以一种大国治理的理论视野,在法官薪酬和遴选制度方面,我们是否应该根据不同社会对法官的不同需求设置两类法官并对之设计完全不同的两类遴选标准和薪酬水平?

如果根据激励理论,以上问题均为肯定的,那么第一步就应为不同的社会需求设置不同类型的法官。比如,不仅设置在乡土社会的人民法庭配备大众化法官(可以将之类比为域外的治安法官,或者一种新时代的受命"乡绅"),设在城市地区的基层法院也需配备足够数量的大众化法官,但与此相对应,所有的上诉审(在中国,包括中级法院、高级法院和最高法院)法官必须也只能是专业化的职业法官,为解决陌生人之间以及熟人之间调解不成的纠纷,设在城市地区的基层法院也需要配备高质量的专业化司法人才。第二步,应为不同类型的法官提供完全不同的两套遴选标准和薪酬水平。在应然的层面上,由于均通过司法考试(意味着高遴选标准)的职业法官有一个全国性的司法人才市场,因此为了吸引优质法律人才进入法院以及保证已通过司考的现有法官不至于流失或离职,在制度设计上必须为这类法官提供高于该类人才平均市场价格的高薪酬。这是前文论证过的法官薪酬水平和遴选标准的"双高"制度组合。另一方面,由于乡土中国的纠纷解决本质上是地方性的,我们不能要求(也没有必要要求)这些大众化法官必须依法判决以落实普遍性的规则之治,他们的工作重点在于通过为当地人民喜闻乐见的方式("背靠背"的调解是最主要的方式))以彻底解决熟人之间的各类纠纷。因此,对于这类法官,我们无须要求他们必须通过统一司法考试(现在改称法律职业资格考试了)。进一步的逻辑推演就是,由于这类法官无须通过司考(他们肯定也通过不了),更由于他们拥有的知识仅为在地性的纠纷解决知识,他们就不存在一个统一的法律人才市场,也没有一个可以流通的市场价格。还是根据激励理论的基本逻辑,由于不需要这类法官通过法律职业资格考试以及必须从法学院毕业,此类法官的遴选标准必然不高,由于不存在从事地方性调解工作之外的外部机会,在应然层面上也不应该为他们提供高薪酬水平。与职业法官的"双高"制度组合相比,对大众化法官应设置(低薪酬水平,低遴选标准)的"双低"制度组合。

我们发现,正在转型变迁的当代中国,既有城市中国的一面,也有乡土中国的一面。或者,如周其仁教授所言,当代中国就是一个城乡中国。① 而根据激励理论,适应乡土中国之纠纷解决需求的大众化法官与适应城市中国之规则之治需求的职业化法官,其薪酬水平和遴选标准的制度组合迥异。在应然的层面上,我们当然认同这类区分并认为应当根据这一区分设计不同的薪酬水平和遴选标准。但在当下的中国,问题有三。其一,我们的程序制度设计并不区分初审和上诉审(或者事实审与法律审),民事诉讼法中司法调解更是贯通了从诉前、立案、一审、二审到再审甚至执行的全过程。因此,对不同法官类型理论和应然层面的推断并不能改变实然的程序制度设计。其二,虽然职业化法官和大众化法官的区分有道理,但现实中很难根据一个法官是否通过统一司法考试以及是否毕业于法学院作为其是否属于职业化法官以及是否应该享受高薪的标准,因为在目前的法院系统,满足这两大条件的法官往往是普通的业务型法官,而未能满足这两个条件的法官却有不少是法院领导。其三,更重要的问题是,即便未来我们能够根据这一标准划分职业化法官和大众化法官并为之设定不同的薪酬水平和遴选标准,但这只是法官的初次遴选,如果法院内部的遴选仍然是法院党组主导的行政级别升迁,如果这两类法官为了自己在法院内部的行政级别升迁不得不在同一个组织平台上展开竞争,这种法官类型的初次区分其实没有意义。

六、简短的结语

以一种法官薪酬制度和法官遴选制度相互配合补充的制度组合视角,本章展示了现实存在或曾经长期存在过的三种制度组合,并推论出"规则之治"的现代社会应该在法官制度上确定并落实(高遴选标准,高薪酬水平)的"双高"组合。改革开放40余年以来,我国的法官遴选制度和法官薪酬制度有了很大的变化。一方面,中国法院初次遴选标准的制度变迁方向非常清晰,即初任法官(或进入法院的条件)的遴选标准一路向上,表示中国法官的初次遴选越来越强调法官的专业化和职业化;但另一方面,随着各地经济差异的凸显,在薪酬行政化之外,我国的法官薪酬制度呈现出越来越严重的薪酬地方化。在市场经济条件下,两个制度一结合便导致了法律人才劳动力市场的"参与约束"问题。2002年国家司法考试制度实施后,由于法院内部通过了司法考试的法官有了外部机会和市场竞争力,这个"参与约束"问题愈发严重。以一种激励理论的视角,中西部地区的"法官流失"和东部地区的"法官

---

① 对当代仍在变迁中的城乡中国,周其仁教授在实地调研的基础上有着敏锐的观察和深刻的洞见。请见周其仁:《城乡中国(修订版)》,中信出版集团2017年版。

离职潮"不过是既定制度约束下的必然后果罢了。但问题在于,统一司法考试以来各地各级法院"流失"的不是那些文化水平低、不具有专业审判能力的法官,而是通过了国家司法考试且年富力强的优秀的职业法官。根据2017年修订的《法官法》,这些离开的职业法官本应是中国法院实现公正、高效、权威之司法目标的中坚力量。

根据激励理论,在现代工商社会,之所以法官应该高薪,除了"盖检事判事,职司重要,人格清高,非厚其禄,无以称其德,且优待之,正所以刻厉之也"①,更在于高薪提高了法官偷懒卸责甚至腐败的机会成本。因此,不管是普通法官还是法院领导,给予法官高薪的制度性前提必然是法官高标准的严格遴选,因为只有这样的制度设计和安排才能生成一个合适的激励结构,鼓励裁判者基于法律和良知判案以实现现代社会的规则之治。但中国问题的复杂性在于,由于存在法官选任的外部劳动力市场和内部劳动力市场之别,即使在初任法官层面实现了"双高"(高遴选标准,高薪酬水平)并选到了足够优秀的法律人才,但不完全以司法知识和专业技能的高低为标准的内部晋升和选拔也会反向"淘汰"部分优秀的职业法官。以此观之,当下地方化、行政化的法院薪酬管理制度和法官遴选标准也许并不是一个有效的激励结构。

更进一步,以一种大国治理的视野,虽然本章以激励理论的逻辑证成了乡土中国和城市中国分别需要两类完全不同的法官并应根据法官类型设计不同的法官薪酬制度和法官遴选制度,但囿于程序制度和既有法院行政化管理机制的限制,这一区分不仅很难实现,甚至即便在初次遴选时实现了,法院内部遴选的行政化还是会消解分类管理意图实现的科学管理目标。回到本章开篇提到的几个问题,答案就应该很明显了。虽然法官应与行政职级脱钩已成法学界的共识,但在实践中根本不具有可行性。因为首先,对于那些没有司法考试资格因此并不具有外部竞争力的法院领导,脱离行政级别就等于断了他们的政治前途和生路,在法院系统享有垄断权力的他们是绝对不会答应的;其次,法官一旦与行政职级脱钩,组织部完全无法贯彻"党管干部"的基本原则,人社部为法官专门确定一套不同于公务员的薪酬体系也于法无据。因此,想通过相关改革彻底消除根据行政级别来调整法官薪酬的机制实际上是行不通的。另外,对于目前依然存在地区差别化的法官薪酬,未来通过中央财政固定和统一法官薪酬的可行性虽说并不是完全无望,但至少短期内希望渺茫。

---

① 宿松、熊元襄编辑,冈田朝太郎之讲义:《法院编制法》,安徽法学社1930年印行,第169页。

第二章　司法知识与法官流动
——一个法院内部"治理"的视角

> 皮之不存,毛将焉附?
>
> ——《左传·僖公十四年》
>
> 所有的适应都是知识。①
>
> ——Henry Plotkin

道格拉斯·诺斯在《经济史上的结构和变革》中将制度定义成"为约束在谋求财富或效用最大化中个人行为而制定的一组规章、依循程序和伦理道德准则",通过"提供人类在其中相互作用的框架,使协作和竞争的关系得以确定,从而构成一个社会"。② 在《制度、制度变迁与经济绩效》一书中他又进一步将制度定义为"社会的博弈规则,或更严格地说,是人类设计的制约人们相互行为的约束条件",这些约束条件可以是有意识制定的正式制度,也可以是种种没有形诸文字但却现实存在的非正式制度。③ 因此,就当代中国的法官管理制度而言,除了已经探讨过的法官薪酬制度和法官选任制度以外,是不是还存在一些渗透于法院内部管理之中但我们却不那么容易看得见的非正式或半正式制度?如果存在,我们该怎样做才能"看见"它并在此基础上进一步分析其对法官行为的制约?

要想"看见"隐藏在正式制度背后的非正式制度,必须借助于深入实际的实地调研,获得大量来自法院的第一手资料,并在这些资料和数据的基础上发现独特的中国问题和中国现象,我们才能据以发现每日畅行无阻但却似乎隐形了的诸多制度潜流。本章着重讨论的法院内部行政性调动制度正是这

---

① Henry Plotkin, *Darwin Machines and the Nature of Knowledge*, Harvard University Press, 1993, p. 228. 转引自苏力:《送法下乡:中国基层司法制度研究》,中国政法大学出版社 2000 年版,第 149 页。

② 〔美〕道格拉斯·C.诺斯:《经济史上的结构和变革》,厉以平译,商务印书馆 1992 年版,第 195—196 页。

③ North. D. C., *Institutions, Institutional Change and Economic Performance*, Cambridge University Press, 1990.

样的一个隐形制度和非正式制度。

根据实地调研得来的法官数据,本章从法官的流动,特别是法院内部的行政调动情况入手,试图展示中国各级法院内部频繁的人员流动的局部图景。透过这一实际存在的现象或者问题,我将分析法官流动与专业司法知识积累之间的张力或者是一种不兼容。通过考察法官在法院内部行政性调动制度这一基本制约条件下的行为和反应,本章认为,作为中国法官管理之显著表征的频繁行政调动最终将导致,而实际上就是导致了法官不注重司法知识的积累,相反更注重积累有助于自己行政级别升迁的相关知识,因为亨利·普洛金说得好,"所有的适应都是知识"。①

从法院内部频繁调动法官可能会导致法官难以积累专业司法知识这一潜在的因果关系出发,我将进一步分析法官司法知识的缺乏必然导致法官更加依赖案件审批制和案件请示制度这样一些我们认为应该对之加以专业化、程序化改造的司法行政化制度,而这种依赖又反过来强化了法院内部管理的行政化。我的基本观点是,虽然法院内部相应的行政管理有其存在的必要性,针对法官的频繁行政调动不仅无法激励法官专心积累司法知识并提高审判能力,甚至更加重了我们所不希望的法院管理的行政化。

一、样 本 概 况

我的经验性数据来源于 2004 年夏天的法院调研(后文简称 A 调研)和 2012 年、2013 年、2014 年的后续调研(后文简称 B 调研)。A 调研的样本法院中包括一个高院(西南地区的 S 高院)、三个中院(包括了位于华南地区的 G 中院、位于西南地区的 C1 中院和 L 中院)以及五个基层法院(具体而言,即 C1 中院辖下的 W 法院和 Q 法院,下文合称 C1 基层,L 中院辖下的 J 法院、L 法院和 N 法院,下文合称 L 基层);B 调研的样本法院包括四个中院(包括重访位于西南地区的 C1 中院,以及同在西南地区的 D 中院、中部地区的 M 中院和坐落于江南富庶之地的 C2 中院)以及 D 中院、M 中院和 C2 中院下辖的若干基层法院。手头的样本数据有两类:一类是不具有重复性的历时性数据,法官资料来源于 G 中院、C1 中院、L 中院 1992—2001 年间的第一审合同纠纷判决书。由于我们是按照分群抽样的方法在以上三个中院的档案室抽取一审合同纠纷的卷宗(每年每个中院抽取 50 份,十年三个中院总共抽取了

---

① Henry Plotkin, *Darwin Machines and the Nature of Knowledge*, Harvard University Press, 1993, p. 228. 转引自苏力:《送法下乡:中国基层司法制度研究》,中国政法大学出版社 2000 年版,第 149 页。

1500份档案卷宗),因此法官的样本性能够得到保证;在将判案的所有合议庭法官归总之后,我们请三个法院的资深法官或者研究室的同志将这些法官的目前状况标注在每个法官姓名后面,这样,我们就获得了三个中院十年间所有样本案件的判案法官的流动情况①;另一类是可重复可比较的共时性数据,法官流动数据来源于前后相距近十年的两次调研反馈回来的法官调查问卷,通过对样本法院审判业务人员和非审判业务人员内部流动情况的统计,我们就获得了目前中国法院内部人员流动的相关数据。

现在,我将分别就此两类数据作出相应的说明和统计列表。

(一) 法官流动的历时性数据

就2004年调研的三个中院,1992—2001年间样本案件的所有判案法官共计191人(扣除个别无法确认去向的法官),其中G中院62人,C1中院72人,L中院57人。根据三个法院的确认,这些法官的流动有辞职、由于触犯刑律被判刑、退休(包括提前退休)、调动到其他法院、调动到其他业务庭或者综合管理部门、目前还在民二庭等六种情况。② 具体的法官流动情况见下表。

表2.1 1992—2001年法官流动情况一览表(一)

法官流动情况 / 法院	辞职	被判刑	退休	行政调动 其他法院	行政调动 其他庭或部门	民二庭	合计
G中院	8人	4人	7人	6人	19人	18人	62人
百分比	12.9%	7.1%	11.3%	9.7%	31%	29%	100%
C1中院	3人	1人	14人	5人	33人	16人	72人
百分比	4.3%	1.4%	19.4%	6.9%	45.8%	22.2%	100%
L中院	1人	4人	17人	7人	22人	6人	57人
百分比	1.8%	7.2%	29.8%	12.3%	38.6%	10.5%	100%
合计	12人 6.3%	9人 4.7%	38人 19.9%	18人 9.3%	74人 38.9%	40人 20.9%	191人 100%

资料来源:3个样本中院的档案室
注:上表的百分比数据来源于各流动情况法官人数与各中院法官总数之比。

在这些数据中,除了还在民二庭的法官,法官的流动呈现出两种不同的

---

① 由于历时十年,因此有个别法官无法确认他们的去向,同时也可能存在着确认人的一些记忆上的错误,但是这些小误差不会影响本书的基本分析。
② 由于我们的样本案件是经济纠纷案件,因此判案法官应该归属于改革之前的经济庭,现在的民二庭。

路向。一种是法官主动的流动和由于身体因素导致的正常退休。在我的统计中,法官主动的流动既包括主动的辞职也包括法官因为贪图钱财而贪赃枉法导致的被判刑。之所以如此归类,原因在于,和法官的被动流动相比,这两类流动更多地体现了法官自己的意志①,另外,为了归类的方便,我将在统计表中剔除掉正常退休的数字;另一种流动是法官被动的行政调动和提前退休。这种行政调动既有法院之间的调动也有法院内部的调动,而在法院的内部调动之中既有审判业务庭之间的调动又有审判业务庭到其他综合管理部门之间的调动,这种行政调动往往由不得法官自己的意志,提前退休也有类似的问题,因此我将这几类流动划归一类。这样,我就可以根据法官主动流动、法官被动流动和法官仍在民二庭这三种类型统计出相关的数据,具体数据见下表。

表 2.2　1992—2001 年法官流动情况一览表(二)

法官流动情况 / 法院	法官主动流动	百分比	法官被动流动	百分比	民二庭	百分比	合计
G 中院	12 人	19.4%	28 人	45.2%	18 人	29%	62 人
C1 中院	4 人	5.7%	45 人	62.5%	16 人	22.2%	72 人
L 中院	5 人	8.8%	36 人	63.2%	6 人	10.5%	57 人
合计	21 人	11.0%	109 人	57.1%	40 人	20.9%	191 人

资料来源:同上。

注:上表的百分比数据仍然是各中院主动流动、被动流动以及还在民二庭的法官人数与各中院法官总数之比,之所以三个百分比加总不到 100%,原因在于扣除了正常退休的法官。特别地,由于没有法官提前退休的数据,但据各地法官反映近几年来法官提前退休的很多,因此我武断地将三个法院退休法官的数字一刀两断,一半归属于法官正常退休,另一半归属于提前退休。这样处理肯定不太准确,但在数据无法获得的情况下,这也是没有办法的办法。

现在,根据上表,我们可以很清楚地看到从 1992 年到 2001 年十年期间,法官主动流动、法官被动流动和仍在民二庭的法官数量以及相应的百分比数据。

以上是法官流动的历时性数据的基本情况。

(二) 法官流动的共时性数据

法官流动的共时性数据来源于 2004 年、2013 年、2014 年三次调研获得

---

① 很具有讽刺意味的是,在所有的法官流动中,只有法官主动辞职和因为贪赃枉法而被开除甚至被刑事制裁这两种流动形式是法官主动选择的行为,但却不约而同地是对司法职业和司法制度的反叛,这个现象值得我们反省和深思。

的 1479 份法官调查问卷。由于样本法院分散在中国的东部、中部和西部地区,反馈回来的法官流动数据应该能够反映中国法官流动的基本情况。

问卷首先区分了目前在审判业务部门工作的法官(这里的审判业务部门包括立案庭、民一庭、民二庭、民三庭、民四庭、行政庭、刑一庭、刑二庭和审监庭)和非审判业务部门工作的法官(在我的问卷中,这些部门包括执行局和其他的综合管理部门),接下来和本研究直接相关的一道问题是:如果是审判业务部门的法官,请回答是否从综合管理部门调换到审判业务部门以及在审判业务部门内部有无被调换工作的经历;如果是非审判业务部门的法官,请回答是否从审判业务部门调换到综合管理部门,曾经在审判业务部门工作的时候有无被内部调换的经历。问题很简单,法官回答起来也很方便(只需要在适合自己的答案后面打钩即可),而且不会有太多顾忌①。因此,我能确定这一数据资料的真实性和可靠性。下面就是根据两次调研获得的法官流动数据的统计图表。

表 2.3 2004 年法官流动情况一览表(三)

法官流动情况＼法院	审判业务人员					非审判业务人员					合计
	内部流动	百分比	从综合到审判	百分比	合计	从审判到综合	百分比	曾经内部流动	百分比	合计	
S 高院	26 人	20%	56 人	42.7%	131 人	1 人	50%	1 人	50%	2 人	133 人
G 中院	59 人	47.9%	25 人	20.3%	123 人	18 人	90%	13 人	65%	20 人	143 人
C1 中院	29 人	44.6%	17 人	26.2%	65 人	12 人	50%	9 人	37.5%	24 人	89 人
L 中院	7 人	63.6%	5 人	45.5%	11 人	11 人	61.1%	10 人	55.6%	18 人	29 人
C1 基层	40 人	54.1%	17 人	23%	74 人	25 人	42.4%	19 人	32.2%	59 人	133 人
L 基层	20 人	66.6%	13 人	43.3%	30 人	24 人	80%	15 人	50%	30 人	60 人
合计	181 人	41.8%	133 人	30.6%	434 人	91 人	59.5%	67 人	43.8%	153 人	587 人

资料来源:反馈回来的法官调查问卷。

上面这张表基本能反映中国法官的共时流动情况,但仍然不太清晰。由于我在调查问卷相关数据的统计中有这样一个发现,即从综合管理部门调动到审判业务部门的法官中,有一些法官到目前为止还没有被再次调动的经

---

① 由于很多的实地调研,被调查者往往会投调查者所好,作出一些他们认为调查者愿意听到的回答,这既有被调查者想隐瞒自己真实信息的考虑,也有讨调查者欢心的可能,但这样的问卷调查或口头交流就有获得的数据和资料不太可靠的问题。而此处的调查却不会有这个方面的问题,因为这个问题很简单,不需要被调查者仔细考量就可以作答,信息客观性因而可以保证。

历,而有一些法官已经有在审判业务部门再次被调动的经历,因此从综合管理部门调动到审判业务部门的法官数据就和在审判部门内部调动的法官数据有部分重合。换句话说,就是我不能简单地将现有审判业务部门法官的两类调动直接相加,为了操作上的方便,我仍然采取"一分为二"的办法,视从综合管理部门调动到审判业务部门的法官中一半未再继续被调换,一半又再次在审判业务部门内部被调动。

因此,就有了下面这张更清晰准确的中国法官内部流动数表。在这张表中,包括审判业务部门人员被调动的人数总计(是所有在审判部门内部被调动的法官与从综合管理部门调动到审判业务部门后再继续被调换的法官人数的相加),非审判业务人员被调动的人数(指从审判业务部门调换到非审判业务部门的人数),曾经被调动过的法院人员总计(是前两项数据的加总)。下面就是这张表的具体数据。

表 2.4 2004 年法官流动情况一览表(四)

法官流动情况 \ 法院	审判业务人员调动		非审判业务人员调动		全部法官调动情况		合计
	人数	百分比	人数	百分比	人数	百分比	人数
S 高院	82 人	62.60%	1 人	50.00%	83 人	62.40%	133 人
G 中院	72 人	58.50%	18 人	90.00%	90 人	62.90%	143 人
C1 中院	38 人	58.40%	12 人	50.00%	50 人	56.20%	89 人
L 中院	10 人	90.10%	11 人	61.10%	21 人	72.40%	29 人
C1 基层	49 人	66.20%	25 人	42.40%	74 人	55.60%	133 人
L 基层	27 人	90.00%	24 人	80.00%	51 人	85.00%	60 人
合计	278 人	64.10%	91 人	59.50%	369 人	62.90%	587 人

资料来源:反馈回来的法官调查问卷。

注:上表中三组百分比分别是被调动的审判业务人员总数/审判业务人员总数,被调动的非审判业务人员总数/非审判人员总数,被调动的全体人员总数/全体人员总数的比率。另外,这是为何 S 高院数据的处理方式不同于其他法院的原因。

以上为 2004 年法官流动数据,以下是 B 调研的样本法官数据(以下均为数次调研的合并数据,并称为"2014 年法官流动数据")。

表 2.5　2014 年法官流动情况一览表（五）

法官流动情况＼法院	审判业务人员					非审判业务人员					合计
	内部流动	百分比	从综合到审判	百分比	合计	从审判到综合	百分比	曾经内部流动	百分比	合计	
C2 基层	93 人	30.70%	71 人	23.40%	303 人	23 人	57.50%	13 人	32.50%	40 人	343 人
M 基层	31 人	41.20%	28 人	37.80%	88 人	13 人	61.90%	8 人	28.60%	21 人	109 人
D 基层	36 人	47.40%	23 人	30.20%	76 人	12 人	63.10%	6 人	31.60%	19 人	95 人
C1 中院	57 人	37.50%	38 人	25.00%	152 人	7 人	53.80%	4 人	30.80%	13 人	165 人
C2 中院	59 人	46.10%	32 人	25.00%	128 人	8 人	53.30%	5 人	33.30%	15 人	143 人
M 中院	25 人	38.50%	19 人	29.20%	51 人	12 人	63.20%	6 人	31.60%	19 人	70 人
D 中院	18 人	36.70%	20 人	40.80%	49 人	15 人	65.20%	5 人	21.70%	23 人	72 人
合计	319 人	37.70%	231 人	27.20%	847 人	90 人	60.00%	47 人	31.30%	150 人	997 人

为了更清晰地表现法院内部法官的调动情况，也为了方便与 A 调研的样本数据进行比较，我必须与 A 调研的数据处理方式保持一致，也即为了操作上的方便，我仍然采取"一分为二"的办法，视从综合管理部门调动到审判业务部门的法官中一半未再继续被调换，一半又再次在审判业务部门内部被调动。因此，就有了下面这张更清晰准确的 2014 年法官内部流动情况表。

表 2.6　2014 年法官流动情况一览表（六）

法官流动情况＼法院	审判业务人员调动		非审判业务人员调动		全部法官调动人数情况		合计
	人数	百分比	人数	百分比	人数	百分比	人数
C2 基层	129 人	42.60%	23 人	57.50%	152 人	44.30%	343 人
M 基层	45 人	60.80%	13 人	61.90%	58 人	53.20%	109 人
D 基层	48 人	63.20%	12 人	63.10%	60 人	63.20%	95 人
C1 中院	76 人	49.30%	7 人	53.80%	83 人	50.30%	165 人
C2 中院	75 人	58.60%	8 人	53.30%	83 人	58.00%	143 人
M 中院	35 人	53.80%	12 人	63.20%	47 人	67.10%	70 人
D 中院	28 人	57.10%	15 人	65.20%	43 人	59.70%	72 人
合计	436 人	51.50%	90 人	60.00%	526 人	52.70%	997 人

上面这四张表基本上能反映前后相距十年（2004 年和 2014 年）的中国各级法院（除了最高法院）的法官内部流动情况。与 2004 年的调动率数据相比，2014 年的样本法院内部调动率有一定程度上的下降，即从 62.9% 下降到 52.7%。之所以有所下降，原因可能在于随着市场经济的发展，新类型案件的增加以及案件审理复杂度的提升，法院内部不得不以专业化审判应对之，

因此法院领导无视专业分工进行内部行政调动的频率减弱了。虽然有所减弱,但我们发现 2014 年各样本法院内部的行政调动率仍然高达五成多。究竟是什么原因导致了这一现象?

二、为什么频繁调动法官?

从上述的法官流动的历时性数据和共时性数据来看,中国法官的流动非常频繁,特别是法院内部的行政性调动。这是一个通过实证调研得到的基本判断,也是一个中国法院系统内在的基本现实。但是,这一现象能成为一个问题吗?法官们又为什么要流动,或者法院为什么要让法官频繁流动呢?

先来回答第一个问题。根据法官流动情况一览表(二),在十年的时间里,有将近一半的法官(在样本中,不管是在原来的经济庭还是现在的民二庭,这些法官都是战斗在"第一线"的审案法官)有被行政调动或被劝说提前退休的经历,而目前仍留在民二庭的法官不过两成左右(在统计中,我发现,即使是这样一些仍留在民二庭的"凤毛麟角"的法官,也有很多当了庭长、副庭长后不怎么审案子了)。另外,根据前后相距十年的两次调研获得的法官流动数据,即整理后的法官流动情况一览表(四)和(六),我发现,不管是高级法院、中级法院还是基层法院,不管在东部、中部还是西部,法官被行政调动过的比例至少接近五成。以 2004 年法官流动数据为例,样本法官每十个里面就有将近七个法官被行政调动过,或者从综合管理部门调到了审判业务部门,或者从审判业务部门调换到了综合管理部门,即使一直在审判业务部门工作的法官也有 41.8% 的比例被内部调换过岗位。[①] 具体地,目前"暂时"还在各业务庭工作的样本法官,有 64.1% 的比例有在各业务庭之间调换工作的经历或者干脆就是直接从综合管理部门调动进来的[②],而目前"暂时"还在各综合管理部门(包括立案庭和执行局)工作的样本法官,也有将近六成的比例从审判业务部门调动而来。这是一个惊人的比例。

就 1999 年以来由最高法院主导的司法改革,如果我们假定其目的在于打造一个追求公正、专业、高效的法官群体,建立一个廉正、公正、专业化和职业化的法院体系,并希望通过法院的司法活动为社会经济服务的话,那么上述频繁调动法官的现实就必然与司法改革的改革目标相悖,因为这样频繁的

[①] 这一数据参见法官流动情况一览表(三)。
[②] 这其中以 S 高院尤为特殊,在参加调查的 131 个审判业务法官中,居然有 56 个法官(按比率是 42.7%)直接从综合管理部门调动而来,而这却是一个以解决法律争议为主的上诉审法院!

调动根本无视司法,特别是审判工作的基本要求,即具备专门司法知识的法官应不受干扰地审理案件,因而无法促成最高法院追求的"公正、专业、高效的法官群体"的实现,更无益于"建立一个廉正、公正、专业化和职业化的法院体系"。从这个角度看,各级法院内部频繁的法官调动就是一个问题,一个需要司法改革决策者认真关注并着力解决的问题。但如果决策者并不认为这一现象是个需要解决的问题,或者根本就没有意识到这是个问题的话,这一现象所凸现出来的问题可能就更为严重,更具根本性。

我将简单论证以最高法院为代表的司法改革决策者可能根本就没有觉得法院内部的法官流动是个大问题。证据有三。其一是在二十几年的长时段里(至少在本章的样本数据中,就有 23 年的时间,从 1992 年到调研时的 2014 年),最高法院不可能不注意到各级法院内部如此大范围的、频繁进行的法官行政性调动现象(由于中国各级法院之间名为"监督与被监督"的关系,实为"管理与被管理"的关系,这个判断只是一个基于常识的推断),而注意到了却未采取任何行动来解决这一问题,就足以证明最高法院也许根本就不觉得这是一个值得关注和解决的问题;其二是最高法院自身也有对本院法官的各种行政调动。由于没有作实地调研,其他的数据我不敢说,但公开的一些最高法院人事调动情况也许能够从侧面证明最高法院认为法官的行政调动是工作需要,非常正常。最高法院法官的人事调动,众所周知的就有原湖南省委书记周强调任最高人民法院院长,最高人民法院原副院长张军先调任司法部部长后又调任最高人民检察院检察长等。[①] 其三是最高法院作为中国法院系统最高位阶的部门利益。由于法院系统的行政化管理对最高法院而言不是坏事,只有以这种"不闻不问"的方式承认了各法院内部行政调动的合法性以后,最高法院才有理由维持和加强整个法院系统内部纵向的行政化管理,且这种维持和加强才能获得各级法院的认可,并进而获得一种实际上的合法性和正当性。

如果上述论证成立,司法改革决策者可能根本就没有觉得法院内部行政性的法官流动是个大问题本身就是一个值得关注和讨论的严重问题,这里面牵涉中国司法制度的定位和司法改革的潜在逻辑。由于问题重大,在此先将之搁置,在本章的第四部分再对这个问题作更进一步的分析。

本节将重点讨论法官们为什么要流动和法院为什么要让法官频繁流动的问题。

法官为什么要流动?要回答这个问题必须要界定三个假定。第一个假

---

① 对最高人民法院大法官的流动以及相应制度后果的细致分析,请见侯猛:《最高人民法院大法官的流动分析》,载《法律科学》2006 年第 2 期,第 95—100 页。

定,法官也是人,也同样要受"趋利避害"的人性的制约,并且能够在各种现实的制约条件下进行各种"理性选择";第二个假定,任何一个法院里的法官,其品行、资质、禀赋和偏好都各不相同;第三个假定,市场经济的大发展,社会纠纷的急剧增多为法官的流动提供了一个社会背景和各种可能性。这三个假定不仅构成了进一步分析的起点,并且足以解释法官流动情况一览表(一)中所展示的各种法官流动。在这三个假定的支持下,下面将论证法官之所以要流动或者愿意接受一种调动的安排,是为了以下目的。

(一) 追求更高的收入和回报

中国法官的收入不高,这已经是一个共识。而更高的收入和回报,在其他激励因素不变的情形下,显然是一个理性人的不二选择,法官当然也不例外。还不只是收入水平不高的中国法官,就连收入颇为丰厚的美国联邦法官,收入也仍然构成了法官效用函数中的一个重要部分。根据波斯纳法官的研究,美国一个普通联邦法官的总效用受他的工作时间、休闲时间、收入、声誉和众望等因素影响,用一个效用函数来表示,就是

$$U = U(t_j, t_i, I, R, O)① $$

波斯纳的研究表明,在收入比较固定的情况下(美国联邦法官的收入足够高但又不是很高,且各级法院的法官收入相差不多),美国一个普通的联邦法官会综合运用减少自己的工作时间、避免司法判决被撤销、增加自己的声誉和威望以及利用闲暇时间授课和写书以提高自己的收入和总效用。运用波斯纳的研究思路,中国法官的效用函数是什么,他们又最大化些什么呢?②一个初步的考察是和他们的国外同行相比,中国的法官地位不高,收入低微。但由于社会地位的提高不是短时间内能解决的,更不是一个两个法官所能左右的,因此,最现实的事情就是如何提高自己的收入。

那么,法官如何能够在短时间内提高自己的收入?

有两种途径。一种是辞职,离开收入相对较低的法院系统。另一种是利用法官的职位,"吃了原告吃被告"。正如前文的三个假定所预设的,市场经济的高速发展,社会纠纷的急剧增多为法官的"理性选择"(之所以要打上引

---

① 在这个效用函数里,t_j 表示法官每天用于审判的小时数,t_i 是他用于休闲的时间,I 是金钱收入,R 是声誉,O 代表了除法官投票本身以外的其他法官效用的来源,包括众望、威望以及避免司法判决被撤销等。具体的对法官效用函数的分析,参见〔美〕理查德·A.波斯纳:《法官最大化些什么?》,载《超越法律》,苏力译,中国政法大学出版社 2001 年版,第 157—163 页。
② 这是一个有趣的话题,也是一个有意义的研究题目,但由于本章关注的是法官流动、司法知识和法院管理行政化,"中国法官最大化什么"的问题留待本书第五章专门讨论。

号,是因为这里的理性往往只是有限理性,还有可能是那种法官自认为的"理性",由于人的局限和错误,在事后看,这些选择很有可能是"非理性"的)提供了各种可能,而由于任何一个法院里都无可避免地存在品行、资质、禀赋和偏好都各不相同的各类法官,在"趋利避害"的前提下,每个法官会根据自己的情况选择自己认为适当的行为。

因此,我推定,那些敢于辞职离开法院系统的法官可能都是一些能力比较强,社会关系比较多,而且偏好风险的人,这是主观方面的推定。在客观方面,我推定,市场经济越发达的地区能够给想辞职的法官更多的发展机会,因此就会导致更多的法官辞职。这是一个基于经济逻辑的推定,而相关实证数据也证实了这一点(在三个样本法院中,位于市场经济最发达的 G 市的 G 中院辞职法官最多,有 8 个,而位于市场经济最不发达的 L 市的 L 中院只有 1 个法官辞职,位于发达程度居于 G 市和 L 市之间的 C 市的 C1 中院,辞职的法官人数也居中,有 3 位)。

按照同样的逻辑,那些利用法官的职位,"吃了原告吃被告"的法官可能大多是一些品行不太好,不太看重未来收益的拥有"高贴现率"的"坏人"。① 和那些辞职的法官一样,他们也偏好风险,喜欢"赌一把"。而且急剧增加且不断涌入法院的各类纠纷,特别是经济类纠纷,又为这类法官"上下其手"提供了足够的机会。在目前法官的收入偏低而各种其他可能的收入来源又很少的情况下,在社会上越来越多的人,特别是那些同为法律人的律师富裕起来了的现实刺激下,可以推断会有少数法官为了获得更高的收入而徇私枉法(这也是一种在现实环境制约下的"理性选择",只不过我们认为这样的"理性选择"有违司法伦理这一被神圣化了的职业伦理)。而只是那些太过分,太贪婪,影响太恶劣而且运气不太好的法官才可能触犯刑律,从而被判刑而从法官队伍中"流动"了出去。② 这一"流动"其实也是一种当事法官的主动选择。

这样,在中国法官收入普遍偏低的现实制约条件下,在基本能成立的三个假设前提下,我们正当化了,或者说展示了法官主动流动的内在经济逻辑。正是在对自身生存条件最大化的追求中,我们看到了作为这一追求之结果的法官的主动流动。

---

① 这里借用埃里克·波斯纳在《法律与社会规范》一书中运用的的概念和观点,对"高贴现率"和"坏人"类型的解释和分析,以及信号传递理论的运用,参见〔美〕埃里克·波斯纳:《法律与社会规范》,沈明译,中国政法大学出版社 2004 年版,特别是第 25—39 页。
② 一个关于法官腐败的出色研究,参见何远琼:《站在天平的两端——司法腐败的博弈分析》,载《中外法学》2007 年第 5 期。

（二）追求职位的保全和行政级别的升迁

这是中国法官心甘情愿接受法院行政调动的最主要原因。按照前面的假定,中国法官总是会在各种现实制约条件下寻找自己的最佳"理性选择"。由于中国法院的行政化管理就是各级法官面临的最现实也最重要的制约条件,面对这样的约束条件,法官应该怎样行动？是选择像教科书里描述的理想法官那样,"只服从法律",而将来自法律之外的一切干扰都拒之门外？还是做一个听话的法官,服从法院的任何指派？我想任何一个头脑清醒的中国法官肯定都不会选择前一种行动,而即使有法官如此行动的话,他或许就会发现在法院的日子开始不好过了,最终可能的结果是你不仅不能"将来自法律之外的一切干扰都拒之门外",反而可能丧失了"只服从法律"的机会。人都有一种学习、模仿的能力,人也有不断适应环境、调适自身的本事,因此,"前事不忘,后事之师",从一个旁观者或者"事后诸葛亮"的眼光来看,在这样一个现实制约条件下,做一个听话的法官,服从法院的任何指派就是一个理性的和最优的选择。而且,更进一步地,由于市场经济的高速发展提供的各种"外部机会"已经吸引了一些偏好风险、有更强市场竞争能力的法官,而各种纠纷大量涌入法院以后"潜存"的操作空间和腐败机会又剔除掉了那些不看重在法院发展之未来收益的"坏人"法官,因此,我推断,愿意留在法院的这些法官肯定是一些风险规避型的,至多是一些风险中性的,更看重法官职位和更注重自己在法院的未来发展和行政级别升迁的法官。而这样一些法官显然更愿意服从各种行政性调动而不太愿意违背领导意志。①

按照这样的理性逻辑和利益逻辑,中国的法官们"无怨无悔"地服从法院的各种行政性调动就是一个对他们在法院的生存和发展有利的行动。不只如此,更重要的是这些被调动的法官们还有自己更大的追求,他们还想通过表现自己的听话来获取行政级别的升迁。在中国,行政级别的高低,或者权力的大小是直接间接地与各种利益和机会勾连在一起的,在行政逻辑超越了司法逻辑的中国各级法院,获得了一官半职(即使只是一个小小的副庭长)就意味着你获得了或大或小的特权和更多获得利益的机会。因此,我推断,大

---

① 2004年夏天,我在G中院实地调研的时候访谈过一个法官,曾经在原来的经济庭、现在的民二庭从事过长期的司法审判工作,有过六年的专利审判经验,后来被调任为立案庭庭长。当我问他为什么从审判业务庭调任现在的新岗位时,该法官回答这一方面是服从法院加强管理的需要,另一方面也是提高自己的管理水平,学会协调平衡各种关系的需要,对法官个人是一种锻炼。但是他也抱怨现在的法院管理将行政事务官和审判事务官混杂在一起,不利于法官队伍的成长,自己其实也是迫不得已。

量被行政调动的各级中国法官可能并不反感这一对他/她而言或许频繁的行政性调动,因为这一调动可能不太会影响他们的既有利益(即使是有影响,那也只是影响了那些"不太听话"的法官的利益),相反很多法官倒更可能借此调动实现了自己的行政级别升迁。

这是法官流动的利益和逻辑。那么,相对应的,法院有什么样的目的要让法官如此频繁流动呢?首先我们要明确的一点是,这里的"法院"并不是什么抽象的实在,而是由法院领导、法官和行政管理人员构成的一个提供司法产品的"非营利组织"。① 在这样一个"非营利组织"中,普通法官和普通的行政管理人员是没有能力也不可能左右和支配法院内部的各种行政性流动的,因此,这里能够支配法官内部行政性流动的只能是法院的领导们(具体指拥有法院内部人事任免权的、以"一把手"院长为权力核心的法院党组),相应的,问题就变成"法院的领导们为什么要让法官们如此频繁流动呢?"

站在法院的立场,或者是站在各级法院领导的立场,法院内部的行政调动一方面是法院工作的正常需要,另一方面是通过流动,减少法官贪污腐败的可能性。这确实可能是一种正当的辩护。但是先不说这样的行政调动能否实现这一目标,即使能够有效减少可能的"司法腐败",我们也要仔细权衡这一制度可能带来的利与弊,在究竟是利大还是弊大的分析和考量后,才有可能确立这一制度的正当性。但各级法院(其实就是各级法院领导)对这一"潜在的"制度安排显然没有作如此的权衡和考量,更重要的是他们根本没有需要也没有动力作这样的权衡和考量。

而绕开这些"冠冕堂皇"的理由,站在一个受各种现实性条件的制约、"趋利避害"的"理性人"角度考虑,各级法院领导们热衷于行政调动的目的可能就比较容易理解。第一,正如有学者在分析交流轮岗制度时指出的,这种"行政性调动"完全可能成为法院领导合法地安排"听话的"法官、排斥"不听话的"法官的手段之一,并进而成为法院领导影响司法判决的有效手段之一。② 这种"安排"和"排斥"完全可以通过这一"正常的"行政性调动"神不知、鬼不觉"地完成。因此,对法官的行政性调动成为法院领导实现在法院内的"权威"和形成归顺自己的"小团体"的策略性工具。在某种程度上,这其实就是

---

① 这里将法院类比为"非营利组织"是受了波斯纳法官分析的影响,在"法官最大化些什么?"这篇文章里,波斯纳将美国联邦法院类比为不追求利润最大化,较少追求效率激励的非营利组织,以此为基础来分析普通联邦法官的效用函数。具体的相关分析,参见〔美〕理查德·A.波斯纳:《法官最大化些什么?》,载《超越法律》,苏力译,中国政法大学出版社2001年版,特别是第131—135页。

② 参见苏力:《司法的制度定位》,载《道路通向城市——转型中国的法治》,法律出版社2004年版,第272页。

一种极具中国特色的法院内部"治理"机制，只不过，这里的"治理"目的不是为了法院组织的利益最大化，而是法院领导的利益最大化。第二，频繁的行政性调动实际上有助于实现法院领导们对各种"货币"和"非货币"收益的"不自觉的"追求。由于有调动的权力，法院领导们可能就能获得来自法官们的各种"投桃以李"式的回报，而"宁为鸡头，不为凤尾"的老话也许就证明了能够主宰他人命运的，那种"管人的快乐"的重要性。在中国当下，这种快乐其实也是一种"非货币"收益。

通过以上的分析，中国各级法院的法官为什么流动这个问题应该就比较清楚了，法官为了预期的收入和可能的行政级别升迁而选择主动地离开法院系统或者被动地接受法院内部的行政性调动，而作为掌管法官"生死大权"的各级法院领导们也有自己的利益来进行和推动这一"非正式的"的法官行政性调动制度。这是一个"冷酷"但却清晰的成本—收益分析。在目前的制度环境制约下，这种法院领导热衷于各种行政调动，法官们被动地接受种种行政性调动也许就是一个未必是"帕累托最优"的但却相当稳定的制度均衡。

三、为什么忽视司法知识的积累？

前面的分析从"趋利避害"的人性假设和成本—收益的角度论证和分析了当前的中国各级法院行政性调动制度安排的内在逻辑和存在的"合理性"，这种未形诸文字的"非正式制度"安排[①]不仅满足了各级法院领导"管人"的需要，也直接间接地满足了法官们据此获得行政级别升迁的需要而被他们所认可和接受。但是，就在这样的利益逻辑和行政逻辑中，我们惊人地发现了司法逻辑的"不在场"，发现了不管是法院领导还是普通法官都几乎完全忽视了司法职业的特点，更忽视了专业司法知识的积累。是什么原因导致了这样的忽视？

让我们先来考察一下法院内部行政性调动"制度"可能带来的"利"和"弊"，然后再来讨论我们为什么会对这一制度的"弊"视而不见。前面我其实

[①] 在这里，法院的"正式制度"和"非正式制度"的界定依从苏力的分类，即正式制度指"由成文法律规定的法院的组织结构和运作程序，而非正式制度则指上述法律并无明文规定、但法院内工作人员通常会自觉不自觉地遵守或者必须遵守的习惯或惯例以及与这些习惯或惯例相伴随的观念"。正如苏力所言，"这些习惯或观念之所以称其为制度，是因为它们同正式的明文法律规定一样，在制约着人们的行为，成为一种人们不得不遵守的社会规范"。参见苏力：《法院的审判职能和行政管理》，载《送法下乡——中国基层司法制度研究》，中国政法大学出版社 2000 年版，第 73 页中的注 25。但事情正在起变化。"五五改革纲要"第 52 条明确规定法院内部要建立健全内部岗位交流制度，这在很大程度上已经将原有的非正式制度正式化了。

已经简单地讨论过这一"非正式制度"在有些人,特别是法院领导的眼里有便于法院有效管理、减少法官司法腐败的效果,或者至少能减少一些"预期"的司法腐败。这可能是他们为该制度的合理性所作的辩护,但是,这一制度能有这样的效果吗?便于管理当然是便于管理了(我在前面的分析中已经指出了这一制度最大的"好处"就是方便法院领导提拔"听话的"法官,排斥或者对那些"不听话的"法官"明升暗降",这种管理对领导们而言当然有效率),但是,能有效减少法官的司法腐败吗?还是根据前面的分析,一个会"趋利避害"的"理性的"法官,在收入不高、监督不严、腐败机会却不少的现实制约下,他能因为这种行政性调动而控制他的"欲念",从而减少腐败的可能性吗?在我的分析逻辑中,他倒更有可能通过各种"投桃以李"的方式"贿赂",或者讨好有权力调动他的相关领导以保全或者调往那个有更大腐败空间的司法职位。因此,那种认为法院内部的行政性调动能有效减少法官司法腐败的说法可能根据不够。

那么,这一"非正式的"或者"半正式的"行政性调动制度带来的弊端又有哪些呢?除了维持和加强中国各级法院系统固有的行政化管理之外,这一法官之间频繁的行政性调动最大的问题就是根本忽视司法的制度逻辑,忽视专业的司法知识的积累。如果说"司法的知识不可能是人的理性对永恒真理的清晰发现(唯理主义的),而只能是法官的司法实践的产物(经验主义的),是特定制约条件下法官与请求其予以裁决的事实纠纷遭遇而逐渐累积产生的一种制度化的知识"①的话,更进一步地,如果说这种司法知识和技术的获得和积累需要一种使这种"知识和技术得以运用,发展和累积的制度"②的话,中国各级法院目前通行的这种法院内部行政性调动潜在的制度逻辑就不仅不能保障法官形成和累积一种根据长期的司法实践而获得的专业司法知识,更无法为这种专业知识的运用、发展和积累提供一个制度平台。或者说,这种制度逻辑其实是以破坏这种专业司法知识的获得和积累为归依的。从前面的实证数据我们可以看到,这种大范围的、频繁的在审判业务人员和综合管理人员之间以及在审判业务人员之间的行政性调动的现实存在其实就表明了这种行政性调动逻辑根本就无视司法的制度逻辑,也无视专门的司法知识的积累。

事实上,自从 15 世纪英国的柯克大法官宣称法律是一种"人为理性",认

---

① 参见苏力:《初审法院与上诉法院》,载《送法下乡——中国基层司法制度研究》,中国政法大学出版社 2000 年版,第 154 页。
② 参见苏力:《制度进路》,载《道路通向城市——转型中国的法治》,法律出版社 2004 年版,第 213 页。

定"法律是一门艺术,在一个人能够获得对它的认识之前,需要长期的学习和实践"以来①,随着法学的发展和西方司法制度的逐渐完善,人们,包括司法专业人员和法学家都已经形成了一个共识,那就是法官的司法知识"主要是一种实践理性,它无法完全通过讲授的方式传达,而必须依靠大量的实践才能逐渐掌握"。②而这种实践理性,按照波斯纳法官的解释,是指"不轻信者对无法为逻辑或精密观察证实之事物形成种种确信时使用的各种方法",它以"行动为导向",而"与以'纯粹理性'来决定命题的真假,论证的有效与否的一些方法形成反差"。③由于"逻辑几乎总是,而科学实验却经常是正当化的方法,而不是发现的方法",而"实践理性也许很杂乱,很不严格,但它却是我们回答大大小小问题的一套主要工具,甚至可能是我们的唯一一套工具"。④因此,天天与各种各样的纠纷和当事人打交道的法官为了获得这样一种无法从书本和学校里学到的"实践理性",就必须进行长期的、大量的司法审判实践,而只有通过这种长期的司法活动的浸淫,我们才能指望法官可以充分运用各种包括直觉(或者说一种无言之知)、类比推理、权威、手段/目的理性在内的种种实践理性知识解决好他遭遇和面对的各种司法纠纷。

因此,这种表现为种种"实践理性"的专门化的司法知识的获得和积累,在我们的司法实践过程中再怎么强调也不过分。这不仅是因为现代社会逐渐展开和深入的专业分工已经导致了法律的专业化程度的提高,部分由于这种提高,"法律将越来越多地体现为一种专门的技术知识",而"一旦形成一种专门的技术知识,法律和法律活动就会较少直接受社会生活的波动而激烈变化,而受团体内的话语实践的制约"。⑤更因为法官只有通过在长期的具体司法工作中逐渐形成和累积各种可以或者不可以言传身教的知识和技能,才能形成和其他人的一些职业性区别⑥,也才能据此获得一种职业的尊荣感和

---

① 关于柯克大法官的故事,参见贺卫方:《柯克的故事》,载《运送正义的方式》,上海三联书店2002年版,第63—65页。
② 参见苏力:《基层法官司法知识的开示》,载《送法下乡——中国基层司法制度研究》,中国政法大学出版社2000年版,第265页。另外,关于法律就是一种实践理性的说法,可以参见Oliver Wendell Holmes, "The Path of Law," 10 *Harvard Law Review*, vol. 110, no. 5, 1997, p. 991;以及Richard A. Posner, *The Problems of Jurisprudence*, Harvard University Press, 1990.
③ 参见Richard A. Posner, *The Problems of Jurisprudence*, Harvard University Press, 1990. 中译本,〔美〕理查德·A.波斯纳:《作为实践推理的法律推理》,载《法理学问题》,中国政法大学出版社2002年版,第90—91页。
④ 〔美〕理查德·A.波斯纳:同上书,第93页。
⑤ 参见苏力:《论法律活动的专门化》,载《法治及其本土资源》,中国政法大学出版社1996年版,第138页。
⑥ 参见苏力:《基层法官司法知识的开示》,载《送法下乡——中国基层司法制度研究》,中国政法大学出版社2000年版,第268页。

作为一个法官的尊严。

但是我们目前的这种法院内部的行政性调动制度却是以破坏这种司法知识的获得和积累为代价的。综合该制度带来的或可能带来的各种"利"与"弊"的分析,我们发现,这一制度带来的弊端远远超过了它带来的好处,或者说它带来的弊端是实际的和严重的,而它带来的好处却是虚无缥缈的。我们不禁要问,这样一个制度,何以能够长期地在中国各级法院存在?

下面,我将分析和展示中国法院内部行政性调动长期存在和忽视司法知识积累的几个可能的原因。

首先,法院内部的行政逻辑压倒了司法逻辑。

有学者早已指出审判制度和行政管理制度的混同以及法院内部事实上的审级制度已经导致审判制度成了行政管理制度的附属,而法院内部行政性权力结构的存在必然使得庭长院长们有可能利用这种给定的权力格局对案件处理施加影响。① 而我在调研数据基础上展开的研究将表明这一行政性权力结构不仅仅只是影响审判制度和案件处理,作为这一行政性权力格局和行政化管理具体体现的法官内部调动制度实际上影响了中国法院的制度定位,影响了法官们的"理性选择",更影响了专业司法知识的获得、积累和传承。

在域外的司法理念和司法制度进入中国以前,中国传统上没有独立的解决纠纷的法院体系,甚至没有专门处理司法问题的法官。但随着中国缓慢但却坚定地步上了现代化的道路,随着中国社会的急剧变迁和转型,再伴随着与现代化相依相随的法治理念和司法制度的引入,我们慢慢有了一套专门的集中解决各种纠纷的现代法院系统,有了一个庞大的职业法官队伍。但我们的法院制度却只是有了现代司法制度的"形",而远远缺乏以"独立公正审判"为特点的现代司法制度的"神"。其最重要的体现就是法院系统内高度的行政化管理。其实,域外的法院系统也不排斥行政管理(因为,只要是一个组织,相应的管理就是少不了的),不过行政管理制度和审判制度各有各的逻辑,在域外法院系统内,行政管理制度和审判制度的专业分工已然是一个现实。② 但在中国的法院系统内,一种从"衙门"和"专政工具"脱胎而来的历史

---

① 参见苏力:《司法的制度定位》,载《道路通向城市——转型中国的法治》,法律出版社 2004年版,第 76—78 页。
② 关于行政管理职能和司法职能的制度分工,参见苏力的《法院的审判职能和行政管理》一文;关于西方的司法管理,根据一位美国学者的界定,主要涉及两个广泛的领域,其一是法院组织和人事的管理,其二是诉讼的运行管理,而这里的人事管理,仅仅指对法官的选任和任期以及法院其他工作人员的聘用、训练和监督,而不像中国的这种随意变动法官工作岗位的人事管理。参见 Henry R Glick, *Courts, Politics, and Justice*, McGraw-Hill Book Company, 1983, pp. 48-49。

痕迹,一种长期行政化管理带来的思维惯性,更加上一种法院管理者或意识到的或意识不到的个人私利,使得中国的法院管理还是一种等级森严的、以命令和服从关系为指导的行政性管理,使得在这种管理格局之下的专业的司法知识无法生发和积累。更严重的,在整个法院管理系统,还很少有人认为这是个问题,一个影响中国司法制度,尤其是法院制度未来发展的重大问题。因为,"私利尽管可能带来改革的动力,但也可能构建起智识的盲点。"①

而根据波斯纳法官的研究,司法制度或者说法官这一职业之所以区别于其他的制度和职业,最重要的是司法制度有其内在的游戏规则,而法官之所以能成为一个法官就在于他遵守这一"司法游戏"的操作规则。② 这种"司法游戏"有一种"避难所和转变现实的因素。它的原材料是生活的丑恶现实,但司法游戏将之转换成关于权利和义务、主张和证据、预设和辩驳、管辖和能力的智识性争论"。③ 很显然地,司法的游戏规则需要法官有高超的司法技能,需要法官运用在长期司法实践中形成的种种"实践理性",当然也不排除一些必要的"人为理性"处理他所要解决的司法问题和各种进入法院的法律纠纷。由于"我们某些最复杂的思想是无言的、无意识的",因此,"法官凭自己的背景、训练以及司法的以及从事司法之前的经验(其中有一部分经验是仅仅由于他是社会的一个成员而获得的),或许就有能力作出一些可以用高度复杂的措辞予以模型构建的判决,尽管这些措辞并非这位法官思考时的措辞。"④但是,中国法院系统的行政性调动及其背后的高度行政化管理现实,其实隐含了中国的司法运作和法院系统还缺乏这样的一种专门的"司法游戏",还缺乏足以让这种"无言之知"生发和积累的制度性背景。

正是在这样的对法官的种种行政性管理中,法院系统内的行政逻辑悄悄地,或者就是堂而皇之地压倒和取代了司法的逻辑。因此,作为一个善于学习和适应各种环境的"有限理性人",作为一个受"趋利避害"的人性制约并且能够在各种现实的制约条件下进行各种"理性选择"的中国法官,他们最现实也最保险的生存和发展策略就是学会怎样在不出错或者少出错的前提下获

---

① 参见苏力:《司法的制度定位》,载《道路通向城市——转型中国的法治》,法律出版社2004年版,第195页。
② 陈瑞华教授也曾撰文专门讨论过司法权的性质和范围,而司法权的性质,诸如独立性、被动性、公开性和透明性、多方参与性、亲历性、集中性和终结性就决定了法官必须遵循一定的"司法游戏"和司法规律,这是完全不同于以"揣摩领导意图"为核心的官场逻辑的。相关的详细阐述,参见陈瑞华:《司法权的性质和范围》,载《问题与主义之间——刑事诉讼基本问题研究》,中国人民大学出版社2003年版,特别是第12—26页。
③ 参见〔美〕理查德·A.波斯纳:《法官最大化些什么?》,载《超越法律》,中国政法大学出版社2001年版,第155页。
④ 参见〔美〕理查德·A.波斯纳:《法律中实践推理的其他例证》,载《法理学问题》,中国政法大学出版社2002年版,第137页和141页。

得行政级别的升迁。① 也因此,正如我在前文已经指出的那样,这种以"频繁的行政调动"和种种以其他形式表现出来的法院行政性管理和其中潜藏的"行政逻辑"最终必然导致,而实际上就是导致了法官不注重司法知识的积累,相反更注重如何讨好领导这类知识的积累。因为,从人的生存本能和进化生物学看来,"所有的适应都是知识"。

在这样的生存环境和制度制约之下,中国法官们行政职场的知识或许积累得不少,而作为一个审判法官所必需的专业司法知识也就积累得很不够,或者说即使一个法官想积累这样的知识,现有的制度制约也使这种积累成为一件"不可能完成的任务"。因此,我要说,如果没有一个足以让法官安心判案和相对稳定的制度环境(至少没有来自法院领导们的行政性调动以及对行政职位的潜在追求),法官长期的、稳定的和专业化的司法实践就不可能存在,而作为一个合格法官所必需的各种专业司法知识的获得和积累也就只能是"镜中花,水中月"了。因为,没有法官稳定的司法职位这张"皮",何来专业司法知识的积累这些"毛"?更进一步地,如果不解决好中国法院系统内部行政管理职能和司法审判职能之间的关系,没有一张真正的以司法审判为中心的法院管理制度的"皮",也就不可能有"各级法院之间独立"和"审判独立"这样一些制度的"毛"。

其次,忽视专业司法知识的积累,还有一个可能的原因就是各级法院的法官们可以依赖现有的案件审批制度和案件请示制度。

我前面的分析已经展示了中国法院系统的种种正式的、非正式的行政性制度安排必然使得法官依赖于长期司法实践的各种专业司法知识很难积累,但是问题的另一面却是为什么这种专业司法知识的缺乏没有对中国法官的正常判案带来多少实质性的不利影响(至少各级法院还能正常运转,而且各级法院法官办理的"错案"还是相当少的)?

一个可能的解释就是目前的中国法院系统内部通行的案件审批制度和案件请示制度,甚至审判委员会制度。正是因为这些制度的存在使得各级法院的法官越发不重视专业司法知识的获得和积累,因为反正"拿不准""吃不透"的案件不仅有法院内部的事实上的审级制度来"消化",还可以就此向上级法院逐级请示。这些法院内部事实上的案件审批制度包括向庭务会(现在改名叫专业法官会议)、各业务庭庭长、主管副院长、院长逐级讨论和审批,如果还拿不准可直接进入审判委员会集体讨论。因此,法院内部的这种"非正式"审判制度安排,不仅一方面使得"一个案件的审理,实际上并不是承办案

---

① 当然了,这种不出错或者少出错肯定要求法官要积极和上级法院法官搞好关系,要充分利用现有的各种减少出错的正式的或者非正式的制度。

件的法官或合议庭作出最后决定,而是必须逐级上报或'请示'业务庭庭长、主管副院长,乃至院长。一旦这种做法成了惯例,具有了制度性的因素,这些行政性领导有时就会且能够直接插手、过问案件"。① 但是,也许更重要的是另一方面,这些没有形诸文字的法院内部的案件审批制度的现实存在,实际上不仅使得法官可以"合法"地逃避本该由他承担的各种司法责任("错案"也就因此减少不少②),更使得法官缺少积累足以使他正确地处理和判决案件的各种专业司法知识的动力,因为反正有这种案件审批制度,有各级法院领导和审判委员会来解决案件的相关问题、确定案件的最终结果以及承担案件审理的司法责任。

而"案件请示制度,是指下级法院在案件审理过程中,就案件的实体处理或程序问题以口头或书面形式向上级法院请示,上级法院予以答复的制度"。由于这一制度在中国"司法实践中通行于各级上、下级法院之间,包括地方上、下级法院之间以及高级法院与最高法院之间"③,而除了最高法院就各高级法院的请示予以了制度化之外④,各地方上下级法院之间的案件请示制度其实又是一个在中国法院系统内"司空见惯"的,却从来没有被正式制度化的"非正式"制度惯例。这种案件请示制度,虽然如一些学者所分析的,有着"提高办案质量""排除法外干扰、摆脱地方干预"的好处⑤(其实还不止这些,在我看来,有利于法制的统一就是这一制度的另一个可能"未意图的"好处),但是,其危害却可能更大。

这不仅是因为上下级法院之间的"初审"与"上诉审"的区别,因为"初审知识"和"上诉审知识"的不同,"初审法院"和"上诉审法院"必要的制度分工,更在于案件当事人拥有一种要求上诉法院审查的权利。但是,中国各级法院之间的案件请示和答复制度实际上从根本上取消了这种"初审"和"上诉审"

---

① 参见苏力:《法院的行政职能和审判管理》,载《送法下乡——中国基层司法制度研究》,中国政法大学出版社 2000 年版,第 76—77 页。
② 但这里的"错案"少也许只是在整个法院系统内认定的"少"。由于有法院内部的审批制度和案件请示制度,当事人更有可能在法系统内找不到他/她所希望的"说法"和正义,也因此更有可能寻求法院系统之外的救济,比如上访。所以,从整个国家制度的层面,"错案"也许并没有想象的那么少。
③ 参见万毅:《历史、现状与走向:案件请示制度研究——以最高法院为中心的考察》,载左卫民等:《最高法院研究》,法律出版社 2004 年版,第 355 页。
④ 同上注,第 356 页。特别是那句,"最高人民法院于 1986 年 3 月 24 日和 1990 年 8 月 16 日曾先后下发《最高人民法院关于报送请示案件应注意的问题的通知》以及《关于报送请示案件应注意的问题的补充通知》,对案件请示的做法予以确认和规范,并使之制度化"。
⑤ 参见万毅:《历史、现状与走向:案件请示制度研究——以最高法院为中心的考察》,载左卫民等:《最高法院研究》,法律出版社 2004 年版,第 367 页。

的区别,剥夺了当事人的"上诉权"这一法律明文规定的正当权利。[①] 不仅如此,就如同案件审批制度体现了法院内部的行政化管理特点一样,案件请示制度也充分体现了中国上下级法院之间名为"监督与被监督",实为"管理与被管理"的行政化管理关系。

与对专业司法知识积累的忽视相关,案件审批制度和案件请示制度的存在实际上使得法官更没有积累司法知识的积极性和动力了。法官不仅可以利用现有的这些制度谋求自保,因为经过层层审批的案件即使最终发现判错了,也可以免除主审法官的各种责任,也"因为经过请示报核的案件,即使当事人不服,也多是维持,很少发回重审或改判;而按照上级法院答复制作的裁判文书,即使最终证明是错误的,承办人也会免受错案责任的追究"。[②] 更可以将司法实践中遇到的许多"拿不准""吃不透"的难办案件层层上报,直至最高法院。其实,通过上面的分析,我们可以看到法院系统内部频繁的行政性调动制度和案件审批制度、案件请示制度是一套犬牙交错、唇齿相依的整体性制度安排,制度之间的这种紧密联系就体现在频繁的行政性流动必然导致专业司法知识无法获得和积累,这种专业司法知识的缺乏当然就使得法官更加依赖案件审批制和案件请示制度这样一些我们认为应该取消或者应该被司法化改造的司法行政化制度,而这种依赖又反过来强化了法院管理的行政化,显示了这种行政化管理的正当性和合理性。

因此,如果法官内部行政性流动的局面不被改变,建立在长期司法实践基础之上的专属于法官的各种专业司法知识的积累就没有可能,这种知识的缺乏就肯定对那种能够部分弥补法官专业司法知识不足的案件审批制度和案件请示制度有着现实的需求,而这样的制度格局是无法实现司法改革所极力倡导的审判独立、司法公正乃至司法效率的,不管这些高调的口号被我们的司法改革设计者和法学家们叫得多么响亮。

最后,中国很多法院审理的案件大多比较简单可能也是法院和法官忽视专业司法知识积累的又一个原因。

之所以认定中国法院审理的案件大多比较简单,其理由有三。其一是中国社会改革开放以来的高速发展和急剧转型必然带来大量的林林总总的各类纠纷,而在"依法治国"和"为权利而斗争"等法治意识形态的宣传下,大量

---

① 我在 2004 年夏天和 L 中院的院长访谈时得知,当年一个轰动一时的案件就是首先由 N 县法院(现在的 N 区法院)就此案件如何判决向 L 中院请示,在得到了中院的答复后进行了相关判决,因此,不服一审判决的当事人向 L 中院提起二审,就注定了最后败诉的结果。在这里,我们的"二审终审制"有意义吗?

② 参见万毅:《历史、现状与走向:案件请示制度研究——以最高法院为中心的考察》,载左卫民等:《最高法院研究》,法律出版社 2004 年版,第 366 页。

简单的原本可以采用非诉讼方式解决的纠纷纷纷涌入法院。其二是中国现有的诉讼制度设计中缺乏"筛选"各类简单案件的有效机制，比如，刑事审判程序中的"辩诉交易"制度和民事审判程序中有效的"审前准备程序"。其三，已有的研究[①]和北大法院调研课题组2004年夏天在各地法院调研的相关数据部分证实了中国法院审理的案件大多比较简单这个事实。虽然，已有研究和我们的实地调研都是以经济纠纷案件为研究对象，以这些案件的简单来推论所有的进入法院的各类案件都简单肯定会给人留下"以偏概全"的把柄。但是，"观一叶而知秋""窥一管而知豹"，我们至少可以通过大量经济诉讼案件的简单来部分推断其他诉讼案件有很多也不会太复杂。[②]

因此，上面指出的三个原因使得我们有理由相信正是因为法院大量简单案件的存在，或者准确地说，是到目前为止的进入法院的案件有很多是不需要太多专门司法技术和专业司法知识就可以判决得很好的案件，使得我们的法院和法官对专业司法知识的获得和积累的重要性没有太多的感性认识，造成了他们对专业司法知识积累的严重的忽视。

综上所述，法院系统内部行政逻辑的盛行，案件审批制度和案件请示制度的存在和法院审理案件的简单这三个相互交织在一起的"原因束"能够有效解释中国法院管理中司法逻辑的"不在场"，也能够解释不管是法院领导还是普通法官为什么会忽视司法职业的特点，忽视专业司法知识的积累了。

四、更进一步的分析

从实地调研中得来的法官流动的历时性数据和共时性数据出发，以这些数据为依据，前文运用利益逻辑和成本—收益方法，在"趋利避害"的"理性人"假定基础之上论证了法官为什么流动，法院和法官为什么忽视专业司法知识的积累等问题，并且还更进一步细致地分析和论证了法官流动和司法知识积累之间"剪不断，理还乱"的关系。如果仅仅从就事论事的角度，仅仅从法官流动和司法知识之关系的梳理和论证的角度，本章完全可以就此结束。但作为一个学术的努力，一个不仅仅关心在真实世界中寻找问题，关心相应

[①] 相关文献参见，张维迎、柯容住：《诉讼过程中的逆向选择及其解释——以契约纠纷的基层法院判决书为例的经验研究》，载《中国社会科学》2002年第2期；艾佳慧：《司法判决书中"双高"现象并存的一种社会学解释》，载《中外法学》2005年第6期。

[②] 这个结论要成立其实需要一些具体的条件，比如缺失繁简分流机制、市场经济不太发达以及非讼纠纷解决机制运作不畅等，但只要程度不一地突破了这些条件，肯定就会有不少复杂疑难的案件进入法院，而这正是目前长三角地区、珠三角地区等经济发达地区法院面临的现状。

问题之约束条件的考察，更关心把从问题中得到的认识一般化从而获得一种知识上的贡献的话，本章的研究就不应该仅仅满足于此。

因此，本节希望更深入地分析和探讨这样一些问题：既然法院内部频繁的行政性流动实际上导致了对司法制度逻辑的背离，导致了专业司法知识积累的不可能，为什么最高法院可能根本就没有觉得法院内部的法官流动是个大问题呢？是什么原因导致了这一重大问题的被"遮蔽"？为什么法学家们提倡的现代社会所需要的司法制度以及这一制度所隐含的审判独立在中国的建立这么艰难？对这些问题的分析必然涉及司法职业和司法制度的定位，涉及制度与制度之间的勾连与紧张，也涉及制度变迁的可能性与复杂性。由于法学本身内在的理论不足以透彻和有效地回答这些问题，我必须借助于激励理论、管理学的相关理论和博弈论对这些问题进行初步但却是有力的回答。

在我们的司法制度设计者和司法改革倡导者的眼中，一个法官无疑就是一个国家的公务员，而一个法院不过就是一个规模化解决纠纷的国家机关。因此，对法官的管理可以直接套用国家公务员管理办法，三六九等的法官级别的划分也可以直接比靠相应的行政级别[①]，当然地，对法院的种种行政性管理措施的正当性也就不言而喻了。因此，案件审批制度、案件请示制度以及法院系统内部的法官行政性流动在这个行政逻辑和框架下可能就不是一个问题，最高法院没有觉得法院内部的法官流动是个大问题也就可以理解。

但是，这中间似乎是出了什么问题。法官职位和公务员职位有多大的可比性？将法官进行三六九等的划分并与行政级别直接挂钩有正当性吗？司法逻辑和行政逻辑是一致的吗？这些问题都值得我们深入思考并运用各种理论工具进行相应的分析。尽管有学者讨论过司法的制度逻辑不同于行政的制度逻辑的问题，指出中国法院"与传统衙门的血缘关系很容易令中国的政治家、法律家和法学家不注意、看不到或看不清西方司法制度发生、发展的制度逻辑"，不注意司法制度逻辑与行政制度逻辑的区别，因而不假思索地就将行政逻辑统一化和标准化，最终导致法院应有的制度逻辑被进一步地破坏。[②] 但其分析更多的是从司法制度传统的角度切入，而且过于简略。借用管理学中"水平管理"和"垂直管理"的区别以及法官所拥有的知识类型的特殊性，我将尝试着分析法官职位与公务员职位的不同，以及司法逻辑与行政

[①] 2004年夏，在我们调研的几个中级法院里，C1 中院只要是审判长就给副处级待遇的这一规定还成了提高法官待遇，有效激励法官的先进的管理经验加以推广和宣传。

[②] 具体的分析，参见苏力：《司法的制度定位》，载《道路通向城市——转型中国的法治》，特别是第 188—195 页。

性逻辑的迥然差异。

借用波斯纳法官的类比,其实不只是法院,各个行政机构也都应该被视为"非营利组织",和追求利润最大化的、"利益驱动"的企业组织有着很大的区别,他们都是一些花纳税人的钱,提供各类公共产品(法院提供种种体现"司法的正义"的司法产品,而行政部门提供诸如社会安全、公共管制等行政产品)的不以赚钱为目标的"非营利组织"。但是,虽然同为"非营利组织",法院和行政机构的组织目标和管理逻辑却大不相同。

如果说每一个组织都会面临"所追求的目标是什么以及该目标是否恰当"和"目标追求的成本效益标准"这两个问题的话①,由于组织目标的不同,追求的成本效益标准的不同,更由于不同的组织面临不同的人力资产类型,因而就有了相当不同的由分配制度、激励措施和监督体系组成的组织结构(organizational architecture)。② 根据管理学的理论,不同的组织结构可以根据管理幅度的大小一般性地划分为水平型组织(或称扁平式组织)和层级型组织(或称高塔式组织),由于管理幅度指一位管理者可以有效管理的下属数目,因此,管理幅度对组织的一个重要影响就是决定组织的阶层数。所谓的"水平型组织"就是指一种管理幅度很大,每个管理者所直接指挥的人数较多,组织的阶层数较少的一种组织结构;所谓的"层级型组织"就是一种管理幅度很小,每个管理者所直接指挥的人数较少,组织的阶层数较多的一种组织结构。③ 更进一步地,不同的组织之所以形成这样两种不同的组织结构是与组织所依赖的人力资产的类型不同、希望获得组织成员信息的难易程度以及因此带来的不同的激励措施相关的。

同为"非营利组织"的法院和行政机构在管理目标和所依赖的人力资产的类型是完全不同的,由于这些差异,我们可以认为适合于法院和行政机构的理想组织结构应该分别为水平型组织结构和层级型组织结构。接下来,我将简要论证一下该结论的正当性和合理性。

由于法院审判工作的严格消极性(托克维尔说过,社会对审判机构的要求是一种相当严格的消极性(passivity),除了社会通过个人,团体和政府职能机关将问题以法律形式提交给法院,法院无权,也无义务对任何问题进行干

---

① 这里的前一个问题与效能(Effectiveness)有关,而后一个问题则有关效率(Efficiency),对此问题的具体分析,参见林建煌:《组织与组织的目标》,载《管理学》,复旦大学出版社2003年版,第5—6页。
② 对组织结构的分析,参见〔新加坡〕方博亮:《激励与组织》,载《管理经济学》,中国人民大学出版社2005年版,第408页。
③ 林建煌:《组织设计的基础》,载《管理学》,复旦大学出版社2003年版,第211页。

涉①），由于"法院的基本职能是裁判，对法官的基本要求是独立作出判断，法官在行使其司法职能时是互不隶属的"②，法院组织的内部秩序就不应该是以命令和服从为特点的行政组织秩序，法院的管理目标也就不是片面追求高效、追求量化工作绩效和管理指令的"上传下达"。另外，由于一个组织内部的员工越是训练有素和经验丰富，他们所需要上司的直接管理就越少，因而组织的管理幅度就可以越大；同时，员工任务越相似，组织内部工作的程序越是标准化，组织价值系统越为强有力，组织的管理幅度也就可以越大。③ 如果我们假定法官的有效工作取决于长期的司法实践和专业的司法知识的话，那么这种依附于法官个人身上的"特殊型人力资产"由于其自身的不可替代性和难以监测性，必然使得来自上司的直接管理没有多少效率，因而法院组织的管理幅度就应当很大，水平型组织就是适合于司法工作特点和法院管理的有效的组织形式。④

而行政性组织却与之不同。由于行政性组织"天生的"主动性，追求"上传下达""令行禁止"的行政效率，行政性组织的管理目标就必然是在命令与服从的组织秩序的架构下，寻求一种能够及时、高效地应对和解决各种社会问题的组织结构，寻求能将员工不愿意外显的各种工作信息转化为一种体现为量化的绩效指标体系的最优激励合同。更由于一个行政性机构总是愿意高效有序地整合组织内部各个成员的力量完成一个特定的行政目标，作为行政性组织成员就不是那么"不可缺少"和"难以监测"的，而且一个行政性组织面临的环境也是复杂多变的，各个员工负担的任务也就不可能很相似，组织内部工作的程序也就不可能标准化。行政性组织的这样一些特点必然使得其组织的管理幅度不可能也不应该太大，因此，以严格的科层制为特点的层级型组织结构也许就是最适合行政性机构的管理结构。

更进一步地，根据布赖约夫森（Brynjolfsson）的研究，作为固化在人身上的信息加工技能，一种与人身"不可分离的信息资产"，人力资产或者说知识

---

① 〔美〕托克维尔：《论美国的民主（上册）》，董果良译，商务印书馆1991年版，第35—36页。
② 苏力：《司法的制度定位》，载《道路通向城市——转型中国的法治》，法律出版社2004年版，第192页。
③ 参见林建煌：《组织设计的基础》，载《管理学》，复旦大学出版社2003年版，第211页。
④ 英美法系国家的司法制度和法院体系其实就证实了这种管理组织结构的有效性。相关文献，参见〔美〕理查德·A. 波斯纳：《法理学问题》，苏力译，中国政法大学出版社2002年版，特别是第六章中"法律问题有正确答案吗？"；〔美〕理查德·A. 波斯纳：《超越法律》，苏力译，中国政法大学出版社1999年版，特别是"法官最大化些什么？"一章；〔美〕理查德·A. 波斯纳：《联邦法院——挑战与改革》，邓海平译，中国政法大学出版社2002年版，特别是"治标之策"一章中的"加强管理"一节。also see, Henry A. Abraham, *The Judicial Process*, *An Introductory Analysis of the Court of the United States*, *England and France*, 7th ed., Oxford University Press, 1998.

类型可以划分为个人型和背景导向型①,而与之相类似,法院组织中的法官通过长期稳定的司法工作获得的这种人力资产(或者,一种知识类型)因为其很难监督,可以算是一种背景导向型资产,而工作任务更容易界定清楚的行政性组织,其工作人员由于从事各不相同的操作性任务,这种信息相对容易获得的人力资产可以算是一种个人性资产(当然,这种类比可能不太准确,甚至有可能出错,但有助于我们更清楚地看到法官职位和公务员职位的区别)。由于不同的组织信息结构需要参与人拥有相应不同的信息加工技能(通常所说的人力资产),"给定这种情况,参与人因为信息加工能力有限而不得不专门投资某种特定类型,支付沉没成本。但当参与人在制定人力投资的策略性决策时,他们最后的决定将受到现实中流行的组织类型的制约。另一方面,企业家在设计组织机构时,他们的决定也要受到可得的人力资产类型的限制"。这就是组织场域的策略互补性关系。② 虽然青木的这段话针对的是企业组织,但其中蕴涵的道理也同样适用于包括法院和各种行政性组织在内的"非营利组织"。因此,在理论上和应然的层面上,这种策略性互补关系的存在就使得法官所拥有的背景导向型人力资产和水平型的法院组织结构,行政性人员所拥有的个人型人力资产和科层制的行政组织结构是一个相互配合、相得益彰的组织安排。

与此相适应,法院组织和行政性组织的激励措施和制度安排显然就很不一样。由于无法观察到的实现契约承诺的工作努力是契约问题中一个非常困难的问题,也就是说,在所有的契约协议中都存在一种"道德风险"。③ 但如何消除这种"道德风险"?不同的组织结构应该有不同的解决办法。对于以"利润最大化"为目标的企业组织和以行政效率为目标的各类行政性组织机构,其办法在于在契约中引进创造性的刺激因素,可以有助于引发承诺自动实施的行动来解决隐蔽行动的问题,或者通过量化的工作绩效指标体系以及与之相联系的收入和利润分享奖金可以部分地解决这种对观察不到的工作进行激励的问题。④ 正如奥利弗·威廉姆森所说,"因为复杂契约的不完

---

① See, Brynjolfsson, E., "Information Assets, Technology, and Organization", *Management Science*, vol. 40, no. 12, 1994, pp. 1645-1662. 转引自,[日]青木昌彦:《组织结构和治理》,载《比较制度分析》,周黎安译,上海远东出版社2001年版,第122页。
② 参见[日]青木昌彦:《组织结构和治理》,载《比较制度分析》,周黎安译,上海远东出版社2001年版,第135页。
③ 道德风险是经济学中的一个术语,是指在事后信息不对称的情况下,一方的行为影响了利益不同的另一方却不为对方察觉的情况。参见[新加坡]方博亮:《激励与组织》,载《管理经济学》,中国人民大学出版社2005年版,第409页。
④ 相关的分析,参见[美]詹姆斯·麦奎根等:《组织形式、治理与机制设计》,载《管理经济学——应用、战略与策略》(第九版),李国津译,机械工业出版社2003年版,第546页。

全是不可避免的,即为所有事先可能的权变条件确定条款是不可能的或是成本巨大的,所以多数相关契约活动都是由事后治理结构来承担的。"① 而使得个体理性和集体理性得以"激励相容"的量化的工作绩效指标体系就是一种适合于企业组织和行政性组织的合理的事后治理结构安排。

但是,对法官的激励却不能如此安排,因为法官工作的"自由裁量权"特点使得量化绩效考评指标不可能有效测度法官工作的努力度和廉洁度。除此之外,法院的消极被动性和法院组织的水平性特性、法官审判工作所需要的大量"实践理性"知识以及这种知识的"背景导向型"特点,也使得简单地挪用和照搬适用于行政性组织机构的各种管理办法特别是那种量化的工作绩效指标体系根本不能有效激励法官,相反可能会影响司法的制度定位和法官的有效工作。

根据波斯纳法官的研究,在美国,同样需要加强对联邦法官的管理,而"制定出评价法官的工作负担、活动和产出的更好措施,并制定出实施这些措施的更好办法",就是确保联邦法官尽其全能的有效办法。②。但是,怎样对法官加强管理呢？波斯纳的研究表明,"越是强调法官产出的数量指标,以完全建立在数量基础上的效率来取代质量或最好的工作表现指标亦即质量加权的数量(quality—weighted quantity)(亦即价值)的危险就越大。"以"推翻率"(reversal rate,可以类比为中国的二审改判率)为例,由于"判决被推翻代表的不过是纯粹的意见分歧而不是纠正什么真正的错误",而"在法律高度不确定的情况下,那些希望自己的判决被推翻的概率降低到最低程度的法官们会逃避困难案件"。因此,波斯纳认为,"由于以统计数据评价法官的工作可能带来负面的激励效果,而且除非对法官进行侵入性监督(intrusive monitoring),就可能发生法官操纵此类统计数据的危险,因此,司法统计数据的最大价值——这正好是目前这些统计数据的主要用途所在——可能是信息价值而不是激励价值(incentive-imparting)"。③

从波斯纳的研究以及前述对法院组织的特点和法官所专属的"特殊性人力资产"性质的分析,我们可以得出一个结论,即以水平性管理为特点的法院

---

① 参见 Oliver Williamson, "Economics and Organization: A Primer", *California Management Review*, 1996, p. 163. See also Williamson: *The Mechanisms of Governance*, Oxford University Press, 1996. 转引自〔美〕詹姆斯·麦奎根等:《组织形式、治理与机制设计》,载《管理经济学——应用、战略与策略》(第九版),李国津译,机械工业出版社2003年版,第546页。

② 参见,〔美〕理查德·A.波斯纳:《加强管理》,载《联邦法院——挑战与改革》,邓海平译,中国政法大学出版社2002年版,第235页。

③ 前述相关分析,请参见〔美〕理查德·A.波斯纳:《联邦法院——挑战与改革》,邓海平译,中国政法大学出版社2002年版,第237—240页。

系统和以科层制管理为特点的行政性机构的组织逻辑有所不同，以"背景导向性"人力资产或知识类型为基础的法官职位和以"个人性"人力资产为基础的公务员职位也没有太大的可比性。那种将法官进行三六九等的划分并与行政级别直接挂钩的激励措施可能不仅无法实现应有的激励，相反倒是一种对专业知识有效积累的反激励机制。

结合前面的法官流动数据和前文的分析，需要什么样的法官管理的问题就相当清楚了，如果要让法官能够有效积累相应的专业司法知识，积累大量的审判案件所必需的"实践理性"知识，并且能让法官有动力投入到司法"专用性资产"的学习和积累的话，中国现有的法院管理制度乃至法官管理制度就必须变革，大量行政化管理措施就应该被更适合于司法制度逻辑的种种其他制度所替代。至少，在本章的研究框架里，法院及法院领导就不能对本法院内部的法官进行频繁的不尊重专业分工和司法知识积累的各种行政性调动。

但是，由于强大利益逻辑的驱动，这种变革显然不容易。而且，更重要的是，现存制度之间的相互依赖和相互强化使得这种互补性的制度安排构成了一个连贯的制度整体。要想通过改变其中一个单一制度来"撬动"这一整体性制度安排的可能性都会变得微乎其微。因此，我们的制度变革可能比想象的要艰难得多。

五、一点余论

至此，本章运用大量实地调研得来的法官流动的共时性数据和历时性数据，不仅发现中国各级法院内部存在频繁的行政性调动现象，更细致地和全面地分析和论证了法官为什么流动，为什么法院和法官都严重忽视专业司法知识的获得和积累，并运用管理学的相关理论和激励理论初步论证了司法制度逻辑和行政制度逻辑的差异，分析了中国法院系统忽视司法制度逻辑的原因以及改变这种行政性制度安排和行政性管理逻辑的困难和艰巨性。不仅从利益逻辑和成本—收益的角度指出中国法院系统的管理者们可能愿意维持现有的种种行政化管理制度，还指出了法官的行政性流动制度和专业司法知识积累之间的张力，揭示了中国法院内部行政性调动制度背后的深层制度性成因。

虽然就未来的制度变革而言，本章的分析和研究结论稍显悲观，但是这种建立在真实数据基础之上，建立在"趋利避害"的人性假设之上，并运用各种可能的理论资源对一个真实世界中存在的制度或问题的细致分析,可能帮助我们直面这个并不美好的世界,打消掉我们一些建立在"应然"和"规范"分析基础之上的"玫瑰色幻想",从而能更好地为我们的司法制度建设和司法改革提供一个改革的方向和有效的方案。至少,也是一个冷峻但却理性的提醒。

———— * * * ————

附录:法官调查问卷(一)

1. 请问您目前所在的部门是:
审判业务部门(　　) 　　综合管理部门(　　)
2. 您在您所在的法院是否有过调换工作的经历,如果有,是从:
审判业务部门调换到综合管理部门(　　)
综合管理部门调换到审判业务部门(　　)
上级法院调换到下级法院(　　)
下级法院调换到上级法院(　　)
特别地,在审判业务部门或综合管理部门内部,您是否有被调换的经历:
有(　　) 　　没有(　　)

注:在2004年发放的法官问卷中特别注明了审判业务部门包括民庭、经济庭、刑庭、行政庭、审监庭等,非审判部门包括立案庭、执行局、政治部、研究室、办公室、培训处、技术处、后勤处等,但到了2014年,由于实践中大立案改革的实施,在2014年发放的法官问卷中,在特别注明的审判业务部门中增加了立案庭。

第三章 中国法院绩效考评制度研究

——"同构性"和"双轨制"的逻辑及其问题

> 维齐非齐。
>
> ——《周书·吕刑》
>
> 法院管理的目标是为了帮助法院公正、快速而且经济地处理提交给它们解决的纠纷。
>
> ——罗素·惠勒①

一、问题的提出

《人民法院五年改革纲要》中规划的司法改革总体目标之一就是"在科学的法官管理制度下,造就一只高素质的法官队伍"。② 但何谓科学的法官管理制度,第一个五年改革纲要却语焉不详,只是在"进一步深化审判方式改革"部分简单提及了"建立审判长、独任审判员的审查、考核、选任制度"。也许是在司法实践中积累了正反两方面的经验和教训,《人民法院第二个五年改革纲要》在如何有效管理和监督法官的制度设置方面有了长足的"进步"。不仅在"改革和完善司法人事管理制度"部分提出了改革法官遴选制度的一些具体措施,更接下来要求法院系统"建立科学、统一的审判质量和效率评估体系""改革法官考评制度和人民法院其他工作人员的考核制度……科学设计考评项目,完善考评方法,统一法官绩效考评的标准和程序,并对法官考评结果进行合理利用"。③ 以此为契机,各级、各地法院就此展开了一场"轰轰

---

① Russel Wheeler, *Judicial Administration: Its Relation to Judicial Independence*, Williamsburg, VA: National Center for State Courts, 1988, p.23. 转引自〔美〕理查德·A.波斯纳:《联邦法院——挑战与改革》(序),邓海平译,中国政法大学出版社 2002 年版,第Ⅳ页。
② 《人民法院五年改革纲要》,载《中华人民共和国最高人民法院公报》1999 年第 6 期,第 186 页。
③ 《人民法院第二个五年改革纲要》,载《中华人民共和国最高人民法院公报》2005 年第 12 期,第 11 页。

烈烈"的制定量化绩效考评指标的运动。

不是说此前就没有对法官业绩的具体考核以及随后的奖惩机制了,只不过"二五纲要"的实施重在绩效考评(对法官而言,重点在于包括了审判质量和审判效率的各类评估指标的设定和考核)的"科学"和"统一",要求指标体系构建的科学性、绩效考评的程序性以及指标和程序的相对统一性。其实不仅是法院,选择何种指标,如何有效地对人员、部门和机构的工作绩效进行考核,以帮助管理者改善绩效和管理,历来是整个公共管理中的一个大难题。[①]对于一方面要坚持审判独立一方面又不堪司法腐败之扰的中国法院系统,制定一套针对法官审判工作的、对法官有约束力的、建立在一定科学基础之上的绩效考评制度看起来非常必要。

绩效指标是一套用于衡量考评对象工作努力程度和具体绩效水平的相对客观化的标志,而绩效考评(performance measurement)就是定义、衡量和运用这些指标的过程。[②]由于包括法院在内的公共管理部门普遍面临如何有效监督和控制其雇员的难题(这其实也是所有组织无法避免的因事后信息不对称而产生的雇员道德风险问题),绩效考评最大的贡献就在于能够提供考评对象和组织绩效的各种客观的相关信息以强化管理,并为决策和奖惩提供依据,以达成工作目标和改进组织整体绩效。[③]对法院而言,如果存在一套科学的量化指标体系(能够有效测评法官工作的努力度和廉洁度)等待我们去发现,各级、各地法院争先恐后的、可能只是在"试错"的种种制度实验就有其价值。但如果世界上根本没有针对法官的完美量化指标体系,更吊诡的是,如果这一套量化指标体系和我们所追求的司法独立、程序价值等诸多法治原则完全冲突,一个自然而然的疑问就是为什么要花如此大的成本追求一个根本不存在的理想幻境?在具体的法治实践中,这一对理想考核机制的追寻在中国又将呈现出何种独特的样貌?带来何等未预料的后果?更进一步,中国法院系统想通过绩效考评制度控制和监督法官的社会背景和制度背景是什么?如果我们能够"语境化"地理解和同情这一看起来前途渺茫的"追寻",这一努力在中国能够成功吗?即使能取得局部的成功,又是以牺牲了何种价值为代价呢?

[①] See, Behn, R. D. "The Big Questions of Public Management", *Public Administration Review*, vol. 55, no. 4, 1995, pp. 313-324.

[②] 绩效考评有广义和狭义之分。狭义的绩效考评仅指用一套指标衡量员工圆满完成工作的程度,而广义的绩效评估包括了指标设定、指标考核和指标激励三阶段,也可称绩效管理。需要强调的是,本书中的"绩效考评"均为广义。对绩效管理理论的更多介绍,可参见王怀明编著:《绩效管理》,山东人民出版社 2004 年版。

[③] 对绩效考评概念和目标的更多介绍,参见〔美〕西奥多·H. 波伊斯特:《公共与非营利组织绩效考评:方法与应用》,肖鸣政等译,中国人民大学出版社 2005 年版,第 4—5 页。

二、各级法院绩效考评的"同构性"

本节首先聚焦于一个基层法院实际运作的一套绩效考评制度。

目标法院是位于东部沿海的 Z 省 N 市的 H 县法院。如此选择的理由只有一个,那就是资料的可获得性。我手边有一本 2005 年 9 月编撰的《H 县人民法院规章制度汇编》(内部资料)①,厚达 448 页的该汇编内容丰富、资料详尽,当然也包括了该法院完整的绩效考评制度(不仅有针对全院干警的《岗位目标管理办法》和《岗位目标考评细则》,也有专门针对法官的《案件质量评查细则》《"星级法官"评选办法》以及《法官业绩百分考核办法》)。具体而言,对法官工作的考核包括四个部分:办案数量、审判质量、审判效率和审判技能。② 仔细阅读这些意在制约和激励基层法官的考核制度,一个最深的印象是"数目字管理"(黄仁宇语)无处不在。具体体现在:(1) 法官业绩考核指标的数字化,比如作为重点考核对象的结案数、结收案比、平均审限、调解率、上诉率、申诉率、发改率、调研文章量等;(2) 扣分制度,根据前述量化考核指标的院定标准,在每个法官基准分基础上相应奖励或扣罚一定的分值,比如上诉率每下降一个百分点奖 0.1 分,每上升一个百分点罚 0.1 分。③ 每个法官获得的总分值作为年终确定考核等级、评先授奖、能否返还岗位责任风险保证金④以及人事升迁的标准。不仅作用于法官,这套"数目字管理"同样作用于包括各法庭在内的院内各部门。通过将各庭、局成员总分值、获得星级法官次数作为评选先进集体的标准、在各量化指标基础上增减各庭局正副负责

---

① 鉴于中国各级法院都将法院内部的人事管理制度视为保密内容,要得到一套详细的法院绩效考评制度还真不是容易的事。这本规章制度汇编也是一个偶然的机会从一个在法院系统工作的朋友处获得,在此谨对这位朋友表示感谢。
② 《H 县人民法院法官业绩百分考核办法》(试行)第 4 条,载《H 县人民法院规章制度汇编》(内部资料),第 181 页。
③ 陈瑞华教授 2006 年在江苏某基层法院调研时也发现了这一"扣分制度",法官"超结案一件加 0.8 分,减少结案一件扣罚 0.8 分;刑事案件上诉率控制在 10% 以内的,可加 2 分;全年无向本院以及上级部门投诉、申诉的,加 1 分;二审发回改判率控制在 1% 以内的,加 2 分,无发回改判率的,加 2 分……"参见陈瑞华:《刑事程序失灵问题的初步研究》,载《中国法学》2007 年第 12 期,第 148 页。
④ 岗位责任风险保证金制度是 H 法院的独创。该院《岗位目标管理办法》第 40 条规定了此制度,即在年初根据岗位的不同,法院干警向法院交纳一定数额的保证金,年终完成基本任务没被扣分的双倍返还保证金,未能完成任务的依被扣减的分数扣减相应的保证金。《H 县人民法院规章制度汇编》(内部资料),第 20 页。

人的分值①等手段,H法院希望借此引导和激励法院各部门做好各项工作,并有效调动部门负责人参与审判管理工作的积极性和主动性。

除了上述提及的量化考核指标,H法院的"数目字管理"还体现在政治学习、设立干警廉政档案和立案管理上,甚至法官的实际办案数量也要和办案经费挂钩(当然配备了意在控制法官的各种扣减制度)。一个小小的基层法院,针对法官的各种考评奖惩制度居然如此繁多芜杂,真是令人叹为观止。

这是一个基层法院的考核制度,其他法院的考核情况又如何呢?

限于中国法院系统并没有将其内部考评制度公开化的现实,本章对各级、各地法院考评资料的搜集就只能是零散和不系统的,但在某种程度上,也许正是这种零散和不系统保证了抽样的随机性和代表性。下面就是通过各种方式搜集到的几个法院的绩效考评制度。

位于西部地区的S高院②:2004年,S高院课题组承担了最高法院建立审判质量指标体系技术规范的调研课题,在公正与效率、科学性、可比性、可操作性、层次性等原则的指导下构建了一套适用于整个S高院系统的、包括了审判质量指标、审判效率指标和综合指标的审判质量评估指标体系。具体地,审判质量指标包括:立案正确率、上诉率、一审案件正确率③、申诉率、再审率、民事案件调解率、裁判文书合格率等;审判效率指标包括:法官人均结案数、法院人均结案数、审限内结案率、当庭裁判率等;综合指标包括:法官文化素质、法官经验素质、发表调研文章数量、违法违纪人员比例等。④

西安中院:该院院长认为法院管理是一项具有独立价值和特别规律的工作,建立科学完善的审判工作量化管理机制对促进审判管理工作的科学化具有重要意义。"陕西省西安市两级法院自2003年以来,针对审判工作中存在的收案多、上诉多、改判多、申诉多、上访多和'执行难'的'五多一难'现象,在充分调研并综合分析法院管理工作中存在的问题和矛盾的基础上提出了构建'十大机制',力图涵盖法院工作的全部内容,突出法院管理、审判工作和队伍建设的重点和核心。………'十大机制'是一项系统工程,其核心在于以

---

① 《H县人民法院岗位目标考评细则》第二条规定,不管是庭局结收案比、正常审限内结案率、调解率、执结率低于院定标准,还是其上诉率、申诉率、平均审限超过院定标准,都要扣减庭局正副负责人、院分管负责人的业绩分。《H县人民法院规章制度汇编》(内部资料),第22—24页。
② S高院的考核指标资料来自2004年夏天的法院调研,在此谨向提供了该资料的法官表示感谢。
③ 该指标意在说明一审案件的正确程度:一审正确率=(1-一审发改率),因此,也可用发改率替换。
④ 资料来源:S省高级人民法院课题组:《审判质量评估指标体系技术规范》(内部资料)。

'十率''五快'为指标的审判质量评估机制和审判效率考核机制。"①具体地,"十率"包括开庭率、调解撤诉率、审结率、执结率、服判率、裁判文书合格率、审限合法率、上诉率、发回改判率和申诉抗诉率;"五快"包括快立案、快审理、快调解、快结案和快执行。西安中院在实践中运用120项具体任务逐层分解这些指标并用百分制进行量化考核,力求实现法院管理的结构性、机制性转变。②

位于东部沿海地区的S2省D中院:为建立科学合理、切实可行的工作运行机制和激励机制,D中院早在2001年就制定了《岗位目标责任制考核奖惩办法》,就审判工作的考核而言,具体指标包括审结率、上诉率、申诉率、发改率、审限合格率、裁判文书合格率、庭长判案数和调研文章数量等。与此同时,还配备了与补助费直接挂钩的扣分制度。③

位于东部地区的S2省J市市中区法院:在人员分类管理的推行过程中,该法院以信息网络为平台,以司法档案为基础,建立了"量化测评"和"客观评价"为突出特点的业绩评价体系。如果以审判法官为考评对象,这一起步于2003年、完善于2005年的评价指标体系包括审判质量、审判效果、审判效率和基本技能四部分。具体地,审判质量包括上诉率、发改率、案件评查合格率和裁判文书合格率;审判效率包括结案数、平均审理周期和一次开庭审结率;审判效果包括民事案件调解率、涉案信访率和服判息诉率;基本技能包括庭审能力和调研文章数量。另外,除了年终综合评优之外,该法院还根据9个评价指标设立了9项单项奖,分别为上诉案件零发改、发改案件零追究、审执案件零信访、实际执行率最高、调解率最高、文书质量最好、服判息诉率最高、庭审能力最强和调研能力最强。④

最高法院:与地方各级法院纷纷致力于制定统一、科学、完善的业绩考评指标体系不同,最高法院不仅没有在全国范围内统一法官业绩考评指标的动作或想法,而且在其内部也没有一套成文化的、针对最高法院法官的业绩考

---

① 康宝奇、孙海龙、高伟:《法院审判工作量化管理研究——西安市两级法院审判工作管理指标体系的构建及其实践》,载《人民司法》2006年第2期。
② 对西安中院管理机制的另一个介绍,参见柳福华:《西安中院印象》,载《人民司法》2007年第17期。
③ 资料来源:《D市中级人民法院2001年岗位目标责任制考核奖惩办法》,载《人民法院管理文件汇编》(第2辑),D市新闻出版局准印(2001)第05-5号。关于调研工作的考核办法,还可参见《S省高级人民法院关于调查研究工作考核办法》,S高法[2000]17号。以上资料是我在最高法院政治部调研时从一位法官朋友处获得,在此谨表谢意。
④ J市市中区人民法院:《实行人员分类管理 建立业绩评价体系 促进队伍管理的科学化专业化》,载《S法院政工信息》(S省高级人民法院政治部编,第21期)(内部材料)。这一资料同样是我在最高法院政治部调研时从一位法官朋友处获得,在此谨表谢意。

评指标体系。① 在和最高法院业务庭法官访谈的过程中,我了解到最高法院对其法官的管理是比较宽松的,但年终考核仍然有一些具体的指标,比如结案数、民事案件调解率以及不太严格的审限要求。年终评优时,这些指标在很大程度上就是考核评估的"硬杠杠"。②

从对样本法院绩效考评制度近乎"白描"似的介绍中,我们可以直观地发现其中的"同"与"不同"。先来看"不同"。首先,6个样本法院中最高法院最为特殊,既没有一个像样的考核指标体系,也缺乏严格的、建立在指标考核基础上的奖惩机制。其次是位于东部地区 S2 省的 D 中院,不仅缺乏"民事案件调解率"这一重要的考评指标,而且也没有一个相对科学完善的、至少包括了审判质量指标和审判效率指标的业绩评价体系。其原因可能在于(1)民事调解率在 2001 年还不是一个值得追求的指标;(2)那时还没有考评指标科学化和体系化的制定要求。但抛开最高法院没有上级法院、D 中院考核指标制定时间上的特殊性这些特点,包括了不同地方、不同级别的样本法院绩效考评制度呈现出明显的"同构性"。

首先,《中华人民共和国法官法》(2001 修订版)第 22 条规定:"年度考核结果分为优秀、称职、不称职三个等级。考核结果作为对法官奖惩、培训、辞退以及调整等级和工资的依据。"现行《法官法》(2019 年修订版)第 42 条对该规定作了微调,具体为:"年度考核结果分为优秀、称职、基本称职和不称职四个等次。考核结果作为调整法官等级、工资以及法官奖惩、免职、降职、辞退的依据。"人事部《关于进一步加强和改进党政机关年度考核工作的意见》中更是明确规定"连续两年被确定为'优秀'等次的人员,可按有关规定适当放宽职务晋升的资格条件;连续三年被确定为'优秀'等次的人员,在本职务对应级别内晋升一级。"③这其实为所有法院业绩考评指标的使用框定了法定的标准和基础,成为法院绩效考评制度"同构性"的一个法律渊源。

其次,表现为诸多量化指标的"数目字管理"赫然成为各级、各地法院绩效考核制度的核心内容。不管是基层法院、中级法院,还是高级法院和最高

---

① 为了获得最高法院绩效考评制度的相关资料,我于 2007 年底专程到最高法院政治部进行了专题调查,文中两个结论是和政治部相关人员访谈后的一个总结。说实话,这一调查结果有点出乎我的预料,但后来仔细一想也在情理之中。

② 虽然在访谈中,有法官指出有的庭只是在民主评议的基础上附加考核指标的尺度,有的部门就纯粹"搞平衡","你好我好大家好"。但法官们对谁有水平谁没水平还是心知肚明的。另外,虽然调研文章数量并没有被列入考核指标,但调研文章发表的数量和质量有助于法官能力声誉的获得和维持。

③ 参见《关于进一步加强和改进党政机关年度考核工作的意见》(试行稿),载《中华人民共和国人事部公报》2002 年第 2 期,第 25—30 页。虽然该意见在人社部(2016)34 号文件中被宣布失效,但就本章研究的对象——1999—2013 年之间的法院绩效考核制度——而言,该意见当然还是彼时的法院系统确定业绩考核制度的一个政策依据。

法院,也不管是位于西部地区的 S1 省和 X 省,还是位于东部沿海地区的 S2 省和 Z 省,所有样本法院不约而同地对考评对象——法官——采用了据说非常科学的量化指标来衡量其工作业绩。虽然有一些边际上的差异,除了最高法院,各法院考核法官的共同量化指标(具体称谓可能有所不同)包括结案数、平均审限、民事调解率、上诉率、申诉率、发改率和调研文章数量。由于是一个国家最高的司法机构,最高法院法官因此不存在上诉率、发改率和申诉率这些令下级法官很头疼的指标考核,至于为什么不考核调研能力,后文还会进一步分析,此处不赘。

最后,各样本法院的绩效考评制度不仅作用于法官,同样作用于辖下各法院、院内各法庭在内的各部门。现行《人民法院奖励暂行规定》第 4 条规定"奖励分为集体奖励和个人奖励",第 5 条规定了集体奖励适用于除最高法院以外的各级法院及其内设机构,第 10 条更是规定了集体奖励的各项条件。① 因此,鉴于中国各级法院、各法院内部科层制管理的现实,为了更好地激励和监督辖内各单位努力完成上级交代的任务,各法院同样需要设定诸多量化指标考核和检验下级部门的工作业绩,并以此决定"优秀集体"和随之而来的各种资源的归属。② 以 S 高院为例,其详尽的审判质量评估指标体系中有些指标就是专门为下级法院的业绩考核而设定的,比如法院人均结案数、法官文化素质(该指标值=(1×高+2×大+3×本+4×硕+5×博)/法官人数)、法官经验素质(该指标值=Σ(各等级法官人数×各等级法官分值)/法官人数)、违法违纪人员比例等。在管辖范围内,共同的量化指标保证了辖区内业

---

① 《人民法院奖励暂行规定》第 10 条规定:"人民法院集体符合下列条件之一的,应予奖励:(一)坚决贯彻执行党的路线、方针、政策和人民法院工作方针,严肃执法,公正裁判,审结案件数量多、质量高、社会效果好;(二)领导班子坚强团结,凝聚力强,坚持民主集中制,重视思想政治工作,作风民主,联系群众,清正廉洁,带领队伍出色完成各项任务;(三)改革创新,与时俱进,人民法院各项工作科学化、规范化、制度化,队伍建设成绩显著;(四)完成特定任务贡献突出;(五)有其他功绩的。"

② 《人民法院奖励暂行规定》第五章详细规定了各种奖励的审批权限,具体而言,"第十五条 最高人民法院审批以下奖励事项:(一)高级人民法院院级领导的奖励;(二)中级人民法院院长的个人一等功;(三)中级人民法院的集体三等功;(四)军事法院系统集体和个人的一等功;(五)最高人民法院内设机构和个人的奖励;(六)其他奖励。……第十七条 高级人民法院审批以下奖励事项:(一)中级人民法院院级领导的记功或嘉奖,中级人民法院院长一等功除外;(二)中级人民法院的集体二、三等功及其内设机构的集体一、二、三等功;(三)基层人民法院及其内设机构的集体一、二、三等功;(四)中级人民法院和基层人民法院的法官及其他工作人员的个人一、二等功;高级人民法院内设机构和除院级领导外个人的奖励;(六)其他奖励。第十八条 中级人民法院除直辖市中级人民法院外,审批以下奖励事项:(一)基层人民法院院级领导的三等功、嘉奖;(二)基层人民法院及其内设机构的集体三等功;(三)基层人民法院法官和其他工作人员的个人三等功;(四)中级人民法院内设机构的嘉奖和法官、其他工作人员的三等功。第十九条 基层人民法院审批以下奖励事项:(一)本院内设机构的嘉奖;(二)除院长外的本院法官和其他工作人员的嘉奖。"

绩考核的统一性。

需要在此提及的是,秉承20世纪90年代以来"重判轻调"的民事审判方式改革的思路,在2002年之前,各级法院针对法官的考核指标均不太强调调解率和撤诉率(由于获得的调研材料是2001年的,这是为何样本法院中独有D中院缺少民事调解率指标的原因)。但中国法院系统的改革风向从2002年开始有所变化。由于一味强调坐堂办案和司法判决,对判决不满的涉诉信访急速增加。因此,深感诉讼和信访压力的中国法院系统开始反思"重判轻调"的审判方式改革。不同于冷冰冰的、"非黑即白"的判决,虽然之前曾经受到司法实践冷遇,调解内在具有的自愿性、协调性和灵活性却使之重新回到了高层决策者的视野。更进一步,2007年以来,在"和谐社会""和谐司法"的大背景下,"马锡五审判方式"悄然回温①,让人民满意成为判断法院公正司法的硬性指标。② 不仅最高法院确立"调解优先,调判结合"作为民事审判工作基本原则③,在法院系统内部,"调解率""撤诉率""和解率""协调率"等一系列意在调和矛盾、缓解司法压力的指标不仅成为各级、各地法院考核法官工作能力和绩效的重要标准,也是上级法院考核下级法院工作绩效的核心指标。

虽然不同时期、不同地方的具体考核指标有所不同,但可以看出,中国法院系统实行的是一套以"数目字管理"为特征的、包括了指标设定、指标考核和指标激励的、基本同构化的绩效考评制度。如果说这是一个我们需要面对的司法管理现象,需要研究者进一步思考的是,产生这套同构化量化绩效考评指标的社会背景和制度背景为何?该制度究竟缘出何处,其功能和作用又是什么?

法院量化考评背后的那只"无形推手"也许是当代中国急剧的社会变迁。"改革开放"以来市场经济的大发展带来了巨量的社会纠纷,"在旧的经济结构、经济体制受到强烈冲击的情况下,原有的许多纠纷处理机关和方式已不

---

① 典型的是河南省高级法院。在前任院长张立勇的领导下,河南省高级法院自2007年以来开展了一系列弘扬马锡五审判方式、开展巡回审判的活动。参见张立勇:《论马锡五审判方式在当代的继承与发展》,载《人民司法》2009年第7期,第24—26页。
② 这是最高法院大力推广的"东营经验"的重点和核心。参见《人民满意是最高追求——"东营经验"的启示》,载《人民法院报》2009年6月21日版。
③ 早在2007年3月7日,最高法院发布《关于进一步发挥诉讼调解在构建社会主义和谐社会中积极作用的若干意见》,就确立了"能调则调,当判则判,调判结合,案结事了"作为民事审判的指导方针,要求各级法院大力推进诉讼调解工作。2009年7月28—29日,最高法院召开全国调解工作经验交流会,正式提出"调解优先,调判结合"原则,并定下了将来法院调解工作的基调——强化调解。

能适应新的形式,从而使法院不得不更多地承担起处理纠纷的责任。"① 随着规模化解决纠纷的法院在市场经济中的地位越发重要,疏于严格遴选的法官群体解决纠纷的能力和职业操守却因纠纷的复杂和自由裁量权越发不受民众信任。怎么办?对以监督和管理为己任的上级法院和法院领导而言,要获得法官司法行为的相关信息以激励法官和加强管理,解决方法之一就是制定越来越复杂烦琐的业绩考评指标,通过设定、衡量和运用一套科学的量化考评标准以帮助他们了解辖区内法院、法庭、法官的工作努力程度、廉洁程度和审判质量,从而减少因事后信息不对称而引发的法官道德风险。② 这是法院"数目字管理"背后的逻辑和无奈。

至于各级法院绩效考评的同构化,在中国法院行政化管理的大背景下,该现象其实很容易理解。我们历来都是把法官等同于公务员来看待和管理的,不仅《法官法》只是《公务员法》的特别法,《法官法》中的那些奖惩内容也和《公务员法》如出一辙(比如奖励都是嘉奖、记三等功、二等功、一等功和授予荣誉称号,惩戒都是警告、记过、记大过、降级、撤职、开除这样的行政处分)。因此,顺理成章地,在政府部门卓有成效的、通过目标管理系统指导和控制组织中的员工和工作团队并激励他们达到更高绩效水平的绩效管理制度③被"依葫芦画瓢"地搬到了法院系统。由于中国法院系统内什么事情都是"谁主管,谁负责,一级抓一级,层层抓落实",和强调狠抓落实的科层制政府部门并无二致,各级法院绩效考评制度的同构化因此有其自身现实的制度逻辑。

如果要进一步追根溯源,适用于现代政府部门(当然也适用于当前中国法院系统)的目标管理制度其实渊源于1883年的美国《彭尔顿法》。抛弃了之前的"政党分肥制",该法第一次提出以"功绩制"作为公务员制度的基础。④ 1978年卡特总统通过的《公务员制度改革法》则进一步确定了功绩制

---

① 王亚新:《论民事、经济审判方式的改革》,载《社会变革中的民事诉讼》,中国法制出版社2001年版,第2页。
② 之所以要设定量化指标层层考核,其理论依据可能来源于绩效考评理论。因为"根据业绩评价的客体不同,可将业绩评价分为整体评价、部门评价和个人评价三个层次。……一个组织要实现其战略目标,需要将其目标进行层层分解落实到部门和个人,也就是说只有部门和个人的业绩目标实现了,组织绩效目标才能得以实现。"参见池国华:《内部管理业绩评价系统设计研究》,东北财经大学出版社2005年版,第4页。
③ 对政府部门目标管理的一个研究,See, Rodgers, R., & Hunter, J. E. "A Foundation of Good Management Practice in Government: Management by Objectives", *Public Administration Review*, vol. 52, no. 1, 1992, pp. 27-39。
④ 〔美〕菲利普·J.库伯等:《二十一世纪的公共行政:挑战与改革》,王巧玲、李文钊译,毛寿龙校,中国人民大学出版社2006年版,第264页。

在政府人事管理制度中的核心地位,并明确规定了功绩制的九条原则。①"根据功绩制原则的要求,每位员工的工作都应该有一套客观的绩效评价标准,而任何关于开除、晋升或是奖励的决定都必须以他们的工作情况与绩效标准的对比结果作为评价依据。绩效评估制度正是为服务于这一目的而设立的。"②

以一种尽可能透视全局的混焦镜头,我们发现正是社会的急剧变迁带来了中国法院人力资源管理的棘手问题,而源出于美国的现代政府管理理念和绩效考评制度正好迎合和满足了中国法院系统想要控制和制约法官的急切需求。因此,为了改变干部考核中只重经验和印象,轻视科学测评和定量分析的旧传统③,世纪之交开始的这场司法改革浪潮借"科学"和"现代"之名展开了一场量化考核指标、科学测评法官业绩的绩效考评运动。不仅与司法改革前的传统做法不同,一套科学完善的业绩考评制度更远远超越了历朝历代文官考核的制度水平。以清朝为例,朝廷对官员的考核往往只能以"四格"(四大考核标准,曰守、曰才、曰政、曰年)④评等级,以"六法"论处分,而抽象、原则的考核标准实际上很难实现有效监督官员的制度目标。⑤ 黄仁宇曾在《万历十五年》一书中指出传统中国治理中最大的问题就是没有"数目字管理",或者韦伯所称道的西方资本主义的"理性算计"精神。⑥ 看起来,当前法院业绩考核的这一量化运动似乎颇得"现代化"管理之神韵。

但问题在于法院系统能否将适用于现代政府部门的绩效考评制度"照单全收",如果这一"数目字管理"用错了地方,"南橘北枳"的苦果可能就由不得我们不吞。具体而言,(1) 有没有一套能够有效反映法官工作业绩的量化考评指标? 由于绩效考评的基本假设是要提供关于被考评对象的客观信息,以保证在决策和行动过程中提高管理绩效。而"不合适的指标或不平衡的一组指标可能会在实践中导致目标转化,造成管理行为从提高绩效的方面走向它

---

① See, Patricia W. Ingraham, "The Reform Game", in P. W. Ingraham and D. H. Rosenbloom, eds., *The Promise and Paradox of Civil Service Reform*, University of Pittsburgh Press, 1992.
② 〔美〕菲利普·J.库伯等:《二十一世纪的公共行政:挑战与改革》,王巧玲、李文钊译,毛寿龙校,中国人民大学出版社2006年版,第278页。
③ 王小成:《法院人事管理中存在的问题及对策》,载《人民司法》1993年第5期。
④ "乃定以四格:一曰守(有清、有谨、有平),二曰才(有长、有平),三曰政(有勤、有平),四曰年(有青、有壮、有健)。"参见《钦定大清会典》卷一一。
⑤ 更多对清代文官考绩制度的介绍和分析,请参见艾永明:《清代文官制度》,商务印书馆2005年版,特别是第五章。
⑥ 〔美〕黄仁宇:《万历十五年》,生活·读书·新知三联书店1997年版。韦伯对新教伦理和"理性算计"的资本主义精神的分析,参见〔德〕马克斯·韦伯:《新教伦理与资本主义精神》(修订版),于晓、陈维刚等译,陕西师范大学出版社2006年版。

的反面"。① 因此,法院主事者和研究者首先要在法官工作特殊性的前提下考察是否存在一套理想的量化指标体系。(2) 上下同构化的绩效考评制度是否适应需要职能分层和权力双向制约的中国法院系统？如果说目前同构化的量化绩效考评机制与科层制、行政化的现行法院系统是一个嵌套和相互配合的制度架构,我们需要追问这一制度架构背后潜藏的逻辑及其问题。(3) 即便是适用于政府部门的绩效考评制度,也会遭遇到"不确定性"的问题。"奖励、提拔和惩罚的决定的做出都需要依据事先明确规定的标准。但公务员的工作经常处于快速变化的环境中,成文的绩效标准很难跟上工作要求因环境变化而变化的步伐。其结果必然是,很多没有清楚的、可量化的产出的工作,很难提炼出进行客观评价所需要的核心要素。"②

对这些问题的回答有助于我们明了中国法院系统绩效考评"数目字管理"和"同构化"的实际效果并进一步思考改进的空间和策略,但囿于文章结构,在此我要先卖个关子,在本文第五部分再集中回答上述问题。

三、同一法院绩效考评的"双轨制"

对各样本法院内部规章制度和相关党政文件的进一步细读,让我发现了另一个很有意思的现象,即一方面,对普通法官而言,各级、各地法院的绩效考评制度呈现"同构化"的趋势；另一方面,同在一个法院,针对本院领导干部的选拔任用标准和考核要求却明显不同于普通法官。

所谓法院领导干部,一般包括法院的院长、副院长,以及法院的中层干部(包括各业务庭庭长和副庭长,也包括政治部、研究室、培训处等部门的正副负责人)。由于中国法院系统很少公开法院数量,目前获得的法院数据有两个来源,其一是《中国法律年鉴》的统计数据,截至1986年底,全国共有法院3404个(其中最高法院1个,高级法院31个,中级法院365个,基层法院3007个),人民法庭13866个,共有正副院长10217名。其二是网络和新闻报道。根据有心的网友查询"最高人民法院"网站并整理相关数据,发现截至2021年10月1日,全国共有最高法院1家,高级法院33家(包括了新疆兵团

---

① 〔美〕西奥多·H.波伊斯特:《公共与非营利组织绩效考评:方法与应用》,肖鸣政等译,中国人民大学出版社2005年版,第21页。
② 〔美〕菲利普·J.库伯等:《二十一世纪的公共行政:挑战与改革》,王巧玲、李文钊译,毛寿龙校,中国人民大学出版社2006年版,第279页。

法院和军事法院),中级法院416家,基层法院3087家。① 至于人民法庭数量,最高法院于2021年9月16日发表的《关于推动新时代人民法庭工作高质量发展的意见》中,指出目前全国实际运行的人民法庭10145个,其中乡村法庭6201个、城区法庭1234个、城乡结合法庭2710个。② 根据前一个数据,我们发现如果按照每个法院配备20位中层干部(假定每个法院都有立案庭、民一庭、民二庭、刑庭、行政庭、审监庭、执行局、政治部、研究室和培训处,中层干部一般包括正副庭长和其他部门的正副职)估算,1986年的法院系统估计有七万人左右的中层干部(由于没有算上人民法庭的正副庭长,这是一个相当保守的数据),再加上正副院长,法院领导的总数有八万余人。和扣除了法医、法警数的当年审判人员总数——137066——相比,中国法院系统领导干部的人数占了一半多。③ 即使和2002年时的审判人员总数——大约21万上下④——相比,也占了将近四成的比例。根据后一个数据,还是按照每个法院配备正院长一人、副院长二人,十个业务庭和其他部门的正副职各一人的标准,如果再加上人民法庭庭长,我们发现2021年法院系统的法院领导总数有9万余人(由于各法院的副院长肯定不止二人,这当然也是一个相当保守的数据)。不管是三十年前还是三十年后,对于这样一个占据了法院大量资源和领导力的群体,如何激发他们的工作热情和生产力,如何考核其工作绩效自然非常重要。

现实情况是,虽然法院领导干部都是当然的法官,也虽然正式制度规定院长庭长和普通法官在审判工作和审判职责上没有任何差别⑤,针对普通法官和领导干部的选任标准和考核要求却大不相同。根据《法官法》(2001年修订版)第9条,担任法官的必备条件之一是法定的法律专业学历⑥,现行

---

① 这是网友谢栋的整理,具体的法院数据和分类数据,请见"全国共有3537个法院!哪些法院不是按照行政区划设立的?",请见,https://xw.qq.com/partner/vivoscreen/20211004A0APUZ/20211004A0APUZ00? isNews=1&ivk_sa=1024320u,2021年12月13日最后一次访问。
② 请见"最高人民法院发布《关于推动新时代人民法庭工作高质量发展的意见》",http://peixun.court.gov.cn/index.php? m=content&c=index&a=show&catid=6&id=2535,2021年12月13日最后一次访问。
③ 1986年的法院数据和法官数据均来自《中国法律年鉴》(1987年卷),法律出版社1987年版。我非常想了解历年来法院数据和法官数据的变迁,但除了1987年,之后的《中国法律年鉴》根本就没有相关的统计数据,令人非常遗憾。
④ 21万是2002年时的法官数据,参见田雨:《全国法院大法官颁证仪式隆重举行》,载《人民法院报》2002年3月22日。
⑤ 《人民法院组织法》(2006修正)第9条,最新修正的《人民法院组织法》(2018)第30条。
⑥ 即《法官法》2019年修订第9条第6款:"担任法官必须具备下列条件:……(六)高等院校法律专业毕业或者高等院校非法律专业毕业具有法律专业知识,工作满两年的;或者获得法律专业学士学位,工作满一年的;获得法律专业硕士学位、法律专业博士学位,可以不受上述工作年限的限制。"

《法官法》(2019年修订版)第12条第7款更明确规定了"初任法官应当通过国家统一法律职业资格考试取得法律职业资格"。但根据现行《党政领导干部选拔任用工作条例》(2019修订版)第3条,"选拔任用党政领导干部,必须把政治标准放在首位,符合将领导班子建设成为坚持党的基本理论、基本路线、基本方略,全心全意为人民服务,具有推进新时代中国特色社会主义事业发展的能力,结构合理、团结坚强的领导集体的要求。"第7条的选拔任用条件也主要体现对政治素养和清正廉洁的强调。① 一个不熟悉中国法院具体运作的人或许要问,既然没有法学文凭和法律专业知识的人都能担任法院的领导,那为什么法院领导们又通通是法官序列中的当然法官呢?最高法院《关于贯彻中共中央〈关于进一步加强政法干部队伍建设的决定〉建设一支高素质法官队伍的若干意见》给出了答案。该意见指出,"法院的主要领导干部必须具有法官任职资格。拟担任法院主要领导职务的法院系统以外的干部,可以提前调入法院担任常务副职,或者到上级法院挂职锻炼,或者以其他方式进行培训,以尽快熟悉审判业务。"②因此,对于领导干部而言,有没有法学学历和法律专业知识其实不打紧,只要进了法院,一个法律的"门外汉"也能通过各种短期的法律培训获得成为职业法官所需要的文凭条件。

再来看考核。对于普通法官,审判工作的数量和质量往往成为考评的对

---

① 现行《党政领导干部选拔任用工作条例》第7条规定:"党政领导干部必须信念坚定、为民服务、勤政务实、敢于担当、清正廉洁,具备下列基本条件:(一)自觉坚持以马克思列宁主义、毛泽东思想、邓小平理论、'三个代表'重要思想、科学发展观、习近平新时代中国特色社会主义思想为指导,努力用马克思主义立场、观点、方法分析和解决实际问题,坚持讲学习、讲政治、讲正气,牢固树立政治意识、大局意识、核心意识、看齐意识,坚决维护习近平总书记核心地位,坚决维护党中央权威和集中统一领导,自觉在思想上政治上行动上同党中央保持高度一致,经得起各种风浪考验;(二)具有共产主义远大理想和中国特色社会主义坚定信念,坚定道路自信、理论自信、制度自信、文化自信,坚决贯彻执行党的理论和路线方针政策,立志改革开放,献身现代化事业,在社会主义建设中艰苦创业,树立正确政绩观,做出经得起实践、人民、历史检验的实绩;(三)坚持解放思想,实事求是,与时俱进,求真务实,认真调查研究,能够把党的方针政策同本地区本部门实际相结合,卓有成效地开展工作,落实'三严三实'要求,主动担当作为,真抓实干,讲实话,办实事,求实效;(四)有强烈的革命事业心、政治责任感和历史使命感,有斗争精神和斗争本领,有实践经验,有胜任领导工作的组织能力、文化水平和专业素养;(五)正确行使人民赋予的权力,坚持原则,敢抓敢管,依法办事,以身作则,艰苦朴素,勤俭节约,坚持党的群众路线,密切联系群众,自觉接受党和群众的批评、监督,加强道德修养,讲党性、重品行、作表率,带头践行社会主义核心价值观,廉洁从政、廉洁用权、廉洁修身、廉洁齐家,做到自重自省自警自励,反对形式主义、官僚主义、享乐主义和奢靡之风,反对任何滥用职权、谋求私利的行为;(六)坚持和维护党的民主集中制,有民主作风,有全局观念,善于团结同志,包括团结同自己有不同意见的同志一道工作。"

请见《党政领导干部选拔任用工作条例(2019年印发)》,党建读物出版社2019年版,第2页。

② 最高法院《关于贯彻中共中央〈关于进一步加强政法干部队伍建设的决定〉建设一支高素质法官队伍的若干意见》,法发[1999]22号,1999年7月29日。

象,包括了结案数、上诉率、申诉率等指标在内的量化数据直接成为左右其工资奖金和职务升迁的"钥匙"。对法院领导干部,由于审判工作并不是其工作重点,这一套适用于普通法官的量化考评指标自然不太管用。实践中,对各级法院领导普遍适用一种"一岗双责"的双重责任制度。《北京市高级人民法院关于北京市法院各级领导干部"一岗双责"暂行规定》指出"'一岗双责'是指领导干部既要抓好业务工作,又要抓好队伍建设,是一种双重责任制度。即领导干部在分管业务工作的同时,对队伍的政治思想工作、教育管理和纪律作风、廉政建设负有重大责任。"(第 2 条)"各级法院领导在抓业务工作的同时,抓好队伍建设,把管人、管事与管思想统一起来"(第 3 条),对领导干部的考核也是既要考核抓业务工作的实绩与本领,也要考核抓队伍建设的实绩和本领。根据北京高级法院的这一规定,北京市法院各级领导干部抓队伍建设的基本职责是:(1)落实政治学习、民主生活会制度以及重大工作、重大事项请示报告制度;(2)落实人才选拔和年终考评这类队伍建设工作;(3)带头讲学习、讲政治和讲正气,并有针对性地做好干警的思想工作;(4)加强队伍思想政治建设和党风廉政建设工作;(5)加强法院干警的教育培训工作;(6)为法院和法官提供必要的物质保障和关心。抓业务工作的基本职责是:(1)制定切实可行的审判工作方案和措施;(2)勇于实践,亲自办理案件;(3)健全、完善和执行审判业务工作的有关规章制度;(4)改革和完善审判方式,不定期核查案件质量,落实重大案件请示汇报制度;(5)参加社会治安综合治理,开展法制宣传;(6)做好调研和信息工作,及时总结审判经验。①

从上述"一岗双责"的规定可以看出,法院的方方面面工作其实都在领导的工作范围之内,院内的所有规章制度说到底也都是在法院领导们的指导下制定和实施的。能否打造一支政治坚定、作风顽强且公正高效的法官队伍以及能否带领全体法官公正高效地完成交给法院的审判工作(这其实就是法院领导在任期内的"政绩"②),顺理成章地成为考核法院领导是否称职和优秀

---

① 《北京市高级人民法院关于北京市法院各级领导干部"一岗双责"暂行规定》,载北京市高级人民法院(编):《首都法院改革与建设规范》,知识产权出版社 2002 年版,第 319 页。虽然没有北京高院总结得如此完备,其他几个样本法院的规章制度中也有很多专门针对领导干部的工作制度,比如 D 中院要求建立院领导谈话制度、庭室谈话制度、思想动态分析制度等干警思想分析制度、重大事项报告制度和党风廉政建设相关制度的建设等;H 法院也有党组中心组学习制度、中层以上干部廉政公示制度等。具体内容请参见 D 市中级人民法院编:《人民法院管理文件汇编》(内部资料),第 3—10 页,第 173—190 页;H 县人民法院编:《H 县人民法院规章制度汇编》(内部资料),第 5—7 页,第 92—95 页。
② 所谓政绩,是指领导干部在履行岗位职责和实现任期目标的实践中,通过正当手段和辛勤工作所取得的业绩,在一定程度上反映了干部的德才,是评价干部优劣的重要依据之一。参见中共中央组织部研究室:《地方党政领导干部政绩考核课题协调会观点综述》,载《组织人事学研究》1994 年第 1 期。

的两大考核标准。但谁有资格考核法院领导？考核内容和考核程序又如何？和针对普通法官的业绩考评制度大不一样,中国政法实践中对领导干部工作业绩的考核实际上"另有乾坤"。具体而言,不管是考核主体,还是考核内容和考核程序,普通法官和领导干部面临的是两套完全不同的逻辑和标准。可以说,在中国每一个法院内部都存在两套不同的、分别针对普通法官和领导干部的绩效考评机制,我将此现象称为同一法院绩效考评的"双轨制"。

先来看考核主体。根据现行《法官法》,考核普通法官的主体是法院内部的、包括了法院主要领导的考评委员会,主任当然就是该院院长。[①] 最高法院前副院长王怀安曾一针见血地指出,"我国法院多年来实际上或基本上实行的是首长负责制而不是法官负责制。……在法院内部,审判员也不占主体地位,而是排在院长、副院长、庭长、副庭长（有的还有组长）之下的'五字辈'干部。"[②] 作为"五字辈"干部的普通法官,其工作绩效当然在各级领导的监督掌控之下。对领导干部的考核分两层,考核庭长和法庭工作的主体仍然是以院长为首的考评委员会,但考核以院长为核心的法院领导班子工作的主体一个是上级法院,一个是同级地方党委。之所以有两个考核主体,原因在于,实践中的法院干部管理模式是上级法院党组和同级地方党委共同管理,以同级地方党组管理为主的体制。[③]《H县人民法院岗位目标管理办法》第41条规定"认真履行县委、县政府与本院签订的岗位目标考核责任状,及时完成县委、县政府交办的各项任务"[④];《D市中级人民法院对基层人民法院2000年度工作综合考核办法》（修订稿）明确"D市中级人民法院考核的对象为各县区人民法院。考核范围包括审判工作、队伍建设、装备建设、调研宣传、工作

---

① 2019年修订的《法官法》规定"人民法院设法官考评委员会,负责对本院法官的考评工作。"（第38条）"法官考评委员会的组成人员为五至九人。法官考评委员会主任由本院院长担任。"（第39条）
② 王怀安:《法院体制改革初探》,载《人民司法》1999年第6期,第31页。
③ 中共中央组织部1983年15号文件中规定"对于干部管理实行双重领导,以地方为主的办法……法院、检察院、公安厅（局）的干部,也按这一办法管理。"最高法院也要求"上级法院党组要积极主动协助地方党委加强对法院主要领导干部和领导班子的管理。"参见最高法院《关于贯彻中共中央〈关于进一步加强政法干部队伍建设的决定〉建设一支高素质法官队伍的若干意见》,法发[1999]22号,载最高人民法院办公厅编:《中华人民共和国法官守则》,人民法院出版社2000年版。虽然中间有过试点式的改革,但并未成功。1988年11月,经中央领导同志批准,中组部和最高法院党组决定,在黑龙江、浙江、福建、内蒙古四省（区）法院开展干部管理体制改革试点,试行在省（区）党委统一领导下,高、中级法院党组和市（地）、县（市）党委共同管理,以高、中级法院党组管理为主的干部管理体制。参见最高人民人事厅:《改革干部体制加强管理工作保证人民法院依法独立审判》,载《人民司法》1990年第9期。
④《H县人民法院岗位目标管理办法》,载H县人民法院编:《H县人民法院规章制度汇编》（内部资料）,第20页。

管理、监督指导共六项工作"①就是两个例证。

再来看考核内容。前文已经非常详尽地展示了各级法院考核普通法官工作业绩的量化指标体系，通过核算单个法官的相关指标，再将扣分制度和奖惩制度建立在考核结果之上，现行绩效考评制度完成了形式上的监督、制约和激励法官的任务。对领导干部的考核内容却和普通法官大不一样。由于法院领导亲自审案的时候很少(《二五改革纲要》要求"院长、副院长、庭长、副庭长应当参见合议庭审理案件"②以来，一些法院司法改革的内容之一就是规定了院长每年应当亲自审理案件的件数。但即使领导亲自审理案件，审判工作也只是其全部工作的一小部分却是毋庸置疑的)，用包括了审判质量、审判效率在内的那套量化考核指标衡量领导的工作绩效因此很不合理。根据"一岗双责"的要求，不管是院长还是庭长，队伍建设和审判业务工作都应该"齐抓并管"，对其工作绩效的考核当然就是全院或全庭的队伍建设质量和审判工作质量了。

但依何标准、如何评判法院领导干部的工作业绩？应该"按不同职务，确立不同的政绩考核评价指标体系。对党政'一把手'，应全面考察，重点看其在决策、驾驭、综合和协调等方面所起的作用；对副职及班子成员，主要根据工作分工，重点考察积极配合主要领导的工作和独立负责完成分管工作的情况"。③ 此外，由于法院实际上的"首长负责制"，法院"一把手"的地位和作用相当重要。"一把手就是在领导班子中居于核心地位，起着主导作用，对工作负全部责任的领导人。……责任还意味着对失职的一把手要予以追究，必须坚持权责统一"④。因此，院庭长"监督管理"和"负全责"的工作特点要求考核奖惩上的"连带责任"。"正职领导对本部门、本单位廉政工作和审判纪律负全面责任，副职领导负主管责任，一级抓一级，层层抓落实。"⑤在非常情况下，"审判人员在履行职务中出现错误造成严重后果，主管领导负有责任的，应当追究主管领导相应的责任"。⑥ 2001 年 11 月 6 日最高法院颁布的《地方

---

① 《D市中级人民法院对基层人民法院 2000 年度工作综合考核办法(修订稿)》，载 D市中级人民法院编：《人民法院管理文件汇编》(内部资料)，第 27 页。
② 此为《人民法院第二个五年改革纲要(2004—2008)》第 26 项改革任务中的一部分，"建立法官依法独立判案责任制，强化合议庭和独任法官的审判职责。院长、副院长、庭长、副庭长应当参见合议庭审理案件。逐步实现合议庭、独任法官负责制。"
③ 庄国波：《领导干部政绩评价的理论与实践》，中国经济出版社 2007 年版，第 22 页。
④ 李佩佑(原江苏省高级人民法院院长)：《关于当一把手》，载《人民司法》1999 年第 4 期。
⑤ 最高法院《关于贯彻中共中央〈关于进一步加强政法干部队伍建设的决定〉建设一支高素质法官队伍的若干意见》，法发[1999]22 号，载最高人民法院办公厅编：《中华人民共和国法官守则》，人民法院出版社 2000 年版，第 59 页。
⑥ 《人民法院审判纪律处分办法》(试行)，法发[1998]16 号，载最高人民法院办公厅编：《中华人民共和国法官守则》，人民法院出版社 2000 年版，第 29 页

各级人民法院及专门人民法院院长、副院长引咎辞职规定(试行)》就是对该连带责任的正式确认。① 另外,"从1999年起,凡基层和中级人民法院年内发生一起法官贪赃枉法造成重大影响的案件,除对当事者依法严肃查处外,法院院长要到当地党委、人大和高级人民法院检讨责任。凡省、自治区、直辖市年内发生两起的,高级人民法院院长要到省委、省人大和最高人民法院汇报查处情况,检讨责任。发生情节特别严重、造成恶劣影响、被追究刑事责任案件的,因严重官僚主义,用人失察,疏于管理而负有直接领导责任的法院院长要向选举或任命机关引咎辞职"。②

最后看考核程序。对普通法官,(1)研究室在考评委员会领导下制定出一套量化考评指标;(2)为每个法官建立业绩档案;(3)以审判流程管理为前提,以信息网络和司法档案为基础,由审监庭和研究室负责对每个法官具体指标的考核和登记;(4)最后根据每个法官最后的得分统分排序,在所在部门积分领先者即为本院年度先进法官。对领导干部,政治处负责各业务部门负责人的考核,上级法院和同级地方党委,特别是政法委,负责对院长的考核。具体程序为,(1)撰写个人总结或述职报告;(2)在规定范围内总结述职;(3)进行民主评议,评议结果作为确定等级的重要依据之一;(4)确定考核等级,考核小组对考核意见进行审核并按干部管理权限报批或审核备案;(5)考核结果反馈。被考核人对考核结果若有异议,可申请复核或申诉。③

根据上文的介绍,我们发现一方面,绩效考评"双轨制"的存在使得同一法院内共同拥有审判权的两类法官面临不一样的制约和激励,另一方面,尽管考核主体完全不同,"首长负责制"和廉政、审判连带责任的现实存在又让法院领导和法官,甚至上下级法院之间有一种"唇齿相依""唇亡齿寒"的既复杂又微妙的关系。下图可以粗略地反映法官、法庭(或庭长)、法院(或院长)、上级法院和同级党政之间这种既"双轨"又有些"同构"的情形。

---

① 对引咎辞职制度的批判,参见苏力:《中国司法改革逻辑的研究——评最高法院的〈引咎辞职规定〉》,载《战略与管理》2002年第1期。
② 最高法院《关于贯彻中共中央〈关于进一步加强政法干部队伍建设的决定〉建设一支高素质法官队伍的若干意见》,法发[1999]22号,载最高人民法院办公厅编:《中华人民共和国法官守则》,人民法院出版社2000年版,第59页。
③ 上述考核程序,参见《关于进一步加强和改进党政机关年度考核工作的意见》(试行稿),载《中华人民共和国人事部公报》2002年第2期。虽然该试行稿目前已失效,但实践中对党政领导干部的这套考核程序却基本未变。

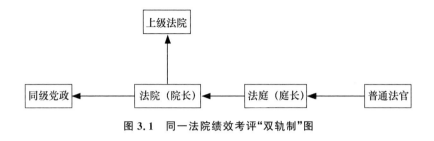

图 3.1　同一法院绩效考评"双轨制"图

四、"同构性"与"双轨制"并存的逻辑

通过对各样本法院内部考评制度以及最高法院、党政部门相关文件的细致梳理和概括,再以一种"社会学的想象力"(米尔斯语)和宏大的制度视野去透视我们面对的研究对象,中国法院系统绩效考评制度的特点已然清晰地呈现了出来,那就是以"数目字管理"为外在表现形式的各级法院绩效考评的"同构性"与同一法院内部绩效考评"双轨制"的同时并存。下图可以比较形象化地展示这种并存的特征。

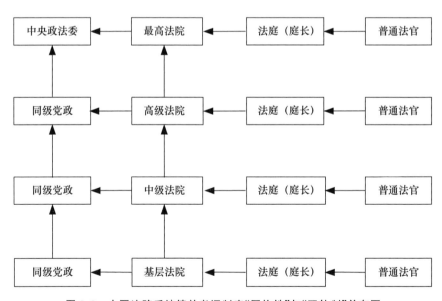

图 3.2　中国法院系统绩效考评制度"同构性"与"双轨制"并存图

在上图中,以院长为首的法院考评委员会负责对普通法官的考核,且每一级法院的普通法官都面临以结案数、审限、调解率等诸多量化指标为内容的绩效考评以及随后的奖惩机制;而在同一个法院内部,考核院庭长工作业绩的却是同级党政部门和上级法院(没有上级法院的最高法院是例外),考核

的内容除了以量化指标表现出来的全院审判工作实绩外,廉政工作、队伍建设、装备建设、法制宣传、监督指导以及是否积极配合党的中心工作,更是考核的重点和强调点。①

如果说中国法院绩效考评的这一现象是我们现在无力更改的社会事实,一个在信息资料尽可能全面和准确的前提下力求有效解释和判断的研究者必然会进一步追问这一现象(或制度安排)源自何处,其背后的政治逻辑和制度逻辑又是什么?并进而思考这一有着某种路径依赖(path—dependent)特征的绩效考评制度与看似"八竿子打不着"的院庭长审批案件、审判委员会以及上下级法院请示汇报制度之间某种"隐秘"的勾连和关系。

绩效考评制度最重要的功能就是通过绩效指标的设定和考核获得被考评对象的真实信息,并进而根据这些信息进行相应的奖励和惩罚以改进管理。在很大程度上,绩效考评机制就是一个信息传递机制和激励机制。因此,中国法院系统绩效考评"同构性"和"双轨制"并存的现象给我们提出了两个不是问题的问题,第一,为什么法院领导、上级法院和同级党政有权了解本院普通法官和下级法院的工作绩效并实施相应的奖惩?第二,为什么不同级别的法院都使用相同的绩效指标反映法官工作的质量和努力度?

前面已经指出,虽然根据源自域外的司法理念,法院应该实行"法官负责制",法官应该拥有独立审判权和司法豁免权,但中国法院实行的一直是实际上的"首长负责制",即院长要为所在法院包括审判质量、审判效率、廉政建设等在内的一切大小事项承担最后的责任。因此,对本院法官,院长有权制定具体的绩效考评制度以激励和监督制约法官。至于上级法院对下级法院的这一行政管理权,很多人根据《宪法》第 127 条——"最高人民法院监督地方各级人民法院和专门人民法院的审判工作,上级人民法院监督下级人民法院的工作"——的规定,认为上下级法院只是监督与被监督的关系,上级法院无权对下级法院的工作"指手画脚",更不要说根据上级法院设定的考评指标对下级法院进行奖惩了。但首先,"书本上的法"永远不敌"行动中的法";其次,即使只考察"书本中的法",宪法的这一规定其实并没有否认上级法院对下级法院除审判工作以外的其他工作,比如调查研究、总结经验、队伍建设、绩效考评、财物管理等的管理权。因此,有人认为"上下级法院之间应当是什么关系?既有监督关系,又有领导关系。'监督'的内容是审判工作,'领导'的内

---

① 各级法院院长每年都要向同级人大和政法委汇报工作,以最高法院为例,虽然宪法没有规定,每年向全国人大汇报工作、请求审议已经是政治惯例。提请全国人大审议的《最高人民法院工作报告》不仅包括每年总结案数、总涉诉金额、总再审结案数等简单的司法统计数据,更包括法院队伍建设、廉政建设、监督指导、基础建设等其他工作的执行和完成情况。具体内容请参见《中国法律年鉴》中收录的各年《最高人民法院工作报告》。

容则是审判工作以外的、主要是司法行政等方面的工作"。① 依此观点,上级法院对下级法院实行绩效控制和监督就是顺理成章的了。

至于地方党政考核主体的正当性就更是毋庸置疑。坚持党的领导是当代中国一切事务的基础和核心,法院管理当然也不例外。"领导我们事业的核心力量是中国共产党"(毛泽东语)。虽然 20 世纪 50 年代初曾有过"只服从法律"和"只服从党的领导"之间的短暂交锋,但最终"人民法院服从党的领导是天经地义的"。② 1979 年 9 月 9 日《中共中央关于坚决保证刑法、刑事诉讼法切实实施的指示》(中央 64 号文件)更是明确指出党的领导与司法机关的专门工作不矛盾,虽然党对司法的领导,主要是方针、政策的领导,并取消了党委审批案件的制度。③ 但一直到今天,四十年前《人民司法》一篇社论的观点仍然有其鲜活的生命力,"要清醒地认识到:法律不能离开政治,法院不能摆脱党的领导,党委要加强对法院的领导。什么'法律至上'、'法官独立'的口号,在资产阶级专政的国家,也从来没有真正实现过。"④因此,同级党委,特别是同级政法委,对同级法院工作业绩的监督和管理自然有其政治上的合法性和正当性。

再说司法机构和行政机构的关系,可以说是表面上审判独立,实际上法院隶属于行政。历史溯源,我们发现 1943 年春,陕甘宁边区政府委员会第三次会议就曾指出:"边区政府既是人民自己的政权,则行政与司法的分离也就没有意义。司法工作应该在各级政府统一领导之下进行。"⑤1951 年制定的《中华人民共和国人民法院暂行组织条例》第 10 条肯定了这种传统并确定了法院的双重领导体制:"下级人民法院的审判工作受上级人民法院的领导和监督,……各级人民法院(包括最高人民法院分院、分庭)为同级人民政府的

---

① 胡健华:《正确理解上下级人民法院之间的关系》,载《人民司法》1988 年第 8 期,第 19 页。
② 王云生(原山东省高级人民法院院长):《人民法院服从党的领导是天经地义的》,载《人民司法》1957 年第 11 期,第 16—18 页。
③ 江华指出,"过去在人民军队和革命根据地时代,捕人、杀人都是党委审批的,已经形成制度。在战争时期和建国初期,这样做是必要的。一九五四年宪法和人民法院组织法公布以后,人民法院依法独立审判的原则已经确立,就应该有步骤地改变这个制度,由于种种原因没有做到这一点。……三十年来一直是党委审批案件,实际上往往是党委书记或主管政法的书记一个人说了算,不是案件讨论决定的。……三十年来人民法院独立进行审判没有真正实行过……这反映了我们国家在一些具体制度上存在着严重的缺陷。"参见江华:《谈谈人民法院依法独立进行审判的问题》,载《江华司法文集》,人民法院出版社 1989 年版,第 146—147 页。
④ 《人民司法》社论:《关于院、庭长审批案件问题的探讨》,载《人民司法》1981 年第 6 期,第 6 页。
⑤ 林伯渠:《关于改善司法工作》,载《中华人民共和国审判法参考资料汇辑》(一),1956 年刊行,第 74 页。

组成部分,受同级人民政府委员会领导和监督。"①虽然1954年宪法将法院从同级政府中独立了出来,但法院的人、财、物仍由同级政府管理的体制一直延续到了今天。因此,才有了前文指出的 H 县法院与县政府签订的岗位目标考核责任状,才有了法院要及时完成县政府交办的各项任务的政治要求。② 在这种背景下,同级政府当然有权力考核同级法院的工作业绩。

以上从当代中国的政治现实出发,论证了法院领导、上级法院和地方党政对本院法官、下级法院及领导、同级法院及领导的工作进行绩效考评的当然主体地位。因此,在同一法院内,对普通法官和法院领导的考核主体是不同的,考核内容当然也就不一样。换句话说,要想强化所辖法院的管理,实现预定的管理目标,不同考评主体需要的信息各不相同,其针对考核对象的激励点和制约点也有很大的区别。

具体而言,普通法官的基本工作是审判实务,法院领导希望获得的是法官审判工作的质量和效率信息,其针对法官的激励点和制约点当然就是配备了相应奖惩机制的各种量化考评指标。以院长为核心的法院领导班子,其基本工作是以队伍建设和业务工作为主轴完成当地党政和上级法院交代的各项任务,其激励点是以政绩换升迁。因此,在当前中国党政一元化管理模式下,同一法院内部存在两套不同的考评机制有其自身的政治逻辑和现实合理性。更细致地考察这一"双轨制",由于连带责任的存在,我们发现"双轨"当中其实也混杂了一些"同构性",即普通法官、法庭乃至下级法院的审判业绩(包括是否有违纪情况)成为法院领导政绩中的有机部分。最高法院评选"全国优秀法院"的条件之一是本院内"近三年来无重大违纪情况;……候选对象为中级人民法院的,其辖区基层人民法院近三年来不得出现重大违纪情况"③就是一个例证。也因此,对普通法官的考核和监督是依附于当地党政和上级法院对法院及其法院领导的考核和监督之上的。此现象的后果容稍后细述。

更重要也更明显的"同构性"表现在不同级别的法院都使用几乎相同的

---

① 《中华人民共和国人民法院暂行组织条例》,载《人民日报》1951年9月5日。
② 由于政府一般并不考察法院具体立案、审案的工作,法院因此也不会就立案、审案的具体工作向政府请示汇报。如果实践中地方法院面临立案、审案难题时,忽略了地方政府而仅向同级党委和人大汇报请示,这可能并不是因为法院对司法和行政的职能区分意识很强烈,而只是因为党委和人大负责监督和管理法院的审判工作而已。《宪法》第126条明确规定人民法院审案不受行政机关干涉,却没有说不应该受党委和人大的干涉。一个实践中的实例,参见汪庆华:《中国行政诉讼:多中心主义的司法》,载《中外法学》2007年第5期,第523—525页。
③ 资料来源:《最高人民法院政治部关于开展全国优秀法院、全国优秀法官评选活动的通知》,最高人民法院明传文件,法(政)明传(2006)25号。

量化考评指标反映法官工作的质量和努力度,如果先不做实际后果上的考察,该"同构性"的制度来源和功能为何?量化考核背后的社会变迁背景和诸多"无奈"前文已经阐述,此处不赘,这里只简单讨论各级法院考核指标"同构性"中的传统因素和现实逻辑。首先,中国传统司法的设置重点在于解决纠纷(实现实体正义)和防止官员贪污腐败,虽然有不同层级的司法机构,但即使案件到了皇帝那里,重点也是事实问题。考核各级官员的主要司法指标因此也就是能否查清案件事实以及有没有冤案发生。传统社会根本没有现代意义上的二审终审以及事实审、法律审的概念,当然也就没有针对初审法官和上诉审法官的不同的考核指标。其次,虽然自清末修律以来,民国政府引进了比较完整的西式司法制度和司法理念,但抗战时期中国共产党在陕甘宁边区成功的司法制度实践①使得我们在获得全国解放的同时果断抛弃了源自西方资本主义社会的形式司法,替换上了我们自己创造发明的以"群众路线""实事求是"为主要原则的实质司法。20世纪50年代初《人民日报》的一篇社论对这种实质司法的特点概括得很好:"人民法院的审判制度和工作作风,是便利群众、联系群众、依靠群众的,是为人民服务的。它决不单凭诉状、供词为辩论来进行审判,而着重于实地的调查研究,了解案情的全部真相和充分证据,然后才能依法判决。"②

这一套实质司法既然秉承"群众路线""实事求是""有错就改"的司法路线,当然就不需要事实审(初审)与法律审(上诉审)的区分,也不需要资产阶级的那套烦琐的程序价值和形式正义。我们的每一级法院都是事实法院和审判法院,每一级法院的法官都要经受调解率、上诉率、申诉率、发改率等隐含了"群众路线"和"实事求是"司法原则精髓的考评指标的严苛检验。如果说我们把自秦汉以来的传统司法称为司法的旧传统,将源自陕甘宁边区的这套实质司法称为司法新传统(这是强世功的概括)的话,当前中国法院系统不分审级、"同构化"的这套法官考评制度正是在新旧司法传统影响和渗透下的产物。

虽然我们可以用"存在即合理"为此现象辩护,但一个不仅仅为批判而批判的研究者却有义务透过现实的迷雾和表面的现象,以一种功能主义的视角语境化地理解现存制度存在的历史正当性和现实合理性,并对之报以一种同情式的理解。作为本章研究对象的法院考评制度的"同构性"与"双轨制",本节从政治逻辑和历史传统的梳理就试图在某种程度上展示其"路径依赖"的

---

① 对陕甘宁边区大众化司法实践的一个出色研究,请见侯欣一:《陕甘宁边区司法制度的大众化特点》,载《法学研究》2007年第4期。
② 《人民日报》1951年6月5日社论,标题为《加强与巩固人民革命的法制》。

特质以及存在的必要性和相对合理性。

但还不仅仅如此。在努力从历史和整体的角度把握法院系统绩效考评制度特点的同时,我发现法院考评制度"同构性"与"双轨制"并存的现象与法学界长期批评的院庭长审批制度、审判委员会制度和上下级法院请示汇报制度(也包括上级法院主动要求调卷审查这一司法实践)之间有一种潜在的因果关联。在某种程度上,正是当前的绩效考评制度和附着于首长负责制之上的审判连带责任导致了上述行政化审判制度的出现。虽然不管理论界还是实务界都有很多声音强烈要求取消这三个不符合审判规律和司法原理的行政审判制度,但我判断,只要目前的这套绩效考评制度不改变,附着于首长负责制之上的审判连带责任不取消,以上三个行政化审判制度就有其存在的土壤和必要性。

前文已指出,虽然实行法官负责制(所有法官对案件的裁断都处在同一水平线上,都只对法律负责)已是当今世界各法治国家普遍实行的制度,我国包括宪法在内的相关正式法律却只是明文规定了法院,而不是法官的独立审判权。① 谁能代表法院? 在当前的制度环境下,只能是以院长为核心的法院领导班子(该领导班子成员同时又是法院党组成员、审判委员会成员和考评委员会成员,可以说,法院方方面面的大小事务都必须经过法院领导班子的手)。因此,"过去是审判员负责案件事实,领导(从庭长到院长)负责判决(名曰掌握政策)。现在也是审判员审案,领导把关"②这一事实就有其法律上的正当性。由于"实事求是""有错必改"的实质司法理念,由于上级法院对下级法院的司法错误、法院领导对本院法官的审判错误必须承担连带责任③,更由于目前"双轨制"和"同构性"并存(意味着下级法院和本院法官的审判业绩同时也影响着上级法院和法院领导的工作业绩以及随后的资源分配)的法院考评制度,我们完全可以理解院庭长、审委会和上级法院对重大疑难案件的最终决定权。

---

① 《中华人民共和国宪法》第131条规定:"人民法院依照法律规定独立行使审判权,不受行政机关、社会团体和个人的干涉。"现行《法官法》第1条也规定:"为了提高法官的素质,加强对法官的管理,保障人民法院依法独立行使审判权,保障法官依法履行职责,保障司法公正,根据宪法,制定本法。"

② 王怀安:《法院体制改革初探》,载《人民司法》1999年第6期,第31页。

③ 司法责任是指司法机关、司法辅助人员和司法从业人员因职业行为不当而引起的依法应当承担的不利的法律后果。根据黄松有、梁玉霞的分类,司法责任有以连带责任为特点的义务性司法责任和以司法豁免权为特点的权力性司法责任。虽然我国《人民法院纪律处分办法》第4条规定了司法豁免的几种情形,但司法连带责任的存在却使得我们当前的司法责任制度不得不归属于以中国古代为典型的义务性司法责任制度之列。参见黄松有、梁玉霞主编:《司法相关职务责任研究》,法律出版社2001年版,第7页,第27—32页。

从组织理论和产权经济学的角度,任何制度的选择和安排必须考虑"权责利险"相统一原则,审判权的分配和安排也不例外。由于以"客观真实"为追求目标的实质司法必然导致案件判断上的风险(一个符合了程序正义的正确判断很有可能因为二审或再审时的新证据变成错案,这样的司法对法官而言就变成了"斯芬克司之谜",猜不出正确的答案就得完蛋),而上级法院和以院庭长为主体的法院领导班子以连带责任的方式承担了所辖法院所有案件审判可能的最终风险,因此,基于案件判断上的风险和不确定性,再根据组织理论的一般原则,应该让承担最后风险的主体拥有最终的判断权。[①] 我把上级法院、院庭长承担的司法风险称为剩余职业风险,他们拥有的最终决定权称为剩余审判权。

正是从剩余职业风险和剩余审判权的角度,我理解了当前法院绩效考评制度的背景下院庭长审批案件、审判委员会和上下级法院请示汇报制度的制度逻辑和某种"不得不"。也因此,虽然早在四十多年前就有人指出院庭长审批案件没有法律依据、与合议制相抵触、不利于陪审制的贯彻执行、不能防止错案并且违背民主集中制和审判独立[②];虽然法学界几乎众口一词地批判审委会制度"审者不判,判者不审",违背了司法亲历性、审判公开和直接言词等司法的基本原则[③];也虽然有识之士早就指出上下级法院之间的请示汇报制度实际上架空了二审终审制和上诉制度,但"同构性"与"双轨制"并存的法院考评制度和附带的审判连带责任却使得承担审判剩余风险的上级法院和法院领导拥有了获取剩余审判权和最终判断权的某种正当性。这是当前法院考评制度带来的一个可能并未预期的后果。

[①] 相关组织理论的经典文献,See, Grossman, Sanford & Oliver Hart, "The Costs and Benefits of Ownership: A Theory of Vertical and Lateral Integration", *Journal of Political Economy*, vol. 94, no. 4, 1986, pp. 691-719; Hart, Oliver & John Moore, "Property Rights and the Nature of the Firm", *Journal of Political Economy*, vol. 98, no. 6, 1990, pp. 1119-1158。

[②] 刘春茂:《对法院院长、庭长个人审批案件问题的探讨》,载《人民司法》1980年第12期。该文随后引发了一场关于院庭长审批案件问题的大讨论,相关的文章还可参见孙常立:《法院院长、庭长审批案件的制度不能取消》,载《人民司法》1981年第4期;《人民司法》社论:《关于院、庭长审批案件问题的探讨》,载《人民司法》1981年第6期;徐益初:《法院院长审批案件与审判独立》,载《人民司法》1981年第6期。当时讨论的结果是院庭长审批制度不能取消,只能进一步改进和完善。

[③] 只有苏力从中国基层社会的熟人性质、抵御地方党政人大对基层法院的某种法外干预、统一辖区内的法律适用以及制约法官的司法腐败等方面对中国基层法院的审判委员会进行了一番基于实证调研和社会学视野上的"同情式的理解"和认同,参见苏力:《基层法院审判委员会研究》,载《送法下乡——中国基层司法制度研究》,中国政法大学出版社2000年版,第88—145页。更多关于审判委员会制度的学术争论,请参见《北大法律评论》(第1卷第2辑,法律出版社1999年版)关于审判委员会制度的主题研讨,该主题研讨下的论文有苏力:《基层法院审判委员会制度的考察与思考》;朱晖:《不可预约的正当性》;陈瑞华:《正义的误区——评法院审判委员会制度》;鲁智勇:《关于审判委员会制度的思考》等。

五、"同构性"和"双轨制"背后的问题

以一种现实主义和功能主义的视角,我们描述并总结了中国法院系统绩效考评制度的三大特点(或现象),并尽量从历史传统、社会变迁和政治现实的角度论证了其存在的必要性和合理性。但该种现实合理性却并未自动地豁免研究者对其可能的进一步质疑和批判。如果说致力于维护党的领导体制的高度统一的、忽视司法职业和法官工作特殊性、不分审级的法院绩效考评制度还能够适应纠纷稀少简单的计划经济时代和传统熟人社会,那么到了市场经济迅猛发展并已深刻改变了的今天中国①,这一套绩效考评体制还能有效测度法官的工作业绩并足以应对巨量且日益复杂化的纠纷吗?

米尔斯曾指出,"我们在各种特定环境中所经历的事情往往是由结构性的变化所引起的"②,因此,面对"翻天覆地慨而慷"的变迁时代,"个人只有通过置身于所处的时代之中,才能理解他自己的经历并把握自身的命运,他只有变得知晓他所身处的环境中所有个人的生活机遇,才能明了他自己的生活机遇"③,个人如此,制度又何尝不是如此?正是在社会和时代的变迁将越来越多、越来越复杂和新颖的纠纷推到了法院面前的大背景下,原来那套以政法管理模式为特点的绩效考评制度才慢慢凸显出了其不敷市场经济和工商社会之用的特质。接下来我将分别考察变迁时代中法院绩效考评"双轨制""同构性"和"数目字管理"可能存在的问题。

1. 同一法院绩效考评"双轨制"以及附着于其上的审判连带责任

"双轨制"意味着在同一个法院,拥有常规审判权的普通法官受制于各种量化考评指标,而拥有剩余审判权和最终判断权的法院领导(包括院庭长和审判委员会)却受制于包括了普通法官审判业绩在内的一系列政绩考核。因此,一方面,两套不同的考核标准使得同一法院内的两类法官有着两套不同

---

① 我在一篇文章中对中国社会的变迁有过如下的概括,"在社会层面,是由计划经济向市场经济、农业社会向工商社会、熟人社会向陌生人社会急速的社会转型和变迁;在经济层面,一个全国性的、多层面的、统一的大市场正在形成,亟待一套维系市场秩序的规则和一个完善有效的司法体系来确保人们的市场预期;在文化层面,正如甘阳所说,改革开放时代以来形成的很多观念都已深入人心,基本上形成了一个以'市场'为中心的新传统。"参见艾佳慧:《关系万千重中的司法变迁》,载苏力主编:《法律书评》第7辑,北京大学出版社2018年版。甘阳的观点,参见甘阳:《中国道路:三十年与六十年》,载《读书》2007年第6期,第4页。
② 〔美〕C.赖特·米尔斯:《社会学的想象力》,陈强、张永强译,生活·读书·新知三联书店2005年版,第9页。
③ 同上注,第4页。

的行为模式,另一方面,承担辖下法官审判工作的连带责任又使得院领导顺理成章地拥有对法官审判工作的控制权。这样的制度安排明显有悖于常规的司法原理和审判规律。

具体而言,其一,绩效考评的"双轨制"忽视司法职业的特殊性,从而无力凸显司法的比较制度能力。不同于事前制定普遍性、抽象性规则的立法机构以及负责具体执行的行政机构,司法权的比较制度优势在于法官以一种消极、审慎的态度独立处理事后个案以弥补和回应立法的僵硬和不足。但以首长负责制和审判连带责任为特点的、隐含了行政化逻辑的法官考评制度却使得法院领导不敢放手让普通法官独立审案,普通法官也为了考评指标尽量推卸责任和可能的职业风险。"久而久之,一个缺乏自主精神、缺乏道德力量、依赖感强、遇事互相推诿、不愿意承担责任、工作质量低下的司法群体就会形成。"[1]

其二,与上一点相关,"双轨制"的绩效考评制度必然侵蚀"审判独立"的根基。审判独立是法治社会的一项基本司法原则,指在诉讼中,法官审核证据、认定事实、适用法律以及作出裁判,仅依照法律规定,独立自主地进行,不受任何其他组织和个人的影响。[2] 一方面,法官层面审判独立的配套制度是司法豁免权,即司法官员正常履行审判职务的行为免受法律追诉即免负司法责任的特权。该豁免权意味着,在法治社会,法官的法定义务就是严格遵循诉讼程序和行为规范,他只对他的不当行为负责而不能承担由于种种莫名其妙的原因引起的错误裁判或决定的结果责任。但一方面,中国当前还缺乏真正意义上的司法豁免权,包括上诉率、发改率和申诉率在内的量化考评指标必然使得法官在行使审判权时"畏手畏脚","尤其是当法官善意地将法律适用于疑难案件,但作出的裁判具有争议或不合公众口味甚至错误时,对法官施加制裁就必然导致法官胆小谨慎,因为担忧和疑虑使得他们宁愿选择安全的方式而不是裁判的正确"。[3] 另一方面,法院领导因承担审判连带责任而拥有的最终判断权必然破坏普通法官的独立审判权。虽然,以一种理想的要求,"在审判领域,法官应当是一个孤岛,只本着自己的良心和理性和对法律的诚挚理解,在尊重事实和证据的基础上作出裁判"。[4] 但现实是,"在任何

---

[1] 张建伟:《等级制与法官》,载《法官职业化建设指导与研究》2004 年第 2 辑,人民法院出版社 2004 年版,第 56 页。
[2] 丘联恭:《司法之现代化与程序法》,三民书局 1995 年版,第 45 页。
[3] See, Steven Lubet, "Judicial Discipline and Independence", *Law and Contemporary Problems*, vol. 61, no. 3, 1998.
[4] 张建伟:《等级制与法官》,载《法官职业化建设指导与研究》2004 年第 2 辑,人民法院出版社 2004 年版,第 54 页。

一个法院内部，院长、主管副院长甚至审判庭庭长、主管副庭长都可以对普通法官正在审理的案件进行'合法的干预'，甚至直接改变法官已经作出的裁判结论"。① 因此，虽然"法官只服从法律，正当审判行为不受追究，这在现代法治国家法官制度中已成为毋庸赘言的共同规范"②，但一直到 2014 年全面启动法官员额制改革之前，法官判案、领导把关的中国司法实践使得法官层面的"审判独立"只是一个理想而已。

其三，当地党政和上级法院在法院干部绩效考评制度中的介入更使得法院层面的"审判独立"也岌岌可危。中国法院在干部管理体制的这种"双重领导"下不得不身处"双重行政化"的陷阱之中。③ 先看横向的行政关系，这其实就是法学界一直口诛笔伐的"司法地方化"问题。用陈瑞华的话来说，就是"在法院的人事、财政乃至生存都控制在地方党、政和人大手中的体制下，法院院长本身也要接受当地党委政法委员会的领导和协调，法院的司法裁判活动是不可能独立于地方政府和地方官员的"。④ 再看纵向的行政关系，且不说法院内部层级制的"五长"（院长、副院长、庭长、副庭长和审判长），上下级法院之间实际上的领导与被领导关系导致的一个后果就是"下级法院在法院的组织体系内部也无法具有独立的裁判权，案件的审判活动注定会像行政决定过程那样遵循'上令下从''层层隶属'的行政层级原则"。⑤ 但法院和行政机构有着本质上的区别。行政科层制有助于组织的稳定和强化，分级制的原理就在于通过建立在职位分级、薪金标准化基础上的功绩奖励制度（晋级和增薪）来刺激行政人员以便提高工作质量和效率。审判体制则表现为分权结构，对法官的控制主要是通过程序设置、诉权制约和审级制度来实现的，而不是依赖于上级官员对下级官员的指令。⑥

综上，如果以美国法学家亨利·米尔斯的观点，"在法官作出判决的瞬间，被别的观点，或者被任何形式的外部权势或压力所控制或影响，法官就

---

① 陈瑞华：《无偏私的裁判者——回避与变更管辖制度的反思性考察》，载《北大法律评论》（第 5 卷第 1 辑），法律出版社 2005 年版，第 74 页。
② 傅郁林：《民事司法制度的功能与结构》，北京大学出版社 2007 年版，第 18 页。
③ 这一"双重领导"的体制渊源于 1951 年 9 月通过的《中华人民共和国人民法院暂行组织条例》第 10 条："下级人民法院的审判工作受上级人民法院的领导和监督……各级人民法院（包括最高人民法院分院、分庭）为同级人民政府的组成部分，受同级人民政府委员会的领导和监督。……各级人民法院院长领导并监督全院工作，庭长领导并监督庭内工作。"载《人民日报》1951 年 9 月 5 日。虽然 1954 年宪法和后来制定的人民法院组织法都没有规定上级法院对下级法院、同级政府对同级法院的领导关系，但作为一种制度实践和政治惯例，这种"双重领导"体制实际上一直沿用至今天。
④ 陈瑞华：《无偏私的裁判者——回避与变更管辖制度的反思性考察》，载《北大法律评论》（第 5 卷第 1 辑），法律出版社 2005 年版，第 75 页。
⑤ 同上注，第 75 页。
⑥ 参见张建伟：《等级制与法官》，载《法官职业化建设指导与研究》2004 年第 2 辑，人民法院出版社 2004 年版，第 51—52 页。

不复存在了。……法院必须摆脱胁迫,不受任何控制和影响,否则他们就不再是法院了"。① 绩效考评"双轨制"之下的中国法官和法院从来就不是西方司法独立意义下的模范法官和模范法院,中国法院实际上担负了太多政治和行政目标,而不仅仅只是公正、高效地处理提交给它们解决的纠纷。

更进一步,虽然柯克大法官早就指出"法律是一种人为的理性",只有专业化、职业化的法官才能胜任②;孟德斯鸠更是从宪政的层面论证了"三权分立"的必要性③,但一个价值无涉的研究者并不需要唯三权分立、司法独立等西方司法理念"马首是瞻",中国社会和中国司法也有权力实践和探索适合和属于自己的法官管理制度。不过问题的核心在于,中国目前这套适应于战争时期和计划经济年代、以控制和集权为特点的、带着明显政法色彩的"双轨制"绩效考评制度能否满足日益复杂和陌生化的工商社会对法院系统的需要。这是一个实用主义者和后果主义者需要秉持的立场。

现代工商社会需要强大的司法体系,因为企业有赖于法院保护他们的产权和执行日益复杂的合同,更大规模的企业和更复杂的市场经济也要求一个运转良好的司法系统(如果缺乏运作良好的法院,企业就只能借助于"关系型契约",而这将阻碍企业的成长)。很多经验研究已证明④,"拥有更好的法院,即建立一个更便利、更迅速、更公平、更可预期的司法体系能够对经济发展形成有力的支撑"。⑤ 因此,作为一个以国家公权力为第三方,制度化和规模化地解决社会纠纷的司法机制,其强大与否很大程度上取决于人们是否信任法院以及是否愿意将纠纷提交法院解决。正是在这个背景下,基于心理学的基本常识,民众的纠纷需要得到公正有效的处理,法院作为第三方裁判者不受任何因素的影响独立审理案件就成了现代社会的第一需要。

因此,中国法院绩效考评"双轨制"的问题就在于,中国社会已经发生了

---

① 转引自〔英〕罗杰·科特威尔:《法律社会学导论》,潘大松等译,华夏出版社 1989 年版,第 236—237 页。
② 对柯克法官和詹姆斯国王故事的再解读,参见于明:《法理传统、国家形态与法理学谱系——重读柯克法官与詹姆斯国王的故事》,载《法制与社会发展》2007 年第 2 期。
③ 〔法〕孟德斯鸠:《论法的精神》,张雁深译,商务印书馆 1961 年版。
④ See, Bigsten, Arne, Paul Collier, Stefab Dercon, Bernard Gauthier, A. Isaksson, Abena Oduro, Remco Oostendorp, Cathy Pattillo, Mans Soderbom, M. Sylvain, Francis Teal, Albert Zeufack, "Contract Flexibility and Dispute Resolution in African Manufacturing", *The Journal of Development Studies*, vol. 36, no. 4, 2000, pp. 1-37; Collier, Paul, J. W. Gunning, "The Microeconomics of African Growth, 1950-2000", *Thematic Paper for the Global Research Project. Global Development Network*, 1999; Foley, Fritz, "Going Bust in Bangkok: Lessens from Bankruptcy Law Reform in Thailand", *Harvard Business School*, mimeo, 2000. 以上文献转引自〔美〕鲁门·伊斯拉姆:《司法改革:路向何方?》,载吴敬琏主编:《比较》第 17 辑,中信出版社 2005 年版。
⑤ 〔美〕鲁门·伊斯拉姆:《司法改革:路向何方?》,载吴敬琏主编:《比较》第 17 辑,中信出版社 2005 年版,第 138 页。

结构性变化,市场经济造就的现代工商社会对审判独立有了强烈的社会需求,但以行政化和集权化为特点的法院考评制度不仅无法回应这一需求,更在实践的层面架空了审判独立(无论在法官层面还是在法院层面)这一现代社会亟须的司法品性。虽然1999年以来的司法改革运动的目标就是要建构一个公正、专业、高效且独立的法官群体,以及一个廉正、公正、专业化和职业化的法院体系,并通过其独立的司法活动为社会服务。但这只是一些理想和应然目标。就拿"审判独立"目标而言,由于中国缺少足以支撑这一制度的种种条件和具体制度,由于最高法院和各级法院的自身利益,已经实施或者将要实施的各种司法改革方案或明或暗、或直接或间接地都不是为了寻求审判的独立,而是为了维持,甚至加强法院系统的行政化管理(反映在绩效考评制度上,就是在弱化地方党政对法院的控制权的同时强化上级法院对下级法院的领导监督权)。前述司法改革的目标在今天依然只是一个高高挂在天上的"允诺"和理想。更值得我们深思的是,对"审判独立"的追求在中国语境下实际上变成了以最高法院为首的中国法院系统在既定政治格局中寻求突破和增进既有利益的有力工具,这种"目的手段化"的现实其实很好地印证了福柯的洞见:"这些规则本身是空洞的,是暴力的,是没有终结目的的;它们是非人格的,并且可以用来完成任何目的。"①

2. 各级法院绩效考评制度的"同构性"

该"同构性"意味着不同等级法院(从基层法院到最高法院)考核法官工作质量和努力度的指标具有惊人的一致性。前文展示的各样本法院内部考评指标就是证据。如果说此前的分析让我们从历史传统和路径依赖的角度理解了该现象存在的原因,需要研究者进一步追问的是此"同构"现象在市场经济迅猛发展、已经越来越需要"规则之治"的今天有没有问题,如果有,问题又是什么?

傅郁林曾指出,"我国现行的四级两审终审制是一种柱型结构的司法等级制。自塔基至塔顶,各级法院的价值目标、职能配置及运作方式几乎没有区别,每一级法院都可以受理一审案件,同时都可以作为终审法院(自中级法院开始);每一级法院、每一级程序都追求同一个目标,即个案的实质公正;当事人在不同审级享有几乎完全相同的程序权利;每一级法院、每一级程序都有权全面审理事实问题和法律问题,有权直接传唤当事人和证据重新调查事实,有权根据自己查明的事实作出判决。这种司法等级制没有职能分层,已

---

① 〔法〕米歇尔·福柯:《尼采·谱系学·历史学》,苏力译,载《社会理论论坛》1998年第4期,第7页。

经失却程序结构意义上的'审级'的价值,多一级法院只是增加了一层行政级别而已"。① 在某种程度上,各级法院绩效考评制度的"同构性"其实只是这一"柱型司法等级制"的又一个表象。

如果说"柱型司法等级制"能够有效完成现代社会亟须的纠纷解决和规则之治,各级法院绩效考评制度的"同构化"能够实现传递法官工作信息、甄别法官类型的制度功能,这一套面目模糊、功能混沌的司法体制也许还有其存在的价值。但现实是这一力求客观真实、无视审级差异的司法体制已经越来越无力回应以匿名性、流动性为特点的当代工商社会的需要。证据至少有两个。其一,市场经济要求规则的一般性、普遍性和明确性,以求稳定市场参与人的预期,但对客观真实的追求却使得当前的法院系统生产大量前后矛盾的判决,不仅消减了判决自身的正当性,更使得支撑市场有效运行的一般规则无法得以确立。其二,由于取消了事实审和法律审之间的区别,我们的法院也就没有了真正意义上的初审和上诉审。但中国作为一个经济正在高速发展的大国,不仅需要自上而下地"送法下乡",更需要自下而上地通过个案将个人、社会和法律之间的冲突传递到最高法院,以一种事后的方式弥补立法的不足,实现基于最高司法的规则之治。只不过当前无视审级差异的司法体制根本无法满足这一统一法制的要求。

就法院绩效考评制度而言,先不论量化指标("数目字管理")的可行性,"同构化"最大的问题就是忽视初审法官和上诉审法官的差异,一味强调上诉率、申诉率、调解率和调研文章数量等考核指标。其实,作为规模化解决社会纠纷的司法制度,其本身应该满足两大基本功能,其一是解决纠纷,主要服务于个案当事人的私人目的;其二,也是更重要的一点,是形成规则、实现规则之治,主要服务于社会公共目的(当然,就中国而言,现代司法还有着统一法制和建立现代民族国家的政治功能②)。初审法院和上诉审法院的区分正是要从法院内部的制度分工上回应这种功能性需求。也正是基于这种制度分工,各级法院之间才需要职能分层。如果将法院系统视为一座金字塔,"越靠近塔顶的程序在制定政策和服务于公共目的方面的功能越强,越靠近塔基的

---

① 傅郁林:《审级制度的建构原理》,载《民事司法制度的功能与结构》,北京大学出版社2007年版,第19页。

② 对此,苏力在《为什么送法下乡》一文中有相当出色的分析和探讨。参见苏力:《为什么送法下乡?》,载《送法下乡——中国基层司法制度研究》,中国政法大学出版社2000年版,特别是第30—36页。

程序在直接解决纠纷和服务于私人目的方面的功能越强"。① 因此,在法治国家,作为一个基本的审级建构原理,初审法院(或者审判法院、事实审法院)决定事实问题并保障法律的正确适用(偶尔也会有法律解释),上诉审法院(或者法律审法院)决定法律问题(或转化为法律问题的事实问题)、保障辖区内法律的统一并在社会需要时根据公共政策和宪法创制新规则。

正是在初审法院与上诉审法院职能分层和制度分工的基础上,我们发现初审法官和上诉审法官所需要的知识和技能有所不同。如果说重在解决事实问题和适用法律的初审法官更多考虑案件处理的结果公平、判断先于法律适用、抓住核心争议、裁减案件事实、尽可能套用法律条文和注意法律判决能否实际得到执行等因素的话②,注重规则之治的上诉审法官则可能更关心辖区内法律规则的统一以及对司法经验和法律问题的理论总结。因此,司法的功能不同,其对法官知识的需求也就自然不同。基于初审和上诉审法官所需知识和制度职能有所不同,一个符合逻辑的推论自然就是:针对初审法官和上诉审法官的绩效考评标准必然有很大的差异。对初审法官,应该重点考核其解决纠纷的能力,对上诉审法官,则应重点考核其总结司法经验、适用并发展规则的能力。

以此为标准,中国法院绩效考评"同构化"的问题就非常明显了。举例而言,作为中国司法金字塔的塔尖,最高法院理应"保障法律的统一解释、创制和渐进发展"(傅郁林的总结)以满足规则之治这样的公共目的需求,其对本院法官的考核要求自然应该是精湛的理论素养以及对统一规则的把握程度,而解纷调解能力早就不应该是最高法院法官需要拥有的。但现实中对最高法院法官少有的几项量化考评指标之一就有民事调解率。作为一国的终审法院,居然还要鼓励其法官"背靠背"地说服当事人以调解结案和解决纠纷,在现代法治社会的人看来这是一件很不合理的事,但在追求实质公正、缺乏审级分工的中国司法语境下却又是如此的合情合理。再来看基层法院,初审法官(特别是侧重于解决乡土社会熟人之间纠纷的基层法官)最重要的能力就是适用法律和解决纠纷,理论能力对他们而言实在是"有它不多,无它不少",但考核中国基层法官工作绩效和能力的一个重要指标居然是发表的调

---

① 傅郁林:《审级制度的建构原理》,载《民事司法制度的功能与结构》,北京大学出版社2007年版,第7页。
② 这是苏力总结的中国语境下的初审法官的司法知识,虽然并不具有普适性,但除去极具中国特色的几点,倒也基本涵盖了初审法官的知识需求。参见苏力:《基层法官司法知识的开示》,载《送法下乡——中国基层司法制度研究》,中国政法大学出版社2000年版,第272—283页。

研文章数量。我们并不是反对初审法官钻研业务，提升自己的理论水平，但将此作为一个必需的司法能力并以此作为考评指标从而决定一个基层法官相应的奖惩升迁却大可不必。在我看来，最高法院法官因其担当统一规则、创制规则的任务，才更需要将其理论调研文章作为考评指标以激励法官提升自己的理论水平。但奇怪的是，最高法院对其法官没有调研文章的指标，相反倒是不需要理论研究能力的基层法院法官却被如此要求。这一"首尾倒置"的现象其实正好说明了中国法院系统审级不分、功能混乱的特质。

因此，"维齐非齐"，要达到法官管理的最优化，中国法院绩效考评指标就必须要"非齐"。因为初审和上诉审的差异是客观存在的，只有承认差异，协调差异，才能相辅相成，和谐共存；不分审级，一味追求绩效考评指标上的"齐"，最后结果可能反而是考评效果上的"不齐"。中国几千年前的智者其实早就给我们提了醒。

3. 绩效考核的"数目字管理"问题

在一般的层面上，不管是纠纷解决还是规则之治，也不管是初审法院还是上诉审法院，甚至对还没有真正实现初审和上诉审内部分工的中国法院体系，信息问题都是一个最基本的制约。可以说，很多具体的制度设计就是要解决现实世界中信息不对称和不完美之问题的。设定量化绩效考评指标的目标也同样如此。但问题在于，中国法院系统普遍适用的这一套量化考评指标能否解决法院（或法院领导）和法官之间严重的事后信息不对称？

如果被考评的对象是一个没有生命的物体，或者被考评行为很容易被测度和考核，这一套量化指标或许非常必要。但面对着具备"趋利避害"本性、其审判行为又因自由裁量权的存在而很难被准确测度的法官群体，看似"科学"完备的一套考核指标很可能并不太管用。因此，只要纳入作为制度博弈者的考评对象，对绩效考评制度的深入研究就要求我们不仅须直面在该制度下所有利害关系人的人性假设和信息制约；更要考察在此规则下他们是如何做出行动决策的，这些行动又导致了什么结果；然后将此结果与制度设计者的意图目标相比较，以此判断该制度的得失成败。具体而言，如果在这套量化考评机制之下，法官与之博弈的理性反应是心甘情愿（或者虽不情愿但却不得不）地做一个廉洁、努力的好法官，而且法官能力和法官行为也能够被真实地测度，该机制获得信息、加强管理的目标才能真正得以实现。反之，如果该机制的实施不仅不能有效制约法官的恣意裁判行为，还减损了一些需要加强的法治价值，这套制度的设计及其效果就很值得怀疑。这其实就是颇具解释力的现代微观经济学中的三位一体结构思想（机制设计文献里的Hurwicz-

Mount-Reiter 三角)——个体理性决策和博弈论、社会选择(social choice)和机制设计(mechanism design)理论——在司法制度领域的一个小小应用。①

换一个角度,如果我们将法院视为委托人,将法官视为代理人,委托事项是廉洁、公正、高效地完成审判工作。为了获得法官是否有效完成委托事务的信息,法院成立业绩考评机构,希望通过设定一套意在了解法官廉洁度、努力度和司法能力的量化考评指标,并将实际获得的法官考核结果与一定的奖惩机制相联系,以实现激励和监督法官并尽量使得法官行动方向与法院目标相一致的制度目标。这其实就是理想的法院绩效考评机制希望达致的效果。下图就是上述基本观点的直观反映。

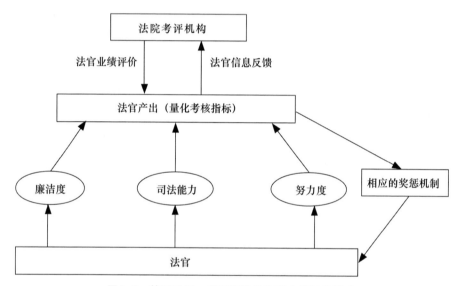

图 3.3　基于委托—代理理论的法官业绩评价模式

注:在中国法院的具体实践中,"相应的奖惩机制"指基于可观察的司法产出给予法官包括奖金、评优授奖、职务升迁、出国考察和职业培训等在内的奖励,以及给予包括扣罚奖金、警告、记过、记大过直至开除公职等各种纪律处分的惩戒。其目的在于激励、监督、制约和区分不同类型的法官。

---

① 更具体地,丁利指出,博弈论为法学提供了一个实证理论基础,它描述人们在一个制度环境(博弈规则)中的决策和结果;社会选择理论则集中分析社会如何逻辑一致地从个体偏好中得到合理的社会目标;而机制设计理论探寻的是一旦我们确定了社会目标,那么可以设计合理的制度,使得在该制度下人们博弈的结果尽量处于或接近于社会目标集合。丁利:《作为博弈规则的法律与关于法律的博弈》,载道格拉斯·G.拜尔等:《法律的博弈分析》,严旭阳译,法律出版社 1999 年版,序言第 3—4 页。对 Hurwicz-Mount-Reiter 三角的更正式分析,请见丁利:《制度激励、博弈均衡与社会正义》,载《中国社会科学》2016 年第 4 期,第 136—138 页。

上图是一个理想化的法官业绩考核模式,其落脚点在于法官日常的审判活动,核心在于设定一套能够有效测度法官廉洁度、司法能力和努力度的量化考核指标。进一步,我们可以将该图分解为指标设定、指标考核、指标激励三个阶段,如果每个阶段都能顺利完成既定目标,一个完整的绩效考核模式就能通过信息的获得控制法官,从而实现公正高效的审判目标。更重要的是,理想模式下三阶段的运行是一个持续的良性循环,因为法官的行动选择和法院的预期目标是一个激励相容(incentive compatibility)的机制[①]。这是一个看起来很不错的模式设计。

但遗憾的是,现实往往不尽如人意。首先,一套量化的法官考核指标能否有效测度法官的廉洁度、努力度和司法能力?由于法官审判权是一个建立在案件事实和法律规则基础上的判断权,证据采信上的灵活性以及法律规则适用上的可操作性使得该判断权天然赋予了法官极大的自由裁量空间。只要最终判决没有溢出该自由裁量的幅度,考评人就不能认为该判决有错。正是因为法官自由裁量的广泛存在,用某个指标衡量法官的廉洁度其实相当困难。喻中在《乡土中国的司法场景》中讲述了一个城里法官和其乡下父亲受贿5万元,运用法律解释技术为其乡亲化解了一起故意伤害案可能带来的牢狱之灾的故事。喻中指出"普遍性的法律需要通过解释才能与个别性的案件事实相结合。在解释法律的巨大空间中,法官可以朝着不同的方向行走,但其中的每一个方向可能都具有合法性"。这种合法判决的多样性可能正是为何民众感觉司法腐败具有一定的普遍性,但真正受贿被查处的法官却微乎其微的原因。[②] 另外,实践中法院大多采用上诉率、发改率和申诉率这样的量化指标衡量法官审判质量,但一来上诉和申诉是当事人的诉权,用这些指标的高低来衡量法官的工作业绩似乎不太妥当,二来"实事求是""有错就改"的司法意识形态使得某些发回重审或改判的案件并不是因为下级法院法官判断有错,而可能只是在二审中发现了新事实和新证据了而已。因此,这些量化指标能否传递法官是否努力工作的信息、以及能否真正考核法官的工作业绩就很值得我们怀疑。

与上一点紧密相关,如果针对法官的量化考核指标很难测度法官审判工

[①] 激励相容是机制设计理论中的一个术语,是指在市场经济中,每个理性经济人都会有自利的一面,其个人行为会按自利的规则行为行动;如果能有一种制度安排,使行为人追求个人利益的行为,正好与集体或社会价值最大化的目标相吻合,这一制度安排,就是"激励相容"的。

[②] 喻中:《乡土中国的司法场景》,中国法制出版社2007年版,第81页。关于中国司法腐败高均衡状态及其原因的一个博弈论解读,还可参见何远琼:《站在天平的两端——司法腐败的博弈分析》,载《中外法学》2007年第5期。

作的努力度和廉洁度,建立在这些指标考核结果之上的奖惩机制当然也就无法实现激励、引导法官廉洁、公正、高效地完成审判工作的预期目标。为了获得奖励和升迁,理性的法官会按照绩效考评的要求努力在提高调解率的同时降低自己所审案件的上诉率、申诉率和发改率,尽量缩短所审案件的平均审限并增加单位时间内的结案数量以及撰写更多的调研文章。可以预见,在现实的物质刺激下,法院考评机构希望达到的量化要求法官们都会努力达成。但正如前面所论,这些量化指标无法科学测度法官工作的努力度、廉洁度和司法能力,它们实际上很可能异化成了法院领导控制法官的有力工具。就制约法官潜在的种种不法行为而言,发改率、申诉率这样的审判质量指标即便有效,最多也只是边际上的(指法官的审判行为超越了自由裁量权的边界因而明显违法的情形)。不仅如此,审判工作的特殊性要求法官一定要坚守其消极、被动、谨慎的制度角色和制度位置,但为了完成现行考核体系中的诸多量化指标,站在审判工作第一线的法官却很可能审理案件敷衍了事(为了降低自己的平均审限)、向上级法院请示汇报(为了降低发改率),甚至为了提高调撤率而突破民事诉讼法明确规定的"调解自愿"原则。在配备了奖惩机制的量化考核制度下,中国法官的行动方向不仅有损我们珍视的审判独立、程序正义等法治原则,更和理想考核模式下廉洁、高效、公正的预期目标渐行渐远。

因此,如果一个法院绩效考评制度的目的是激励有着不同需求、掌握着不同信息和从事不同工作的法官努力工作,并达成有效的合作以实现法院廉洁、高效和公正地解决纠纷的话,由于很难设定一套能有效反映法官工作质量的指标体系,再加上法官"趋利避害"的理性制约,该目标在很大程度上是落空了。

六、简短的结语

从通过各种方式搜集到的几个样本法院绩效考评制度出发,本章总结出了中国法院系统绩效考评制度"数目字管理"、各级法院考评"同构性"和同一法院考评"双轨制"等特点,并以一种现实主义和功能主义的眼光展示了当前法院绩效考评制度的某种现实合理性和政治正当性,指出其基于新旧司法传统的"路径依赖"特质。但已经存在的并不一定适合正在变迁的中国社会。借助司法理论、程序理论、信息经济学和激励理论,本章论证了绩效考评的"双轨制"不仅抑制司法比较制度能力的有效发挥,架空法官独立、法院独立的制度基础,更在某种程度上催生了院庭长审批案件、审判委员会、上下级法院之间请示汇报等行政性审判制度;无视初审和上诉审之间职能分工和审级差异的绩效考评"同构性"最终可能无法实现有效的绩效考核,而"自由裁量权"的存在又使得一套量化的考评指标不仅无法有效测度法官工作的努力度和廉洁度,更在很大程度上损毁了我们所珍视的司法独立、程序价值等法治原则。

这是一个急剧变迁的时代。在中国历史上还没有哪个时代会有如此多的人以这么快的速度去面临如此翻天覆地的变化。旧的道德观和价值过时了,新的社会规范和价值观却还没有站稳脚跟;社会结构在不经意间悄然改变了,相应的制度却没有如影随形地随之改变;市场经济在万众瞩目之下轻盈地走上了前台,与之配套的规则之治和良好的司法系统却千呼万唤仍不出来。正是在这样的社会变迁背景之下,法院开始了审判方式的改革[①],开始了量化法官考评指标的努力;也正是在这样的社会变迁背景之下,根源于战争年代和计划经济时代并表现出"同构性""双轨制"特点的法院绩效考评制度才凸显出其不敷市场经济和工商社会之用的缺陷和问题。可以说,正是变迁中国需要法院绩效考评制度的变革。

———— * * * * ————

附录:"两权改革"的必要性及其限度:
以 C1 中院的改革经验为基础

自 1999 年启动"一五改革纲要"直到现在,构建科学的法官管理制度和有效的法院内部治理框架就一直是中国司法改革的目标之一。在社会快速转型和社会矛盾急剧增加的今天,由于党和政府视法院为经济发展和社会稳定的保驾护航者,因此,"为大局服务,为人民司法"一直都是各级法院的工作主题。

但如何在机制设计和制度构建的层面将此工作主题与法院内部的有效治理勾连起来?

经济学家威廉姆森指出,任何组织内部的治理结构,其设计都是为了实现节约交易费用的目的,"治理"的基本内涵因此就是使交易费用最小化的组织设计和制度安排。更进一步,由于有限理性、机会主义和资产专用性的存在,治理的含义更是直指有效应对委托—代理问题的组织安排。根据此理论,站在法院管理的立场,在很大程度上,法院内部的院长类似于委托人的角

[①] 一个中国法院民事审判方式改革的出色研究,参见王亚新:《论民事、经济审判方式的改革》,载《社会变革中的民事诉讼》,中国法制出版社 2001 年版,第 1—30 页。

色,而审判法官类似于代理人的角色,如果法院内部的微观管理制度能确保代理人的行动选择能与委托人的目标方向一致或近似一致,这就是一个有效的法官管理或内部治理制度,反之,这套法院内部的管理制度就必须调整和改革。

由于审案法官均为既定制度下"趋利避害"的有限理性人和机会主义行动者,追求自我利益无可厚非,但这很可能就与法院院长们追求的行政目标相抵牾。这种对院、庭长履职困惑和法院内部权责错位现象的思考,正是C1法院实施"两权改革"("审判权与审判管理权"改革)的缘起之处。先不讨论中国政治实践中属地化的逐级行政发包制之利弊权衡,也不论目前的法院院长们深陷以各种司法指标为政绩考核的政治锦标赛有无合理性,当代中国"党管干部"和法院行政化的现实必然导致法院院长们往往同时承担三种角色,一是作为党组书记贯彻落实党的路线、方针和政策;二是作为行政首长履行行政事务的管理职责;三是作为院长管理审判工作。如果说,在当前的政法体制下,法院院长的前两种职责运行机制还算清楚明了的话,后一种职责不管在正式制度还是非正式制度上均没有清晰的规定。由于法院内部实际的运行状况出现了"权力分散在法官,压力体现在法院,责任集中在院长"的情形,在具体的审判管理上,院长们的表现一般体现为因人而异的自发行动,不仅容易导致审判管理权对审判权的侵蚀,还带来不同院长审判管理的方式和内容的不一致。该如何在制度设计上消除院长履行管理审判的职责困惑和统一管理?

C1市两级法院的"两权改革"建制和实施就是对上述问题的有效回答。其制度改革的具体内容可概括为:针对法院审判运行实际中存在的突出问题,从审判权和审判管理权改革入手构建审判运行机制,初步形成了以合理界定和配置审判权与审判管理权为核心,以诉讼流程再造为基础,以法官业绩记录评价为激励,以审判公开为监督,以信息化为支撑的符合中国法院实际的审判运行机制。

在审判法官的管理层面,数字化的绩效指标是一套用于衡量考评对象工作努力程度和具体绩效水平的相对客观化的标志,而绩效考评(performance measurement)就是定义、衡量和运用这些指标的过程。由于包括法院在内的公共管理部门普遍面临如何有效监督和控制其雇员的难题(这其实也是所有组织无法避免的因事后信息不对称而产生的雇员道德风险问题),绩效考评最大的贡献就在于能够提供考评对象和组织绩效的各种客观的相关信息以强化管理,并为决策和奖惩提供依据,以达成工作目标和改进组织整体绩效。

从组织理论的角度,任何制度的选择和安排必须考虑"权责利险"相统一原则,审判权的分配和安排也不例外。由于追求自身利益最大化的审判法官之行动逻辑和追求保障社会稳定和经济增长之政治目标的法院院长的行动逻辑有根本差异,更由于以院庭长为主体的法院领导班子以连带责任的方式承担了法院内所有案件审判可能的最终风险,因此,建立在诉讼流程和节点管理基础上的法官业绩记录评价体系和审判管理权有其现实必要性和合理性。因为,基于案件判断上的风险和不确定性,再根据组织理论的一般原则,应该让承担最后风险的主体拥有最终的判断权。我们把院庭长,特别是法院院长承担的司法风险称为剩余职业风险,他们拥有的最终决定权称为剩余审判权。

正是从剩余职业风险和剩余审判权的角度,我们能够理解 C1 法院进行"两权改革"背后的制度逻辑。也因此,正如本章指出的,虽然早在 30 多年前就有人指出院庭长审批案件没有法律依据、与合议制相抵触、不利于陪审制的贯彻执行、不能防止错案并且违背民主集中制和审判独立;虽然法学界几乎众口一词地批判审委会制度"审者不判,判者不审",违背了司法亲历性、审判公开和直接言词等司法的基本原则;也虽然有识之士早就指出上下级法院之间的请示汇报制度实际上架空了二审终审制和上诉制度,但"同构性"与"双轨制"并存的法院考评制度和附带的审判连带责任却使得承担审判剩余风险的上级法院和法院领导拥有了获取剩余审判权和最终判断权的某种正当性。这是当前法院考评制度带来的一个可能并未预期的后果,更是 C1 法院进行"两权改革"和确立法院院长之审判管理权的理论正当性所在。

在当代中国,由于法院身处政法体制和属地化的逐级行政分包制之中,我们理解这一改革的初衷和难处,也认同试验性质的、通过"自下而上"的具体改革方案的实施推动中国司法改革的必要性。因此,C1 法院的这种改革模式的探索很有价值。但需要提醒的是,由于司法有其自身的逻辑和运行规律,未来进一步的改革动向需要不断检验改革的运行实效和总结改革经验。在我看来,最基础性的工作其实在于努力在既有制度格局和框架下建构和保障当事人的诉权机制,才能构建一种既保证审判活动顺畅运行,又能体现诉权和审判权既相互制约又相互监督且能有效分担错判风险并提升司法公信力的审判运行机制。

第四章 法官管理的中国模式及其限度(1937—2013)

——谱系学考察与语境论审视

> 天不变,道亦不变。
>
> ——董仲舒①
>
> 过去是原始的地图,是奠基的图纸,在大厦建造的过程中根基被掩盖了起来。
>
> ——G.萨托利②

一、问题的界定

前面三章分别讨论了当代中国法官管理中前提性的法官薪酬制度以及法官遴选和选任制度、事后的法院内部行政性调动制度和绩效考评制度,本章重点在于考察涵盖了这四大制度的中国法官管理模式的特点及其"前世今生"。

立足已有的司法制度研究传统,本章对当代中国法官管理模式的谱系考察不仅希望透过几个中国司法实践中的法官管理制度,总结出中国法官管理模式的特点,更希望借助谱系学方法和历史"长焦"镜头,透视该管理模式的"开端"和初次"出现"。进一步地,运用"语境论"的研究思路,在重构该模式意欲针对的常规社会问题的基础上,考察在当年自然环境、社会生产力条件和其他各种制约条件下该管理模式存在的必要性和重要性。但问题在于,如果说该模式曾经能够很好地应对其所面临的社会常规问题,到了已经"沧海桑田"、常规社会问题已经悄然转变的今天,这一基于路径依赖(path—dependent)的整体性制度安排能否有效解决几度"更新换代"后的社会新问题?如果不能,应该怎么办?

---

① 《汉书·董仲舒传》。
② 〔意〕G.萨托利:《政党与政党体制》,王明进译,商务印书馆2006年版,第51页。

二、当代中国的法官管理模式

人力资源管理是现代组织管理中的重要组成部分。为了组织的有效运作和良性发展,不仅需要制定合适的制度挑选到满意的人才,更需要在人才"入其彀中"之后制定更多的制度激励其为了组织目标努力工作,并在需要的时候能有效监督其工作行为。

根据库伯的人力资源管理理论,任何一个组织都需要制定一套适合自己的薪酬制度、遴选制度、培训制度和绩效考核制度。由于法院也是一个组织,也同样要解决法院管理者和法院人员之间的信息不对称问题,这套人力资源管理思路当然同样适用于中国法院。换句话说,中国法院针对法官的人力资源管理制度(简称为法官管理制度)同样包括了遴选制度、薪酬制度、培训发展制度和绩效考评制度。

但中国法院的法官管理制度安排实际上如何呢?

首先是法官薪酬制度。由于中国法院系统长期实行"块块管理","地方各级法院的党组织受同级党委领导;法院的干部归同级党委及其组织部门挑选和管理;院长和审判员由同级人大及其常委会选举和任免;经费由同级人民政府及其财政部门批拨。一句话,法院的人、财、物全归'块块'管"。① 因此,法官的薪酬直接和当地政府的财政收入挂钩,并和当地其他公务人员的薪酬水平尽可能保持一致。也因此,中国是个各地经济发展水平不一致的大国这一现实导致同是法官——不说基层法院和人民法庭了,就是同为中级法院法官和高级法院法官——实际收入却相差甚远的情况②,这导致收入高待遇好的法院有人挤破脑袋也想进去,而收入低待遇差的法院根本无人问津的现象。而在同一个法院内部,法官的薪酬水平不仅和绩效考评的结果相联系,更没有和其他行政管理人员拉开距离,相反,是法官在法院内部担任的行政职位决定了其薪酬的高低。③ 不管是整个法院系统,还是一个法院内部,

---

① 王怀安:《法院体制改革初探》,载《人民司法》1999年第6期,第30页。

② 2004年夏天,我们法院调研小组在位于广东省的G中院、位于四川省的C1中院和L中院收集到的法官信息表明,G中院法官的平均工资几乎是C1中院法官的两倍多,是L中院法官的四倍。相应的,不同中级法院法官的期望收入也大不一样,G中院法官期望月收入能到1万,C1中院的只奢求5000元,而L中院的认为月入2000元就很好了。详细的数据可参见艾佳慧:《中国法官最大化什么》,载苏力主编:《法律和社会科学》(第三卷),法律出版社2008年版。

③ 法官和司法行政辅助人员工作性质不同因而薪酬应该迥然不同的理念早在清末司法新政制定之初就已经深入人心了,翻看清末法部编定的各省审判厅经费人员表,发现作为推事的法官薪酬几乎是书记官的好几倍,和庭长、厅长的薪酬差距却反而不大。参见汪庆祺编、李启成点校:《各省审判厅判牍》,北京大学出版社2007年版,第431—442页。

我们都缺乏对法官工作的分析和准确定位，缺乏在此基础上制定的、能有效吸引优秀法律人才进入法院系统并激励其努力工作的薪酬制度安排。

其次是法官遴选制度。希望选择什么样的人来做法官以及能够选择什么样的人做法官决定了中国法官遴选的范围和实际效果。早在1952年，董必武就明确指出，我们司法干部的领导骨干"是指一九四五年以前参加工作的老干部。其次，土改、镇反、'三反'、'五反'的积极分子（工人、店员、妇女、农民），历史清白，有高小以上文化程度，身体健康，而且有志于政法工作的都可"。① 不仅如此，在司法干部紧缺的时候，还要想法"从失业工人和荣军学校中找政法干部的来源"。② 因此，我们早期法官遴选的范围是政治觉悟高、身家清白、身体健康的工、农、兵成员，不要说有没有司法专业知识，就是有没有文化也不是什么大不了的事情。这样的法官遴选标准必然导致进入法院的都是政治能力强而司法能力缺乏的人员（在"政治挂帅"和计划经济的年代，可能根本就没有对司法能力的需求）。正是在这样的遴选传统和基础上，我们才好理解被很多人诟病为对初任法官资格要求过低的《法官法》（1995年版）第9条。③

虽然自1999年司法改革以来中国法院系统越来越强调法官的专业化和职业化④，全国统一司法考试于2002年起正式"鸣锣开张"，2017年《法官法》也增加了"初任法官采用严格考核的办法，按照德才兼备的标准，从通过国家

---

① 董必武：《关于整顿和改造司法部门的一些意见》，载《董必武法学文集》，法律出版社2001年版，第117页。
② 董必武：《给华东视察组王怀安同志的信》，载《董必武法学文集》，法律出版社2001年版，第135页。
③ 具体内容为"担任法官应具备以下条件：(1) 具有中华人民共和国国籍；(2) 年满23周岁；(3) 拥护中华人民共和国宪法；(4) 有良好的政治、业务素质和良好的品行；(5) 身体健康；(6) 高等院校法律专业本科毕业或高等院校非法律专业本科毕业具有法律专业知识，从事法律工作满2年……本法施行前的审判人员不具备前款第六项规定的条件的，应当接受培训……确有困难的地方经最高人民法院审核确定，在一定期限内，可以将担任担任法官的学历条件放宽为高等院校法律专业专科毕业。"
④ 《一五改革纲要》第32条规定："改革法官来源渠道。逐步建立上级人民法院的法官从下级人民法院的优秀法官中选任以及从律师和高层次的法律人才中选任法官的制度。"载《中华人民共和国最高人民法院公报》1999年第6期，第188页。《二五改革纲要》第34条规定："推进人民法院工作人员的分类管理，……加强法官队伍职业化建设和其他各类人员的专业化建设。"第37条规定："改革法官遴选程序，建立符合法官职业特点的选任机制。探索在一定地域范围内实行法官统一招录兵统一分配到基层人民法院任职的制度。逐步推行上级人民法院法官主要从下级人民法院优秀法官中选任以及从其他优秀法律人才中选任的制度。"载《中华人民共和国最高人民法院公报》2005年第12期，第11页。《四五改革纲要》的第六项改革目标就在于推进法院人员的正规化、专业化、职业化建设，"建立中国特设社会主义审判权力运行体系，必须坚持以审判为中心、以法官位重心，全面推进法院人员的正规化、专业化、职业化建设，努力提升职业素养和专业水平。"载《中华人民共和国最高人民法院公报》2014年第8期，第https://bjgy.chinacourt.gov.cn/article/detail/2018/04/id/3281188.shtml。

统一司法考试取得资格,并且具备法官条件的人员中择优提出人选"(第12条),2019年《法官法》第12条第7款更进一步要求"初任法官要应当通过国家统一法律资格考试取得法律职业资格。"但首先,之前已经累积的多达21万的、良莠不齐的法官队伍如何精英化和职业化?[1] 法院系统的内部晋升制度和人员分类改革制度能不能有效实施以便解决问题?其次,统一司法考试预期的提高法官职业门槛、遴选更多优秀人才进入法院的目标并没有实现。由于前提性的法官薪酬制度的制约(法官薪酬地方化),该制度不仅未能吸引更多更优秀的人才进入法院,相反使得法院,特别是中西部比较贫穷落后地方的法院,内部比较优秀的人才通过司法考试流向了预期收入比较高的外地法院和律师市场,导致了苏力总结的"法院内部人才的逆向流动"。[2]

再来看中国法官的培训发展制度。"一般而言,职业法律人才培养模式包括三个环节,即法律学科教育、法律职业教育以及法律继续教育。"[3]除了以系统传授法学知识为主的法律学科教育由法学院承担之外,传授基本法律职业技能的法律职业教育(一种"职前训练")和更新、补充法律知识和业务技能的法律继续教育都属于法官职业培训和发展的范畴,前者针对初任法官,后者针对在职法官。但在中国的法官培训实践中,一方面,由于长期以来对法官职业特点的忽视和轻视,我们缺乏在德国等大陆法传统国家或地区举足轻重的、只针对准初任法官且长达两年的"职前训练"制度[4];另一方面,之前过于粗疏的法官遴选标准导致大量素质低下的法官无法应对快速社会发展带来的巨大司法需求,我们不得不开始了对在职法官的职业培训和学历教育。但这样的职业培训呈现出两个极具中国特色的特征:其一是"运动化"的

---

[1] 王晨光认为,法官职业化意味着法官必须具有独特的职业知识、职业技能、工作方法、行为方式和思维模式,意味着法官的任职资格有严格的标准;法官精英化指法官不仅素质要高(必须是社会英才),数量还要精(办案质量和效率要高)。参见王晨光:《对法官职业化精英化的再思考》,载《法官职业化建设指导与研究》第1辑,人民法院出版社2003年版,第36页。

[2] 参见苏力:《法官遴选制度的考察》,载《道路通向城市——转型中国的法治》,法律出版社2004年版,特别是第251—258页。

[3] 吕忠梅:《职业化视野下的法官教育——法官职业化·法律思维·法官职业教育》,载《法官职业化建设指导与研究》2003年第1辑,人民法院出版社2003年版,第85页。

[4] 虽然最高法院在2006年3月30日修订并实施的《法官培训条例》中有了专门针对预备法官的培训规定,比如"预备法官培训应注意岗位规范、职业道德和审判实务的培训。培训时间不少于一年"(第14条第1款),《2007—2010年全国法院预备法官培训实施方案》中更详细规定了预备法官培训的对象(全国各级法院中已经通过国家统一司法考试、被法院录用并拟任法官的人员)、宗旨、目标、培训机构、培训期限和培训内容等具体内容,但与德国等大陆法传统国家不同,我们的预备法官培训并不针对通过了司法考试但不在法院系统内的、愿意担任法官的准初任法官,而是针对已在法院内部,说不定已经早就开始审判工作的"初任法官"。资料来源:《最高人民法院政治部、国家法官学院关于下发〈2007—2010年全国法院预备法官培训实施方案〉的通知》,法政(2007)29号 法学(2007)11号。

学历教育。20世纪80年代,在干部"革命化""知识化"和"年轻化"的号召之下,在法院领导将本院法官学历程度视为自身工作政绩的压力下,以1985年全国法院干部业余法律大学的成立为标志,普遍学历偏低的中国法官开始走上了学历提升之路。这一运动的效果是惊人的。以四川省为例,1983年,全省法院干部中政法院系的大专毕业生仅占4.6%,小学以下程度的居然占15%[①];但到了2004年,以我调查过的几个法院情况来看,法官至少都是大专以上学历程度了。[②] 到了2013年、2014年,在我调研过的法院中,样本法官基本上都是本科学历了。其二是培训机制的行政化以及培训内容与司法职业需要之间的分离化。中国法官的专门培训机构最早是1997年成立的国家法官学院,自2001年始,在最高法院的要求下逐步成立了以国家法官学院为龙头、以省级法官学院为核心、以市地级层次法官培训机构为重要补充的三级培训体系。但三级培训机构与各同级法院政治部之间在培训计划制定与执行之间的可能冲突、上下级培训机构之间的领导与被领导关系以及培训机构人事权归属于当地党政的现实都体现了中国法院培训制度的高度行政化。与此同时,培训师资的缺乏和培训内容的空洞与宽泛不仅使得在职培训的效果不佳,也无法吸引更多的法官参加培训。[③]

最后是法官绩效考评制度。同样和法官遴选制度相关,由于长期以来不注重审判工作的专业性和特殊性,中国法院系统招进了太多政治素质不错但文化水平不高的人员。在社会结构没有发生大的变动,社会对法院的需求还不大的时候,这样水平的法官基本上还是人们心目中合格的法官,因此对其审判结果进行绩效考评的动力不大。但现实的情况是,改革开放以来的中国社会发生了翻天覆地的变化,正是在此背景下,法官素质问题凸显出来了,司法腐败问题变得严重,针对法官工作的绩效考评制度也开始越来越重要了。如同苏力所指出的,"法官素质并不是一个天然的问题,它是整个社会变化的

---

① 数据来源,江华:《关于人民法院在人、财、物方面的严重困难情况的报告》,载《江华司法文集》,人民法院出版社1989年版,第307页。
② 具体数据参见艾佳慧:《中国法官最大化什么》,载苏力主编:《法律和社会科学》(第三卷),法律出版社2008年版。但大专或本科学历仍然不够,最高法院下发的《2006—2010年全国法院教育培训规划》中有这样的规划:"到2010年,法官中研究生层次人数要比2005年翻一番,力争达到20000人,其中,东部地区法院、中部地区法院、西部地区法院法官中研究生层次人数所占比例分别达到该地区法官总数的15%、9%和6%。"资料来源:最高法院《关于印发〈2006—2010年全国法院教育培训规划〉的通知》。
③ 对我国法官培训制度的更多分析,参见宋克宁:《论我国法官培训制度的缺陷与完善》,载《法官职业化建设指导与研究》2005年第2辑,人民法院出版社2005年版,特别是第104—106页。

凸显的一个结果"。① 法院绩效考评指标的出现和逐渐量化同样是中国社会发展和既往法官水平的一个集合函数。

在很大程度上，上述相互关联、相互影响的法官薪酬制度、遴选制度、培训制度和绩效考评制度构成了中国法院系统针对法官管理的一个整体性制度安排。但还不仅仅如此，除了这些体现在正式文件和来往信函中的正式制度，中国法院人事管理制度中隐而不显但却足以涵摄和影响前述制度效果的非正式制度是第二章重点讨论过的法院内部行政性调动制度。该制度以高度的灵活性和有效性服务于法院领导树个人威信，结归顺自己之小团体的需要和目的。在一个相对科学化的人力资源管理架构中，由于有了前置的工作分析和职位分类，随后的遴选、薪酬、培训和绩效考评都是在职位特点已经确定的前提下因职位而定的，因此不允许组织管理者在进人后对之随意调动，特别是那些专业性强、别人很难替代的职位。但在中国法院管理者的头脑中，由于缺乏基于专业分工的、法院内部的职位分类理念，他们根本不认为司法审判是一个很特别、需要特殊司法知识的岗位。因此长期担任行政管理和司法辅助工作的人员可以经过短期培训承担审判法官的工作，而原来长期在审判第一线工作的法官也可以被随意调至培训处、政治部和办公室等行政后勤部门，还美其名曰为"加强管理"和"培养法官的全面工作能力"。

综合中国法院系统法官管理的正式制度和非正式制度，虽然以法官职业化和专业化为目标、以统一司法考试和法院人员分类改革等制度为手段的司法改革运动已经展开了十数年，各地司法实践中也涌现过主审法官制②、合议制改革③、审判长选任制度④等具体的改革举措。但至少到目前为止，中国法院的管理制度架构呈现出与西方诸国（不管是英美还是德日，其法官管理架构基本上都是严格苛刻的法官遴选制度配以法官高薪、严格的法官培训以及相对宽松的法官管理）完全不同的特点，也即事前遴选大众化与事后管理高度行政化和数字化的共生并存。在某种程度上，是事前遴选的大众化直接导致和正当化了事后管理的行政化和考评的数字化。

具体而言，新中国成立初期政治斗争的需要加之对司法工作特性的陌生导致在现在看来错误的司法定位："我们政法机关是无产阶级专政的工具，是

---

① 苏力：《法官素质与法学教育》，载《道路通向城市——转型中国的法治》，法律出版社2004年版，第237页。
② 立里：《胆识之举——杨浦区法院主审法官责任制采访录》，载《人民司法》1994年第2期。
③ 任群先：《法官职业化在青岛法院的演进与思考——1999—2002年青岛法院法官合议制改革调研报告》，载《人民司法》2003年第10期。
④ 孟天：《关注与思考——审判长选任制研讨会的焦点话题》，载《人民司法》2000年第12期；徐正荣：《推行审判长选任制的基本做法》，载《人民司法》2000年第4期；孙山、刘茂顺：《审判长制度要义》，载《人民司法》2000年第6期。

向敌人斗争的武器"①,"政治是方向,业务是实现政治方向的手段或技术。政治统帅业务,业务从属于政治,服务于政治"②。法院作为无产阶级的专政机关当然无须资产阶级那套骗人的职业把戏,因此从失业工人和转业军人中"选择一批青壮年包括妇女愿意担任司法工作的人,加以训练,准备做司法干部,这是可能的"。③ 虽然20世纪90年代以后法官进入门槛略有提高,但能从1979年的5.8万暴涨到1995年的29万④,这一阶段相对严格科学的法官遴选看来必定是缺位的。这样大众化的遴选标准和范围不仅直接决定了新中国各级法官的"双低"(遴选标准低和薪酬水平低),更在很大程度上正当化了高度行政化的事后监督和管理,并在社会变迁的背景下对严苛复杂的绩效考评制度产生了急迫的现实需求。

我将这套迥异于域外的整体性制度架构定义为当代中国的法官管理模式。在1999年司法改革前,该模式的特点主要是"遴选大众化""薪酬地方化"和"管理行政化";1999年以后,伴随以法官职业化为目标的诸多改革,当代中国的法官管理出现了程度不一的制度变迁态势,比如初任法官的遴选标准随着市场经济的发展一路上升,再比如新增了事后的"考评数字化",等等。

三、百年司法变迁史上的司法改革

在对该模式进行深入分析之前,以一种黄仁宇提倡的"大历史"视野⑤,我将梳理百年来中国司法制度建设,特别是法院管理理念的几次反复,以便为接下来的谱系考察给出一个动态的历史布景。

自1907年清政府设立大理院以来,中国的司法制度建设在不经意间已然走过百年。在这暴风骤雨、观念伴随着枪杆子彼此争斗的百年历史中,中国司法至少经历了四次重大的、或成功或失败的制度改革。第一次是以清末新政为背景、以现代西方司法制度为模版、以司法独立和司法专业化为特点的司法改革。"作为晚清法律改革的一部分,所取得的主要成就就是按照大

---

① 《中央政法干部学校社会主义教育课程工作总结选辑(第二集)》,中央政法干部学校社会主义教育办公室编印,1958年,第26页。
② 《政治统帅业务:二论突出政治》,载《人民日报》1966年4月14日社论。
③ 董必武:《给华东视察组王怀安同志的信》,载《董必武法学文集》,法律出版社2001年版,第134页。
④ 数据来自贺卫方:《通过司法实现社会正义》,载《司法的理念与制度》,中国政法大学出版社1998年版,第13页。
⑤ 黄仁宇主张研究中国历史要"看远不看近",需以一种宏观的俯瞰视角来审视长时段内诸多事件的发生和变化。其以此种大历史观研究中国历史的著作,参看〔美〕黄仁宇:《中国大历史》,生活·读书·新知三联书店1997年版。

陆法系的法院体系设立了四级三审的新式司法审判机构(大理院和各级审判厅)"①,"希望通过严格设定的对抗性程序,通过司法从业人员严密的逻辑推理和专用技术,认定事实和适用法律,最终实现法律所追求的具有普适性的公平、正义等价值"②。由于传统全能型司法无法有效应对晚清以来中国社会自身发展所遇到的问题(如商业发展和人口膨胀)以及鸦片战争以来东西方法律制度和法律文化的冲突("领事裁判权"纠纷是突出的一例),此次"改天换地"的大变革其实是一种被迫的"西化"和现代化(李零说得很好,"中国的现代化,是揍出来的现代化,只有招架之功,没有还手之力"③),也是中国全面向西方学习的一个起点。而改革后独立审判机构和专业审判官的出现,则标志着传统上诸权合一的审判体制④向独立司法体制迈出了重要一步。就法院人事管理理念和制度而言,虽然后续的发展过程少不了波折和动荡,但此次改革确立的司法独立、法官精英化和法官高薪政策一直是往后北洋军阀政府、民国政府司法制度的基石。

第二次司法改革发生在中国共产党执掌政权的陕甘宁边区⑤。在司法制度方面,虽然共产党在第一次国内革命战争时期建立的革命政权都比较短暂,但苏区时期适应于农村地区和战争年代的、不太成型的司法制度和理念(比如法律为政治服务、程序简便以及方便群众)深深影响了陕甘宁边区的司法实践,并在很大程度上"构成了陕甘宁边区司法制度的制度渊源"。⑥ 这是一种具有强烈大众化倾向的司法理念。随着抗日统一战线的建立和进一步发展,随着延安成为"革命圣地",越来越多的知识分子来到了延安(据统计

---

① 李启成:《晚清地方司法改革之成果汇集——〈各省审判厅判牍〉导读》,载汪庆祺编、李启成点校:《各省审判厅判牍》,北京大学出版社2007年版,第2页。
② 侯欣一:《从司法为民到人民司法——陕甘宁边区大众化司法制度研究》,中国政法大学出版社2007年版,第3页。
③ 李零:《丧家狗——我读〈论语〉》,山西出版集团、山西人民出版社2005年版,第6页。
④ 瞿同祖指出,清代"州县官听理其辖区内所有案件,既有民事也有刑事。他不只是一个审判者。他不仅主持庭审和作出判决,还主持调查并询问和侦缉罪犯,用现代的眼光来看,他的职责包括法官、检察官、警长、验尸官的职责。这包括了最广义的与司法相关的一切事务,未能依法执行这些职务将引起(正如许多法律法规对规定的)惩戒与处罚",参见瞿同祖:《清代地方司法》,载《瞿同祖法学论著集》,中国政法大学出版社2004年版,第452页。
⑤ 陕甘宁边区,原为陕甘和陕北革命根据地,1935年粉碎了国民党军队的"围剿"以后,两个革命根据地连成一片;同年10月,中共中央和红一方面军到达陕北,使陕北成为中国革命的中心;1936年红军西征甘肃、宁夏,又扩大形成陕甘宁红色区域;1937年抗日民族统一战线建立以后,改名为陕甘宁边区,首府延安,共辖20余县,包括陕西、甘肃、宁夏相接的各一部分地区。
⑥ 参见侯欣一:《从司法为民到人民司法——陕甘宁边区大众化司法制度研究》,中国政法大学出版社2007年版,第79页。

1937年中共有党员5万人,到1940年达到了80万,而新党员中知识分子占90%①,其中也包括李木庵②、张曙时③、鲁佛民④等曾系统受过现代西方法学教育,并长期从事司法实务工作的法律界人士。关于司法的观念之争开始如"箭在弦上",一触即发。"1942年前后,在陕甘宁边区围绕着司法问题展开了一场激烈的争论,并最终引发了一场以强调司法审判的规范化和人员的专业化为主要内容的司法改革。"⑤以1942年4月李木庵被任命为陕甘宁边区高等法院代理院长为起点,此次强调审判独立、司法人员专门化以及完善诉讼审判程序的司法改革运动历时一年有半,但由于种种原因,此次改革最后以失败而告终。⑥

1937—1949年间的陕甘宁边区是中国共产党建立全国统一政权之前独立执政最长久也最稳固的地区,其执政经验和司法理念直接构成了新中国国家建设方略的基础。由于1949年新中国成立后对原有的旧司法人员采取了

---

① 中共中央文献研究室:《日本学者视野中的毛泽东思想》,中央文献出版社1991年版,第42页。转引自侯欣一:《从司法为民到人民司法——陕甘宁边区大众化司法制度研究》,中国政法大学出版社2007年版,第124页。

② 李木庵(1884—1959),湖南桂阳人,清朝秀才。1905年毕业于京师法政专门学堂,系中国较早接受过正规现代法学教育的人士之一,毕业后留校任讲习,立志匡世救国。1912年任广州地方检察厅检察长。1915年离职,在京津一带任律师,筹建两地律师公会。不久到福建任闽侯地方检察厅检察长。1925年加入中国共产党。第一次国内革命战争时期,任国民革命军第十七军政治部主任。大革命失败后,转入地下革命工作。1932年后,到南京任律师。1935年,到西安参与创设西北各界救国联合会,开展抗日民族统一战线的活动,参与推动张学良、杨虎城发动西安事变。1940年11月到延安,任边区政府法制委员,陕甘宁边区高等法院检察长,是此次司法改革的主要领导者。参见徐友春主编:《民国人物大辞典》,河北人民出版社1991年版。

③ 张曙时(1884—1971),江苏睢宁人。早年求学于两江法政学堂,攻读法律。1909年加入同盟会。1912年任南京临时政府司法筹建处秘书,后改任江苏邳县推事。1921年任南京建业大学校长。1927年任国民党中央政治委员会上海分会委员,江苏省政务委员会委员。1932年加入中国共产党。1935年赴四川,从事中共地下组织工作。1940年6月到延安,任陕甘宁边区政府法制室主任。参见徐友春主编:《民国人物大辞典》,河北人民出版社1991年版。

④ 鲁佛民(1881—1944),山东济南人。出身贫寒,早年靠自学成才,21岁起以当塾师为生。辛亥革命后,考取山东省法政专门学校,开始接受系统的法学教育。毕业后,长期从事律师及报业工作,并积极参与了各种社会进步活动。1926年参加中国共产党后,长期从事地下工作。"七七事变"后到延安。1938年调陕甘宁边区政府秘书处任秘书,分管对外文件和法院工作。1943年出任边区政府法制委员会委员兼边区银行法律顾问。见《中共党史人物传》第13卷,陕西人民出版社1984年版。以上三人的生平材料均转引自侯欣一:《从司法为民到人民司法——陕甘宁边区大众化司法制度研究》,中国政法大学出版社2007年版,第125—126页。

⑤ 侯欣一:《从司法为民到人民司法——陕甘宁边区大众化司法制度研究》,中国政法大学出版社2007年版,第125页。

⑥ 关于这次司法改革的前因后果及改革内容,详见侯欣一:《有关大众化司法制度的争论》,载《从司法为民到人民司法——陕甘宁边区大众化司法制度研究》,中国政法大学出版社2007年版,第124—180页。

"包下来"的政策①,旧法人员中注重程序、审判独立和司法专门化的司法理念与共产党司法为政治服务、司法大众化的司法理念完全背道而驰,严重干扰和影响了党的方针政策的贯彻和落实。因此,自1952年6月始,在"三反""五反"运动胜利的基础上,中国共产党及其政府"采取了思想改造与组织整顿相结合、群众揭发与司法机关内部检查相结合的政策方针"②,开始了一场批判旧法观点、旧司法作风以及改革司法机关的司法改革运动。"其目的是划清新旧法律的界限,并从政治上、组织上、思想作风上整顿各级司法机关,在全国范围内系统地、逐步建立和健全人民的司法制度,肃清旧法观点在法律教育中的影响,改革大学的法学课程,使之能适应培养新中国政法干部的迫切需要。"③由于在意识形态和理论高度上与中共中央保持了高度的一致性,此次历时九个月、几乎将旧司法人员全部清除出了司法队伍的司法改革"不仅仅是一种法律的改革,它实际上就是一场政治改革,是将全新的政治意识形态灌输到司法实践中的政治改革"。④

百年司法变迁史上的最后一次司法改革发生在世纪之交的转型中国。自改革开放,特别是20世纪90年代以来,社会主义市场经济的逐步建立、社会关系的急剧变化和利益格局的重大调整导致社会矛盾和纠纷层出不穷,这"使人民法院审判工作面临前所未有的复杂局面,人民法院的管理体制和审判工作机制受到了严峻的挑战"。就法院的法官管理制度而言,"现行的法官管理体制导致法官整体素质难以适应审判工作专业化要求,难以抵制拜金主义、享乐主义、特权观念等腐朽思想的侵蚀,人民群众对少数司法人员腐败现象和裁判不公反映强烈,直接损害了党和国家的威信"。⑤法院的改革因此势在必行。不同于1952年追求司法工具化、大众化和政党化的司法改革,此次司法改革的总体目标是"健全人民法院的组织体系;进一步完善独立、公正、公开、高效、廉洁、运行良好的审判工作机制;在科学的法官管理制度下,造就一支高素质的法官队伍"。⑥与彻底砸烂旧法、旧司法制度的1952年改革相比,先不论实际效果如何,至少在理念层面,此次司法改革的参照系和理

---

① 因此,"在司法改革之前,许多人民法院特别是大中城市和省级以上的人民法院,审判人员中的旧司法人员还占很大的比重。例如上海市人民法院,旧司法人员即占审判人员总数的百分之八十;其他如天津、沈阳等市人民法院,以及湖北、江西等省人民法院,一般也都占百分之六十左右。"参见陶希晋:《论司法改革》,载《人民司法》1957年第11期,第8页。
② 陶希晋:《论司法改革》,载《人民司法》1957年第11期,第9页。
③ 蔡定剑:《历史与变革——新中国法制建设的历程》,中国政法大学出版社1999年版,第31页。
④ 强世功:《法制与治理——国家转型中的法律》,中国政法大学出版社2003年版,第147页。
⑤ 《人民法院五年改革纲要》,载《中华人民共和国最高人民法院公报》1999年第6期,第185页。
⑥ 同上注,第186页。

想范本是以司法独立、司法专业化和程序正义为特征的域外司法制度。

翻检百年中国司法史上的四次司法改革,我们发现两个有意思的现象。第一个现象非常吊诡,那就是物换星移、兜兜转转了百年,1999年司法改革的理想参照系和目标居然和1907年的相差无几,仿佛"终点又回到了起点,到现在才发觉"。谱系学要求我们,"必须对事件的反复出现保持敏感,但不是为了跟踪实践演进的渐进曲线,而是要将事件在其中扮演不同角色的场景隔离开来"。① 因此,需要考察两次司法改革背后迥异的政治背景、社会背景和时代背景以及其面临的不同制度约束和现实困境。1907年改革在很大程度上是"一张白纸好画图",只不过以回应工商社会需要为目标的现代司法体制却无法有效动员和组织中国最广大的农民;1999年以来的改革则试图在已经相当牢固的观念结构和制度框架内重塑一套向域外法治诸国学习的司法制度,其改革助力点在于中国市场经济的迅猛发展亟须一套独立高效的司法体制,但根深蒂固的人民司法理念和盘根错节的行政化管理制度却使得这一改革蓝图的落实有不小的困难。

第二个现象更具根本性,那就是百年来两种司法话语(以独立、专业、程序正义为关键词的专业化司法话语与以治理工具、大众化和实体正义为关键词的大众化司法话语)的竞相争斗,两条司法路线(以司法职业化、精英化为特点的专家司法路线和以群众路线、实事求是为核心的人民司法路线)的暗中较量。除了1907年的那次司法改革,后三次发生在我党治理史上的司法改革均非常突出地呈现了这一特点。司法改革的艰难在于,改革成败并不仅仅取决于正式制度层面上的变革,决定了改革正当性的话语系统和观念形态能否变革其实更重要。

正是在中国百年司法变迁史的这张宏大画卷上,我们考察中国法院大众化、地方化、行政化之法官管理模式(或者一个可能不太恰当的扩展,大众化、地方化、行政化的中国司法观)的初次"出现"和变迁才会有所附着。

四、谱系学的考察

如果我们同意改革前中国法院的法官管理模式具备大众化、地方化和行政化的特点,接下来的问题就是,这一极具中国特色的整体性制度安排来自何处,又有没有随着中国社会的变化而变化?

为了考察制度的"出身"和初次"出现",我们需要装备能够洞察古今的历

---

① 〔法〕米歇尔·福柯:《尼采·谱系学·历史学》,苏力译,李猛校,载《社会理论论坛》1998年5月总第4期,第2页。

史"长焦"镜头,不仅要对制度产生的具体场景进行"显微镜"般的考察和描述,也要对制度发生发展的时代背景进行"望远镜"般的俯瞰和纵览。这种历史研究方法就是尼采和福柯主张并全力实践的谱系学。

对于一个已然出现的事件(或制度),谱系学要求耐心和了解细节,"必须在不考虑任何单调的终极目的的情况下,记录事件的独特性;它必须从最没有指望的地方,在我们通常倾向于认为没有历史的地方——在情感、爱、良心、本能中——寻求这些事件"①,不仅要求研究者具有渊博学识,更"拒斥对各种理念的意谓过程和不确定的目的论作元历史的调度。它反对自己去寻求'各种起源'"②。因为历史的开端往往相当平凡,谱系学家的任务就是努力去研究导致事件发生的无数细微且不起眼的起端,追寻这一事件或制度复杂的产生进程,并细致地寻找和描绘有可能导致该事件发生的诸多力量以及它们之间的激烈争斗。因此尼采把谱系学理解为效果史或历史感,认为由大量纠缠不清的事件构成的世界实际上是通过"一大堆错误和幻觉"开始并继续其秘密存在的。谱系学反对那种传统的历史研究方法,这种历史学强调对起源的追求,不仅试图捕获事物的精确本质、事物最纯粹的可能性以及事物被精心保护的同一性,而且坚信事物在其诞生之际是最为珍贵和最为本质的,把起源当作真理所在的地方。这是一种本质主义的历史观,福柯指出,虽然其妄称判断的标准是一种启示性的客观性,但由于这种历史只有在它确信永恒真理、灵魂不死以及意识的性质一贯与其自身同一时方才可能,因此只能是一种自我麻痹和欺骗。

这是两种完全不同的历史研究方法,一种是整体的、单线进化的、本质主义的历史观,完全抹杀和遮蔽了人性、多样性和偶然性,将某种制度或某段历史的开端神圣化和单一化;而"一种研究价值、道德、禁欲以及知识的谱系学将永远不会将自身混同于对它们之起源的追寻,将永远不会因为无法接近起源而忽视历史的兴衰,相反,它力求关注那伴随着每个开端的诸多细节和偶然事件"③。对这两种方法,你当然可以有自己的偏好和选择,但如果功能主义和实用主义地看,传统历史学的方法除了可以增强人们虚弱的自信心外(以为可以把握历史和预测未来),几乎无法为我们提供真实的因果关系,并进而无法有助于我们了解世界和改善现状;而细致的谱系学分析不考虑目的,也不考虑起源,不作任何"文过饰非"的事后建构,虽然对研究者要求较高

---

① 〔法〕米歇尔·福柯:《尼采·谱系学·历史学》,苏力译,李猛校,载《社会理论论坛》1998年5月总第4期,第2页。
② 同上注。
③ 同上注,第4页。

(需要无情的渊博学识),但它没有对必然性的追求,没有对起源的神圣崇拜。通过对某一制度(或事件)之所以出现的诸多不起眼甚至上不了台面的原因的展示和描述,可以帮助人们了解制度在特定时空环境下是如何形成的,事件或某段历史是如何发生并发展的,从而有助于真实因果关系的展示并帮助人们认识到某个理想制度和当前制度之间的差距,以及如何才能实现对制度的改善。对于想要理解和解释真实世界的研究者而言,谱系学的方法较之传统历史学的方法显然更有效和有用。

拒绝那种线性进化的本质主义历史观,本节就是一个研究中国法院法官管理模式之"前世今生"的谱系学尝试。

由于一套自成体系的司法理念和制度建设仰赖于一个相对稳定长久的政权,虽然第一次国内革命时期中国共产党曾建立过一些短期的革命政权,也积累了一些适应于战争环境的纠纷解决方式和司法观念,但作为一个制度化的司法实践,我将中国法院大众化、地方化、行政化的法官管理制度初次"萌芽"和"出现"的场域确定为成立于1937年的陕甘宁边区。

福柯指出,"出现总是通过一个由诸多力量构成的特殊舞台产生的。对出现的分析必须描述这一相互作用,描述这些力量相互发动的斗争或针对不利环境而发动的斗争,描绘那些企图通过分化这些力量,使之互相争斗而避免退化并重新获得力量的努力。"①如果我们将陕甘宁边区视为大众化、地方化、行政化法官管理模式得以发生的舞台,接下来的任务就是描述和展示促使这一制度安排(以及其背后的司法理念)出现、引起争论以至最终固化的各种力量和背景。

"陕甘宁边区位于陕西的北部、甘肃的陇东和宁夏的东南部。其管辖范围最多时为26个县,总人口200万,到边区政府成立时传统农业几近破产,而工业,特别是现代工业又几乎为零,是近代中国经济和文化最为落后的地区之一。"②埃德加·斯诺在《西行漫记》中有过这样的描述:"陕北是我在中国见到的最贫穷的地区之一……陕西的农田可以说是倾斜的,有许多地方可以说是滑溜溜的,因为经常发生山崩,农田大部分是地缝和小溪之间的条状小块。在许多地方,土地看来是足够肥沃的,但是所种作物受到很陡的斜坡的严格限制,无论从数和质上来说都是这样。几乎没有名副其实的大山,只有无穷无尽的断山孤丘,连绵不断,好像詹姆斯·乔伊斯的长句,甚

---

① 〔法〕米歇尔·福柯:《尼采·谱系学·历史学》,苏力译,李猛校,载《社会理论论坛》1998年5月总第4期,第6页。
② 侯欣一:《从司法为民到人民司法——陕甘宁边区大众化司法制度研究》,中国政法大学出版社2007年版,第12—13页。

至更加乏味。"①要在这样一个贫穷落后、当地民众几乎全是文盲的地区建立政权并赢得老百姓的支持和拥戴,中国共产党不可能采纳那种回应工商社会需要的、以司法独立、司法专业化和烦琐程序为特点的西式司法制度和纠纷解决方式。这是陕甘宁边区政府之所以敢于突破既有的专业化司法道路,转向努力实现实体公正和大众化司法方向的社会背景和地理制约。

1935年10月,爬雪山过草地、九死一生后的中央红军和中国共产党进驻陕北;1936年12月12日的"西安事变"以及国共两党随后建立的抗日民族统一战线表明国民党政府开始承认共产党在陕北的政权;1937年秋,陕甘宁边区政府作为南京政府的一个特别行政区正式成立。虽然抓住机会赢得了合法性和各界民众的支持,但元气大伤的中国共产党急需扩大队伍、统一意识形态以及强化党对各项事务的领导。第一项任务很快就完成了,短短三年时间,共产党员就由1937年的5万扩展到了1940年的80万;但扩容太快的后果就是意识形态不纯和思想不统一,对此毛泽东开展了著名的"整风运动"。1942年10月10日—1943年1月14日在延安召开的高干会议体现了党、政、军最高层的整风过程,因此值得在此一提。此次会议不仅统一了认识,强化了毛泽东在党内的领导地位,更确定了"从群众中来,到群众中去"的群众路线。② 加强党的领导则集中体现在精兵简政过程中双重领导体制的建立。由于原有的纵向领导体制导致各部门各自为政,党和政府很难统一管理和领导。为削弱政府各部门的独立性,陕甘宁边区用以同级党委和政府为核心的双重领导体制代替了原来的纵向领导体制。③ "从1942年起,在双重领导的制度安排中,政府各部门的领导人不再仅仅是对上级对口部门负责,这种责任甚至被降到了次要位置。他必须定期向县、区长及同级的委员会汇报并接受指导。"④这是一种反对行政精英垄断权力、反对狭隘专业化的运动型政治,适应于需要在政治和军事上快速动员民众的战争环境。

作为中国共产党领导下的一个机构,1937年7月12日成立的陕甘宁高等法院及其下辖各级司法机关同样受制于这一双重领导体制。1943年起草

---

① 〔美〕埃德加·斯诺(Edgar Snow):《西行漫记》(Red Star Over China),第63—64页,纽约,1961。转引自〔美〕马克·赛尔登:《革命中的中国:延安道路》,魏晓明、冯崇义译,社会科学文献出版社2002年版,第11页。
② 〔美〕马克·赛尔登:《革命中的中国:延安道路》,魏晓明、冯崇义译,社会科学文献出版社2002年版,第194页。
③ 毛泽东对双重领导体制有这样的赞扬,这是一种"分工又统一的一元化的方法,使一件工作经过总负责人推动很多干部、有时甚至是全体人员去做,可以克服各单个部门干部不足的缺点,而使许多人都变为积极参加该项工作的干部。这也是领导和群众相结合的一种形式"。参见《毛泽东选集》第3卷,人民出版社1991年版,第901页。
④ 〔美〕马克·赛尔登:《革命中的中国:延安道路》,魏晓明、冯崇义译,社会科学文献出版社2002年版,第211页。

的《陕甘宁边区政纪总则草案》明确指出"司法机关为政权工作的一部分,应受政府的统一领导,边区审判委员会及高等法院受边区政府的领导,各下级司法机关应受各该级政府的领导"。① 在这种体制下,司法机关只是各级政府的一个职能部门,其人、财、物的管理,甚至部分审判事务,通通归属于同级政府。用1941年发表在《解放日报》上的一篇文章的话来说,我们的司法体制"剥除司法表面上超乎政治,实际上则受政治决定的伪装,而清楚地规定法律是服务于政治的,法庭要受各该同级政府领导,直接对人民对政府委员会负责"。② 对大众化、地方化、行政化法院管理模式的出现而言,这是一个相当重要的政治力量和政治背景。

主要领导人的司法观是影响陕甘宁边区司法制度建设的第三种力量。"司法是镇压一切敌对分子反抗的有力手段"在陕甘宁边区早期一直很有市场,毛泽东就说过,"我们的法院它不管别的,专门管对付汉奸、对付破坏法律的人,以国法制裁破坏团结、破坏抗战的分子"。③ 徐显明的研究表明,法律为政治服务的思想在青年毛泽东的头脑中就已确立。此后他所领导制定的所有法律,都围绕着一定时期的政治中心,法律的改与废,也因政治的需要而变化。不迷信法律,把法律作为政治工具使用,在毛泽东的法律思想中表现得一直较为突出。④ 不只是毛泽东,曾先后担任过边区高等法院院长、新中国法制和司法制度主要奠基者之一的董必武和谢觉哉对司法也持有和毛泽东相似的看法。董必武认为司法工作是人民民主专政最锐利的武器,"社会一经脱离了战争的影响,那么,司法工作和公安工作,就成为人民国家手中对付反革命,维持社会秩序最重要的工具"。⑤ 谢觉哉认为,"我们已经把旧统治者的最复杂的精巧的作为镇压人民的工具——法庭,变为以社会主义为基础的镇压反动阶级和教育人民的工具。……我们的法律是服从于政治的,没有离开政治而独立的法律"。⑥

虽然不重要但也现实存在的另外一种制约力量是陕甘宁边区初建时法

---

① 参见侯欣一:《从司法为民到人民司法——陕甘宁边区大众化司法制度研究》,中国政法大学出版社2007年版,第82页。
② 《边区的司法》,载《解放日报》1941年10月13日。
③ 雷经天:《在陕甘宁边区政府学习研究会上的报告大纲》1940年9月,陕西省档案馆档案,全宗号15。转引自侯欣一:《从司法为民到人民司法——陕甘宁边区大众化司法制度研究》,中国政法大学出版社2007年版,第95页。
④ 徐显明:《人民立宪思想探源》,山东大学出版社1999年版。转引自侯欣一:《从司法为民到人民司法——陕甘宁边区大众化司法制度研究》,中国政法大学出版社2007年版,第95页。
⑤ 董必武:《要重视司法工作》,载《董必武法学文集》,法律出版社2001年版,第38页。
⑥ 谢觉哉:《谢觉哉同志在司法训练班的讲话(摘要)》(1949年1月),载《人民司法》1978年第3期。

律专门人才的匮乏。作为一个以贫苦农民为主体的政党和政府,其组成成员大多是大字不识一箩筐的文盲半文盲,再加上又刚经历人员伤亡惨重的二万五千里长征,即使当时的领导人有一种司法专业化的意识和思想,他也无法寻找到合适的法官人选,更不用说组建专业化的法院系统了。而且,在视政党生存发展为头等大事的战争年代里,根本没有对专业化司法和规则之治的需求,司法只能也必须"异化"为共产党动员民众和社会治理的政治工具。因此,对司法人员的要求必然是政治素质至上,也因此,我们才好理解陕甘宁边区司法人员大多是工农干部的现象,才好理解 1937 年 11 月边区《新中华》报上某会议通知规定的、参加高等法院司法培训的干部条件:共产党员;政治上坚定;能看文件和报告;过去做过保卫局或裁判部工作的更好。① 在原高等法院院长雷经天等看来,司法人员最主要的是"必须忠实于革命事业,能够奉公守法,刻苦负责,并了解新民主主义的法律精神,现在我们所有的司法干部,法律知识虽较为缺乏,但他们都经过长期革命斗争的锻炼,而得到人民的信任"。②

正是以陕甘宁边区和动荡的战争环境为舞台,在上述背景和各种力量的共同推动下,中国法院大众化、地方化、行政化管理模式的雏形开始初步呈现,政法一体化的管理思路也慢慢崭露头角。具体而言,在法官遴选方面,以是否忠诚于党和革命事业为首要标准,而不论其文化水平高低(别说专业司法知识和能力)。1941 年 5 月 10 日《陕甘宁边区高等法院对各县司法工作的指示》规定,司法干部应具备的条件包括以下几方面:(1) 要能够忠于革命事业;(2) 要能够奉公守法;(3) 要能够分析问题,辨别是非;(4) 要能够吃苦耐劳,积极负责;(5) 要能够看懂条文和工作报告。在法官培训方面,由于司法是一种专门工作,对从业人员的要求毕竟不同于其他普通职位,因此接下来的培训和轮训就必不可少③,只不过限于学员水平和师资,培训内容只能是一些简单的司法知识和文化训练。在法官薪酬方面,由于陕甘宁边区经济十分落后,财政收入十分有限的边区政府对工作人员只能实行供给制,供给仅包括微薄的津贴、简单的伙食以及必要的被服。司法人员当然也不例外。

---

① 载《新中华》1937 年 11 月 4 日。转引自侯欣一:《从司法为民到人民司法——陕甘宁边区大众化司法制度研究》,中国政法大学出版社 2007 年版,第 107 页。
② 雷经天:《关于改造司法工作的意见》1943 年 12 月 18 日,陕西省档案馆档案,全宗号 15。转引自侯欣一:《从司法为民到人民司法——陕甘宁边区大众化司法制度研究》,中国政法大学出版社 2007 年版,第 109 页。
③ 据统计到 1941 年边区高等法院曾开办了三个训练班,第一期的人数是 26 名,系各县裁判员;第二期是 13 名,系各县书记员等;第三期是 22 名,用雷经天的话说"这个训练班就是我们司法干部的来源"。参见侯欣一:《从司法为民到人民司法——陕甘宁边区大众化司法制度研究》,中国政法大学出版社 2007 年版,第 110 页。

在法官考评方面,"考绩内容主要包括:政治坚定性和进取精神;执行政策法令的情况;工作责任心、积极性与纪律性;工作能力和工作成绩、业务熟练程度与精通程度;学习勤惰、民主作风、个人品德之优劣等"。也规定了法官奖惩条件,但重心在于强化行政权力,因而带有极浓厚的行政色彩。① 不仅如此,双重领导体制的建立使得法院直接受制于同级党委和政府,而院长负责制的确立又使得法院内部的行政化成为可能。

负责任地说,中国共产党的这一司法管理模式并不是精心设计出来的,它只是当时战争环境、社会背景等诸多制约条件下的一个合理有效的应对。用哈耶克的话来说,这一套涉及法院人事管理的整体性制度安排在很大程度上类似于一种"自生自发"秩序,不存在一个基于完全理性的事前设计。但陕甘宁边区早期形成的这套法官管理模式还并不稳固,它还要经历被质疑甚至被暂时替代的命运。因为"制度形成的逻辑……更多是历时性的。制度的发生、形成和确立都是在时间的流逝中完成的,是在无数人的历史活动中形成的"。② 这一套大众化、地方化、行政化的司法模式还要在历史中被反复质问和检验,才能最终形成和确立。

福柯指出,"出现是诸多力量的入口;出现就是这些力量的爆发,从两侧跃入中心舞台,各自带着其年轻的活力"。③ 以一种动态的眼光来看,当产生某事件(或制度)的各种力量在发展过程中发生偏移和变化时,带着年轻活力的诸多新力量的加入必然会或多或少地改变该事件(或制度)的走向和内容。就陕甘宁边区的法官管理模式而言,李木庵等专业司法人员的到来和谢觉哉对边区司法工作的不满是两个重要的新力量,两者的结合足以改变,至少是暂时改变原有的司法模式。"陕甘宁边区早期的司法工作的领导权,主要掌握在一些职业革命家手里,但1940年前后,这种情况发生了明显的变化。李木庵、张曙时、鲁佛民、朱婴、何思敬、陈谨昆等一批曾系统接收过现代西方法学教育,并长期从事过司法事务的人相继从各地来到延安,从而使边区司法队伍的人员构成发生了显著的变化。"④人员构成的变化必然带来司法观念的冲突和争斗。由于不认同边区独特的、以大众化和行政化为特点的司法理

---

① 详细的法官考绩和奖惩条件,参见侯欣一:《从司法为民到人民司法——陕甘宁边区大众化司法制度研究》,中国政法大学出版社2007年版,第239—240页。
② 苏力:《制度是如何形成的——关于马伯里诉麦迪逊案的故事》,载《制度是如何形成的》,中山大学出版社1999年版,第92页。
③ 〔法〕米歇尔·福柯:《尼采·谱系学·历史学》,苏力译,李猛校,载《社会理论论坛》1998年5月总第4期,第6页。
④ 侯欣一:《从司法为民到人民司法——陕甘宁边区大众化司法制度研究》,中国政法大学出版社2007年版,第125页。

念,在获得了谢觉哉的支持后,以新法学会成员①为主要力量,边区开始了一场长达一年半、以审判规范化和人员专业化为内容的司法改革。

就法院管理而言,这次改革很大程度上是对之前法官管理模式的挑战和变革。据侯欣一的研究,改革内容包括淡化法院的行政化色彩、不得随意借调审判人员从事其他工作、强调司法人员专业化(对现有人员进行培训、尽可能网罗边区有法律知识的人才参加司法工作和将某些不称职的工农干部调换出法院系统等)。② 可以发现,这些改革措施和先前的做法完全针锋相对,背后其实隐含着两种不同的司法理念和司法观。

虽然来势很猛,改革之初又有领导人的支持,但这一强调专业化、程序化的改革既不能适应贫穷落后、文盲半文盲占多数的边区,也不能适应希望强化党的领导以夺取政权的中国共产党对司法的要求。因此,一方面,老百姓抱怨法官偏向富农以及程序太烦琐,妨碍生产;另一方面,执政党不可能容许其管理下的司法闹独立。早先支持改革的谢老后来这样说道,"司法独立在旧社会有好处,在新社会政权下独立的好处已渐失去而成了害。现在闹独立表现在:(1)和行政不协调;(2)和人民脱节;(3)执行政策不够。不够尊重区乡政府及其他党政负责人的意见"。③ 不适应边区人民和执政党的需要,改革后期又失去了领导人的支持,这样的改革最终只能以失败告终。④

这是两种司法话语、两条司法路线在中国近当代史上的第一次交锋,专业化司法话语和专家司法路线(虽然只是一种程度很轻的专业化)因不合时宜而在这次交锋中落败。失败的司法改革又反过来强化和进一步正当化了之前的法官管理模式和司法观。"李木庵改革失败后,司法制度的规范化建设和程序意识受到严重打击,以致于此后相当长的一段时间里,人们对此心存疑虑,不再敢涉及。"⑤就法官管理方面,司法人员的大众化基本成了定论,"新的工作需要新的人才,首先是从人民事业中——生产和抗战中,产生人民

---

① 新法学会1941年6月8日成立于延安,主要成员为李木庵、张曙时、鲁佛民、朱婴等来自国统区、又受过系统现代法学教育的专业司法人员。
② 侯欣一:《从司法为民到人民司法——陕甘宁边区大众化司法制度研究》,中国政法大学出版社2007年版,第146—151页。
③ 《谢觉哉日记》(上)1943年1月4日,人民出版社1984年版,第557页。
④ 1944年1月,陕甘宁边区政府委员会第四次会议上,以政府工作总结的方式正式对这次改革从政治上作了定性:这次司法改革是一些旧的法律工作者,"脱离边区实际和边区人民的需要","照搬旧型司法制度和旧型法律"的结果,核心是要司法独立,改革导致"人民的正当权益或有遭到损害,而破坏分子的不法行为或且反获宽容",并给边区司法工作带来了坏作风。参见陕西省档案馆、陕西省社会科学院合编:《陕甘宁边区政府文件选编》第8辑,档案出版社1988年版。转引自侯欣一:《从司法为民到人民司法——陕甘宁边区大众化司法制度研究》,中国政法大学出版社2007年版,第171页。
⑤ 侯欣一:《从司法为民到人民司法——陕甘宁边区大众化司法制度研究》,中国政法大学出版社2007年版,第173页。

自己的干部"。① 因此,工农干部重新成了司法人员的主流;行政领导司法的体制进一步强化,由早期的裁判委员会制②转向政府主管司法,开始实行县长兼任司法处长,专员兼任分庭庭长的制度,甚至在一些人手较少的地方干脆由县长兼审判员。③ 至此,中国法院大众化、地方化、行政化的法官管理模式初步形成。

"群众路线"的提出和"马锡五审判方式"的出现更进一步在理论和实践上强调和证实了法官大众化的必要性和可能性。1943年6月1日,中共中央政治局通过了由毛泽东起草的《关于领导方法的若干问题》决议,确定了群众路线的基本方针,即"在我党的一切实际工作中,凡属正确的领导,必须是从群众中来,到群众中去。……从群众中集中起来又到群众中坚持下去,以形成正确的领导意见,这是基本的领导方法"。④ 既然一切都需要从群众中来,从群众和普通老百姓当中产生法官当然不仅合情合理也合乎群众路线要求,法官大众化因此有了坚实的理论基础和合法性资源。但来自普通民众的法官能不能有效应对边区人民的需要并满足中国共产党组织民众、动员民众的政治要求呢?出身本地贫寒家庭的陇东专区专员兼陇东分庭庭长马锡五⑤,以其平易近人、鼓励民众参与的司法审判实践出色地完成了这一双重任务。这一将群众意见、党的政策和边区法律巧妙地结合起来并能发动人民群众、引导他们进入司法舞台的新型审判模式被称为"马锡五审判方式",受到了边区政府的高度肯定。

正如侯欣一所言,"在一个本身就没有多少成文法可以依据,在一个整个社会法律意识普遍较差的社会里,在一个人民更多地把法律当作政治斗争工具的年代里,在一个主要是以民众满意与否来评价审判结果的环境下,马锡

---

① 谢觉哉:《在陕甘宁边区第三届参议会上的讲话》,载王定国等编:《谢觉哉论民主与法制》,法律出版社1996年版,第149页。
② 陕甘宁边区早期实行的一种行政参与司法的制度,裁判委员会由裁判员、县长、县委书记、保安科长、保安大队长组成,讨论和决定一切重大的民刑事案件。
③ 具体内容和分析,详见侯欣一:《从司法为民到人民司法——陕甘宁边区大众化司法制度研究》,中国政法大学出版社2007年版,第174—177页。
④ 毛泽东:《关于领导方法的若干问题》,载《毛泽东选集》第3卷,人民出版社1991年版,第852—855页。
⑤ 马锡五(1899—1962),又名马文章,祖籍陕西延川,出身贫苦农民家庭,随父逃荒落户至保安。1934年春,参加刘志丹的革命队伍,参加了创建陕甘宁苏区的斗争。1935年加入中国共产党,次年5月任陕甘省苏维埃主席,抗战爆发后,先后担任陕甘宁边区庆环专区、陇东专区副专员、专员。1943年3月兼任陕甘宁边区高等法院陇东分庭庭长。在陕甘宁边区从事司法工作期间,把群众路线的工作方法运用到司法工作中,解决了一些缠讼经年的疑难案件,纠正了一些错案,减轻了人民讼累,被边区人民称为"马青天"。转引自侯欣一:《从司法为民到人民司法——陕甘宁边区大众化司法制度研究》,中国政法大学出版社2007年版,第213—214页。

五的成功是必然的"。① 以大力推广"马锡五审判方式"为标志,陕甘宁边区的司法制度开始有了自己真正的特色,那就是来自群众、服务于群众又受群众检验、追求实质公正的人民司法或者侯欣一所称的"大众化司法"。在这种司法观下,"法律和道德、政策和习惯之间并没有泾渭分明的分界线。与此同时,法官与干部、村长、村中有威信的人也没有根本上的不同,大家都是共产主义事业的'螺丝钉'。司法人员的职业特征并不是对法律知识的掌握和法律思维的认同"②,而是"懂政治,不懂得政治决不会懂得法律"③。

至此,中国共产党终于找寻到了一种既能灌输和渗透自己意志又能有效动员和组织民众的司法模式,这种新型的司法模式不仅延续和强化了陕甘宁边区早期司法大众化、地方化、行政化的特点,更创造性地将民众从司法服务的客体转化成了司法工作的主体。司法真正成为"人民"的司法。

五、语境论的审视

至新中国成立前夕,创建于陕甘宁边区的、以党的领导和群众路线为核心的人民司法制度已趋完善,并即将构成新中国司法制度的基本框架。④ 这是有别于古今中外一切司法制度,特别是以司法独立、程序正义为特点的域外司法制度的新型司法制度,是毛泽东倡导的"中国问题特殊化""马克思主义中国化"的产物。⑤ 虽然谢觉哉等新中国的领导人认识到了陕甘宁边区的

---

① 侯欣一:《从司法为民到人民司法——陕甘宁边区大众化司法制度研究》,中国政法大学出版社 2007 年版,第 215—216 页。
② 强世功:《权力的组织网络与法律的治理化》,载《法制与治理——国家转型中的法律》,中国政法大学出版社 2003 年版,第 133 页。
③ 谢觉哉:《在司法训练班上的讲话(1949 年 1 月)》,载《谢觉哉论民主与法制》,法律出版社 1996 年版,第 156 页。
④ 一个简单的归纳,"司法工作必须在中国共产党的领导下,忠实、严格地执行党的方针、路线以及按照党的方针、路线所制定的法律;坚定不移地走群众路线,主动深入到基层调查研究,不为书本和法条所累,实事求是地彻底解决群众的困难和问题,将实体公正和程序公正相结合;通过一些必备的简单程序将群众发动起来参与司法;一支具有坚定政治信仰、必备的法律知识、一心为民众服务的执法队伍"。侯欣一:《从司法为民到人民司法——陕甘宁边区大众化司法制度研究》,中国政法大学出版社 2007 年版,第 331 页。
⑤ 毛泽东指出,"马克思主义必须和我国的具体特点相结合并通过一定的民族形式才能实现。……使马克思主义在中国具体化,使之在其每一表现中带着必须有的中国的特性,即是说,按照中国的特点去应用它,成为全党亟待了解并亟须解决的问题。"参见毛泽东:《论新阶段》,载斯拉姆《毛泽东思想》,第 113—114 页。转引自〔美〕马克·赛尔登:《革命中的中国:延安道路》,魏晓明、冯崇义译,社会科学文献出版社 2002 年版,第 186 页。

司法实践是一种更适合农村环境需要的、相对特殊的地方性经验①,但又认为城市需要和农村经验之间存在必要的联系。由于没有城市地区的执政经验,以往司法实践的成功又固化了其对司法的认识,这增强了共产党在包括城市地区在内的全国范围内推行人民司法制度的信心和决心。这样,一个脱胎于战争年代和农村地区的地方性经验在新中国成立后开始逐渐成为一种普遍性的社会实践性话语和制度。

但在旧司法人员的"阻挠"下,这一新型司法制度的推行却并不那么顺利。由于"共产党人中,过去搞法律的在参加革命后,多数人改作其他工作,继续作法律工作的现在只有几个人"。② 而在新中国成立初期,革命胜利太快,一方面,为了不使原国统区的司法人员失业,导致社会混乱;另一方面,开展司法工作,特别是城市地区的司法工作又需要大批司法干部,因此不得不保留了大量的旧法人员。③ "尽管国民党的六法全书在法律文本的意义上被取缔了,但是这种法律的精神或法律的技术在旧司法人员那里已经差不多被'内化'了或者'肉身化'了,它已经成为旧司法人员的一种司法'惯习'(布迪厄语)"。④ 因此,这些头脑中充斥了程序理念和无罪推定、罪刑法定等法律思维方式的专家型旧法人员肯定不能接受和适应法律为政治服务、让群众参与和满意、实体公正的新型司法理念;也因此,中国共产党的方针和政策无法通过这些未被驯服的身体和灵魂在实践中顺利、平滑地运行(这里借用一下强世功的修辞)。20世纪50年代初"镇反运动"中司法机关对敌人"宽大无边"的现象就是一个实例。在中国司法变迁史上,这是两种司法话语、两条司法路线的第二次相遇或短兵相接。

与1942年两种司法话语发生正面冲突的第一次交锋不同,这次的冲突仅仅是潜在意义上的或者"潜流",专业化司法话语根本不具备第一次交锋中的正当性和合法性。在支持人民司法路线的人看来,坚持程序性和专业化的旧法人员只是一些坚持反动的资产阶级法律学说、脱离群众、"坐堂办案"、不关心群众利益和党和政府政策的反动分子。因此,不需要给你任何争辩的机会,强大的人民民主专政政权随时可以伺机而动,给对手一个完全无法还手

---

① 谢觉哉就指出,"我们有农村司法经验——但不够;我们尚少城市司法经验——而城市现在是主要的,我们没有理由可以以前的经验自满,城市不只案件多么。比如土地、债务、租佃等处理,在乡村并不太难,在城市则牵涉各个方面,一不慎就出乱子"。谢觉哉:《司法工作报告》,载王定国等编:《谢觉哉论民主与法制》,法律出版社1996年版,第167页。
② 董必武:《董必武政治法律文集》,法律出版社1986年版,第436页。
③ "1952年,全国各级法院干部共约28000人,其中旧法人员6000名,约占总人数的22%",参见史良:《彻底改造和整顿各级人民法院的报告》,载《人民日报》1952年8月23日。
④ 强世功:《革命与法制的悖论——新中国的法律改造运动及其后果》,载《法制与治理——国家转型中的法律》,中国政法大学出版社2003年版,第143—144页。

的致命一击。这就是中国百年司法变迁史上的第三次司法改革(以 1952 年 6 月 24 日彭真发表关于司法改革的讲话作为发起标志①,该次运动一直延续到次年春天),其重点在于批判旧法观点和整体清除旧法人员。经过"暴风骤雨"般的内部整顿,至改革结束时,各级人民法院共清除旧法人员 5557 人,补充了以运动积极分子②为主干的司法干部 6505 人。法院干部中"不和谐"的成分被彻底剔除了,一个以工农干部和转业军人为主、完全服务于政治的大众化法院系统基本形成。此次在观念上、政治上和人员上均与旧司法彻底告别的司法改革运动不仅宣告了大众化司法话语和人民司法路线的全面胜利,更在法院人事管理制度方面进一步强化和固定了法官遴选的大众化以及法院、法官管理的行政化。

伴随着新民主主义革命时期的结束,社会主义时期的到来;伴随着农村初级合作社、高级合作社和人民公社的渐次成立,城市公私合营到国家"赎买"的顺利实施,新中国坚定不移地走上了计划经济的道路。与此同时,经过 1952 年司法改革"洗礼"的新型司法制度和新型司法人员已然成为党的"驯服工具"并绝对服从于党在计划经济时代的各种指令。不管是与劳动人民同吃、同住、同劳动,还是认真贯彻落实党在各个时期中心工作的不同要求,大众化的法院人员和听命于同级党委和政府的法院都能比较出色地完成任务。用一种源自西方的法治意识形态来看,那个时候的法官和法院有其"名"无其"实",只是"人治"和"政策治"的工具,只不过"公有制基础上的高度计划经济体制,也客观需要人治和政策指挥,而不需要法制"。③

先不论自 1999 年起试图再次"翻云覆雨"的司法改革,至少到改革开放之初,这套大众化、地方化、行政化的法官管理模式不仅是中国近当代史,特别是我党治理史上的一个长期存在,而且也获得了不管是当政者还是普通民众的普遍认可和支持。如何看待这一在今天看来已不太恰当的整体性制度安排?如何审视其与中国市场经济建设和法治建设的绞合纠缠以及潜在的因果关联?苏力提出的语境论方法可以为本节的研究提供一种有益的视角,帮助我们既理解又批判地审视该模式得以形成的各种制约及其变化。

借用苏力的界定,语境论"坚持以法律制度和规则为中心关注……力求

---

① 1952 年 6 月 24 日,中央人民政府政治法律委员会彭真副主任在政法干部训练会议上发表了"关于司法部门的改造与整顿问题"的讲话,后全文登载在《人民司法》1957 年第 11 期上。参见彭真:《关于司法部门的改造与整顿问题》,载《人民司法》1957 年第 11 期,第 3—7 页。
② 关于运动积极分子,董必武指出,司法改革后"调进司法队伍的许多人是从运动中的积极分子中提上来的勇敢青年,文化程度差,办案不熟练"。董必武:《董必武政治法律文集》,法律出版社 1986 年版,第 302 页。
③ 蔡定剑:《历史与变革——新中国法制变革的历程》,中国政法大学出版社 1999 年版,第 93 页。

语境化地(设身处地地、历史地)理解任何一种相对长期存在的法律制度、规则的历史正当性和合理性……注重特定社会中人的生物性禀赋以及生产力(科学技术)发展水平的限制,把法律制度和规则都视为在某些相对稳定的制约条件下对于常规的社会问题的一种比较经济化的回应。……强调细致具体地考察和发现社会生产方式以及受社会生产方式制约的社会生活各个方面对法律制度的塑造和制约"。① 就中国法院系统的法官管理模式而言,其大众化、地方化、行政化的特点都是与战争年代和新中国成立初期亟须加强中国共产党的领导力以夺取政权和建立统一民族国家等政治目标相联系的,也是与小农经济时代、计划经济时代人员流动不频繁、纠纷简单等实际情况相适应的,是为了回应在战争年代和新中国成立初期如何在贯彻党的路线方针政策和动员民众的同时有效解决纠纷的问题。

在列强环伺、救亡图存的历史背景下,"无论是共产党还是国民党,都与西方国家的主要政党有很大不同。它们都自觉意识到并自我承担了这个民族的一个后来证明是相当长时间的政治、经济和社会的历史使命,即要在中国帝制崩溃的历史条件下,在中国以一切可能的方式集合起各种政治力量,加以利益整合,完成一个对于在列强争霸的世界中这个民族的生存、发展和繁荣的最基本的前提,即国家的统一、独立、自由,这就是所谓的'建国'(constitution of the nation-state),以及在此之后通过国家的力量来推动经济社会政治文化的快速发展"。② 孙中山也说过,"要改造国家,非有很大力量的政党,是做不成功的;非有很正确共同的目标,不能够改造的好的。我以前见得中国太纷乱,民智太幼稚,国民没有正确的政治思想,所以主张'以党治国'"。③

对中国共产党而言,要想实现自己的建国理想,首要的任务(或者前提)就是赢得战争和夺取政权,所有的党、政、军工作都要围绕这一中心,被视为政府工作一部分的司法工作当然也只能围绕该目标而展开。因此,如果说在一般情况下,司法功能包括纠纷解决和规则之治的话,在陕甘宁边区时期,不仅没有建立规则之治的知识储备和社会需求,就连纠纷的解决也要服从和受制于中国共产党动员民众、争取民众支持的政治需要。在这种背景下,便于有效组织民众的均一雷同的管理方式占了上风,"法庭的审判工作与行政工

---

① 苏力:《语境论——一种法律制度研究进路和方法的建构》,载《也许正在发生——转型中国的法学》,法律出版社 2004 年版,第 235—236 页。
② 苏力:《中国司法中的政党》,载苏力主编:《法律和社会科学》(第 1 辑),法律出版社 2006 年版,第 274 页。
③ 孙中山:《孙中山全集》第 9 卷,中华书局 1981 年版,第 96 页。

作和基层群众工作的分工与相互独立性也就抹杀了"①,法院管理的行政化和地方化(地方政府和党委主管法院,甚至专员、县长兼任法庭庭长和审判员)当然就有了实践中和政治上的正当性。"马锡五审判方式"(作为共产党治理社会、动员民众的有效工具)以及该审判方式需要的大众型法官也只有放在这一制约条件下才能真正理解它的语境合理性和必要性。

共产党成功获取政权并建立了新中国后,由于统一民族国家建设的需要,法官管理的大众化、地方化和行政化不仅没有失去其语境合理性和历史正当性,相反在新的历史环境下更显示其在法院系统统一思想、集中力量贯彻党的意志的积极功用。由于政权初建,各方面都还不稳固,共产党亟须在全国范围内尽快建构其"合法性"(所谓"合法性就是这样一种政府权力的基础,这种权力在行使过程中一方面政府意识到它有统治的权力,另一方面被统治者对这种统治权力予以某种认可"②)。而在司法领域建立其"合法性"的具体措施包括,(1)"废除国民党的六法全书及其一切反动法律,各级人民政府的司法审判,不得再援引其条文。……各级司法机关办案,有纲领、条例、命令、决议等规定的从规定;没有规定的,照新民主主义的政策办理。"③(2)1952年开展的司法改革运动对新中国成立初接管旧司法建立起来的司法队伍进行了一次脱胎换骨的改造,"随着对人的清除,旧法观点随之而去,从而在根本上划清了敌我界限和新旧法律观点的界限"。④ (3)在各级法院大力推行便利人民、联系人民、依靠人民、为人民服务的审判方法和作风⑤,这就是能够吸纳广大人民群众参与且最能获得底层民众支持的群众路线在司法系统的实际运用。因此,"在人民司法机关的组织与制度上,不但要彻底打碎过去国民党政府反人民的管理机构,而且要废除

---

① 强世功:《权力的组织网络与法律的治理化》,载《法制与治理——国家转型中的法律》,中国政法大学出版社2003年版,第129页。

② Sternberger, Dolf, "Legitimacy", *International Encyclopedia of the Social Science* 9, ed. By David L. Sills, Macmillan Company & The Free Press, 1968. 转引自强世功:《法律移植、公共领域与合法性——国家转型中的法律(1840—1949)》,载《法制与治理——国家转型中的法律》,中国政法大学出版社2003年版,第14页。

③ 《废除国民党的六法全书及其一切反动法律》,这是1949年3月31日由董必武签署,由董必武、薄一波、蓝公武、杨秀峰以华北人民政府主席和副主席名义发布的训令。参见《董必武法学文集》,法律出版社2001年版,第14—15页。

④ 蔡定剑:《历史与变革——新中国法制变革的历程》,中国政法大学出版社1999年版,第34页。

⑤ 各地法院纷纷总结自己在审判工作中贯彻群众路线的经验,优秀审判员和优秀法院也以是否能有效贯彻群众路线为主要标准。参见廖志刚(甘肃省文县人民法院):《如何在审判工作中贯彻群众路线》,载《人民司法》1959年第1期;《审判工作必须大走群众路线》,载《人民司法》1959年第2期;《一个优秀的审判员——记平谷县法院审判员安志昌的先进事迹》,载《人民司法》1959第6期。

它所依赖的烦琐、迟滞和扰民害民的诉讼程序。要建立便利人民、联系人民、便于吸收广大群众参加活动的人民司法的组织和制度"。① 在新生政权"合法性"构建的层面上,强调法律的人民性(不仅法律内容要保护民众,还要鼓励民众参与立法和司法)和法官的大众性相当必要。

不仅如此,雄心勃勃的共产党还要创建一个中国历史上从来没有过的、统一的、建立在国家认同和民族认同基础上的现代主权国家。在政局不稳、阶级敌人随时有可能伺机反扑的新中国成立初期,为了将中国共产党的路线方针政策自上而下地传递到最低层社会机构并保障其有效实施,借助自己历来强大的意识形态控制和严密的组织结构将包括司法部门在内的所有党政军机构统合起来也就理所应当。那是一个需要增进国家权力而不是限制国家权力的时代,也是一个政党的生存和发展高于个人权利保障的时代。在共产党人眼中,司法就是国家政治的一个组成部分和增进国家权力的一个重要力量,因此,司法政治化、司法党化就成为必然。② "到1958年,党管司法的制度全面确立。这一制度包括:中共中央和县级以上各级党委均设立政治法律委员会,负责制定司法工作的方针政策,协调公检法机关的关系。"③

只有在"建国"(state-building)这一意义上,我们才能理解大众型法官以及当地党政直接掌控法院的历史正当性,这一套大众化、地方化、行政化的司法管理模式可能只是能够有效应对当时要求和情境的、不说是最好也是比较好的制度安排。也正是在对陕甘宁边区和新中国成立初期法官管理模式的语境论审视中,我理解并接受了苏力的这一观点:"中国社会目前这个政党政治与司法的关系格局和形态从一开始就不是从概念中演绎出来的,不是从某种意识形态中演绎出来的,也不是比照某个外国标准塑造的,它是中国近现代历史社会发展的产物——一种诸多社会变量促成的实在。"④以一种实用主义和后果主义的眼光来看,"党先国后"的现实以及为了实现建立现代民族国家的理想,"现当代在中国执政的政党一定要,也一定会,通过它的政治理想、政策方针和组织系统来塑造包括司法在内的所有现代国家机构"。⑤ 国民党如是,共产党更如是。

---

① 《系统地建立人民司法制度》,载《人民日报》社论,1950年8月26日。
② 沈国琴讨论过南京国民政府司法党化政策的演进过程,在很大程度上,国民党和共产党均认可特定情势下司法的工具化特点,即司法必须服从于"党"、服务于"党"。参见沈国琴:《中国传统司法的现代转型》,中国政法大学出版社2007年版,第202—207页。
③ 蔡定剑:《历史与变革——新中国法制变革的历程》,中国政法大学出版社1999年版,第91页。
④ 苏力:《中国司法中的政党》,载苏力主编:《法律和社会科学》(第一卷),法律出版社2006年版,第272页。
⑤ 同上注,第277页。

除了建立政权合法性和保障政令畅通等政治制约条件之外，大众化、地方化、行政化的法官管理制度得以可能和有效施行的一个重要的社会制约条件是整个社会诉讼类型比较单一以及纠纷相对简单。在陕甘宁边区，刑事案件除了只需要政治和政策水平的反革命案件以外，无非是一些少量的抢劫、偷盗案。在大家"低头不见抬头见"的乡村熟人小社区，只要审判人员耐心细致一点，肯下乡到生事地点调查研究，再吸取当地人民群众的意见，不需要什么专业的法学知识和烦琐程序，案子就不仅断得漂亮还能获得当地民众的赞扬。民事案件就更是如此。贫瘠地区不发达的小农经济以及依附其上的人与人之间相对简单的关系，导致边区民众最频繁的民事纠纷不过是婚姻、田土和一些小额的借贷案件。对于这种家长里短、乡里乡亲的纠纷，了解民风民俗、拥有丰富生活经验和政策知识的大众型法官最为拿手。只要像马锡五同志那样，懂得避免自己的短处，较多地倾听群众的意见，并能将之融入自己拥有的政策能力和生活经验中，就不仅能实现组织动员民众的政治要求，还能获得老百姓的赞誉和拥护。因此，大众型法官拥有以及可能进一步积累的知识肯定不是那种"坐堂办案"的专家型法官需要积累和掌握的司法知识。在这样的社会条件下，法院人事管理中的大众化和行政化相互支持，配合得"天衣无缝"。

到了新中国成立初期，虽说以城市为主的原国统区纠纷类型比较多，也比较复杂，但共产党建立全新政权（要求统一在马列主义、毛泽东思想的意识形态之下）的要求全面压倒了城市地区部分商人要求稳定预期的司法制度的需求。在凭借国家强制力摧毁和清除了旧法统和旧司法人员之后，更很快以私有制的消灭为前提在城乡地区建立起了意在统合全国力量建立现代工业体系的计划经济体制。可以说，一直到改革开放前夕，虽然中间有一段"砸烂公检法"、无法无天的时期（大致在"文化大革命"初期），大众型法官以及一直不遗余力地配合党的中心工作的法院系统基本上能满足计划经济时代对司法的需求（也可以说那时对司法可能真没有什么需求）。如果说农村的人民公社、城市的"单位制"以及严密的户籍制度在制度层面限制了人们的流动，那么落后的科学技术以及相应落后的通讯、通信和交通就在物理层面限制了人们的交流。一个相对简单稳定的社会系统根本不需要成本高昂、复杂难懂的规则之治以及现代化、程序化的司法制度，更何况在纠纷解决方面，我们还有强大有效的村干部、单位领导、街道大妈和上级主管部门。董仲舒有言，"天不变，道亦不变"，只要中国社会还是"一潭死水"般的静止社会，只要中国仍然实行计划经济体制，这一套能有效配合计划经济需要、能应对简单纠纷解决的法官管理模式就没有改变的必要。

苏力在运用语境论分析中国传统婚姻制度的时候指出,"语境论的进路其实并没有赋予——仍然以中国传统婚姻制度为例——这一制度某种超越时空或一切社会条件的正当性;……只要某个制度所针对的问题改变了,或者是其他社会、自然条件发生了变化,原先具有正当性的制度,即使是持续了几千年的中国传统婚姻制度,也会失去其存在的正当性,也需要有新的、更有效的制度予以替代;如果某个制度所针对的问题由于其他社会条件的变化消失了,那么这个制度就有废除的必要;如果由于社会的变化出现了新问题,就需要并且也一定会建立或形成新的制度予以解决"。① 就大众化、地方化、行政化的法官管理模式而言,改革开放以来,特别是 20 世纪 90 年代初社会主义市场经济的确立和快速发展,支撑和证明其历史正当性和语境合理性的社会条件已经变了,这一制度框架针对的常规社会问题也已发生了重大变化。

"天"变了,"道"难道不要变吗?

六、制度变迁的必要性

黄仁宇曾将传统中国比喻成"一只大型的潜水艇夹肉面包",他认为"国民党和蒋介石制造了一个新的高层结构。中共与毛泽东创造了一个新的底层机构,并将之突出于蒋之高层机构之前"。② 在我的理解,就司法制度而言,国民党和蒋介石以城市工商社会为背景,在清末修律和司法改革的基础上,以西方司法制度为范本构建起了一个专业化、程序化的法院系统,配以相对完善的成文法系统,这套专家司法路线基本足以应对国统区城市地区的需要。而没有能力占据城市地区的中国共产党由于只能在各省交界处的崇山峻岭间打游击,因此,在完全没有现代工业、传统农业又几近破产的陕甘宁边区,共产党人不得不抛弃既往一切司法理论和司法实践,创造性地建立了一套应对战时农村社会的、程序简便、以动员民众和贯彻党的意志为目标的大众化司法系统。在能够"组建抗战力量,解决广泛存在的农村脱困问题,对付经济封锁和进攻,以及重建党、小农阶级和地方精英之间必要的关系"的"延安道路"的指引下③,这套大众化、地方化、行政化的人民司法路线帮助中国共产党赢得了中国最广大农民的支持,并最终取得了对国民党的胜利,建立了新中国。虽然有上海这样的繁华大都市,传统中国毕竟是一个半封建半殖

---

① 苏力:《语境论——一种法律制度研究进路和方法的建构》,载《也许正在发生——转型中国的法学》,法律出版社 2004 年版,第 249—250 页。
② 〔美〕黄仁宇:《中国大历史》,生活·读书·新知三联书店 1997 年版,第 324—325 页。
③ 〔美〕马克·赛尔登:《革命中的中国:延安道路》,魏晓明、冯崇义译,社会科学文献出版社 2002 年版,第 5 页。

民地的、以小农生产方式为主的农业社会,这是共产党的底层机构优于国民党的高层机构的根本原因。

前面已经指出,之前的成功加上新中国成立初期政治控制的需要,在成功摧毁了国民党旧法统之后,共产党人将一套适应于战争年代和农村地区的人民司法路线(以及大众化、地方化、行政化的法官管理理念)原封不动地搬到了新中国。由于新时期党的中心工作需要驯服的司法工具,计划经济体制又没有太多纠纷需要法院和法官处理,因此,法律不重要,法治更没有必要。而"政策不但在战争年代显示了威力,在长期计划经济的年代,它仍具有强大的生命力",因为"党原来搞经济建设,运用计划经济,也和当年打战役差不多。五年计划就像一场大的战役,一个个大建设项目也像场小战役"。①

但到了20世纪70年代末,以中共十一届三中全会的召开为起点和标志,中国这潭看似平静的"死水"已经起了一些涟漪,一切就要开始改变了。

首先是中国共产党国家治理策略的转变。"文化大革命"的惨痛教训以及国民经济几近瘫痪的现实让中国共产党人痛定思痛,决心"把全党的工作中心和全国人民的注意力转移到社会主义现代化建设上来"。② 虽然"过去长期以来我们比较习惯于用搞政治运动的办法对反党反社会主义的势力和各种刑事犯罪分子进行政治斗争",但现在"我们应该并且可以学会采用法律武器(包括罚款、重税一类的经济武器)与反党反社会主义的势力和各种刑事犯罪分子作斗争"。③ "只有真正做到有法可依、有法必依、执法必严、违法必究,才能维护人民正常的工作、生产、生活秩序,巩固和发展安定团结、生动活泼的政治局面;才能有效地发挥我国社会主义制度的优越性,进一步巩固无产阶级专政;才能最大限度地调动一切积极因素,集中亿万群众的智慧和力量,顺利地进行社会主义现代化建设"。④ 用强世功的话来说,"在什么时候采取运动的治理技术,什么时候采取法律的治理技术,这取决于党对整个政治形势的判断"⑤,因此,这一治理策略的转变意味着中国共产党深刻认识到了"'搞群众运动'这种技术适用于夺取政权的'革命'模式,而依法办事的法

---

① 蔡定剑:《历史与变革——新中国法制变革的历程》,中国政法大学出版社1999年版,第263页。
② 《中国共产党第十一届中央委员会第三次全体会议公报》(1978年12月22日通过),参见北京大学法律学系(编):《法学基础理论学习资料选编》(上),1982年(未公开出版)。
③ 本报评论员:《学会使用法律武器维护社会的安定团结》,载《光明日报》1981年1月27日。
④ 《中共中央关于坚决保证刑法、刑事诉讼法切实实施的指示》,载北京大学法律学系(编):《法学基础理论学习资料选编》(上),1982年(未公开出版)。
⑤ 强世功:《革命与法制的悖论——新中国的法律改造运动及其后果》,载《法制与治理——国家转型中的法律》,中国政法大学出版社2003年版,第153页。

律技术适用于实现'四化'这样的'建设'模式"。① 不仅如此,作为"依法治国,建设社会主义法治国家"的"先声",此转变不仅开启了随后大规模的立法运动,更在政治上为法律、法治以及依附其上的法治意识形态正了名。

这是改革开放以来法治中国出现并渐次展开的政治背景。但就法官管理模式而言,"通过法律的治理"或"通过程序的治理"这种"建设型"的政治治理技术,不仅完全可以"在承认法律相对自主性的基础上将党的政策渗透到法律实践中"②,也完全可以和法官大众化、行政主管司法、法院为党的中心工作服务等人民司法理念兼容。真正对这套法官管理制度造成冲击和挑战的只能是改革开放以及随之展开的社会变迁和经济转型,背后的根本推动力是市场经济的快速发展以及初步形成的现代工商社会对现代独立司法的急迫需求(亟待一套维系市场秩序的规则和一个完善有效的司法体系来确保人们的市场预期)。汪丁丁曾指出转型中国三个维度上的急剧转型:经济转型——从传统农业经济向现代工业经济转型;政治转型——从中央计划体制向市场导向的某种体制转型;文化转型——从东亚儒家文化向全球资本主义时代的可能的中国文化转型。③ 不仅如此,伴随着这些转型的还有科学技术的发展以及相应通讯、通信、交通的快速发展和四通八达,更重要的,从单位、村庄等传统熟人社会向以城市为背景的陌生人社会的急剧变迁。

仿佛"阿拉丁的神灯",起源于改革开放和商品交换的这些变化在短短四十年就神奇地将一个"死气沉沉"的"静止"中国变换成了一个充满活力的"世界工厂"、一台世界经济增长的超强引擎。虽然还有一些不甚发达的农业地区,但中国正在从一个以农业为中心和主导的传统农业国转变为一个以工商业为重心和基础的现代工业国,却是不争的事实。不仅一个全国性的、多层面的、统一的大市场正在形成,而且改革开放时代以来形成的很多观念都已深入人心,基本形成了一个以"市场"为中心的文化新传统。④ "产权、合同、担保、知识产权、保险、证券、破产、金融这些农业社会和计划经济时代听都没有听说的概念和制度迅速占据了我们时代的显著空间,并日益影响着我们的生活和工作。"⑤对这急剧变化中的一切,苏力曾用充满诗意的语言这样表述:"这就是真实世界的活力,伴随着小麦颜色的农民工、水泥森林和汽车尾

---

① 强世功:《惩罚与治理——中国刑事实践的法社会学分析(1976—1982)》,北京大学 1999 年博士论文,第 87 页。
② 强世功:《革命与法制的悖论——新中国的法律改造运动及其后果》,载《法制与治理——国家转型中的法律》,中国政法大学出版社 2003 年版,第 151 页。
③ 汪丁丁:《制度经济学三人谈》,北京大学出版社 2005 年版,第 81 页。
④ 参见甘阳:《中国道路:三十年与六十年》,载《读书》2007 年第 6 期,第 4 页。
⑤ 艾佳慧:《我们需要怎样的最高法院——对〈中国最高人民法院研究〉的批评》,载《法律书评》第 7 辑,法律出版社 2008 年版。

气中灰蒙蒙的朝阳,以及我们这个民族的身姿一同在这块土地上崛起。"①

与战火纷飞、胜负未定的战争年代不同,也与亟须巩固政权和建立合法性的新中国成立初期不同,"大破大立"之后政权的日趋巩固以及国民经济的飞速发展已经使得中国共产党的治理重心悄悄地从"如何建国"转移到了"如何治国"上(前述治理策略的转变就是一个体现)。就法院功能而言,市场经济和"治国"的需要已经使法院的作用从"维持社会治安转移到至少是维持社会治安与促成和维护经济秩序并重的局面"。② 因为市场经济的良性发展需要一套包括高效、独立司法系统在内的"支撑系统"(supporting system,是一套长期有效运行的用来支撑"自由签约"的经济关系的会计、监督、法律和政府官僚系统③),而"在政治和技术的这种张力中,技术越科学准确,就越能为政治提供有效的工具"④。更进一步地,如果说在战争年代和新中国成立初期,司法需要回应和解决的社会常规问题主要是动员民众和解决纠纷的话,在经济高速发展的和平年代,在现代工商社会,司法需要回答的却是如何实现规则之治的新问题,以及承担起稳定市场经济参与人预期的新任务。

在新的社会条件下,法院的功能发生了变化,司法需要应对的常规社会问题也发生了急剧变化,我们的法院系统该如何应对这一历史性的变化呢?

以一种历史和动态的眼光,我们发现在当代中国四十余年的社会变迁和经济转型中,人口流动越来越频繁了,社会和商业交往越来越密集了,因此而来的纠纷和冲突也越来越多了;但与此同时,属于农业社会和计划经济时代的一些纠纷解决机制却随着市场经济的出现和发展或多或少地失效了。因此,越来越多、越来越复杂新颖的纠纷不得不被推到了还没有做好充分准备的法院面前。对此未预期的大变化,中国法院系统最初的应对是被动地增加人手。据有关统计,自 1979 年始,全国法院干警总人数一直以极高的比率在快速增长(1979 年为 5.8 万,1982 年约 14.4 万,1986 年约 18.8 万,1987 年约 19.5 万,1992 年约 25 万,到了 1995 年预期约 29.2 万),在短短不到 20 年的时间增长了将近 5 倍。⑤ 在增加人手也不解决根本问题的情况下,中国法院

---

① 苏力:《走不出的风景:大学里的致辞与修辞》,北京大学出版社 2011 年版。
② 王亚新:《论民事、经济审判方式的改革》,载《社会变革中的民事诉讼》,中国法制出版社 2001 年版,第 4 页。
③ 汪丁丁:《制度经济学三人谈》,北京大学出版社 2005 年版,第 8 页。
④ 强世功:《我们究竟贡献了什么?》,载《法制与治理——国家转型中的法律》,中国政法大学出版社 2003 年版,第 20 页。
⑤ 参见贺卫方:《通过司法实现社会正义——对中国法官现状的一个透视》,载《司法的理念与制度》,中国政法大学出版社 1998 年版,第 13 页。根据《最高人民法院工作报告(1995)》披露的数据("全年共处理违法违纪干警 1094 人,占法院干警总数的百分之零点三九")推算,1995 年全国法院干警总数为 28 万余人。

系统被动应急的第二招是转嫁司法成本,此即自20世纪80年代末开始的、强调"谁主张谁举证"的民事审判方式改革。王亚新早就指出,"通过调整改变审判方式来争取节约处理每个具体案件投入的人力物力,腾出有限的资源去解决更多的纠纷,就成为以强调举证责任为典型的一系列改革的直接动机"。①

"牵一发而动全身"。"在关键性转折点上选择的决策规则的基本特征会对未来的机会施加一定的约束(路径依赖)。"②如果说在陕甘宁边区,中国共产党选择程序简便的大众化司法影响了此后半个世纪的司法实践的话,此次民事审判方式的被动变革也在不经意间引发了此后长达三十余年的司法改革运动。由于"举证责任在逻辑上要求判决成为规定程序展开的目标,而这样的目标置换必然引起整个程序构造的深刻变动"③,因此,不管是从"谁主张,谁举证"的举证责任改革到对公开审判、口头原则、直接原则和法官个人独立原则的强调,还是从民事审判方式改革到刑事审判中"抗辩制"的引入一直到1999年由最高法院发动的司法改革运动,"改革的种种尝试都可以理解为在社会变动的条件下法院对自己的功能和位置的战略性转移从程序方面(和制度方面——引者加)作出的应对"。④

与1952年的司法改革运动完全不同,此次意在回应市场经济和社会变迁需要的司法改革强调程序和程序正义的重要性,也强调司法独立、专业化法院和职业法官在现代社会的必要性。对于已经存在和正当化了半个多世纪、以实体正义和群众路线为关键词和核心的大众化司法话语和人民司法路线,这是一次公然的"挑衅"和"颠覆"。中国百年司法变迁史上两条司法路线、两种司法话语的第三次碰撞和交锋正在华丽上演。

还有一个有意思的现象值得我们进一步思考。那就是虽然改革目标都是司法审判的规范化、程序化以及审判人员的专业化,1942年陕甘宁边区李木庵等人发起的司法改革运动全然失败了,而发端于举证责任改革的此次司法改革运动虽说面临很多困难,但就民众和执政党对司法程序和专业化的认同而言,1999年的改革有成功的一面(至少在理念层面)。为什么?马克思的理论可以提供一种有说服力的解说,那就是经济基础决定上层建筑以及经济基础在很大程度上与上层建筑具有同构性。换言之,1942年的陕北,程序

---

① 王亚新:《论民事、经济审判方式的改革》,载《社会变革中的民事诉讼》,中国法制出版社2001年版,第5页。
② 〔日〕青木昌彦:《比较制度分析》,周黎安译,上海远东出版社2001年版,第247页。
③ 王亚新:《论民事、经济审判方式的改革》,载《社会变革中的民事诉讼》,中国法制出版社2001年版,第11页。
④ 同上注,第7—8页。

化、专业化的司法制度与其贫穷落后的经济和小农生产方式完全不搭配;而1999年的现代中国就大不一样了,市场经济的良好发展需要独立高效的司法系统,程序正义和职业化法官只不过是该系统最基本的两项指标,人们对其的认同也就顺理成章了。不仅如此,中国未来的市场深化和经济发展,还需要更多与之相配套的、包括司法和法律在内的制度架构的生成与"建设"。①

就法院系统的法官管理范式而言,为了回应新时期社会、民众和执政党对司法的需求和期望,中国法院也在或被动或主动地寻求改变。这就是第二节提到过的在法官遴选制度、法官培训制度和法官绩效考评制度上的改革。虽然行政化的特点依然如故,但统一司法考试、法官交流与轮岗、法官助理等遴选制度的变革,却使得之前大众化的法官管理模式已然有所改变。问题在于,大众化的问题有所缓解,行政化(特别是法院系统内部的纵向行政化)的问题却越来越严重,不仅如此,近二十年还出现了以数字化管理为特点的量化绩效考评制度。这些变化凸显了社会变迁下法官管理模式的制度回应,只不过就实际效果而言,这些改革不仅效果不佳,更无法改变整个法院系统法官管理的固有特点。借用韦森的譬喻,孩子长大了,衣服小了,穿上就会不舒服,甚至慢慢会穿不下去了。支撑市场高效运行的法院系统和法律规则体系,某种程度上也像小孩的衣服,市场长大了,再穿小孩过去的小衣服,怎么能行?② 如果说不断深化的市场经济需要专家型法官在法官独立和程序制度基础上的"规则之治",需要一件完全不同于计划经济时代和农业社会的法治"新衣",那么在法院管理制度领域已经开展的诸多改革,只不过是在原来不合身的小衣服上或者增加了一些炫目的装饰或者只是单纯增加了衣衫的长度而已。不合身的依旧是不合身。

七、结语:制度的未来?

帕累托在《思想与社会》一书中指出,"人类社会可以看作是一个由具有一定时空属性和受制于一定联系的个体构成的系统。流行于大众的推理(推导方式)、理论和信念作为大众(心理)状态的具体表现,应该连同其他社会事实一起作为研究的对象。我们探求其中的规律性,试图发现它们的起源。……我们真正想做的只是力图发现大众的推理和信念在时空上如何相

---

① 关于市场经济和法制建设之间的关系,参见韦森:《制度经济学三人谈》,北京大学出版社2005年版,第15页。
② 韦森:《制度经济学三人谈》,北京大学出版社2005年版,第204页。

互联系,同时又是如何和其他社会事实相互联系的。"①研究制度的生成与变迁同样要考察特定的时空属性和场景,考察人们在该时空背景和制度制约下的信念及其行为,更要考察当时空背景变换之后人们信念、行为变化的间断性和长期性。这也就是制度演进过程中的路径依赖和创新。

虽然中国法院的法官管理模式百年来有过几次变迁和反复,但大众化、地方化、行政化的人民司法理念历经战争年代和新中国成立初期诸多政治、经济难题的考验和锻造,已经成为中国共产党心目中中国化司法道路的代表。对于大多数中国民众,千百年来农业社会养成的"青天"信仰和实体正义观不仅正好和"实事求是""有错必纠"的人民司法理念契合,"群众路线""司法为民"的诸多司法举措也正好满足了民众参与司法、向往平等的愿望。因此,如同我在第一章结尾处指出的,中国当代的司法改革,或者小一点,法院系统的法官制度改革,由于涉及从当政者、民众的司法理念到具体制度的多方面变化,其艰难性和长期性可想而知。

就法院的法官管理范式而言,改革开放前,以行政化和政党化为基点,其大众化、地方化、行政化的特点在很大程度上是相辅相成、相互支撑的。改革开放以来,一方面,由于既有的司法理念没有改变,为回应纠纷的巨量增长而仓促增加的20来万法院人员"鱼龙混杂",大多素质不高;另一方面,民事经济纠纷涉及的金额却随着经济的高速发展越来越高,审判工作独有的自由裁量权也使得法官工作可能的"油水"越来越大。如何监督和控制这些大有机会利用手中职权司法腐败的法官?在外,加强党委、政府和人大对法院的监督和管理;在内,在强化院庭长和审委会对案件把关的同时量化法官工作的诸多考核指标,用以激励和监督法官努力工作和秉公守法。因此,行政化的法官管理模式在20世纪80年代以来的司法改革进程中不是弱化而是愈加强化了。也因此,虽然在法学界的大力宣扬和切身的司法实践中,大众化的法官管理模式开始动摇并受到批评,中国法院系统也认识到了法官专业化的重要性,并开展了诸多看似有助于法官职业化的改革举措,但由于行政化法官管理模式的制约和配套制度的缺乏,这些改革基本上没有达到预期的目标。

可以看到,直到2013年底启动新一轮的司法改革之前,中国法院改革最大的问题不在法官的大众化,而在法官管理的行政化和数字化。因为"即使所有的法官都是'科班出身',都接受了西方的法治理念,在一个具有强烈行政化和本地化色彩的司法环境中,他们在法学院里学来的那些空洞的名词也

---

① Pareto V., *The Mind and Society*. Рипол Классик, 1935.转引自〔日〕青木昌彦:《比较制度分析》,周黎安译,上海远东出版社2001年版,第248页。

很可能将被纷繁芜杂的日常工作消磨殆尽"。① 还不仅仅如此。行政化的管理模式必然导致中国法院系统内行政逻辑盛行,法官没有积累司法知识的制度环境和欲望,相反却热衷于积累某些有助于其在法院"升官发财"的行政职场知识。因为"法院内部法官之间的这种竞争,主要是在法院决策层面前争夺被接受的程度。这就导致了普通法官们思考问题的一个逻辑起点,是让决策层满意,而不是让'法律'满意"。② 对此现象,我在第二章有过深入细致的分析。

因此,当某制度的创新空间不敌另一制度强劲的路径依赖特质时,应该怎么办? 更进一步,当代中国法官管理制度的未来应该如何改革才能应对现代工商社会以及不断深化的市场经济之需? 由于牵涉制度的具体变革以及执政党的治理理念和司法观,我把对这些问题的初步回答留待本书最后一编来完成。

---

① 刘思达:《法律变革的困境:当代中国法制建设反思》,载《失落的城邦——当代中国法律职业变迁》,北京大学出版社 2007 年版,第 7 页。
② 喻中:《送法下乡与案件制作》,载《乡土中国的司法图景》,中国法制出版社 2007 年版,第 80 页。

第二编

后　　果

第五章　中国法官最大化什么？

见利莫能勿就，见害莫能勿避。

——管仲①

美国的贵族是从事律师职业和坐在法官席位上的那些人。

——托克维尔②

上一编以法官薪酬制度、法院遴选制度、绩效考评制度和法院内部的行政调动制度为样本，考察了当代中国法官管理制度的现状、制度逻辑及其潜藏的问题。如果说，谱系学和语境论的考察能够让我们理解大众化、地方化、行政化的中国式法官管理模式应对战争年代和新中国成立初期的必要性和重要性，在中国社会正在急剧变迁的时代背景下，这一模式还能不能应对现代市场经济对司法的需求？

正是在此追问下，本编意在探求既有法官管理模式在新时期会带来哪些未预期的后果，并力图从信息和激励的视角指出建立在市场经济基础上的现代工商社会不仅需要在严格的法官遴选基础上推进法院内审判管理和行政管理的分离，更需要建立一套能有效制约审判权和尊重诉权的现代程序法治。本编包括两章，在大量法官数据和其他司法统计数据的基础上分别考察既有法官管理模式带来的两个直接的制度性后果：最大化行政级别升迁和收入的法官以及现代程序制度程度不同的"失灵"。本章主要讨论中国法官的效用函数和最大化问题。

一、问题的提出

现代法治的建立和运转，时刻也离不开这一套规范性制度的中介和载

---

① 《管子·禁藏篇》。
② 〔法〕托克维尔：《论美国的民主》（上卷），董果良译，商务印书馆1988年版，第309页。

体——法官,沈家本先生早就指出了,"有其法者,尤贵有其人"。① 如果将司法系统视为一架高速运转而又复杂庞大的机器,法官无疑就是掌握了操作指令并使其得以满足社会需要的程序操作员。因此,要想知道这台机器的运行效率以及是否公正,我们必须认识和了解真实世界中的法官,了解他们是什么样的,他们的所思所想以及其面临的诸多正式和非正式的制约,以一种行为主义的视角关注法官的现实选择,并进而在此基础上提出种种有助于司法系统良好运转的建议。在理论上,首先就是要了解法官的诸多偏好并构建法官的效用函数,换言之,我们需要在现实的基础上考察法官最大化些什么。

其实,随着"经济学帝国主义"向司法领域的延伸和"侵略",用效用最大化这一套术语分析法官行为的学术努力已经不少②,特别地,在《超越法律》一书中,波斯纳法官就以"法官最大化些什么"为题进行了专章讨论。由于将研究对象集中在了那些"平常的"、职务有保障的上诉审法官,波斯纳的分析指出,在收入大致相当(且兼职收入受到极大的限制③)的前提下,在案件中投票以及因此获得的遵从和寻求休闲是法官效用函数中最重要的部分,而普通法官对于声誉、威望、避免判决被撤销等因素往往并不太在意,并在此基础上构建了一个简单的法官效用函数。④ 但综观现有的研究,不管是波斯纳,还是其他学者,其聚焦点无一例外都是美国法官(特别是美国联邦法官),也因此,才有了他们解说法官行为的诸多结论,比如看重投票效用和寻求休闲(波斯纳),渴求行使裁决权、回避大工作量和渴求提升到上诉法院⑤,追求更

---

① (清)沈家本:《历代刑法考 刑制总考》,中华书局 1985 年版,第 51 页。
② See, Mark A. Cohen, "The Motives of Judges: Empirical Evidence from Antitrust Sentencing", *International Review of Law and Economics*, vol. 12, no. 1, 1992, p. 13; Cohen, "Explaining Judicial Behavior or What's 'Unconditional' about the Sentencing Commission?" *Journal of Law Economics, and Organization*, vol. 7, no. 1, 1991, p. 183; Robert D. Cooter, "The Objectives of Private and Public Judges," *Public Choice*, vol. 41, no. 1, 1983, p. 107; Jeffrey N. Gordon, "Corporation, Markets, and Courts", *Columbia Law Review*, vol. 91, no. 8, 1991, pp. 1967-1971; Thomas J. Miceli and Metin M. Cosgel, "Reputation and Judicial Decision-making," *Journal of Economic Behavior and Organization*, vol. 23, no. 1, 1994, p. 31.
③ 美国 1991 年 1 月 1 日生效的《伦理改革法》规定法官不能因演讲或论文接受他人的支付,他们从教学中获得收入也被封了顶,不得超过其法官工资的适当比例(大约 15%)。转引自〔美〕理查德·A.波斯纳:《超越法律》,苏力译,中国政法大学出版社 2001 年版,第 15 页。
④ 具体分析参见,〔美〕理查德·A.波斯纳:《法官最大化些什么?》,载《超越法律》,苏力译,中国政法大学出版社 2001 年版,特别是第 135—142 页。
⑤ 参见科恩对联邦地区法官的经验性研究,Mark A. Cohen, "The Motives of Judges: Empirical Evidence from Antitrust Sentencing", *Internationnal Review of Law and Economics*, vol. 12, no. 1, 1992, p. 13; Cohen, "Explaining Judicial Behavior or What's 'Unconditional' about the Sentencing Commission?" *Journal of Law Economics, and Organization*, vol. 7, no. 1, 1991, p. 183。

高的判决意见引证率①等。

由于身处司法职业保障制度相对完善的美国,对于那些经历了严格的选拔、具有特定的构成和同质性的美国法官,这些结论无疑是有价值的。但它们适用于中国的法官吗？答案其实不言而喻。首先,中国法官的进入途径和构成与其美国同行大不相同,这在很多学者看来就是中国法官的低素质问题(尽管实际状况怎样、素质如何低,相关研究却少有涉及);其次也是更重要的,在当前的政治体制和司法系统中,中国法官面临的诸多正式、非正式的制度性制约都极具"中国特色",而制度经济学早就指出行为者的选择绝非只取决于自己的愿望,而是强烈依赖于既定制度以及他人的行为和存在。因此,要想了解中国法官的偏好和行为模式,西方已有的研究结论显然不足以让我们"解疑释惑"(虽然其研究思路和方法值得我们效仿),我们需要进入当代中国的司法世界和制度语境,在尽量了解实际状况的基础上构建专属于中国法官的效用函数,也就是要研究中国的法官最大化些什么。

运用一些实地调研得来的法官数据和资料,本章试图在统计和梳理的基础上展示中国高级、中级以及基层三级法院(最高法院除外)法官的真实状况,进而考察现实制度带给了中国法官什么样的"大棒"和"胡萝卜",并以此为基础构建中国法官的效用函数。不仅如此,翔实的法官数据还有助于我们在一定程度上验证最高法院相关改革措施的实效,探讨其背后深层次的问题以及进一步改革的方向。

二、数据以及相关说明

要了解中国法官的基本状况,首先需要重新界定何谓法官。这本来不是一个问题,但在中国的语境下却成了问题,原因在于中国各级法院独有的内部行政性调动制度。在此制度下,法院的审判业务人员(也就是我们通常理解的法官)和综合管理人员、执行人员在一定程度上是一种既有或潜在的"你中有我,我中有你"的关系。② 如果将法官界定为所有参与过法庭审判的法院人员,虽然符合中国国情却不仅与通常法官定义不吻合而且难以操作;如果将法官固定为现有的审判业务人员,这些法官中不免就有很多来自非审判

---

① See, Bruce H. Kobayashi & John R. Lott, "Judicial Reputation and the Efficiency of the Common Law", unpublished, Geroge Mason University School of Law, 1993.
② 已经有经验性研究指出和验证了这一点。参见艾佳慧:《司法知识与法官流动——一个基于实证的研究》,载《法制与社会发展》2006年第4期。

部门,而且在不特定的未来还会向外流动。怎样界定法官在中国仿佛遇到了"两难",但只能是"两害相权取其轻"。为了便于操作,我选择后者,也就是将法官界定为现有的审判业务人员。① 虽然有缺陷,但这也是没有办法的办法。

本章的经验数据来自前后跨越近十年的两次法院调研中回收的有效法官问卷。首次调研(下文统称为 A 调研)是在 2004 年的夏天,样本法院中包括了一个位于西部地区的高院(S 高院)、三个中院(包括了位于华南地区的 G 中院、位于西南地区的 C1 中院和 L 中院)以及五个基层法院(具体而言,即 C1 中院辖下的 W 法院和 Q 法院,下文合称 C1 基层,L 中院辖下的 J 法院、L 法院和 N 法院,下文合称 L 基层)。在收回的 587 份有效问卷中,剔除目前在立案部门、综合管理部门和执行部门的法院人员,符合上述法官定义的问卷共计 434 份。其中 S 高院 131 份,G 中院 123 份,C1 中院 65 份,L 中院 11 份,C1 基层 74 份,L 基层 30 份。第二次系列调研(下文统称为 B 调研)发生在 2012 年春、2013 年的春夏和 2014 年初,样本法院包括了横跨中国东、中、西三个地区的四个中院及其下辖的若干基层法院(位于东部地区的 C2 中院及其下辖的几个基层法院、位于中部地区的 M 中院以及下辖的基层法院、位于西部地区的 C1 中院、D 中院和 D 中院下辖的几个基层法院)。在收回的 997 份有效问卷中,剔除目前在综合管理部门和执行局的样本法官,目前仍在审判业务部门的法官有效问卷共计 847 份。其中 C1 中院 152 份,C2 中院 128 份,M 中院 51 份,D 中院 49 份,C2 基层 303 份,M 基层 88 份,D 基层 76 份。问卷的相关内容包括年龄状况、法官学历程度、本科是否法学、是否通过司法考试、何种途径进入法院、从事审判工作的年限、目前月收入水平、每月审结的案件数量、是否满意当前的收入以及期望收入为多少、认为法官目前社会地位高还是低等问题。下面是一些初步的统计结果。

---

① 其实这里还有困难。实践中很多书记员和法官助理也参与审案,他们算不算法官?按照书记员和法官助理序列单列的人员分类改革,书记员和法官助理只能辅助法官办案,不能参与审案,当然算不得法官。但我的样本数据来自于 2004 和 2014 年,据我所知,很多时任书记员和法官助理的都是法院招收的法学院毕业生(包括硕士研究生),他们都是要参与案件审理并撰写审结报告和判决书的。对样本问卷的统计也验证了这一点(所有 30 岁以下的法官很多都是书记员和法官助理,他们也参与案件的一审和二审)。因此,我必须将样本中的书记员和法官助理视为法官。

1. 法官年龄分布

表 5.1　2004 年法官年龄分布一览表

年龄\法院	小于 30 岁 人数(人)	比率(%)	30—40 岁 人数(人)	比率(%)	40—50 岁 人数(人)	比率(%)	大于 50 岁 人数(人)	比率(%)	合计
S 高院	12	9.2	62	47.3	48	36.6	9	6.9	131(100%)
G 中院	17	13.8	82	66.7	24	19.5			123(100%)
C1 中院	14	21.5	38	58.5	12	18.5	1	1.5	65(100%)
L 中院			7	63.7	3	27.3	1	9	11(100%)
C1 基层	23	31.1	38	51.4	12	16.2	1	1.3	74(100%)
L 基层	4	13.3	18	60	8	26.7			30(100%)
合计	70	16.1	245	56.4	107	24.7	12	2.8	434(100%)

数据来源：A 调研中反馈回来的法官调查问卷表。如果未加说明，本章所有涉及 2004 年样本法官的数据均来自于此。

表 5.2　2014 年法官年龄分布一览表

年龄\法院	小于 30 岁 人数(人)	比率(%)	30—40 岁 人数(人)	比率(%)	40—50 岁 人数(人)	比率(%)	大于 50 岁 人数(人)	比率(%)	合计(人)/(%)
C1 中院	31	20.4	48	31.7	45	29.6	28	18.4	152/100%
C2 中院	29	22.7	46	35.9	39	30.5	14	10.9	128/100%
M 中院	10	19.6	16	31.4	20	39.2	5	9.8	51/100%
D 中院	9	18.4	17	42.9	21	34.7	2	4.1	49/100%
C2 基层	74	24.4	92	30.4	123	40.6	14	4.6	303/100%
M 基层	16	18.2	31	35.2	34	38.6	7	8.0	88/100%
D 基层	12	15.8	23	30.3	38	50.0	3	3.9	76/100%
合计	181	21.1	273	32.2	320	37.8	73	8.7	847/100%

数据来源：B 调研中反馈回来的法官调查问卷表。如果未加说明，本章所有涉及 2014 年样本法官的数据均来自于此。

2004 年的法官数据显示各级法院法官的年龄分布基本相同，也即 30—40 岁这个年龄层的法官人数最多，占法官总数的一半上下，如果加上不到 30 岁的法官，各级法院 40 岁以下的年轻法官几乎可以达到总人数的七成，而 50 岁以上的老法官则寥寥无几。2014 年的法官数据稍有不同，也即 30—40 岁年龄档的法官比例在减少，从占据半壁江山到只占三成多，50 岁以上法官的比率有轻微上升，从 2.8% 上升到 8.7%，40—50 年龄档的法官比率有所增加，从 24.7% 上升到 37.8%。跨越十年的法官年龄分布数据变迁的原因留待下文分析。下面是一个 2004 年样本法官年龄比率分布饼状图以及 2004

年和2014年样本法官年龄比较柱状图。

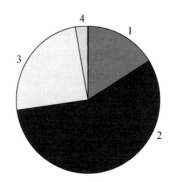

图 5.1　2004 年样本法官年龄分布比率饼图

注:图中的1为30岁以下法官占法官总数的比率,2为30—40岁法官所占比率,3和4分别为40—50岁法官和50岁以上法官所占比率。图5.2亦同。

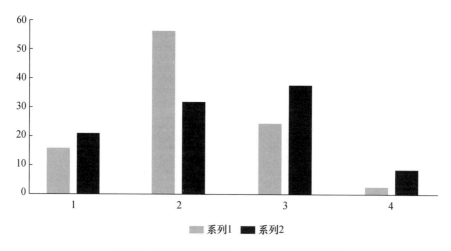

图 5.2　2004 年和 2014 年法官年龄比较柱状图

注:上图浅色代表2004年调研的法官年龄数据,深色代表2014年调研的法官年龄数据。

2. 样本法院法官的学历状况

表 5.3　2004 年法官学历一览表　　　　　　　　（单位:人）

X F	大专						本科						硕士	博士	合计
	P	H	Z	D	Y	Q	P	H	Z	D	Y	Q			
S	5	5				2	43	23	22	1	7	3	18	2	131
G	2			1		2	42		24	4	1	13	34		123
C1	2	3				1	24	23	1	1	1	5	4		65

(单位:人)(续表)

X\F	大专						本科						硕士	博士	合计
	P	H	Z	D	Y	Q	P	H	Z	D	Y	Q			
L							1	4	3		2		1		11
c1	9	1		1		3	32	9	5	3	4	3	4		74
l1	1					2	8	4	1	8	2				30
合计	19	9		2		10	146	67	59	10	23	26	61	2	434

注:表中 X 表示学历水平,F 表示法院,各行 S、G、C1、L、c1 和 l1 分别代表 S 高院、G 中院、C1 中院、L 中院、C1 基层以及 L 基层;第 2 列至第 7 列的 P、H、Z、D、Y 和 Q 分别指通过普通高校、函授、自考、电大、远程教育和其他途径获得的大专学历,而第 8 列至第 13 列的 P、H、Z、D、Y 和 Q 指通过普通高校、函授、自考、电大、远程教育和其他途径获得的本科学历,这里的"其他途径"既包括法院系统自办的业大,也包括各地党校兴办的法学教育;硕士和博士分别都包括了在职和非在职的情况。一共 434 个有效样本。

表 5.4 2014 年法官学历一览表

X\F	大专						本科						硕士	博士	合计
	P	H	Z	D	Y	Q	P	H	Z	D	Y	Q			
C1	1	0	0	0	0	0	42	10	15	19	1	2	61	1	152
C2	0	0	0	1	0	0	47	11	9	5	2	0	51	2	128
M	5	0	3	2	1	2	18	2	3	2	3	3	7	0	51
D	2	0	0	0	1	0	15	3	8	1	2	2	12	0	49
c2	2	1	5	1	2	2	104	29	21	34	7	7	85	1	303
m1	4	0	0	1	1	1	31	12	18	6	2	2	8	0	88
d1	3	7	2	5	1	2	22	7	9	10	4	1	5	0	76
合计	17	8	10	12	6	7	279	74	80	84	20	17	229	4	847

注:表中 X 表示学历水平,F 表示法院,各列 C1、C2、M、D、Q、c2、m1 和 d1 分别代表 C1 中院、C2 中院、M 中院、D 中院、Q 中院、C2 基层、M 基层和 D 基层;第 2 列至第 7 列的 P、H、Z、D、Y 和 Q 分别指通过普通高校、函授、自考、电大、远程教育和其他途径获得的大专学历,而第 8 列至第 13 列的 P、H、Z、D、Y 和 Q 指通过普通高校、函授、自考、电大、远程教育和其他途径获得的本科学历,这里的"其他途径"既包括法院系统自办的业大,也包括各地党校兴办的法学教育;硕士和博士分别都包括了在职和非在职的情况。一共 847 个有效样本。

根据上表,我们发现不管是高级法院、中级法院还是基层法院,法官的学历层次都非常驳杂,既有来源各不相同的大专、本科学历,也有正规政法院校毕业的法学硕士,甚至还有个别法学博士。如果在正规高等院校受过四年或以上教育(其中包括了政法院校毕业的本科学历和研究生学历)视为能够有效担当法官职位的条件和前提(以国外的法官选任条件看来,这不仅是一个非常低的起始标准,更不是一个专业化的标准①),我们就会发现 2004 年调研的三级法院样本法官中仅有 48% 达到了这一标准,而 2014 年调研样本的这一数据高出了 12 个点,即正规高等院校毕业的法官在总样本中占比达到了 59.8%。为了更清晰地凸显法院进人标准的专业化情况,我将各个法院普通高校本科和学历为硕士、博士的法官人数加总,再减去本科为非法学专业的法官,得到各法院接受过正规法学本科及以上教育的法官总数,剩下的就是以其他各种途径获得大专、本科学历的法官。下面就是 2004 年和 2014 年法官学历数据的简化表。

表 5.5　2004 年法官学历状况简化表

学历 法院	正规法学教育法官人数	占所在法院法官比率	其他途径获得学历人数	占所在法院法官比率	合计
S 高院	54 人	41.2%	77 人	58.8%	131(100%)
G 中院	64 人	52%	59 人	48%	123(100%)
C1 中院	23 人	35.4%	42 人	64.6%	65(100%)
L 中院	2 人	18.2%	9 人	81.8%	11(100%)
C1 基层	26 人	35.1%	48 人	64.9%	74(100%)
L 基层	3 人	10%	27 人	90%	30(100%)
合计	172 人	39.6%	262 人	60.4%	434(100%)

注:有效样本 434 个。

表 5.6　2014 年法官学历状况简化表

学历 法院	正规法学教育法官人数	占所在法院法官比率	其他途径获得学历人数	占所在法院法官比率	合计 人/%
C1 中院	80 人	52.6%	72 人	47.4%	152(100%)
C2 中院	83 人	64.8%	45 人	35.2%	128(100%)
M 中院	20 人	39.2%	31 人	60.8%	51/100%
D 中院	22 人	44.9%	27 人	55.1%	49/100%
C2 基层	176 人	58.1%	127 人	41.9%	303(100%)
M 基层	27 人	30.7%	61 人	69.3%	88(100%)
D 基层	19 人	25%	57 人	75%	76(100%)
合计	427 人	49.8%	420 人	50.2%	847/100%

注:有效样本 847 个。

---

① 德国的法官候选人必须来自接受了 4 年至 5 年法学教育的本科毕业生,通过了第一次州司法考试之后还要经过为期两年的实践性专业培训,之后只有通过了严格的州复试才可以申请法官资格。英、美两国的法官选任更是严格,往往只有那些经验丰富、资历非凡的法律人才能担当法官一职,法学院的学历仅仅是最基本的条件。对国外法官遴选制度的详细介绍,参见关玫:《法官遴选制度比较(上、中、下)》,载《法律适用》2002 年第 4、第 5、第 6 期。

扣除了非政法院校毕业的法官,与表5.3相比,表5.5显示2004样本法官中接受过正规法学教育的法官占比仅为39.6%。但到了2014年,这一数据比2004年高了十个百分点,即49.8%。但以法官职业化为标准,接受过正规法学教育的中国法官在比例上还是偏低,就算在2014年,总体上也未达到样本法官的五成。但具体而论,在A调研数据中,位于珠三角地区的G中院表现最为优异,该院政法院校毕业的法官在该院样本法官中占比最高,超过了半数(52%),这在一定程度上证明了与位于西部地区的法院相比,位于经济发达地区的G中院对政法院校毕业生具有一定的吸引力。其次,虽在西部,但与同在一个城市的C1中院和C1基层法院相比,S高院吸引政法院校毕业生的能力还是更高一些。从数据上看,S高院的样本法官中政法院校毕业的法官占比为41.2%,高于C1中院的35.4%和C1基层的35.1%。最后,位于经济相对最不发达的L市,不管是中级法院还是其下辖的基层法院,其吸引政法院校毕业生的能力最弱,仅为相对应样本数据的18.2%和10%。在B调研数据中,同样呈现了以上两个现象,(1)相比下辖的各基层法院,样本法院中各中级法院对政法院校毕业生的吸引力更大;(2)不同地区的样本法院,该数据的比例差异非常明显,这其实表明了与不太发达的地区(比如位于中部地区的M市和位于西南地区的D市)相比,经济发达地区(如位于东部长三角地区的C2市),吸引法学院学生的能力明显强劲得多。在很大程度上,2004年A调研和2014年B调研的这一地区差异的数据分布态势正好印证了前面第一章揭示的法院进人的"参与约束"和法官薪酬地方化问题。

3. 样本法院法官司考通过情况

先看2004年A调研的情况。

表5.7 2004年司法考试通过率一览表

法院\司考	通过司考人数	占所在法院法官比率	没有通过司考人数	占所在法院法官比率	合计
S高院	21人	16%	110人	84%	131(100%)
G中院	24人	19.5%	99人	80.5%	123(100%)
C1中院	12人	18.5%	53人	81.5%	65(100%)
L中院	1人	9%	10人	91%	11(100%)
C1基层	6人	8%	68人	92%	74(100%)
L基层	1人	3.4%	29人	96.6%	30(100%)
合计	55人	12.7%	369人	87.3%	434(100%)

再看2014年B调研中各样本法院法官的司考通过率。

表 5.8 2014 年司法考试通过率一览表

司考\法院	通过司考人数	占所在法院法官比率	没有通过司考人数	占所在法院法官比率	合计
C1 中院	71 人	46.7%	81 人	53.3%	152(100%)
C2 中院	76 人	59.4%	52 人	40.6%	128(100%)
M 中院	20 人	39.2%	31 人	70.8%	51(100%)
D 中院	19 人	38.8%	30 人	61.2%	49(100%)
C2 基层	154 人	50.8%	149 人	49.2%	303(100%)
M 基层	31 人	35.2%	57 人	64.8%	88(100%)
D 基层	21 人	27.6%	55 人	72.4%	76(100%)
合计	392 人	45.9%	455 人	54.1%	847(100%)

从表 5.7 可以看出,2004 年,所有样本法院法官的司考通过率都很低,最高的 G 中院也没有超过 20%。但这其中也有区别,层级高的法院司考通过率明显高于层级低的法院,而经济发达程度高的地区其司考通过率也要高于经济不太发达地区。但到了 2014 年,变化相当明显,所有样本法院的司考通过率都有大幅度的提高,但地区差异和审级差异仍然存在。具体而论,一方面,各中级法院样本法官的司考通过率均高于其下辖的各基层法院;另一方面,经济发达地区样本法院的司考通过率远高于经济不发达的中西部地区,无论是中级法院层面还是基层法院层面。

4. 进入法院的途径

先看 2004 年的情况。

表 5.9 2004 年法官进入法院途径一览表

途径\法院	毕业分配		部队转业		招干		招聘		调任		其他		合计
	人数	比率	人数	比率	人数	比率	人数	比率	人数	比率	人数	比率	人数
S 高院	36	27.5	18	13.7	41	31.3	9	6.9	21	16	6	4.6	131
G 中院	90	73.2	5	4.1	18	14.6	4	3.2	5	4.1	1	0.8	123
C1 中院	21	32.3	10	15.4	24	36.9	6	9.2	3	4.6	1	1.5	65
L 中院	3	27.3	1	9.1	5	45.4			2	18.2			11
C1 基层	22	29.7	5	6.8	20	27	22	29.7	5	6.8			74
L 基层	5	16.7	3	10	12	40			8	26.6	2	6.7	30
合计	177	40.8	42	9.7	120	27.6	41	9.5	44	10.1	10	2.3	434

再看 2014 年的数据。

表 5.10　2014 年法官进入法院途径一览表

途径 法院	毕业分配		部队转业		招干		招聘		调任		其他		合计
	人数	比率	人数	比率	人数	比率	人数	比率	人数	比率	人数	比率	人数
C1 中院	87	57	9	6	20	13	10	7	11	7	15	10	152
C2 中院	82	64	6	5	22	17	4	3	11	9	3	2	128
M 中院	29	57	1	2	11	22	1	2	3	6	6	12	51
D 中院	28	57	6	12	8	16	2	4	4	8	1	2	49
C2 基层	173	57	28	9	52	17	18	6	15	5	17	6	303
M 基层	43	49	6	7	13	15	7	8	9	10	10	11	88
D 基层	33	43	10	13	11	15	8	11	6	8	8	11	76
合计	475	56	66	8	137	16	50	6	59	7	60	7	847

以上数据显示,虽然 2014 年调研数据显示从高等院校毕业分配进入法院的比例在增加,即从 2004 年的 40.8% 上升至 2014 年的 56%,但不管是 2004 年还是 2014 年,进入中国法院的途径均非常驳杂。具体分析稍后展开。

5. 法官目前月收入情况

先看 2004 年的法官收入情况。

表 5.11　2004 年法官月收入情况表

收入 法院	小于 2000 元 (人)	2000 元— 3000 元 (人)	3000 元— 4000 元 (人)	4000 元— 5000 元 (人)	5000 元— 6000 元 (人)	合计 (人)
S 高院	69	61	1			131
G 中院	1	3	63	48	8	123
C1 中院	40	25				65
L 中院	11					11
C1 基层	44	25	4	1		74
L 基层	29	1				30
合计	194	115	68	49	8	434

再看 2014 年的法官收入情况。

表 5.12　2014 年法官月收入情况表

收入\法院	<3000 元（人）	3000<5000 元（人）	5000<6500 元（人）	6500<8000 元（人）	8000<10000 元（人）	>10000 元（人）	合计（人）
C1 中院	13	85	51	2	1	0	152
C2 中院	0	44	60	21	3	0	128
M 中院	6	45	0	0	0	0	51
D 中院	10	36	3	0	0	0	49
C2 基层	3	128	123	38	10	1	303
M 基层	16	71	1	0	0	0	88
D 基层	19	57	0	0	0	0	76
合计	67	466	238	61	14	1	847

以上两表两相对照即可看出，在纵向的历时维度，中国法官的收入在十年间有了极大的提高。以 C1 中院为例，在第一次调研时的 2004 年，所有样本法官的月收入均不到 3000 元，但到了 2013 年夏（我第二次进入该院调研的时间），月收入不到 3000 元的法官仅占比 8.5%，而月收入超过 5000 元的法官占比三分之一还多。但在横向共时的空间分布维度，不管是 2004 年还是 2014 年，法官收入的地区差异一直巨大而审级差异不大。在 2004 年，位于珠三角地区的 G 中院法官的收入可谓一枝独秀，比西南地区的法官们高出一两倍，到了 2014 年，位于江南富庶之地的 C2 法院法官又是遥遥领先。但只要在一个地区，不管是 2004 年还是 2014 年，不同层级法院法官之间的收入倒比较一致。

接下来是法官期望月收入数据和是否满意目前月收入的数据。

表 5.13　2004 年法官期望月收入一览表

期望收入\法院	2000 元（人）	3000 元（人）	3000—5000 元（人）	5000—8000 元（人）	8000—10000 元（人）	10000 元以上（人）	合计（人）
S 高院		11	35	75			121
G 中院				25	47	28	100
C1 中院		8	12	38			58
L 中院		4	2	5			11
C1 基层	9	12	16	20	4		61
L 基层	14		7	7			28
合计	23	35	72	170	51	28	379

通过该表，一方面可以看到不同地区的法官在期望收入方面的差异（这

更多来自既有的不同月收入情况),另一方面,虽然不同层级的法官既有收入相差不大,但他们的期望月收入分布却相差悬殊,具体地,虽然S高院、C1中院和C1基层的法官当时月收入大都在2000元上下,但在C1基层有9人的期望收入仅仅为2000元(甚至更少,统计中有两个法官的期望收入居然只有1600元,只不过表中没有体现出来)的情况下,C1中院和S高院的法官没有一人的期望月收入为2000元,而且这两个法院法官期望月收入在5000元以上的比率也大大超过C1基层。

表5.14 2004年对目前月收入不满的法官数据表

人数 法院	满意人数 (人)	占所在法院 法官比率 (%)	不满意人数 (人)	占所在法院 法官比率 (%)	合计
S高院	10	7.6	121	92.4	131(100%)
G中院	23	18.7	100	81.3	123(100%)
C1中院	9	13.8	56	86.2	65(100%)
L中院	0		11	100	11(100%)
C1基层	13	17.6	61	82.4	74(100%)
L基层	2	6.7	28	93.3	30(100%)
合计	57	13.1	377	86.9	434(100%)

从上表中可以看出,在2004年数据中,当时月收入相对比较高的G中院,法官的不满意率最低(但即使这样,也有超过8成的法官对目前收入不满),而目前月收入相对最低的L中院和L基层不满意率最高。另外,虽然当时月收入分布中C1中院和C1基层相差不大,但S高院的法官不满意率也很高,这很有可能是那里的法官认为高级法院的法官收入应该比下级法院法官更高的原因。但不管怎样,中国法院的法官普遍对自己收入不满可能是事实,从样本法院的数据来看,总和结果是有差不多九成的法官不满意自己的收入水平。

2014年的调研问卷虽然遗漏了"期望月收入"和"是否满意目前收入"这两个选项,但我在大量的法官访谈中也间接了解到了法官们对目前收入的主观满意度。总体上,我问到的法官,几乎都对目前的收入不满且期望更高的月收入,他们经常抱怨工资的涨幅远远不敌物价的增幅,尤其是令人恐怖的房价。

6. 每月审结的案件数量情况

先看2004年的情况。

表 5.15　2004 年每月人均审结案件数量一览表

案件量＼法院	S 高院	G 中院	C1 中院	L 中院	C1 基层	L 基层	合计
一审案件总量	216	412	183	23	883	280	1997
二审案件总量	501	965	281	50			1797
所有案件总量	717	1377	464	73	883	280	3797
人均审结案件量	5.5	11.2	7.1	6.6	11.9	9.3	8.7

注：关于每月审结案件的情况，问卷是这样设计的：每月审结的一审案件：5件以下（　），5—10件（　），10—20件（　），20—30件（　），30件以上（　）；每月审结的二审案件：5件以下（　），5—10件（　），10—20件（　），20—30件（　），30件以上（　）。法官只需根据自己的工作量在相应的括号中打钩。在统计案件总量时，我将5件以下视为3件，5—10件视为8件，10—20件和20—30的分别以15件和25件计算（没有碰到超过30件的情况），再分别乘以审结了相应数量案件的法官人数，最后再分别加总一审和二审的案件总量。

以上数据表明，在 2004 年，不管是哪级法院，也不管在哪个地区，法官的工作量其实都说不上大，如果再考虑合议庭审结的因素，这个数字还应该往下调。这一事实表明我们很多认为法官工作负担过重的观点有待商榷。下面是一个更直观的月均审结案件量柱状图。

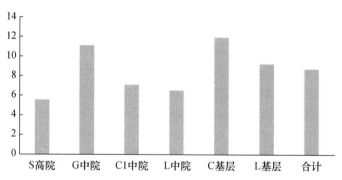

图 5.3　2004 年法官月均审结案件柱状图

再看 2014 年样本法官的工作量情况。

表 5.16　2014 年人均审结案件数量一览表

案件量＼法院	C1 中院	C2 中院	M 中院	D 中院	C2 基层	M 基层	D 基层	合计
一审案件总量	1460	883	225	198	3131	808	633	7338
二审案件总量	467	591	175	160				1394
所有案件总量	1927	1474	400	359	3131	808	633	8732
人均审结案件量	12.7	11.5	7.8	7.3	10.3	9.2	8.3	10.2

注：计算方式如表 5.15。

下面是一个更直观的月均审结案件量柱状图。

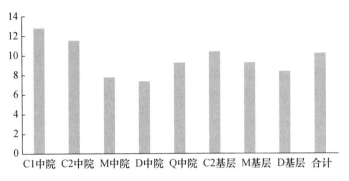

图 5.4　2014 年法官月均审结案件柱状图

根据表 5.15,我们发现在 2004 年,除了个别法院的部分法官,中国法官的工作负担都不算太大。以月均结案量来看,人均结案最多的 G 中院和 C1 基层法院也就 11 件左右,"案多人少"的现象至少在我的样本数据中基本没有发现。但到了 2014 年,情况稍有变化。(1) 根据表 5.15 和表 5.16,B 调研中样本法官的月均审结案件数比 A 调研高出了两件多,即从 8.7 件提高到 10.2 件。(2) 在 2004 年,C1 中院的人均结案数(7.1 件)低于 A 调研数据的平均数,但在十年之后 B 调研中,C1 中院的人均结案数居然位居首位,达到了 12.7 件,高于经济发达地区的 C2 中院(11.5 件)和 C2 基层(10.3 件)。其中的原因稍后分析。

7. 对法官社会地位的看法

表 5.17　2004 年对目前法官社会地位看法一览表

观点 法院	认为地位高的人数(人)	占所在法院法官总数比率(%)	认为地位低的人数(人)	占所在法院法官总数比率(%)	不知道的人数(人)	占所在法院法官总数比率(%)	合计
S 高院	21	16	98	74.8	12	9.2	131
G 中院	17	13.8	96	78	10	8.2	123
C1 中院	15	23	45	69.2	5	7.7	65
L 中院			7	63.6	4	36.4	11
C1 基层	20	27	40	54.1	14	18.9	74
L 基层	6	20	20	66.7	4	13.3	30
合计	79	18.2	306	70.5	49	11.3	434

上表表明 2004 年 A 调研中的大多数样本法院的法官认为法官目前的社会地位低,其中 G 中院的法官有近八成持此观点,比率最高;而 C1 基层法

院的法官只有一半多一点的比率认为法官地位低,这或许是该法院的年轻法官最多的缘故。有证据证明年轻法官认为目前法官地位高的比率最高,而年纪大的法官以及各法院的庭长、副庭长往往对法官的当前地位大多持消极态度。虽然2014年的B调研的问卷中遗漏了此选项,但不管是对C1中院十年后的跟踪调研,还是在其他几次调研中,通过和法官聊天、访谈等方式,我发现法官们认为法官目前社会地位低的比率比十年前更高了。

三、对数据的初步分析

上述法官数据,对于人数众多的中国法官而言,或许只是"沧海一粟"。很多人也许要质疑,这些数据具备代表性吗?但首先,不管是2004年的A调研还是2014年的B调研,这些样本法院并不是事先有所选择的,甚至这些法官调查问卷在很大程度上都是一种偶然的产物①,因此本章样本法院的选定其实有一种随机抽样的性质。其次,这些法官数据包括了除最高法院以外的三级法院,更重要的是,已有数据已经初步展示了中国各地(既包括了经济发达的东部和珠三角地区,也有经济不太发达的中西部),甚至是各级法官之间不同程度上的同构性(不仅是年龄构成,学历状况,司考通过率,进入法院途径的驳杂性,对目前收入的不满,甚至还包括不高的月均案件审结率以及法官对目前社会地位的低认同度),在一定程度上,我推断中国其他地区的法官可能也共享着这些特征。再次,由于跨越了前后十年的时间,这些数据因此具有某种程度上的历史纵深性,如果十年后的数据和十年前的相差不多,就可以确定中国法官的整体特征具有一定的稳定性。最后,"数据总是不完备的。尽管如此,在获得有关知识和方法后,我们必须尽量利用这些不完备的数据,毅然决然,作出判断。舍此之外,别无他法"。②

根据前面的数据和图表,我们可以发现中国法官现状的如下特点和问题。

---

① 就A调研而言,2004年夏天的法院调研课题主要是搜集1992—2001年10年间三个中院(G中院、C1中院和L中院)一审经济纠纷判决书的基本信息。直到调研工作在G中院展开后,我才开始着手进行法官调查问卷的设计。而S高院和5个基层法院的加入也是后来的临时决定。而B调研在时间上横跨了两三年,包括了数个调研目的并不完全一致的调研项目,除了2013年夏天重访C1中院是想跟踪调查十年后的法官情况有无变化、变化有多大之外,其他几次调研中法官问卷的发放和回收其实只是在调研课题之外捎带的"私货",因此并不是一个提前设计好的整体性调研。我个人认为两次调研中的抽样随机性是完全可以保证的。

② 〔英〕A. C. 庇古:《社会主义和资本主义的比较》,谨斋译,商务印书馆1964年版,第79—80页。

第一个显著特点是各级法院法官的年龄构成均呈现年轻化的状态。①在 2004 年的 A 调研数据中,40 岁以下的年轻法官占了七成还多,而超过 50 岁的法官的比率仅仅只占 2.8％,G 中院甚至没有一名超过 50 岁的法官;相应的,有 20 年审判经验的法官也很少,只占所有法官总数的 8.6％。虽然在 2014 年 B 调研中样本法官的年龄构成中年长法官稍有增加,但 40 岁以下的法官仍然占据了一半以上的比率。具体而论,2004 年的这一数据充分说明了随着学术界对法官职业化和专业化的呼吁,再伴随着最高法院"一五改革纲要"的实施,各级法院的"提前退休"工程初见成效,大多数富有司法经验的老法官在中国特有的"运动式"治理(这也是理解为什么各级法院的年龄构成如此整齐划一的要点)中或被动或"主动"(因为有一定的优惠政策)地给那些政法院校毕业的年轻人让了位子。② 以一种历史的眼光来看这未必不是件好事,因为我们可以慢慢在现有的年轻人中培养有经验的法官。但如此大规模且不加区别地在各级法院剔除经验丰富的老法官可能也会存在一些问题,不仅因为法官工作是一种具有"晚期巅峰且持续"性质的职业,法官的经验和知识是一种和年龄增长呈正向关系的"固态智力"(指根据一个人已有的知识进行推理的能力)③,更在于不同于看重法律审的上诉审法院,基层法院的调解会更多,也往往更关注事实问题,而把这些工作交给经验丰富的老法官可能会更有效率。但我们发现样本数据的 104 名基层法官之中居然只有 1 名 50 岁以上的老法官,这或许是一个问题。

在 2014 年,虽然年轻化的整体特征未变,但样本法官的年龄结构有所变化。表面看来,最显著的一个变化是 30 岁到 40 岁的法官比例有所下降而 40 岁到 50 岁的法官比例有所提高,即前者从 2004 年的 56.4％下降到 2014 年的 32.2％,后者从 2004 年的 24.7％增加到了 37.8％。但如果对前后十年的数据变化进行仔细思考,就会有对如下问题的思考,(1) 由于法官总会变老,如果样本法院没有法官流失("出")和新人进入("进"),十年后,十年前 50 以

---

① 关于这一现象,还有更多的证据支持。比如即使到了实施员额制改革之后的 2016 年,北京市三级法院 2363 名员额法官,平均任职年龄 11.9 年,平均年龄只有 40.6 岁。数据来源:北京高院院长杨万明:《北京市高级人民法院工作报告——2017 年 1 月 18 日在北京市第十四届人大第五次会议上》。

② 在一次学术讨论中,李晟认为本章样本数据中老法官数量极少的原因可能并不仅仅是"提前退休"工程的实施,由于 20 多年前的法官人数本来就不多,现如今老法官人数可能就是情理之中了。我承认这一反驳有一定道理,但并不能完全解释样本法院中 50 岁以上老法官的比例仅占样本法官总数的 2.8％这一事实。

③ 因此,整个美国联邦法院系统年龄小于 40 岁的法官寥寥无几,这正好和中国的情况形成了鲜明的对比。关于"动态智力"与"固态智力",老龄与法官的关系,参见〔美〕理查德·A.波斯纳:《衰老与老龄》,周云译,中国政法大学出版社 2001 年版,特别是第四章"一个假定有变化的老龄经济学模型"和第八章"案件审理与老龄"。

上的法官自然退休,十年前 30 不到的法官自然而然就会成为 30—40 年龄段的法官,同样十年前 30—40 年龄段、40—50 年龄段的法官比率一定和十年后 40—50 年龄段、50 以上的法官比率相当。(2) 如果 2014 年 B 调研样本数据中 30—40 年龄段的法官比率(32.2%)高于 2004 年 A 调研中小于 30 岁的法官比率(16.1%),原因可能在于各样本法院在这十年间吸纳了不少年轻的政法院校毕业生(这其中主要包括各大法学院培养的法学硕士和法律硕士)。需要特别提一下法律硕士,自 2004 年首批全国统一招录的法律硕士毕业一直到 B 调研时的 2014 年,各大法学院培养了数量可观的号称"交叉型人才"的法律硕士,经济发达地区的法院(甚至经济不太发达地区的中级法院)是他们择业的一个主要选项。位于经济发达地区的 C2 中院和 C2 基层,样本法官中硕士比例高达 41% 和 28% 即为一个例证。特别需要提一下 C1 中院,2004 年数据表明该院硕士比例仅为 6%,但根据 2014 年数据,该比率飙升至 40%。① 原因可能有二,其一,该地区经济在十年间发展迅速(2004 年该市 GDP 仅有 2000 亿多一点,但到了 2014 年,该市 GDP 已超万亿,十年间增长了 5 倍),法官薪酬的增长和较高的城市吸引力能够吸引政法院校毕业的法学硕士和法律硕士进入该院;其二,该市拥有几所著名的大学,一方面,这十年间各大法学院毕业的硕士生有很大的意愿留在本市,另一方面,C1 中院法官也很容易在该市的各大法学院通过在职法律硕士的方式获得法律硕士学位。(3) 按道理讲,十年后 40 岁到 50 岁这个年龄段的法官比率应该不会和十年前 30 岁到 40 岁这个年龄段的法官比率相差太多,但如果 2014 年 B 调研样本数据中 40—50 年龄段的法官比率(37.8%)远远低于 2004 年 A 调研中 30—40 年龄段的法官比率(56.4%),一个可能的解释是这十年间很多三四十岁年富力强的法官在不断流失所致。② 因为根据我这些年在各个法院调研的情况来看,由于法院薪水低、压力大、行政职级上升空间有限,有不少年轻法官或者被党政机关看中通过调任的方式离开法院,或者干脆就辞职做律

---

① 这一数据远远超过了最高法院为东部地区法院设定的 15% 的研究生比例。某种程度上也证明了法律硕士(不管是全日制还是在职)培养制度的成功。根据《2006—2010 年全国法院教育培训规划》,最高法院要求"到 2010 年,法官中研究生层次人数要比 2005 年翻一番,力争达到 20000 人,其中,东部地区法院、中部地区法院、西部地区法院法官中研究生层次人数所占比例分别达到该地区法官总数的 15%、9% 和 6%"。资料来源:《最高人民法院关于印发〈2006—2010 年全国法院教育培训规划〉的通知》,最高人民法院文件法发(2006)7号。

② 可能有读者会较真,由于样本法院不一样,你没办法直接将 2004 年的法官数据和 2014 年的法官数据进行比较。这是一个很有道理的质疑,好在我的样本数据中有对 C1 中院横跨十年的跟踪调研,以 C1 中院为例,2004 年数据中 30—40 年龄段的法官占比 58.5%,而过了十年,样本数据中 40—50 年龄段的法官比例骤减至 29.6%,差不多减少了一半,这个数据可以很好地证实我的上述推断。

师或者被大公司和银行请去担任法务总监或顾问。由于涉及法院能否留住优秀法律人才,因此这是一个需要我们留意的大问题。

数据中第二个引人注意之处在于,不管是 2004 年数据还是 2014 年数据,所有样本法官无一例外全都是大专以及大专以上学历这个特点了,而且绝大部分是本科生,甚至在一些经济发达地区的样本法院,硕士学历的法官比率居然能达到 40% 左右。这些数据表明,与三十多年前法官学历水平很低的情况相比[①],两次调研中样本法院所有样本法官的学历水平有一个巨大的进步,在有些学者看来,这足以显示了中国法官业务素质上的根本改变。但赖波军敏锐地看到,一方面,由于实践中强调司法专业化,这才导致职务晋升中学历开始变得重要。另一方面,由于学历仅仅是一种"职务任职资格",因此,学历在很大程度上已蜕变为一种特权,甚至实践中学历因素只是从干部地位分配出发,为满足他们的晋升需求补办的一个手续而已。[②] 这在很大程度上导致了法官学历的泛滥和贬值。

但另一方面,正如表 5.9 和 5.10 所示,不管是 A 调研还是 B 调研,样本法官的学历来源其实非常驳杂,除了正规的法律院校,更有名目繁多的函授、电大、自考、业大、夜大、党校,甚至包括近些年来各地法学院为了创收而兴办的远程教育。[③] 即使是硕士学位,如果是在职法律硕士,由于 2014 年之前法院法官就读在职法硕,"进出"门槛均很低(既不需要通过全国统一的硕士研究生入学考试,获得硕士学位也较容易),其含金量其实并不高。在某种程度上,这一法官学历水平的大幅度提高其实同样是带有中国运动式治理特点的"学历工程"必然之结果。但法官的业务素质难道真的就如"火箭炮"式不断

[①] 1983 年 5 月,时任最高法院院长的江华在四川、云南考察后向中央报告时指出,作为西南地区文化中心的四川省"全省法院干部中,政法院系的大专毕业生仅 498 人,占 4.6%,而小学以下程度的占 15%,其中还有相当数量是文盲和半文盲。云南法院少数民族干部小学以下文化程度的占 37%,其中文盲、半文盲的比例更高"。参见江华:《关于人民法院在人、财、物方面的严重困难情况的报告》,载《江华司法文集》,人民法院出版社 1989 年版,第 307 页。

[②] 赖波军:《司法运作与国家治理的嬗变:基于对四川省级地方法院的考察》,北京大学出版社 2015 年版,第 218—219 页。

[③] 1985 年最高法院创办了全国法院干部业余大学,开始对现有的司法干部进行大规模的、比较正规的在职培训。到了 2000 年,该业大已经为法院培养大专学历毕业生和审判专业证书生共 17 万人,法律本科毕业生 5 万人。1989 年,最高法院还提出了"八五"期间法院人才培训的"七、八、九"规划,即到 1995 年,全国法院 70% 的干部,80% 的审判人员,90% 的正、副院长要具有大专以上法律专业水平;1995 年又制定了《1996—2000 年教育培训规划》,要求到 2000 年全国法院的法官全部达到大专以上文化水平,高级以上法院的法官大部分要达到本科以上文化水平,其中硕士、博士研究生占有一定比例。有了这样前期的准备工作,2001 年的《法官法》顺势将法官的学历底线由专科提升为本科。在整个过程中,通过各种手段"运动式"地提高法官学历水平(其实只是法官素质表面上的提高)的特点非常明显。由于学历并不一定能完全反映法官的专业技能和司法知识,所以 2019 年《法官法》第 12 条第 7 款明确规定"初任法官应当通过国家统一法律资格考试取得法律职业资格"。

上升的学历水平那般提高了吗？答案很有可能是否定的。原因不仅在于很多学历的含金量不高，还在于以判断为主要特点的法官工作需要一种实践理性，而没有长期的司法经验，没有相应司法知识的积累，即便学历水平提高了，其业务水平也未见得提高多少，更何况文凭其实并不等于水平。因此，在我看来，样本数据中法官学历水平的整体提高其实只是法官业务素质表面上的提高，当不得多少真。真正应该在意的是如何吸引优秀的法学院学生到法院来，并给他们提供足以获得司法知识和司法经验的制度和环境。

通过比较 A、B 两组调研数据，第三个让人印象深刻的便是样本法院司考通过率的变迁了。在 2004 年，所有样本法院存在普遍的低司考通过率，平均仅有 12.7%，但到了 2014 年，样本法院的司考通过率有了很大的提升，平均已达 45.9%。同样我们先讨论 2004 年的数据。在很多法学家看来，统一司法考试的施行不仅能培养有共同法律思维的"法律共同体"，只要有相关配套措施，未来必能有效地改变中国现有的法官队伍结构、提高法官素质。① 但是在 2004 年，就连经济发达程度相当高、受过正规法学教育的法官人数最多（还有为数不少的研究生）的 G 中院其通过率也不到两成。不仅如此，已经有学者对统一司法考试的实际作用和功能提出了有道理的怀疑②，由于统计的时间段比较短（2004 年发放问卷时统一司法考试实行还不到三年），当时的调研数据还暂时看不到该制度带给各级法院的长期影响。但根据法官也是经济人，也会趋利避害的假设，根据"党管干部"这一"中国特色"的法院管理"原则"，我推断：(1) 在各地法院收入差距很大的前提下，在大城市以及经济发达地区，很多通过了统一司法考试的人员想进却进不了法院，而在小城市和中西部地区，由于市场外部机会的出现和增加，很多通过了统一司法考试的法官会寻求更好的发展（比如离开法院做律师）。(2) 由于收入和"等级资本"的存在，经济发达地区和层极高的法院会吸引更多的法学院学生，与法院中的其他"杂牌军"相比，这些学生通过司法考试的能力更强。③ 因此我预期目前层级高的法院司考通过率会高于层级低的法院，经济发达程度高的

---

① 王晨光：《统一司法考试与法官素质和法官遴选制度》，载张卫平主编：《司法改革论评》，中国法制出版社 2001 年版。
② 参见苏力：《法官遴选制度的考察》，载《道路通向城市——转型中国的法治》，法律出版社 2004 年版。
③ 不过其实也未必。2007 年初，我在山东省 Y 县法院调研时发现该院三个通过司法考试的法官都不是法学院科班出身，两位是哈尔滨工业大学的专科生，一位是莱阳农学院的专科生。这一方面验证了苏力的观点——法学院的学生往往不愿意去基层法院，另一方面也证明了非法学专业的学生同样能够出色地应付统一司法考试的要求。只不过这一数据不具有统计学上的意义。另参见苏力：《基层法院法官的专业化问题》，载《送法下乡——中国基层司法制度研究》，中国政法大学出版社 2000 年版，特别是第 338——347 页。

地区其司考通过率也要高于经济不太发达地区。本章中 A 调研的相关数据也验证了这一点。

再看 2014 年数据。与 2004 年相比,一个最显著的特点是 B 调研样本法官的司考通过率有了大幅度的提升,以 C1 中院为例,从十年前的 18.5% 提高到了十年后的 46.7%。整体而言,由于这十年间进入法院的大多是科班出身的法学院毕业生,而他们很多是通过了司法考试才能进入法院的,可以说正是他们的加入,样本各法院法官的司考通过率才能有这么大的提升。另外,2014 年的样本数据显示司考通过率最高和次高的法院是位于江南富庶之地的 C2 中院和 C2 基层,分别高达 59.4% 和 50.8%,而司考通过率最低的是位于西南地区的 D 基层,仅有 27.6%。这也在很大程度上印证了前面的推断,即司法考试通过率的高低确实与审级高低和经济发达程度正相关。

比较 A、B 两组调研数据,我们发现了第四个值得分析的问题,那就是虽然进入法院的渠道各异,但十年前后的变化也很明显,那就是通过毕业招聘进入法院的越来越多了(2004 年占了总人数的 40% 左右,而到了 2014 年,这个数据提高到了 56%),而即使在 2004 年,曾经作为争论焦点的"复转军人进法院"看来也已经不是大问题(只占了总人数的一成不到,就连在基层法院中的比例也不到 10%)。① 同样我们先分析 2004 年的数据。除了"复转军人进法院"已不是一个大问题,另一个值得注意的现象是有将近三成的法官是通过向社会公开"招干"这一渠道进入法院的(在 S 高院和 C 中院,这一比率居然位居第一),其中不乏政法类的普通高校毕业生,也有一些非法学专业的大学生,当然也少不了很多凭关系、走后门进入的人员。可以发现,虽然样本数据包含了三级法院,但除了 G 中院毕业分配进入的比率(73.2%)与其他法院相比畸高之外,各级法院的进人渠道以及比率在很大程度上相近。这从一个侧面验证了中国当前各级法院之间的同构性。G 中院的特别主要在于 G 市经济发达程度与其他样本法院所在地相比的明显优越性,在其他条件不变的情况下,其吸引法学院毕业生的能力要强很多。②

到了 2014 年,跨越十年的数据表明,一方面,中国现有法官进入法院的渠道和方式仍然"驳杂",另一方面,毕业招聘之外的其他进人方式的比率均比 2004 年有幅度不小的下降,特别是"招干"比率,从 2004 年的 27.6% 下降

---

① 苏力:《基层法院法官的专业化问题——现状、成因与出路》,载《送法下乡——中国基层司法制度研究》,中国政法大学出版社 2000 年版。
② 2004 年夏天,在我们进行调研之时,就有 10 来位来自北京大学、中山大学、中国政法大学的硕士生自愿应聘去了 G 中院,其中还有一位是我的同门师姐。

到了 2014 年的 16%。仍然以 C1 中院为例,2013 年夏天的第二次跟踪调研数据表明该院的进人渠道仍然多元,但各自比例相应地有不小的变化。比如,十年前毕业招聘(或应聘)进入法院的法官比率仅为 32.3%,但十年后提高到了 57%;十年前通过招干方式进入该院的法官比率高达 36.8%,但十年后下降到了 13%;十年前转业军人进法院的比率有 15.4%,十年后仅有 6%。这些数据均显示了 2004—2013 年间该院在初次进人上越来越强调专业化和学院化,但问题在于,该院法官进入法院渠道"驳杂"的格局没办法在短时间内消除。还有一点值得注意的是,不管是 2004 年的 A 调研,还是 2014 年的 B 调研,均发现样本法院所在地区的经济发达程度和该院样本数据中毕业分配的法官比率成正比,这在很大程度上印证了本书第一章揭示的法官薪酬地方化和"参与约束"问题。

比较 A、B 两组调研数据,第五个值得分析的现象是,不管在 2004 年的 A 调研(样本数据显示)还是 2014 年的 B 调研(访谈所得),虽然各地法院收入差异很大,但并不意外的是,不管现有收入是高是低,法官们普遍对目前收入水平不满意。由于 2014 年的 B 调研没有关于这个问题的具体数据,接下来的分析主要围绕 2004 年的 A 调研,但分析背后的推断逻辑可以延展至 2014 年的样本法官。根据 A 调研的这一是否满意目前月收入的数据,我们发现样本法官中不满意率接近九成,这是一个既出乎意料又在情理之中的结果。说它出人意料,是因为在 G 中院这样一个平均月收入四五千元的法院,对目前收入不满的法官居然还有八成多;说它在情理之中,是因为根据福利经济学中著名的杜生贝"相对收入假定",一个人对自身福利水平的看法,并不取决于其绝对收入的多寡,而是取决于和别人比较后的相对收入,特别是取决于同自己心理上联系密切的那些人(被称为"关系集团")的收入的比较。[①] 因此,一方面,接受了或正在接受现代法学教育的中国法官会在潜意识里拔高自己所从事职业的地位,并进而将收入与其外国同行相比,这样就不免会对目前的收入不满;另一方面,法官天天和律师打交道,收入普遍比法官丰厚的律师阶层自然成了他们比较的一个对象。与想象中的外国法官不同,这种比较不仅更直接,也更具体。由于同为法律共同体的成员,甚至很多法官和律师就曾是同一个学校、同一个班级的同学,律师的高收入无疑让法官们感受到了差距。用福利经济学的话讲就是,即使法官的收入与之前有了不小的提高,但只要这一提高远远低于律师(也就是上面说的"关系集团")的

---

① 关于杜生贝"相对收入假定",参见张宇燕:《对国家兴衰问题的重新审视》,载《经济发展与制度选择——对制度的经济分析》,中国人民大学出版社 1992 年版,第 286—287 页。

收入增长幅度,法官们就不会对目前收入感到满意。虽然与其他政府部门的公务员相比,其收入水平并不低,甚至在某些地区更远远高于该地区人口的平均收入水平。

但与法官对收入的过高期待相比,他们的工作量看起来却并不大,即使2014年样本法官的月均结案量比2004年的数据有不小的提高,即从8.7件增加至了10.2件。先看2004年的数据。表5.15中的数据表明,A调研中所有样本法院法官的月均审结案件量只有8.7件,最高的C1基层达到了11.9件(G中院次之,有11.2件),最低的S高院仅为5.5件,考虑到地处珠三角经济中心,在很多人想来其案件负担应该很重的G中院法官月均结案率也仅有11件,中国法官的工作量其实不大。如果再考虑到大多数案件表面上看均为合议制审理,但实际上是承办法官主导制,将月均审结案件除以3的话,这一数量会更低(因为法官实际上将其参与的所有案件视为自己审理的案件)。理论上,在合议庭工作的理想状态下,相同案件所耗费的工作量如果是"X",那么实践中,在承办法官为主导的状态下,审理一个案件所耗费的工作量仅为"X/3"。在赖波军看来,承办法官主导制是一种典型的效率优先的制度安排。① 进一步地,随着中国社会的急剧变化和经济的高速发展,民商事案件在整个法院案件受理量中的比率越来越高,而根据已有的研究,占了民商事案件一半江山的合同纠纷却大多比较简单②,这在一定程度上更是减轻了法官的工作量。因此,就2004年A调研的数据来看,中国法院系统长期以来认为的"案多人少"在很大程度上有可能是一个伪命题。③

再看2014年的B调研数据。在整体上,B调研中样本法官的月均审结案件量比A调研数据有了提高,即从8.7件提高到了10.2件。这一方面显示了中国十年间的经济社会发展带来了更多的矛盾纠纷,另一方面又表明中国法官的工作量在十年之后并没有多少提高。不过,与2004年A调研的数

---

① 赖波军:《司法运作与国家治理的嬗变:基于对四川省级地方法院的考察》,北京大学出版社2015年版,第198、200页。
② 关于经济纠纷的此类研究,参见张维迎、柯容住:《诉讼过程中的逆向选择——以契约纠纷的基层法院判决书为例的经验研究》,载《中国社会科学》2002年第2期;艾佳慧:《司法判决书中"双高"现象并存的一种社会学解释》,载《中外法学》2005年第6期。关于合同纠纷占民商事案件比率的研究,参见:冉井富:《当代中国民事诉讼率变迁研究——一个比较法社会学的视角》,中国人民大学出版社2005年版,第152页。
③ 刘忠从现实的制度细节和翔实的历史资料切入,敏锐地指出先前研究者之所以有法院"案多人少"的误判是因为忽视了现实中法院内部的中央政法编制被抽空、"干部—工人"制度被消解以及法院办公、法庭审理科技手段的改进。在很大程度上,"案多人少"话语实际上成了法院系统无限制人员扩张和机构增设的正当性理由。具体分析,请见刘忠:《员额制之后:法院人员的分类构成》,载《华东政法大学学报》2020年第6期,第89—96页。

据分布态势相似,2014 年 B 调研中各样本法院法官的月均结案量同样有不小的差异。具体而言,共时来看,在这些样本法院中,C1 中院法官的月均审结案件数最高,达到了 12.7 件,但同在西南地区的 D 中院月均结案量仅为 7.3 件。另外,位于江南富庶之地的 C2 法院,其中级法院和基层法院的月均审结案件量位列第二和第三,分别为 11.5 件和 10.3 件。历时来看,C1 中院前后十年的月均审结案件量有很大的变化,即由十年前的月均 7.1 件猛增至 2013 年的 12.7 件。一般而言,案件量的多少(特别是民商事案件)和一个地区经济发达程度正相关,C1 中院所在城市十年间经济的突飞猛进可能是该院样本法官人均审结案件在十年间有大幅度上升以及在 2014 年 B 调研的样本法院中位居首位的主要原因。

　　跨越了十年的这些实证数据在一定程度上否定了那些认定法院存在"积案危机",法官负担严重的观点。① 虽然有人认为由于中国缺乏真正意义上的简易程序,每个案件都有复杂、冗长的必经程序,法官除了庭审和制作判决书,还要撰写审理报告,填写阅卷笔录、评议记录等内部文书,因此法官工作负担很大。② 但这一观点并不太令人信服,不仅因为各级法院法官每月审结的案件很少,而且这些工作本是法官的分内之事。如果将中国法官的审结案件量与美国联邦法院法官的相比,我们就可以发现其中的差距。据波斯纳法官的统计,1995 年联邦地区法院法官和上诉法院法官年人均案件量分别为 470 件和 330 件③,分别高出 A、B 两次调研样本法官的 5 倍多和 3、4 倍,而且这些案件统统都是有事实和法律争议的案件(因为 90% 以上的案件经过审前准备程序已经通过和解方式解决了),而且每件案件法官都要撰写"司法意见"。更令人惊讶的是,波斯纳法官居然还断定联邦法院的法官普遍并不那

---

① 也因此,一个法官一年审结 803 件案件的故事在我看来不太可信,而且还有数十位与之类似的法官,除非他/她把集团诉讼分拆成很多案件,而这其实是很多法院统计年度数据的常用办法(我在山东省 Y 县人民法院调研时就发现了这个问题,当我发现年审理案件的数量有不正常的变动时,研究室主任告诉我那是他们把集团诉讼案件拆分成了很多案件的原因)。在以数据求政绩、争先进的中国法院系统,这一做法有其存在的合理性,但学者要有辨别数据的警觉。参见苏力:《经验地研究司法——〈联邦法院〉代译序》,载〔美〕理查德·A.波斯纳:《联邦法院——挑战与改革》,苏力译,中国政法大学出版社 2002 年版,第 X 页。其余的研究还有,何兵:《法院的案件危机和对策》,载《法制日报》2000 年 11 月 26 日;何兵:《现代社会的纠纷解决》,法律出版社 2003 年版;兰荣杰:《迷失的对抗与判定》,中国司法改革网,2005 年 1 月 8 日,http://www.chinajudicialreform.com/info/newsdetail.Php?newsid=1348,最后访问时间,2021 年 2 月 16 日。最新关于法院"案多人少"的新闻,请见:"破解案多人少矛盾 委员:大力发展非诉纠纷解决机制",中国长安网,2020 年 10 月 20 日,https://baijiahao.baidu.com/s?id=1681033820106127759&wfr=spider&for=pc,最后访问时间,2021 年 12 月 16 日。
② 兰荣杰:《迷失的对抗与判定》,同上注。
③ 该数据来自于〔美〕理查德·A.波斯纳:《联邦法院——挑战与改革》,邓海平译,中国政法大学出版社 2002 年版,第 436 页。

么忙碌。

比较 A、B 两组调研数据,第六个值得讨论的问题是,2004 年 A 调研的数据表明,不同层级法院的法官均有七成左右认为目前法官的社会地位低,但该样本数据中老法官与年轻法官对当前法官社会地位高低的认同却有系统性的差异。比如 424 个样本法官中有 63 名庭长、副庭长(问卷中有是否为庭长、副庭长的问题),只有 7 人认为目前法官的地位高,其 11% 的比率明显低于 18% 的总比率。样本中 S 高院和 C1 中院的所有庭长级别的法官全部认为法官目前社会地位低,且比过去更低了;而所有认为当前法官地位高的 7 位庭长、副庭长统统是 30 多岁的年轻人,这也从一个侧面验证了这个论断。另外,我在统计中还发现样本法院中不到 30 岁的法官大多是近年来法院招收到的法学本科生和研究生,当时大多数是书记员,但他们往往认为目前法官地位高。由年龄而引发的这一系统性差异很有意思,但为什么会有这样的差异?对法官社会地位的主观认定其实在很大程度上反映了被调查法官对法官社会声誉的看法,而声誉的建构或损坏是一个长期博弈的结果,只有长期身处其中的人才能感受到其中的变化。所以我猜测,四年甚至更长的法学院教育可能给予了这些年轻的法官一幅关于司法的过于理想主义和稍带"玫瑰色"的图景,更紧要的一点是,既然愿意选择到法院工作,他们必然是一些对法院工作抱持好感和热情的人,这是一种基于自愿的筛选。反过来,对于在法院干了许多年的老法官,长期的司法工作经历不仅使他能够感受到法官甚至法院社会声誉的长期变化(有所下降),而且很有可能其所作所为正是导致法官声誉降低的一个原因(这是一种不带恶意的揣测,因为一个群体声誉的升降必然和该群体成员的行为正相关)。运用这一逻辑,我猜测,只要目前法院的相应制度不改变,对法官的制约不改变,未来若干年后当年选择法官社会地位高的法官们说不定会改弦易张,认定法官的社会地位低。而我在十年之后对各地各级法院法官的许多访谈材料证明了这一点。很大程度上,该现象值得我们反思。

四、中国法官的效用函数

根据前面这些初步的分析,我们可以发现不管是年龄(美国法院几乎没有 40 岁以下的法官,而中国法院中 40 岁以下的法官却占了一半左右,其他各国法院虽然也有一些年轻法官,但法官的遴选制度却非常严格,和中国的情况有所不同①)还是学历(纵观世界各国,正规法学教育是挑选法官的最低条件,而中国法官的学历构成却很多元);不管是进入法院的途径(英美两国的法官大多来自优秀的律师阶层,德日的法官全部来自法学院的优秀学生,而在中国,即便法官职业化改革已推行十余年,2014年B调研中的样本法官因转业、招干、招聘和调任等途径进入法院的仍然还占四成多),还是对收入的满意度、对法官职业社会声誉的认同度,中外法官都有着迥乎不同的特点。而对象不同,研究必然会有所不同。因此,现有的以美国联邦法官为对象的司法经济学研究很大程度上不能适用于中国的法官。我们需要在真实中国法官的基础上构建能够解释中国法官行为的司法经济学。

　　细心的读者可能要质疑,中国法官并不是一个混沌的一体,他们之中不仅有宋鱼水这样身处大都市的知识产权法官,更有大量的以解决乡村纠纷为主的金桂兰法官们;不仅有初审法官,也有上诉审法官,你怎么能用一个面目模糊的"中国法官"替换了实际上有血有肉、各不相同的个体呢? 我的回答是:首先,本书是一个对中国法官整体式的探究,并不准备考察个体,这是一种方法论上的界定②;而且在分析中我必须剔除那些与众不同的优秀法官,只讨论那些普通的、善于趋利避害的一般法官,用波斯纳的话来说,因为经济学既没有关于天才也没有关于圣人的好理论。其次,初审和上诉审法官的区别确实非常重要,但在中国,不仅因为真正意义上的初审和上诉审没有形成,而且从整体来看,我的样本中不太存在这样的差别。正如我在前文中已经指出的那样,样本法院中不同层极,甚至不同地区法官之间的很多结构性差别基本上消弭了,中国各地甚至是各级法院法官之间都存在不同程度上的同构性(这中间其实包含了一个大问题,由于主题和篇幅所限,这里暂不讨论)。基于此,我其实是故意忽视了不同层级法院之间的区别。这是"人"的方面。

　　但要讨论中国法官的效用函数,不仅需要了解真实世界中中国法官的状

---

① 英国的法官全从律师中挑选,"成为一个法官与其说是一个新职业的开始,不如说是其职业走到顶峰的一种荣誉象征",因此其法官的平均年龄肯定比美国的更高。而要成为德国、荷兰的法官,法学院的毕业生要经过严格的挑选和漫长的培训。关于世界各国法官遴选制度的比较,参见关毅:《法官遴选制度比较(上、中、下)》,分别载于《法律适用》2002年第5、第6和第7期。

② 至于以大量数据为基础的定量研究与以个案为基础的定性研究之间的关系,我认为定性研究的工作类似于"显微镜",其重点在于深入个案或田野,细致地描述和考察其中的诸多细节和关联,尽量展示个案的丰富性和复杂性,从中发现问题并力求作出理论解释和概括;而定量研究,或者更准确地说量化研究更类似于"望远镜",其作用在于搜集大量数据和资料,尽可能站在远处描绘和勾勒山形的大致形状及其变化,然后解释其原因和相应的社会功能,目的也是为了找到真实世界中的问题并解释和提炼之。虽然不同的学者偏好不同,但这两种实证研究方法却并不冲突,而是互补的。参见王赢、侯猛:《法律现象的实证调查:方法和规范——"法律的社会科学研究"研讨会综述》,载《中国社会科学》2007年第2期。

况,更需要考察笼罩在中国法官身上的诸多正式、非正式的制约,并在此基础上理解人和制度之间的互动和博弈。因为法治的成败或者法律制度如何发挥作用在很大程度上取决于其给相关代理人(也即法官,我称之为"法律程序操作员")提供的激励。①

先来看正式制度。具体而言,《宪法》第 126 条以及《人民法院组织法》的相关内容均规定了最高法院与地方各级法院、上级法院与下级法院之间监督与被监督的关系;《法官法》花了大量篇幅细致地规定了法官的任职条件、法官等级制度以及法官的考核、奖励、惩戒、辞职辞退制度。② 不仅如此,各级法院还有一套以"审判质效评估指标"为名,包括了上诉率、一审正确率(或二审发改率)、再审率、调撤率等考核法官审判质量、审判效率和综合能力的业绩考核指标体系,而且与法官的收入和奖惩直接挂钩。这是本书第三章重点讨论过的绩效考评制度。另一方面,由于正式制度在实践中很可能并没得到有效实施,我们还必须考察各种非正式或者半正式的法官管理制度。首先是中国上下级法院之间名为监督与被监督,实为管理与被管理的关系,这在很大程度上印证了制度经济学家们的看法:没有得到有效实施的正式规则实际上根本就不是制度。③ 其次是我第二章中展示和论证了的法院内部行政性调动制度,这是一个隐藏得很深但却对法官影响匪浅的现实制约。④ 最后,还有一个更重要的制度,是实践中普遍适用但却未在任何一个有关法官的正式规则中有所体现的法官收入与行政级别挂钩的制度。虽然《法官法》规定了法官等级制度,但实践中"你是几级法官"除了有"标签"功能之外,和法官的切身利益并没有多大关联;相反,你是科级还是处级,甚至部级法官则直接和法官的工资以及其他福利待遇(比如住房大小、给不给你派车等)直接挂钩。原因在于法官也是公务员,是依法履行公职、纳入国家行政编制、由国家财政负担工资福利的工作人员(请见《公务员法》(2018 年修订)第 2 条)。在很大程度上,这其实是一个上位法(更一般性的正式制度)效力优于特别法(更具体的正式制度)的好例证。

---

① 〔美〕鲁门·伊斯拉姆:《司法改革:路向何方?》,徐菁译,载吴敬琏主编:《比较》第 17 辑,中信出版社 2001 年版,第 136 页。
② 具体内容参见《中华人民共和国法官法》(2001 年修订)第 4 章"法官的条件",第 7 章"法官的等级",第 8 章"考核",第 10 章"奖励",第 11 章"惩戒"以及第 13 章"辞职辞退"。2019 年 10 月 1 日修订的《法官法》的第三章"法官的条件和遴选"、第六章"法官的考核、奖励和惩戒"。
③ 在制度经济学家青木昌彦看来,制度是一种社会建构,代表了参与人内生的、自我实施的行动决策规则的基本特征,而正式规则只是一种博弈外生规则,如果没有得到有效实施,虽然也会引致制度的变迁,但它本身却不是制度。参见〔日〕青木昌彦:《比较制度分析》,周黎安译,上海远东出版社 2001 年版,特别是第 22 页和第 187 页。
④ 具体内容参见艾佳慧:《司法知识与法官流动》,载《法制与社会发展》2006 年第 4 期。

必须指出，上面对中国法官管理制度的描述并不全面和完整，至多可以称得上一个概略图。但这个概略图至少为我们提供了两点信息，其一就是中国各级法院管理制度的同构性，不管是最高法院还是高级法院，也不管是中级法院还是基层法院，几乎所有中国法官都面临着同样的行政性调动①，面临着几乎相同的考核和奖惩机制(各级法院"绩效考评的同构性")，这是个与法官同构性遥相对应和呼应的另一个中国特色；其二，我们也能感觉到中国法官所经受的重重压力，感觉到中国法院管理制度的严密，甚至无所不在。② 从法官激励的角度看，这些细密、复杂甚至琐碎的管理制度中既有很多"胡萝卜"，也有很多"大棒"。③ 对本章样本数据中那些比较年轻、学历不太高、构成复杂且普遍对现有收入不满的法官而言，利用"理性人"假定和成本—收益分析仔细地考察这些"胡萝卜"和"大棒"对他们的影响、并在此基础上筛选出一些法官效用函数中的可能性，并进而构建一个中国法官的效用函数应该是经济学分析最擅长也最有效的领域。

要对法官行为进行经济学分析，首先需要三个假定。第一，中国法官都是在既定制度环境下"趋利避害"的有限理性行动主体，或者经济人。很多人可能不喜欢"经济人"这个概念，但经济学上的"经济人"其实只是一个统计意义上的概念，即经验表明大多数场合人们都"是这样"，而没有要求人们"应当这样"。因为当人们必须在若干有可能影响自己福利的取舍中作出选择时，人

---

① 关于中国最高法院大法官们的行政性流动，参见侯猛：《最高人民法院大法官的流动分析》，载《法律科学》2006 年第 2 期。
② 但这可能仅仅是感觉。站在法官的角度，只要你相信法官的主观能动性以及人与制度的互动和博弈，我们就能看到这些看似严密的管理制度其实在实践中不仅强化了一些既有制度，还催生了一些新的制度，比如原来的庭务会(现在的审判长联席会议)、庭庭长审批案件制度、针对上级法院的案件请示制度，以及法官在判案中更加依赖审委会等。而这些虽无法律规定但实际上已成为各级法院审判惯例的制度其实又在很大程度上减轻了法官的审判压力。关于法院内部的行政化审判制度，参见苏力：《法院的审判职能与行政管理》，载《送法下乡——中国基层司法制度研究》，中国政法大学出版社 2000 年版；关于案件请示制度，参见万毅：《历史、现状与走向——以最高法委中心的考察》，载左卫民编：《最高法院研究》，法律出版社 2004 年版；至于法官更加依赖审委会，据我在 2004 年夏天对法官的访谈，很多法官认为在目前的管理体制下，他们希望自己审理的案件上审委会，因为这样至少不会有错案。我在本书第二章中指出的法院内部行政性调动制度、上下级法院之间管理与被管理制度与案件请示制度和案件审批制度是一套相互支持、相互加强的整体性制度安排，虽然其并不是帕累托最优的制度安排。
③ 这是和美国法官，特别是联邦上诉法官最大的不同点。波斯纳就曾指出美国法律为消除联邦上诉法官的激励因素所做的努力非常多，除了一个小小的胡萝卜(指联邦最高法院的大法官常常从联邦上诉法官中任命)外，可以说那里既没有胡萝卜，也没有大棒。参见〔美〕理查德·A.波斯纳：《法官最大化些什么?》，载《超越法律》，苏力译，中国政法大学出版社 2001 年版，第 128—129 页。

们将更愿意选择那种能为自己带来较多好处的方案,而不是相反。①"见利莫能勿就,见害莫能勿避",两千多年前的管仲其实早就讲过这个道理。第二,中国法官都是风险中性或者风险规避的个体。事实上,法官中本来同样存在风险偏好、风险中性和风险规避型,但我的研究表明,长时间的法官主动流动(包括主动辞职和被判刑)其实已经部分剔除了那些偏好风险的法官。② 虽然在概率上仍然存在一些潜在的风险偏好者,但不影响我这里的假定。第三,中国法官的偏好稳定,而且满足完全性、传递性、连续性和替代性这些偏好公理的要求。

其次,我们看一看中国法官需要面对的"胡萝卜"和"大棒"分别是什么。简言之,《法官法》(2001 年修订)第 10 章的奖励制度和第 11 章、第 13 章的惩戒制度和辞退制度其实就是正式规则中体现出来的"胡萝卜"和"大棒"。法官的工作要是达到和满足了第 30 条的要求,那么就有"嘉奖""三等功""二等功""一等功"以及荣誉称号等诱人的"胡萝卜"在前面等着你;反之,法官要是实施了第 32 条规定的行为或者出现了第 40 条规定的情形,那么警告、记过、降级、撤职、开除以及被辞退等等无情的"大棒"就会向法官挥来。但由于普通法官很少能达到这些条件,这些吃不到嘴里的"胡萝卜"、打不到身上的"大棒"对于普通法官其实是没有多少影响力的。③ 对普通法官起作用的只能是

---

① 虽然经济学研究在很多场合已经抛弃了"完全理性"或"纯粹理性"的假定,转而接受了"有限理性",但"有限理性"其实也是在认识到人之局限性的前提下坚持了"趋利避害"的理性假定。甚至行为法律经济学们提出的"有限理性""有限意志力"和"有限自利"也没有对传统的理性选择理论带来革命性的冲击。关于行为法律经济学的人性假定,参见〔美〕克里斯丁·杰罗斯、凯斯·R. 桑斯坦、理查德·H. 塞勒:《行为法律经济学的进路》,载〔美〕凯斯·R. 桑斯坦主编:《行为法律经济学》,涂永前、成凡、康娜译,北京大学出版社 2006 年版,第 17—19 页;对行为法律经济学观点的一些反驳,参见〔美〕理查德·A. 波斯纳:《行为主义法律经济学》,载《法律理论的前沿》,武欣、凌斌译,中国政法大学出版社 2003 年版,第 260—298 页。
② 参见艾佳慧:《司法知识与法官流动——基于实证的分析》,载《法制与社会发展》2006 年第 5 期。
③ 这里所提到的条文是 2001 年修改并实施的《法官法》。在 2019 年修改并颁布实施的《法官法》中,这些"胡萝卜"和"大棒"统一规定在第六章"法官的考核、奖励和惩戒"中了,涉及法官考核、奖励和惩戒的规定主要有第 42 条、第 45 条和第 46 条。具体而言,第 42 条:"年度考核结果分为优秀、称职、基本称职和不称职四个等次。考核结果作为调整法官等级、工资以及法官奖惩、免职、降职、辞退的依据。"第 45 条:"法官有下列表现之一的,应当给予奖励:(一)公正司法,成绩显著的;(二)总结审判实践经验成果突出,对审判工作有指导作用的;(三)在办理重大案件、处理突发事件和承担专项重要工作中,做出显著成绩和贡献的;(四)对审判工作提出改革建议被采纳,效果显著的;(五)提出司法建议被采纳或者开展法治宣传、指导调解组织调解各类纠纷,效果显著的;(六)有其他功绩的。法官的奖励按照有关规定办理。"第 46 条:"法官有下列行为之一的,应当给与处分;构成犯罪的,依法追究刑事责任:(一)贪污受贿、徇私枉法、枉法裁判的;(二)隐瞒、伪造、变造、故意损毁证据、案件材料的;(三)泄露国家机密、审判工作秘密、商业秘密或者个人隐私的;(四)故意违反法律法规办理案件的;(五)因重大过失导致裁判结果错误并造成严重后果的;(六)拖延办案,贻误工作的;(七)利用职权为自己或者他人谋取私利的;(八)接受当事人及其代理人利益输送,或者违反有关规定会见当事人及其代理人的;(九)违反有关规定从事或者参与营利性活动,在企业或者其他营利性组织中兼任职务的;(十)有其他违纪违法行为的。法官的处分按照有关规定办理。"

各个法院内部具体的考核奖惩机制,以及种种非正式的行政性管理制度。具体而言,由于直接和收入、评优挂钩,法院内部的上诉率、错案率[①]、调解率等考核指标既可以给法官带来可口的"胡萝卜",也能让法官挨上"大棒"(最极端的,如果年度考核连续两年不称职,法官就有被强行辞退的危险[②])。除了这些考核指标,实践中还有这样的做法,"在有的地方,二审法院为一审法院所审理的案件打分,再通过积分卡的方式反馈给一审法院。一审法院则根据其分数对审判人员进行考核。"[③]在这样的积分考核下,作为"胡萝卜"和"大棒"起作用的法官奖金和评优无疑就能影响法官行为和决策。更重要的,由于法院内部实际上的"科层制"以及法官行政级别的存在,获得法院内部行政级别的提升就是一个强有力的激励,一个每位法官孜孜以求的"胡萝卜"。而在法院内部行政性调动频繁的中国语境下,如果一个法官不听话或者不讨领导欢心,被调动到"边缘"或者有职无权的职位就是法官需要面对的"大棒"。

这样的"大棒"和"胡萝卜"还有不少,本书不可能也没有必要全部指出。在这些简单的勾勒下,我们将尝试着考察中国法官效用函数中可能包含的诸多要素。

领导印象 这是一个极具中国特色的法官偏好。由于法院院长在整个法院管理制度中的核心地位(不仅副院长、审委会委员、庭长、副庭长和审判员的任免要由院长向本级人大提请,院长还是法官考评委员会主任,甚至法院的进人和内部调动也是以法院院长兼党组书记为核心的法院党组说了算),可以想见任何一个想进入和已进入法院的法官和准法官要想在该法院立足和发展,必须要努力保证自己在领导心目中的良好印象,或者通过各种方式最优化其领导印象。这是一条不得不走的"羊肠小道"。但又不是"自古华山一条道"。由于院长很可能已有自己的亲信和"嫡系",由于分管各领域的副院长的存在,还由于法院领导集团内部可能潜藏的明争暗斗,法官们完全可以根据自己的喜好选择一个领导作为目标,然后开始其最优化领导印象活动。但风险仍然存在,一旦领导出事或者调离,之前的一系列最优化活动很有可能反过来成为法官们日后发展的障碍。最优化领导印象在事后看来是一个很不稳定的博弈均衡,但在事前看却是法官不得不选择的最优策略。

[①] 或者"一审案件正确率",错案率是二审改判率、二审发回重审率和二审撤销原裁定率之和;一审案件正确率正好相反,等于[1-(二审改判率)-(二审发回重审率)-(二审撤销原裁定率)]。

[②] 《法官法》(2001)第40条第1款。

[③] 王宏、王明华:《法官内部考核机制研究》,载《山东师范大学学报(人文社会科学版)》2006年第51卷第1期,第57页。

避免错案 最小化错案的产生,这是一个在法官效用函数中相当重要的因素。虽然在法学理论上我们可以说很多案件并没有一个完全正确的答案,而且二审法院的改判和撤销其实只是不同法官对法律的理解和解释,甚至判罚尺度有所不同,并不能当然说一审法官办了错案。但中国司法实践中一直秉承着"以事实为依据,以法律为准绳"的原则和理念,相信多一道程序就少一分错误,而且希望通过二审结果加强对一审法官的管理。所以实践中二审改判率、二审发回重审率和二审撤销原裁定率在法官考评中非常重要,错案追究制(现在称为法官责任制)的现实存在[1]更使得法官们为了保住自己的收入和评优资格,纷纷采取种种措施最小化自己的错案率。除了向庭长、院长请示汇报,尽量让自己的案子上审委会等转移风险的措施以外,法官的这一偏好还直接导致了实践中诸多正式的、非正式的案件请示制度。该制度在各级法院的"滥觞"不仅使得错案追究制成了一个"事与愿违的制度"[2],更事实上取消了二审终审制和上诉制度。

声誉 只要人与人之间存在重复博弈的可能,声誉就是人们为之追求的一个偏好。法官当然也不例外。这里我要界定和区别三种法官声誉。第一种是法官在其同事(既包括同一法院的法官,也包括其他法院的,简言之就是法官群体)中的声誉。由于一个法院就是罗伯特·埃里克森所称的"交织紧密"群体,法官之间"低头不见抬头见",法院内部必然会产生许多能最大化整体法官福利的社会规范。[3] 要想在本法院甚至法院系统获得好名声,法官必须遵守这些社会规范,并通过展示自己各方面的能力(比如口才、撰写好的判决书和调研文章等)获得其他法官的认同和尊重。第二种是法官在律师和诉讼当事人中的声誉。由于法官和诉讼当事人之间很少有重复博弈的可能,更

---

[1] 虽然有学者对错案追究制进行了深入的批判,但现实中这一制度仍然大行其道,只不过有些法院改叫一审正确率了。我在调研中访谈过的一个法官抱怨只要一年判了三个错案,就要被取消该法院的评优资格。一些学者的批评,参见王晨光:《法律运行中的不确定性与"错案追究制"的误区》,载张卫平主编:《司法改革论评》,中国法制出版社 2001 年版;李建明:《错案追究中的形而上学错误》,载《法学研究》2000 年第 3 期;陈东超:《现行错案责任追究制的法理思考》,载《法商研究》2000 年第 6 期。对于最新的法官终身责任制,方乐的研究表明尽管中央和最高法院都对法官责任制度改革作了统一的规划,但该制度组织实施机制的行政化逻辑会制约法官责任制度运行的实际效果。由于该制度的实施有可能出现法官基于风险管控需要而主动让渡裁判权、案件质量与整体纠纷化解能力下降等负面现象,因此,法官责任制度改革的功能期待可能会落空。更详尽的分析,请见方乐:《法官责任制度的功能期待会落空吗?》,载《法制与社会发展》2020 年第 3 期,第 78—92 页。

[2] "事与愿违制度"是适宜制度的对立面,指个人的最大化行为与整个社会的资源有效配置相悖,强调个人选择与集体后果之间的背离。具体内容参见,张宇燕:《经济发展与制度选择——对制度的经济分析》,中国人民大学出版社 1992 年版,第 273—278 页。

[3] 关于"交织紧密"群体和社会规范理论,参见〔美〕罗伯特·埃里克森:《无需法律的秩序——邻人如何解决纠纷》,苏力译,中国政法大学出版社 2003 年版。

由于"很少有法官关心自己在诉讼当事人中是否受欢迎。……因为,几乎每个判决决定都会有一个高兴的赢家和一个不满意的输家"①,法官往往更在意自己在律师群体中的声誉。该声誉同样需要法官付出努力,比如熟悉法条、增进对法律的理解和运用、对法官行为规范的遵守等来获得。

这两种声誉在很大程度上都是法官努力程度的函数,隐含的意思是只要法官足够努力,其在法律共同体内的声誉就会提高②,这是从正面的意义上讨论声誉。但声誉实际上有好有坏,由于法官与法官、法官与律师长期博弈的存在,由于司法难以监管的特性和法官对收入的普遍不满,在实践中,法官不仅"可以通过'卡''拖''托'等手段传达其偏向腐败的信号",也可以通过处罚不行贿的当事人获取第二期博弈时的腐败声誉,"还可能因其他法官的腐败声誉而自动获得群体的腐败声誉"。③ 对这类负面声誉的追求可能也是极少数法官的一个偏好。

第三种声誉是法官群体在整个社会中的声誉。前面两种声誉都是从单个法官的角度讨论的,秉持的是一种个人主义方法论。但法官是群体中的法官,法官群体也和整个社会存在一种重复博弈的关系(虽然单个当事人和单个法官在很多时候只是一次性博弈),因而社会对法官的行为就有一种基本的判断。从普通人的视角,我们能够感受到中国法官群体在整个社会中的评价很低,声誉很差,而且就连法官本人普遍也有这样的认同(2004 年 A 调研的数据表明有 80% 的样本法官认为目前法官社会地位很低就是明证)。在此情形下,由于一个法官的良好行为很难改变整个群体在社会中的地位,再根据集体行动中的"搭便车"理论④,我推断,中国法官既无力也无意为法官群体的社会声誉而努力。社会声誉不是一个理性法官的偏好。

休闲 对休闲的追求也是法官的一个偏好。实际上,法学院毕业生选择当法官在一定程度上就隐含了对休闲的考虑(与奔波忙碌的律师相比,法官职位显然相对轻松)。虽然有众多声音告诉我们中国法官的工作负担很重,但本书样本数据其实已经提供了相反的证据。在日常工作中,法官们也愿意采取种种方法减轻自己的工作量以获得更多的闲暇。由于信息不对称引起的道德风险问题,法官"磨洋工"或懈怠往往并不能被有效监督和验证,这在

---

① 〔美〕理查德·A. 波斯纳:《法官最大化些什么?》,载《超越法律》,苏力译,中国政法大学出版社 2001 年版,第 136 页。
② 虽然波斯纳指出,"对于能力一般的法官来说,这只是最低程度努力的函数。超出这一层面,努力不会使一个一般的法官伟大起来",但对于中国法官而言,这一判断却是适用的。同上注,第 138 页。
③ 参见何远琼:《站在天平的两端——司法腐败的博弈分析》,载《中外法学》2007 年第 5 期。
④ 关于集体行动中的"搭便车"问题,请见〔美〕曼瑟尔·奥尔森:《集体行动的逻辑》,陈郁、郭宇峰、李崇新译,上海三联书店、上海人民出版社 1995 年版。

很大程度上为有效法官管理制度的制定提出了挑战。以合议制为例,《法院组织法》对该制度有明文规定,但现实中承办法官制却大行其道,不仅造成了实际上的"合而不议",更使得合议制度几乎名存实亡。① 对此现象,不同的学者站在不同的角度和立场可以有不同的解读,但在我看来,法官们为了减轻自己工作量、获得更多的闲暇可能是实践中承办法官制之所以生发出来的一个重要原因。因为如此一来,每年工作量统计的时候可以有拿得出手的业绩,但实际工作量却因此减少了 2/3。

接下来是中国法官效用函数中最重要也最关键的两个因素。

职位升迁 由于目前的中国法院系统很少从下级法院中选拔法官,这里的职位升迁仅仅针对法院内部。前文已经指出了中国法院内部的"科层制"特点②,由于职位(在中国语境下就是官位,或者行政级别)和法官在法院中的地位、权威以及收入密切相关,由于中国法院内部复杂烦琐的行政化管理制度,作为一个想在法院"有所作为"的法官,就不得不花费心思考虑如何才能得到提拔(我在第二章还从法官为什么流动的角度细致分析过这一问题)。除了业务过硬(这一条件在有的时候可能并不必要),法官更需要想领导之所想,投领导之所好,不仅要听话、服管,有时甚至需要请客送礼。这样做的目的不外乎博取领导的欢心,通过建立被管者和管人者之间某种稳定的联系以获得未来可能的职位升迁。从这个意义上看,前面分析的"领导印象"其实很大程度上是"行政级别升迁"的函数。中国人历来有"官本位"情节和权力崇拜倾向,"judge"被翻译成"法官"就隐含了这一点。但法"官"之上还有法"官",也就难怪追求自身利益最大化的法官会强烈而普遍地追求行政级别的升迁了。也因此,"行政逻辑"便自然而然地在司法领域畅通无阻。

收入 对于样本数据中对当前收入普遍不满的中国法官而言,收入应该是他们效用函数中分量最重的一个因素了。但如何最大化收入?这里我把法官的收入分为两部分,其一是合法收入,其中又包括两部分:相对固定的工资和奖金以及合法的兼职收入,其二是和司法裁量权相关的灰色收入。由于法官的工资、奖金在很大程度上与行政级别和职位、考评奖惩机制挂钩,一个

---

① 2006 年 9 月,在北京市一中院召开的"探索建立执法责任体系,切实落实法官审判责任"专题讨论会上,该法院介绍期下一步的改革就是要建立承办法官审判责任制,让一个承办法官为所承办的案件负全责,这其实更进一步架空了合议制度。

② 大陆法系国家的法院系统都有明显的科层特点,达玛什卡曾从 11 世纪末罗马天主教会统一运动中寻求司法官僚化的解释,因为"科层(*hierarchia*)"这一术语原本不见于希腊语当中,它是古叙利亚僧侣发明出来,借以表达天国的完美结构以及教廷的理想组织"。参见〔美〕米尔伊安·R. 达玛什卡:《司法和国家权力的多种面孔——比较视野中的法律程序》,郑戈译,中国政法大学出版社 2004 年版,第 45 页。但法院内部也有严密的行政科层恐怕是中国所特有。

很合理的推断就是,为了在可预期的将来获得更高的收入水平,法官们会充分调动各种资源和能力争取官位的升迁和良好的考评业绩。这里潜藏着两条因果关系链,其一,密切联系领导是为了赢得领导的信任和欢心,良好的领导印象又可能带来行政级别的升迁,而行政级别的升迁最终带来预期收入的增加,这里的前一个因素都是自变量,后一个因素分别是前一个因素的因变量;其二,密切联系上级法院法官是为了避免和减少错案的发生,而低错案率和零错案率会带来良好的业绩考评,最后良好的考评业绩直接导致法官奖金的增加和保全。在这样的分析下,我们会看到前面分析的"领导印象""避免错案",甚至"职位升迁"在一定程度上都是法官收入的递增函数。

至于合法的兼职收入,由于《法官法》明确禁止法官担任律师或诉讼代理人,对于一些科研学术能力较强的法官,利用工作以外的时间著书立说或者到高校兼课可能就是他们获得兼职收入的两大途径了。由于要占用闲暇时间,可以推断该收入和法官的休闲偏好有冲突,它们之间是一种反向的函数关系。还要注意的是,并不是所有的法官都能拥有或预期拥有此种收入,它只与特定和少数的法官有关。

由于合法的兼职收入只与少数特定法官有关,更由于工资奖金的增长幅度有限以及相对固定性,对自己当前收入普遍且高度不满(在本章样本数据中,大多数法官的期望收入都是自己现有收入的两倍甚至更高)的中国法官肯定需要寻找提高收入的其他途径。而司法权的高自由裁量性和难以监督性,便使得接受当事人、律师的吃请和收受贿赂成为法官快速提高收入的可行方案。更进一步,根据何远琼对司法腐败的分析,由于"腐败不单单源于人追逐私利的动机,而更多的是人在其生活所在的制度下所采取的理性策略的结果和人在长期社会生活中考量自己的收益、复制别人的成功策略的结果"①,只要当事人和律师秉持一种只要贿赂法官就会有回报的信念。或者说,对贿赂有一种良性预期,当事人贿赂、法官受贿就是一个双方都满意的纳什均衡状态。如果当事人举报不构成一个可置信威胁,这一自我执行的贿赂合同就会处于一种"天知、地知、你知、我知"的自我保证状态。② 综合法官对收入的普遍不满、司法的难以监督以及司法腐败均衡的高度稳定性,我们可

---

① 这是运用新制度经济学和演化经济学的观点对腐败进行的制度解读,相关文献参见,Ellen M. Immergut, "The Theoretical Core of the New Institutionalism," *Politics and Society*, vol. 26, no. 1,1998, pp. 5-34; Ajit Mishra, "Persistence of Corruption: Some Theoretical Perspectives," *World Development*, vol. 34, no. 2, 2006, pp. 349-358. 转引自何远琼:《站在天平的两端——司法腐败的博弈分析》,载《中外法学》2007 年第 5 期。

② 对司法腐败的深入分析,请参见何远琼:《站在天平的两端——司法腐败的博弈分析》,载《中外法学》2007 年第 5 期。

以推断,少数法官对灰色收入甚至非法收入的追求在一定程度上和法官群体的负面声誉正相关。

最后说一下法官效用函数中的"投票"因素。这是美国联邦上诉法官最看重的一个偏好,但在中国,没有产生这一偏好的制度环境,司法职业伦理和法官的"司法游戏"感也并没有充分建立起来,所以,在美国联邦上诉法官的效用函数中至关重要的"投票"并不在中国法官的效用函数中。虽然审判长联席会议和审判委员会会议中会有一些讨论和倾向性意见,但并不形成实质上的投票,基本上可以忽略不计。

接下来,如果用 U 表示法官的效用,tj 是法官每天用于工作的时间,而 ti 是他的闲暇时间,再用 Ia 表示法官工资奖金之和,Ib 表示兼职收入,Ic 表示法官的灰色收入和非法收入,Ra 表示法官的职业声誉,Rb 表示其腐败声誉,S 表示职位升迁,X 表示休闲,L 表示领导印象,B 表示避免错案,我们给出下面的一个中国法官效用函数。

$$U=U(tj,ti,Ia,Ib,Ic,Ra,Rb,S,X,L,B)$$

根据前面的分析,B 和 S 是 Ia 的递增函数,而 L 又是 S 的递增函数,ti 和 X 是 Ib 的递减函数,Rb 是 Ic 的递增函数,因此,上面的函数式变成了

$$U=U\{Ia[B,S(L)],Ib(ti,X),Ic(Rb),Ra,S,X\}$$

因此,法官要最大化自己的效用 $MaxU$,就必须

$$Max(Ia[B, S(L)]+Ib(ti,X)+Ic(Rb)+Ra+S+X)$$

不用做复杂的数学推导,对上式最直观的印象就是"收入"在中国法官效用函数中占据了最重要的位置,除了在同行和律师中的职业声誉,对其他偏好的追求或多或少都会和收入相关,虽然职位升迁和休闲仍然有自己独立的价值。这是一个和波斯纳总结的法官效用函数有太多差异的中国版本。

正是在对中国法官效用函数的条分缕析中,我对那些不分青红皂白地在中国提倡"法官独立"的观点有了一些疑惑。[①] 因为,尽管"法官独立"自西法东渐已被中国人视为最不可动摇也最神圣的司法原则,但这个世界本不存在什么纯粹的原则。不仅"法官独立"并不是一个从天而降的理念和制度(它其实只是现代社会转型和发展过程中社会对司法特性的一种需要和要求),而且"法官独立"之存在和实现必须依赖诸多社会经济条件和制度条件的满足。如果说在域外成熟的制度环境下,完善的法官职业保障制度和成熟的法官职

[①] 实际上,和高唱"审判独立"进行曲的最高法院和一些学者相比,实践中的法官对在中国搞"法官独立"是有所保留的,虽然其理由并不全面而透彻。上海的一位中级法院法官就认为,法官独立行使审判权的条件在中国还不具备,"法官的素质参差不齐,独立行使审判权要求很高的理论素养和文化素养,现在还不能达到这个要求"。参见,高其才、王晨光、冯择周:《程序、法官与审判公正——上海等地法官访谈综述》,载《法学》2000年第8期,第9页。

业伦理保证了我们所向往的"法官独立",那么在中国,对于那些身处无所不在的行政化管理制度下又渴求收入最大化的普通中国法官,你怎么能指望他们独立?而即便给了他们独立的司法权,我们难道放心吗?更何况在中国当前的语境下很多法官实际上还根本不想要这样的独立司法权(不仅因为能力,更因为他们承担不起"独立司法"带来的种种不利后果)。因此,波斯纳的洞见在这里依然敏锐:司法独立,甚至只是渴求自由自在、不受法律共同体的指责和批评的这种独立,也"只有在金钱不是一个主要因素时,才会成为一个有力的激励"。① 因为"在道德成本很低的情况下,人们的行为似乎都很讲道德,但在成本增大的情况下,人们就会对激励作出反应。因此,鼓励道德行为的一种方法就是减少这种行为的成本,在司法领域,也就是努力使法官判决不取决于法官的激励因素"②。这是一种解决方法,但在中国可能吗?

也因此,福山关于法治的一段话才值得我们深思:"许多人都谈论'法治',将此视为一种非此即彼的情况。其实,法律制度的特定性处于中低程度,但事务量巨大。依法治国需要大量的基础建设,不仅是法律建设,还包括法院、法官以及律师协会以及全国性执法机制建设。建立这样一套体系,是国家构建的建设者需要完成的最复杂的行政任务。"③

五、一点余论

从前后十年实地调研中得来的中国法官数据出发,本章总结了自 1999 年司法改革以来中国法官的几个现实特点,并在既有种种正式、非正式法官管理制度的制约下讨论了中国法官的诸多偏好,进而给出了一个初步的最大化收入和行政级别的中国法官效用函数。与波斯纳法官总结过的最大化休闲、投票和威望的美国联邦法官之效用函数相比,此效用函数极具中国特色,或者换句话说,中外两国法官效用函数的差异是巨大的。但为什么会有如此大的差别?我们认为,法官效用函数差异之根源在于两国的相关制度安排大不一样。对于难以监督的司法裁量权,域外法治诸国重视法官的严格事前遴选而放松事后监督,中国的问题在于忽视事前选拔而强调事后的行政化监

---

① 也因此,虽然"司法权的行使较多地强调法院特别是法官的'自主性'是审判工作内在规律决定的,是保证司法公正所必需的",但如果不满足相应的前提条件,法官自主性的保障并不必然带来我们希望的司法公正,甚至会导致更严重的司法不公。相关的讨论,参见刘会生:《人民法院管理体制改革的几点思考》,载《法学研究》2002年第3期,特别是第16页。
② 〔美〕理查德·A.波斯纳:《法理学问题》,苏力译,中国政法大学出版社2002年版,第245页。
③ 〔美〕弗朗西斯·福山:《国家构建——21世纪的国家治理与世界秩序》,黄胜强、许铭原译,中国社会科学出版社2007年版,第59页。

管。这种制度结构必然造就最大化收入和行政级别升迁的法官群体。要解决中国司法制度无法应对社会需求的困难,执政党必须改变观念和转换思路。

这个思路似乎正在转变。中共中央在 2006 年颁布的《关于进一步加强人民法院、人民检察院工作的规定》中直接指出:"要以公正执法为核心,以专业化建设为方向,全面加强人民法院、人民检察院建设,不断提高广大法官和检察官的政治素质、业务素质和职业道德素质",并要求"逐步建立法官、检察官及其辅助人员分类管理的模式,建立法官、检察官单独的职务序列,实现司法资源的合理配置。"① 这一分类管理的思路不仅在最高法院的《二五改革纲要》中有具体体现。② 在实践中,也开始了一波以人员分类管理和法官助理制度为主的法官职业化试点探索③。最后,落脚于以法官专业化、职业化为目标的员额制改革方案的制定和落实。④ 由于"法官职业化"的提法内含着司法职业的特殊性、内含着需要高素质专业法官之共识,对此的强调体现了执政党对以"专业"与"自治"为特征的司法职业的认知。另一方面,对目前法官人数众多、良莠不齐的法院而言,从法院人员分类管理入手也是一个既能清理历史旧账,又能为后续的改革开拓道路的不错的切入口。⑤ 这是个"看起来很美"的制度构想。

但是,如果中国法院大众化、地方化、行政化的法官管理模式不改变,法院中盛行的"行政逻辑"不改变,这一看起来很有道理且极具可行性的改革方案将很有可能不能实现制度设计者预想的目标,甚至可能走向其反面:挑选

---

① 转引自张志铭、李学尧:《论法院人员分类改革——以法官职业化为指向》,载《法律适用》2007 年第 1 期,第 45 页。
② 即《最高人民法院第二个五年改革纲要》的第 34 条和第 36 条。具体地,第 34 条:推进人民法院工作人员的分类管理,制定法官、法官助理、书记员、执行员、司法警察、司法行政人员、司法技术人员等分类管理办法,加强法官队伍职业化建设和其他各类人员的专业化建设。建立符合审判工作规律和法官职业特点的法官职务序列。在总结试点经验的基础上,逐步建立法官助理制度。第 36 条:根据人民法院的管辖级别、管辖地域、案件数量、保障条件等因素,研究制定各级人民法院的法官员额比例方案,并逐步落实。资料来源,最高法院《关于印发〈人民法院第二个五年改革纲要〉的通知》,2005 年 10 月 26 日。
③ 关于法官职业化试点的具体情况,参见,任鸣、蒋继业、卢云云:《法院队伍建设的必由之路:法官职业化——全国法院法官职业化建设院长论坛综述》,载《法律适用》2006 年第 12 期,第 80—82 页。
④ 员额制改革的相关内容,请见贺小荣:《四五改革纲要的理论基点、逻辑结构和实现路径》,《人民法院报》2014 年 7 月 16 日,第 5 版。员额制改革的落实,请见"中国法官员额制改革全面完成 12 万余名法官入额","中国新闻网"2017 年 7 月 3 日报道,网址:http://www.chinanews.com/gn/2017/07-03/8267471.shtml,2021 年 8 月 30 日最后一次访问。
⑤ 有学者认为最高法院《二五纲要》的基本逻辑就是:以法官职业化为原点,向前是法院人员分类改革,向后是法官职业保障配套。因此,法院人员分类改革是所有裁判独立、职务保障、薪酬待遇等后续改革的基础和前提。参见,张志铭、李学尧:《论法院人员分类改革——以法官职业化为指向》,载《法律适用》2007 年第 1 期。

出来的职业法官不仅可能不很"职业",对这一稀缺因此价值很高的法官职位的激烈竞争甚至可能更加强化本需要弱化的法院内部行政化管理,并使得职业法官成为法院内部繁复的行政科层之新层级。①

因此,由于初始性制度条件的不可更改,由于制度的"惰性"或者"惯性",由于既得利益群体力量的强大,要想在重视和强调事后行政化监管的中国法院制度结构中找到突破口实在是太困难。虽然从信息和激励的视角,我们可以指出建立在市场经济基础上的现代工商社会不仅需要严格的法官遴选,更需要在此基础上推进法院内审判管理和行政管理的分离。但现实的情况是,一方面,在法院领导不得不承担连带责任或"剩余责任"的制度背景下,目前这种审判与人事、司法行政相互交织混同的"合一制"②组织体制就不可避免;另一方面,在既有法官管理模式无所不在的阴影下,我们只能眼看着对法院至关重要的法官遴选制度(不管是外部还是内部)的"变形"和"退场",只能眼看着它继续造就着最大化收入和行政级别升迁的法官群体。

但不管怎样,本章从实证数据中展开的理论探讨却仍然有其价值。因为,虽然"理论的精髓不在于它们本身,也并不能直接将人引向有益的、实用的结论",但重要的是,我们能够应用它们以解释令人困惑的现实生活。③

———————— * * * ————————

附录:法官调查问卷(二)

1. 请问您的年龄:
   30 岁以下(　　)
   30—40 岁(　　)
   40—50 岁(　　)
   50 岁以上(　　)
2. 请问您的最后学历是:

---

① 之前的改革其实已经有教训。前些年,很多法院本着"法官独立"和"法官职业化"的原则进行审判长选任改革,但选出来的审判长实际上又在已有的审判员和庭长、副庭长之间增加了一个非正式的行政级别。这又一次印证了福柯的洞见:"这些规则本身是空洞的,是暴力的,是没有任何终结目的的;它们是非人格的,并且可以用来完成任何目的。"引自福柯:《尼采·谱系学·历史学》,苏力译,李猛校,载《社会理论论坛》1998 年第 4 期。

② 对"合一制"的深入剖析,请见陈杭平:《论中国法院的"合一制"——历史、实践和理论》,载《法制与社会发展》2011 年第 6 期。

③ 这是凯恩斯对马歇尔观点的一个总结,参见〔英〕J. M. 凯恩斯:《纪念阿尔弗雷德·马歇尔(1842—1924)》,载《经济杂志》,1924。转引自〔英〕克莱夫·W. J. 格兰杰:《经济学中置经验建模——设定与评价》,洪福海译,赵坚毅校,中国人民大学出版社 2005 年版,第 43 页。

大专以下（　　）
大专
具体地，普通高校（　　）
　　　　函授（　　）
　　　　自考（　　）
　　　　电大（　　）
　　　　远程教育（　　）
　　　　其他（　　）
本科
具体地，普通高校（　　）
　　　　函授（　　）
　　　　自考（　　）
　　　　电大（　　）
　　　　远程教育（　　）
　　　　其他（　　）
硕士研究生
具体地，在职（　　）
　　　　脱产（　　）
博士研究生
具体地，在职（　　）
　　　　脱产（　　）

3. 如果您的最后学历是本科或本科以上，您在本科阶段所学的专业是：
法学（　　）
非法学（　　）

4. 请问您是否通过统一司法考试？
是（　　）　否（　　）

5. 请问您是通过何种途径进入法院：
毕业分配（　　）
转业（　　）
招干（　　）
招聘（　　）
调任（　　）
其他（　　）

6. 请问您目前的月收入水平：
＜2000元（　　）

2000—3000 元（　　）

3000—4000 元（　　）

4000—5000 元（　　）

5000—6000 元（　　）

（注：以上收入选项是 2004 年 A 调研时的设计。）

请问您目前的月收入水平：

〈 3000 元（　　）

3000—5000 元（　　）

5000—6500 元（　　）

6500—8000 元（　　）

8000—10000 元（　　）

10000 元以上（　　）

（注：以上收入选项是 2014 年 B 调研时的设计。）

7. 请问您对您的收入水平满意吗？

满意（　　）不满意（　　）

8. 请问您每月审结的一审案件：

5 件以下（　　）

5—10 件（　　）

10—20 件（　　）

20—30 件（　　）

30 件以上（　　）

每月审结的二审案件：

5 件以下（　　）

5—10 件（　　）

10—20 件（　　）

20—30 件（　　）

30 件以上（　　）

9. 您认为目前法官的社会地位：

高（　　）

低（　　）

不知道（　　）

第六章 现代程序制度的建构与"失灵"(1978—2012)

——基于法官管理制度和理念的考察

> 这鸭头不是那丫头,头上没抹桂花油。
>
> ——《红楼梦》①
>
> 正是程序决定了法治和任意之治的分野。
>
> ——Justice Douglas②

前面一章从前后跨越十年的样本法官数据出发,概括了中国法官的效用函数,指出既有的法官管理制度只能造就最大化行政级别升迁和收入的法官群体。由于支撑现代工商社会的普遍性的规则之治亟须具备专业司法知识的职业化法官(不仅需要他们通过依法判决来落实立法规则以稳定市场主体的预期,更需要他们在规则模糊或有漏洞之时在疑难案件的审理中确立具体裁判规则以补充立法之不足),这套自根据地时期延续而来的大众化、行政化、地方化的法官管理模式基本上已经无力应对现代社会和市场经济对司法的需求。还不仅如此,虽然在市场经济的内在需求和法学家的努力下我们在正式程序法上有了二审终审、上诉制度、证据制度、无罪推定、抗辩制等相关规定,由于在骨子里和审判独立、程序正义的现代法治理念相抵触,在中国法院根深蒂固并实际操纵着法官行动的这一套管理制度却在实际运行中消减了上述程序制度的作用。这就是中国司法实践中程度不同的"程序失灵"问题。本章主要以民事程序制度(捎带着也会涉及刑事诉讼制度)为例,着重从社会变迁的角度考察既有法官管理模式对现代程序制度的制约和消极影响。

---

① 《红楼梦》第六十二回。
② *Joint Anti-Fascist Refugee Comm. V. McGrath*, 314 U.S. 123, 1951, p.179. 转引自〔美〕迈克尔·贝勒斯:《程序正义——向个人的分配》,邓海平译,高等教育出版社2005年版,第1页。

一、引　言

由于"过渡时期的司法制度特别具有因社会和经济生活日新月异的变化而不断适应和改进的特性"①，面对正在快速转型和变迁的中国社会，出台于改革开放之初因而已然不敷当代社会之需的刑事诉讼法和民事诉讼法屡屡面临被修改的命运也就在所难免。② 鉴于中国缺乏法治实践的经验和理论，立法者们在修法之时适度借鉴国外相关制度和理念不仅有其正当性而且很有必要。但问题的关键在于，这些程序制度的改革在中国司法实践中的效果如何？如果激发国内程序制度改革的思想源泉是一些来自西方的司法理念，这样的程序制度能否得到真正的落实？

达玛什卡曾言，"策划一场程序改革就像是策划一场音乐会"，"改革的成败主要取决于新规则与某一特定国家的司法管理模式所植根于其中的文化和制度背景的兼容性"。③ 换句话说，移植而来的程序制度和理念必须要有一个足以落地生根的环境和土壤，必须要是一个激励相容（该制度下所有相关人理性最大化的行动结果和该制度的预期目标相一致或至少相近）和相互配套的制度体系，否则就很可能在搭上了包括立法、执法和运行不畅在内的各种移植成本之后，却发现"播下的是龙钟，收获的却是跳蚤"。

在博弈论视野下的新制度经济学看来，不管是实体法还是程序法，制度都是"由具有有限理性和反思能力的个体构成的社会的长期经验的产物"④，具有内生性和客观性。以此制度观来反观中国程序制度的设计、修改及其实施，我们发现一个很令法律人头疼的问题，那就是虽然正式法律规定得像模像样，立法者所设计和引进的法定程序或者努力建构的程序法治在实践中却大多无法得到有效的实施。换句话说，在正式制度沦落为一套"表面规则"的

---

① 〔罗马尼亚〕尤格里安（罗马尼亚最高法院前院长）：《转轨时期的法院和法官》，陈鹏译，蒋惠岭校，载《人民司法》1999年第8期，第55页。
② 就刑事诉讼法而言，1979年7月1日，改革开放后的中国同时颁布实施了《刑法》和《刑事诉讼法》；1996年，接受了英美诉讼理念的立法者根据对抗制原理大幅修改了原来的制度和规则；但由于在实践中施行不畅，几年不到，《刑事诉讼法》又在2003年被提上了修改的日程，并于2012年和2018年分别进行了第二次和第三次修正。至于民事诉讼法，1982年制定了比较粗陋的《民事诉讼法（草案）》；1991年，在总结司法经验和吸收国外立法的基础上制定了正式的《民事诉讼法》；由于民事诉讼的数量和类型都增长得很快，虽然2002年最高法院制定了《关于民事诉讼证据的若干规定》，该法隐含的问题仍然不断凸显，修法的呼声一直很高。虽然2007年10月28日通过了新的民诉法修正案，但由于该法调整范围小而且效果不佳，因此，该法又于2012年、2017年和2021年进行了修正。
③ 〔美〕米尔伊安·R.达玛什卡：《致中国读者的引言》，载《司法和国家权力的多种面孔——比较视野中的法律程序》，郑戈译，中国政法大学出版社2004年版，第2页。
④ Kreps, S. D., *Game Theory and Economic Modelling*, Claredon Press, 1990, p.183.

同时,法院系统内部却另有一套未得到正式法律确认但却畅通无阻的"非正式制度"或者"潜规则"。因此,虽然在"案多人少"话语下展开的民事审判方式改革有其制度内生性的一面,但伴随着急剧的社会变迁和激烈的话语权争夺,一路演进到今天的程序制度改革却陷入了某种"上不能上,下不能下"的尴尬境地。已经有学者注意到了中国程序制度"相互打架"和被规避的现状[①],陈瑞华更是专文讨论了中国司法实践中刑事程序失灵的问题及其原因,并总结了刑事程序失灵的五条定律。[②]

立足于已有研究,但又不限于已有研究的范围和角度,本章试图从现行大众化、行政化、数字化的法官管理模式出发,探究二审终审制度、司法调解制度、上诉制度、合议制度以及直接、言词、辩论等大大小小的民事程序制度在中国司法实践中是如何被规避和架空,并进一步展示程序引进和"失灵"背后隐藏的两种司法理念和两种审判模式之间潜藏的较量和争斗。

二、程序法治的建构与"失灵"

如果将"程序"视为作出决定时所采用的过程或步骤,任何时代、任何地方的纠纷解决方式(比如初民社会的"神明裁判",也比如陕甘宁边区的"马锡五审判方式"),不管其效果如何,其实都有一定的程序规则。只不过由于社会需求的原因,程序的繁简程度往往不一而判断程序优劣的标准也不同罢了。因此,要论程序法治在中国是否失灵,首先需要界定程序法治的内涵和外延;其次需要证明其确实已在中国司法实践中程度不同地"失灵"。

首先,本章讨论的"程序法治"是指配合着市场经济和现代工商社会需求的那一套现代诉讼理念(体现为内含了公正、效率、平等、自由等诸多目的价值的民事诉讼基本原则)和具体程序制度的设计及其实施,不仅包括平等对待当事人、当事人主义、无偏私的裁判者、得到听证的机会、一事不再理和既判力等基本的程序原则,也包括审级制度、上诉制度、调审分离、证据规则、审判公开等基本的诉讼制度,更重要的是,这些理念和制度在具体司法实践中的落实。本章主要考察这些"舶来"的制度和理念是如何建构起来的,以及它们在中国司法实际运行中的效果。

[①] 比如傅郁林:《审级制度的建构原理——从民事程序视角的比较分析》,载《中国社会科学》2002年第4期;傅郁林:《以权利制约权力:民事审判权制约机制的基本思路》,载《中国商法》1999年第10期;艾佳慧:《司法知识与法官流动——一种实证的分析》,载《法制与社会发展》2006年第4期;徐昀:《民事诉讼中的"非正式开庭"——历史叙事与结构分析的进路》,载王亚新等:《法律程序运作的实证分析》,法律出版社2005年版。
[②] 陈瑞华:《刑事程序失灵问题的初步研究》,载《中国法学》2007年第6期。

伴随着中国共产党执政方略的改变,也伴随着中国社会的急剧变迁和经济转型,"法治"作为一种便利的治理方式,不仅当仁不让地成为改革开放以来的一个重要关键词,更以一套相对完善的成文法和规模庞大的法院系统维持和支撑着中国的经济发展和社会秩序。但"僵硬"的成文法何以成为一套有弹性的适应性规则,法院系统又依何制度或法定程序才能适用法律和有效运行?诉讼制度的意义正是在此背景下得以凸显。改革开放以来,市场经济的快速发展催生了对现代程序制度的强劲需求,但中国的诉讼制度(以及与之紧密关联的整个司法制度)却一直在引进的现代程序制度与既有人民司法理念的夹缝中艰难地生长着。民事诉讼法、刑事诉讼法20世纪90年代以来的修改和相关讨论体现了这种混杂的影响力。虽然不管是民事诉讼法、刑事诉讼法还是行政诉讼法,最后的立法定稿其实是一种"制度拼合体",或者一种立法上的妥协,但不管怎样,改革开放以来我们确实在立法层面建构了中国的程序法治。

以民事诉讼法为例,首先,是现代证据制度的初步确立。与20世纪80年代末部分法院开始尝试的程序改革相呼应,1991年制定的《民事诉讼法》第64条明确规定了"谁主张,谁举证"的举证责任制度,2002年最高法院制定的民事证据规定确立了有关"举证时限"的规定以及作为其基础的"证据失权"效果。① 用王亚新的话来说,现代证据规则"通过使用'结果意义上的举证责任'来解决案件事实无法查清时所谓'真伪不明'问题,据此在原被告之间分配举证不能的败诉风险,实际上就承认了'有限的时间空间内能够最大限度地接近'这种程序上或法律意义上的'真实'概念,并以此来替代'认识与过去实际发生的事实完全吻合'的所谓'绝对真实'。程序本身因而获得明确的独立价值"。② 这背后隐含了一种"法律真实观"和程序正义观。其次,初步确立了民事诉讼中的当事人主义原则,不管是1991年的《民事诉讼法》还是几经修改后的2021年《民事诉讼法》均规定"应当保障和便利当事人行使诉讼权利"(第8条)、当事人有辩论权(第12条)和法律规定范围内的处分权(第13条)等。最后,在立法层面确立了合议制度、两审终审制和公开审判制度。"人民法院审理民事案件,依照法律规定实行合议、回避、公开审判和两审终审制度。"(第10条)专章规定了第二审程序(上诉制度),并明确规定"第二审人民法院的判决、裁定,是终审的判决、裁定"(1991年《民事诉讼法》第158条,2021年《民事诉讼法》第182条)。

---

① 2002年最高法院《关于民事证据制度的若干规定》第33条、第34条。
② 王亚新:《民事诉讼二十年》,载《社会变革中的民事诉讼》(增订版),北京大学出版社2014年版,第58页。

但问题在于这一套纸面上的制度和理念要真正落实却没有那么容易。可以这样说,法学家们的振臂疾呼、市场经济的潜在需求以及牢不可破的人民司法理念构成了改革开放以来中国程序制度建设过程中的三条主线,而三者之间的配合、冲突与交错更是中国程序法治建设中一道独特的风景。如果说市场经济的良性发展,或者一国经济的持续增长需要现代程序法治的支撑,那么遗憾的是,一方面,中国快速发展的市场经济对现代程序制度的现实需求并不能当然改变执政党固有的、被其视为成功的人民司法理念,相反可能因此理念的再次强化而影响和阻碍中国市场经济的进一步发展和深化。另一方面,法学家们极力推荐和引进的诸多现代程序制度和司法理念由于缺乏在中国生根发芽的土壤(不管是文化上的,还是政治上的),往往不敌以实体正义为目标的人民司法制度。

正是在这一程序构建的复杂图谱中,中国法学家致力于从域外法治国引进的诸多程序制度和理念在司法实践中被规避和架空了,这套移植而来的现代程序制度在当今中国似乎已经或多或少地"失灵"。

具体而言,其一是二审终审制已经形同虚设。由于现代社会区别于乡土社会的种种特点,审级制度在现代法治国家的功能就不仅在于其能有效维护司法的统一性(在普通人看来是保障了"法律面前人人平等"以及"同样的事情同样对待",在国家治理者而言是确保了通过司法控制社会的一致性和有效性),更在于能保障司法的正确性(通过上诉法院对初审法院适用法律上的监督以纠正和减少司法错误)和终局性(这是在案件信息不能完全获得的现代社会获得司法权威和正当性的基础)。但在当前中国,一方面,法院管理中"错案追究制"的实行鼓励下级法院和法官在案件有疑问时提前咨询上级法院及其法官,这使得上诉审法院和法官实际上提前进入了一审,从而在事前消弭了通过两审终审统一法制、并在二审层面上保障司法正确性的功能。① 另一方面,诉讼法典上明文规定的、以实体正义和有错必纠为核心价值的各种审判监督程序又从事后彻底消解了审级制度保障司法终局性和权威性的功能。② 正如傅郁林所言,在二审立案再审率逐年上升的背景下,"两审终审

---

① 我在各地法院调研中了解到,由于"错案追究制"(或现在的法官责任制)和量化的绩效考核不仅针对个体法官也针对高级法院以下的各级法院(司法实践中各高级法院往往制定细致的量化指标以考核管辖范围内各下级法院的工作业绩,并在每季末和年末进行业绩排名),不仅下级法院和法官有将疑难案件提前请示上级法院的行动激励,上级法院(特别是中级法院)也有提前介入的冲动和动力。

② 以 2007 年修改的《民事诉讼法》为例,由于其修法目的是为了回应现实中的"申诉难"和"执行难"问题,就再审程序而言,其变动之处不外是再审上提一级以及完善和细化再审事由。但吊诡之处在于,为解决"申诉难"而修改的正式立法很可能因缓解了申诉难问题反而进一步消减生效判决的既判力以及本已十分薄弱的司法权威和终局性。

制已名存实亡,司法的终局性已荡然无存,审级制度的主体结构正在被'例外'和'补救'程序冲击、剥蚀和瓦解"。①

其二,上诉制度基本被架空。在区分了初审和上诉审的国家,初审法院既认定事实又适用法律,而上诉审法院通常尊重初审法院认定的案件事实,其工作主要致力于审查下级法院在特定案件的规则适用方面是否出现错误。② 由于一国程序制度需要实现纠纷解决和规则之治的双重目的,如果将法院系统视为一座金字塔,"越靠近塔顶的程序在制定政策和服务于公共目的的方面(或者规则之治)的功能越强,越靠近塔基的程序在直接解决纠纷和服务于私人目的的方面(或者纠纷解决)的功能越强"。③ 或者,"随法院层次不断递增,正确性审查的功能就递减,而其机构性职能则递增"。④ 因此,上诉制度的功能主要在于纠正下级法院适用法律上的错误以及实现因立法不足而必须由司法填补"空隙"的"补充性"的规则之治(一种在疑难案件审理中不得不通过目的性解释和法律续造创设具体裁判规则以指引未来类似案件审理的规则之治)。还不仅如此,在普通诉讼参与人的角度,可以重申个人权利的上诉程序能够增加其心理感受上的正当性从而有效地吸收他们的不满,并进而成为构筑程序制度正当性的一个坚实基础;在中央政权的角度,由于社会控制上的政治需要,上诉制度甚至可以被看作是中央政权对地方加强控制的一种有力工具。⑤

但和二审终审制形同虚设的原因相似,由于中国法院缺乏初审和上诉审的实际区分,再加上中国司法实践中"咨询型"审判(为防止自己所审案件被上级法院改判或发回重审,下级法院法官往往就案件如何处理提前咨询上级法院法官)的大量存在⑥,不仅实际上消解了诉讼当事人的上诉权,更无法实

---

① 傅郁林:《审级制度的建构原理》,载《民事司法制度的功能与结构》,北京大学出版社 2007 年版,第 4 页。
② 参见〔美〕杰罗姆·弗兰克:《初审法院——美国司法中的神话与现实》,赵承寿译,中国政法大学出版社 2007 年版,第 4 页。
③ 傅郁林:《审级制度的建构原理》,载《民事司法制度的功能与结构》,北京大学出版社 2007 年版,第 7 页。
④ Shirley Hufstedler, New Blocks for Old Pyramids: Reshaping the Judicial System, 44 *Southern California Law Review*, vol. 44, no. 4, 1971, pp. 901-910. 转引自宋冰编:《读本:美国与德国的司法制度及司法程序》,中国政法大学出版社 1998 年版,第 413—414 页。
⑤ 这种上诉制度政治化的观点属于夏皮罗,参见〔美〕马丁·夏皮罗:《序言》,《法院:比较法上和政治学上的分析》,张生、李彤译,中国政法大学出版社 2005 年版,第 3 页。
⑥ 在这种"咨询型"审判中,下级法官在很大程度上从一个自主决定者变成一个上级法院"意见"的服从者和尾随者。参见肖仕卫:《基层法院审判委员会"放权"改革的过程研究》,载《法制与社会发展》2007 年第 2 期,第 34 页。

现上诉审实现统一法制和规则之治的功能。① 因此,不了解此审判"潜规则"的当事人如果提起上诉,最后的结果不外乎是维持原判。而这样的上诉会带来三个问题:(1) 浪费上诉当事人的时间、金钱和精力,也浪费国家有限的司法资源;(2) 二审法官和法院实际上推卸了本应该由其承担的发展和完善法律的法定职责;(3) 当事人对判决的不满未能得到有效疏解,从而可能引发后续的申诉上访和再审。在很大程度上,有效上诉制度的缺乏直接导致司法意义上的规则之治(或者司法之法)在中国的缺席,并可能进一步固化中国老百姓本就相当牢固的实体正义追求。

其三,当事人主义和处分权制度受到极大的制约。就现代程序制度的设置而言,法院只是一个以其规模化优势提供司法服务的被动、中立的第三方,民事诉讼中的当事人主义意味着提起诉讼、提交证据、证据开示以及是否和解、是否调解、是否上诉等事项通通由诉讼当事人作出,相应的诉讼成本以及案件败诉风险也理应由其承担。② 当事人主义下的民事诉权和法定程序不仅能有效制约法官的审判权,更因通过内化当事人的诉讼风险而使得审判获得了很大程度上的正当性。就刑事诉讼而言,虽然被告人只是被动地接受审判,但法院作为独立于检察院和被告方的第三方审判机构,却有义务秉承审判中立、不告不理等基本的诉讼原则,以实现一个相对公正的审判。

但在我们的司法实践中,这一现代程序制度的核心原则却无法真正落实。首先是源出于陕甘宁边区、追求实体正义的人民司法观不会真正接受当事人主义和"不告不理"原则。用陕甘宁边区司法人员的话来说,"民事本来是不告不理,就是说当事人不请求,法院不替他主张,边区人民一般没有法律知识,自己应得的权利,往往不知道。这时法院如果不代为主张,就是没有尽到为人民谋福利的职责;边区法院是为人民解决实际问题的,一次不解决,第二次还是要替他解决问题,不是判决了就不管,所以,一事不再理也是不适用的"。③ 正是在这样的司法观下,法院在程序进程中不仅对当事人没有足够的尊重,也在相当程度上无视当事人的诉权和参与权,比如可以不经起诉、法

---

① 张维迎和艾佳慧更进一步指出,如果缺乏甄别当事人"隐蔽"信息的具体上诉制度以及缺乏有效传递上诉法官始终如一依法判决的若干法治基础性制度,不仅上诉功能无法实现,更可能在长期内导致一种无效分离均衡的逆向选择效应。参见张维迎、艾佳慧:《上诉程序的信息机制——兼论上诉功能的实现》,载《中国法学》2011年第3期。
② 桑本谦甚至称现代程序制度是司法者面对疑难案件时的一种有效的"脱身术",参见桑本谦:《疑案判决的经济学原则分析》,载《中国社会科学》2008年第4期,第119—120页。
③ 《论陕甘宁边区司法答客问》,转引自杨永华、方克勤:《陕甘宁边区法制史稿》,法律出版社1987年版,第6页。

庭调查和辩论就直接变更起诉罪名①,也可以超越上诉人的请求范围直接对上诉法院认定的一审错误予以纠正。不仅如此,中国司法实践中的"选择性司法",特别是基于政策和社会后果的选择性立案(有学者将其概括为"立案政治学"②)虽然能有效阻挡法院不愿或不能办理的诸多麻烦案件进入法院,但也严重损害,甚至在相当程度上取消了当事人的正当诉权。

问题在于,在缺乏诉权保障的程序环境下,只要判决结果对其不利,败诉当事人(也包括部分胜诉的当事人)在主观上就更容易质疑初审判决的公正性或正当性,从而更难接受初审判决的结果,以及更容易提起上诉。因此,在纠纷越来越复杂、证据信息越来越难以获得的现代社会,建立以当事人诉权为中心的复杂程序不仅能够有效保障当事人的诉权,更能通过一套诉权对审判权的制约程序来增强当事人对判决结果的接受程度以及保障审判本身的正当性。③

在社会心理学家林德和泰勒看来,对抗式审判方式在公平感和满意度方面都完胜纠问式审判方式,看起来中立、让当事人充分参与和表达并让他们感受到自己能够影响和控制审判进程的对抗制和当事人主义能够提高当事人的主观程序正义感。④ 如果给予了当事人足够的程序控制权、参与权以及审判进程中的尊重,当事人对初审判决结果的信任度和满意度就会上升,反之,如果看起来不中立且忽视对当事人诉权的保障,当事人对初审判决结果的信任度和满意度就会下降。⑤ 因此,是否具备一套以诉权保障为中心的现代程序机制并有效落实是当事人是否满意司法裁判并进而影响司法公信力的一个基础性制度因素。

其四,现代程序制度需要的审判公开,以及附随其上的直接、言词和辩论原则在中国也几近失效的边缘。以刑诉为例,与审判公开原则相配套的是律师的有效辩护权以及一套精致的证据规则。但根据陈瑞华的研究,中国刑事

---

① 陈瑞华认为,"法院这种直接变更起诉的做法严重违背了程序正义的基本要求,它使得法院将一项未经起诉、未经法庭调查和辩论的新的罪名强加给被告人,并且导致被告人及其辩护人在整个法庭审理前后所作的防御准备和防御活动,全部丧失了意义,无法有效地影响裁判的结局。"参见陈瑞华:《法院变更起诉问题之研究》,载《问题与主义之间——刑事诉讼基本问题研究》,中国人民大学出版社 2003 年版,第 293 页。
② 应星和汪庆华在讨论涉法信访和行政诉讼的一篇文章中提出了这一概念,参见应星、汪庆华:《涉法信访、行政诉讼与公民救济行动中的二重理性》,载《北京大学研究生学志》2006 年第 1 期,特别是第 34 页。
③ 艾佳慧:《从社会变迁的角度重新审视程序制度的功能》,载《法商研究》2008 年第 6 期,第 61 页。
④ See E. Allan Lind, Tom Tyler: *The Social Psychology of Procedural Justice*, Plenum Press, 1988, p. 28.
⑤ 一个深入的研究,请见郭春镇:《感知的程序正义——主观程序正义及其建构》,载《法制与社会发展》2017 年第 2 期。

审判实践中普遍存在一种以"案卷笔录为中心"的审判方式——公诉方通过阅读案卷笔录来主导和控制法庭调查过程,法庭审判成为对案卷笔录的审查和确认程序——结果只能是法庭审判流于形式,现代刑事证据规则无法在中国落地生根。① 其实,从信息获得的角度,程序在双方当事人的参与和证据竞争的推动下以一种公开透明的方式向前推进,不仅有助于法官在不承担调查成本的前提下获得足够的信息,案件处理结果更能因当事人获得了参与和听证的机会(这在很大程度上能消弭当事人的不满)而得以正当化。② 这是一种在现代社会化解案件审判过程中信息不对称和分散裁判风险的有效办法。但中国司法实践中长期盛行的院庭长审批制度、审判委员会制度和案件请示汇报制度却从根本上架空了这一系列意在解决信息和风险问题的、建立在审判公开原则上的现代程序制度。"审者不判,判者不审"也一直是法学界诟病法院系统的一大问题。

在移植而来的讲求法律真实和程序正义的现代程序制度与本土生发的追求实体正义和有错必纠的人民司法新传统全面对接的司法制度大变局中,以上四个方面的程序失灵只是具有代表性的表现。其他的程序失灵表现还有,刑事诉讼基本诉讼形态在公检法三机关相互配合的中国语境下无法形成、无罪推定和疑罪从无等现代刑事诉讼理念在"重打击,轻保护"的刑事政策下基本无从实现以及合议制和评议规则基本上被承办人制度或主审法官制所替代等。可以毫不夸张地说,在外来程序制度不敌本土司法传统的今天,程序制度进一步改革的空间实在不多。③

三、程序"失灵"的侧面证据

对于中国程序法治的"失灵",以上分析只是从定性的角度进行了论证。有没有相关的实证数据从经验的层面检验和支撑这一观点呢?由于检验中国程序制度是否失灵的第一手数据很难获得,笔者只能根据《中国法律年鉴》的司法统计数据确定几个统计指标并以一种长期变迁的视角间接考察程序制度运行的实际效果。因此,以下数据就只能是当下民事程序制度失灵的几

---

① 参见陈瑞华:《案卷笔录中心主义》,载《法学研究》2006年第4期。
② 诉讼当事人"获得听证的机会"是普通法抗辩制下最基本的原则之一。据贝勒斯的总结,包括如下权利:(1)获得适当通知权,(2)听证前证据开示权,(3)获得休庭权,(4)提供证据权,(5)反驳证据权,包括交叉质证权,(6)获得庭审记录副本权,(7)判决理由知情权。参见〔美〕迈克尔·D.贝勒斯:《程序正义——向个人的分配》,邓海平译,高等教育出版社2005年版,第49页。
③ 虽然,从长期制度变革的角度,由于事前无法知晓哪种改革会对未来的社会产生影响,因此即使是点滴的进步也弥足珍贵。

个侧面证据。①

(一) 中国民事程序制度运行的宏观背景

首先需要将现代程序制度的引进和运行放置于中国改革开放以来的社会变迁背景之中。笔者在此选取了两个足以代表社会变迁和规则之治(至少是表面上的)的变量——人民调解纠纷数量和法院民商事案件一审收案量,下面是这两个变量在1981—2012年间的变迁图。

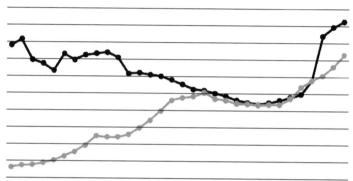

图 6.1　1981—2012 年间人民调解纠纷量和民商事一审收案量变迁图

注:图中横轴表示时间,"1"表示 1981 年,以此类推,"32"就表示 2012 年;图中纵轴表示民商事一审收案量和人民调解数量,单位是件。系列 1 表示人民调解纠纷数量的变迁,而系列 2 便是民商事一审收案量的变迁。

根据上图,从 1981 年一直到 1999 年,人民调解纠纷量和民商事一审收案量几乎呈完全相反的变迁态势:前者基本呈逐年下降(除去前面几年有些上下起伏)的趋势,而后者则呈一路攀升的态势。这意味着在中国社会急剧变迁的大环境下,在社会变迁前甚为有效的纠纷解决方式(比如这里的人民调解,还有单位和上级主管部门的协调)已经开始急剧萎缩,而法院作为纠纷解决中的新锐力量获得了人们的青睐,对法院的需求呈快速增长的态势。不过从 1999 年到 2006 年,民商事收案量开始缓慢下降,在其他条件不变的前

---

① 以下各图所需的原始数据(主要是民商事案件)除来自 1987—2013 年的《中国法律年鉴》外,均来自《中国法律发展报告:数据库和指标体系》。更多的司法指标数据及相关分析,请见朱景文主编:《中国法律发展报告:数据库和指标体系》,中国人民大学出版社 2007 年版。另,下文各图的数据来源请见本章附录的表 6.1、表 6.2 和表 6.3。

提下,这意味着民众对法院的使用频度在减少。① 与此同时,由于法院系统自 2002 年起开始重新强调调解,人民调解却在降到了谷底之后有所复苏。图中显示,虽然人民调解案件量缺失了 2008、2009 和 2010 年的数据,但 2003 年以后的数据却呈现快速上涨的势头。但自 2006 年至今,图 6.1 显示民商事案件一审收案量呈现大幅回升的势头。一审收案量为何止跌回升？我的判断是,大幅降低民事诉讼收费的《诉讼费用交纳办法》和以保护弱势劳动者为立法诉求的《劳动合同法》在 2007 年的前后出台可能是民商事一审收案量快速回升的主要原因。②

以上就是改革开放后三十余年纠纷解决的大致情况,中国现代程序制度的引入、运行和被架空正是在这一宏观背景下得以展开。

(二) 民商事一审调解率和判决率的变迁

王亚新曾专门比较过"审判型"审判模式和"调解型"审判模式的异同。在他看来,在前者的程序结构中,程序的展开对当事人和法官都有着不可逆转的拘束力,而在后者,由于在程序的任何阶段当事人和法官都能够提出新的事实和证据,即使判决已经作出并已生效,这种程序的最终结果也始终是上级重新审查和当事人重新挑战的对象。③ 对证据信息的准确获得越来越困难的现代社会,审判型模式不仅是"大势所趋"也应该是最适合市场经济社会的程序结构。鉴于中国人民司法新传统是典型的调解型审判模式,再鉴于改革开放以来的中国社会已经越来越市场化和现代化,比较民商事一审中调解和判决所占的比重并考察其长期变迁趋势,就不仅能够看到以现代程序制度为依托的判决型审判在中国社会变迁中的地位,更能间接反映这一套程序制度的实施效果。以下就是 1981—2012 年间民商事案件一审调解率和判决率的变迁图。

---

① 从司法供求的角度讨论民事诉讼率变迁的深入研究,请见艾佳慧:《诉讼率变迁中的社会行动者》,载《法哲学与法社会学论丛》2007 年第 1 期(总第十一期),北京大学出版社 2007 年版。
② 我曾讨论过诉讼费下降的诸多制度后果,其中之一就是诉诸法院的民商事纠纷(很多可能是社会收益小于社会成本的机会性诉讼)会激增。参见艾佳慧:《诉讼费下调、理性选择与制度后果》,载《审判研究》2010 年第五辑(总第四十二辑),法律出版社 2011 年版。
③ 王亚新:《论民事、经济审判方式的改革》,载《社会变革中的民事诉讼》,中国法制出版社 2001 年版,第 17 页。

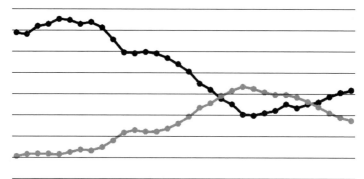

图 6.2　1981—2012 年间民商事一审调解率和判决率变迁图

注：图中横轴表示时间，"1"表示 1981 年，以此类推，"32"就表示 2012 年；图中纵轴表示民商事一审调解率（民商事一审调解案件量/民商事一审收案总量×100％）和一审判决率（民商事一审判决总量/民商事一审收案总量×100％）。其中系列 1 表示民商事一审调解率，系列 2 表示民商事一审判决率。

根据上图，我们看到自 1981 年到 2004 年民事一审调解率的总体趋势一直在下降（从最初的 68.9％一路下降到 2003 年的最低点 29.9％），而相应的民事一审判决率却在逐年上升（从 1981 年的 10.7％一路上升到 2002 年的最高点 43.2％）。这一现象反映了在中国法院系统，传统的调解型审判模式逐渐式微而适合于市场经济的判决性审判模式（背后是引入中国的现代程序制度及其理念）渐成主流，"坐堂办案"的中国一审法官开始强调程序和说理，也开始注意拉开与当事人的距离以保持司法的中立性和神秘性。具体而言，由于人民司法传统以及"马锡五审判方式"的影响，在改革开放前，中国民事审判的基本模式是职权主义的纠问制，法官在案件审理中主动参与证据的收集并大多以调解结案。但 1982 年的《民事诉讼法（试行）》开始有所改变。虽仍然规定了"着重调解"原则，但已明确确立了当事人的诉权（第 45 条规定，"当事人有权委托代理人，有权申请回避，提供证据，进行辩论，强求调解，提起上诉，申请执行"）和简单的证据规则（第 56 条："当事人对自己提出的主张，有责任提供证据"）。[①] 20 世纪 80 年代后半期，我国法院系统自下而上地推动了"谁主张，谁举证"的举证方式改革和民事审判方式改革，改革对象是职权主义、纠问制和司法调解，改革成果是 1991 年的《民事诉讼法》。可以说，自 20 世纪 80 年代一直到 21 世纪初，这是一个逐步确立当事人诉权、建立包括

[①] 参见《中华人民共和国民事诉讼法〈试行〉》，1982 年 10 月 1 日起试行。

举证责任制度、对抗制审判方式在内的民事诉讼机制且强调司法判决(伴随着民事审判方式改革,"重判轻调"成为当时的民事审判原则)的时代。可以认定,那个时期我国正在逐渐建立并落实诉权保障机制,对初审法官而言,在"重判轻调"的制度激励下,他们也有依法判决的愿望。

但为何一审判决率和一审调解率的变迁态势从 2002 年、2003 年前后开始逆转?即一审判决率开始从最高点慢慢下滑,而一审调解率却开始"绝地大反攻",从最低点开始逐渐回升。原因可能在于,虽然此前"重判轻调"的民事审判方式改革获得了很大的成就,但进入 21 世纪以来,我国的民事司法政策却出现了一个巨大的转折,即由之前的"重判轻调"转向了"重调轻判"。之所以出现这样的转向,是因为"在社会矛盾多发的敏感时期,深感诉讼和信访压力的中国法院系统开始反思'重判轻调'的审判方式改革"①,不同于冷冰冰的、"非黑即白"的判决,虽然之前曾经受到司法实践冷遇,调解内在具有的自愿性、协调性和灵活性却使之又重新回到了高层决策者的视野。② 在实践层面,不仅从 2002 年起开始重弹调解的"老调",最高法院更于 2009 年将"调解优先,调判结合"作为民事审判工作基本原则。更重要的是,此轮"调解转向"导致考核法官工作绩效的指标发生重大变化,调撤率(即调解率和撤诉率的合称)和发改率(发回重审率和改判率的合称)成为悬在初审法官头上的两把"利剑"。基于此,初审法官"重调轻判"蔚然成风,不仅在法官管理层面缺乏一套能够保障初审法官愿意始终如一依法判决的制度,更因初审法官对调撤率的无限追求导致本已不太稳固的诉权保障机制受到极大的损害。由于民事一审判决率和民事一审调解率的数据变迁暗含了诉权保障机制的建立和破坏,以及影响初审法官是否依法判决的制度变化,从这个角度,民事一审判决率的先升后降、民事一审调解率的先降后升其实暗示了移植而来的现代程序制度已经在中国司法实践中部分失效了。

---

① 艾佳慧:《调解"复兴"、司法功能与制度后果——从海瑞定理 I 的角度切入》,载《法制与社会发展》2010 年第 5 期,第 76 页。
② 2002 年以来,最高法院在调解政策上的变迁轨迹如下:2002 年 9 月 16 日,最高法院颁布《关于审理涉及人民调解协议民事案件的若干规定》,支持和规范人民调解工作。2004 年 3 月,最高法院工作报告,在 2003 年工作回顾中,数年来第一次提出"加强诉讼调解,充分发挥调解解决纠纷的职能作用"。2004 年 8 月,最高法院颁布《关于人民法院民事调解工作若干问题的规定》。2005 年 3 月,最高法院在工作报告中首次提出"能调则调、当判则判、调判结合、案结事了";进一步加强人民调解工作与诉讼调解工作的衔接,探索建立矛盾纠纷的多元解决机制。2009 年 3 月,最高法院在工作报告中明确提出要"继承和发扬'马锡五审判方式'",首次提出了"调解优先、调判结合"的原则并正式提出了"把调解贯穿于立案、审判、执行的全过程",即"全程调解"。

(三) 民商事二审发改率、二审调撤率的变迁

鉴于承担了纠错、消解不满、统一法制和法律发展诸功能的上诉审在整个司法制度中的重要性,笔者在此选择民商事二审发改率和二审调解率的变迁来验证中国的程序制度是否已经失灵。由于《中国法律年鉴》自1990年以后才有二审具体处理结果(包括了维持、改判、发回重审、撤诉、调解和其他)的数据,下图二审发改率(二审结果为改判和发回重审的案件量占二审结案总量的比率)的变迁只能从1989年开始。之所以选择二审发改率,是因为在实践中这一数据是影响法官绩效考评成绩的重要指标,而为了防止自己所审案件被改判或发回重审,法官们往往依靠案件请示汇报制度以使自己的判决获得上级法官的认可和支持。因此,我预测,在量化绩效考评管理越来越重要的今天,由于二审发改率是判断法官审判质量高低的重要指标,法官们可能越来越愿意就案件处理结果提前请示上级法院的法官,二审发改率因此会呈现一个缓慢下降的趋势。

另外,以一种审级制度的眼光,与初审或事实审不同,二审法官重在通过判决重申规则和发展新规则。虽然建立在当事人自愿基础上的法院调解能够避免当事人的讼累和节省司法资源,但这也不是或主要不是上诉法官的追求。但在中国司法的现实背景下,由于调解率在2002年以后成为考核各级法官业绩的重要指标,因此我预测2002年以后的二审调解率(二审结果为调解的案件占二审结案总量的比率)会呈现逐年上升的势头。另外,由于《中国法律年鉴》对二审调解量的记录始于1993年,下图中二审调解率的变迁只能

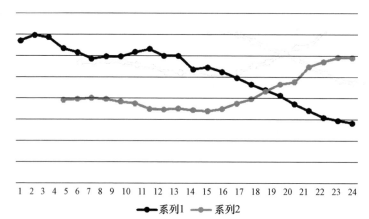

图6.3　1989—2012年间民商事案件二审发改率、调撤率变迁图

注:图中横轴表示时间,"1"表示1989年,以此类推,"24"就表示2012年;图中纵轴表示二审发改率和二审调解率。其中"系列1"代表二审发改率,"系列2"代表二审调撤率。

从1992年开始。

根据上图,二审发改率和二审调解率的实际变迁证实了笔者的预测:虽然前期有一些小起伏,二审发改率的变迁态势确实是在缓慢下降,特别是1999年以后,这一逐年下降的趋势相当明显(而1999年之所以成为该指标持续下降的起点,原因可能在于意在加强法官管理的司法改革正是从该年启动。这也许并不是巧合);而原来逐年下降的二审调解率也确实自2002年以来开始快速上扬。我们发现,一方面,由于二审法官提前介入一审事务,此变迁图从一个侧面验证了中国眼下的上诉制度基本无力承担在审级的层面纠正司法错误和统一法制的任务;另一方面,二审调解率在2002年以后的逐年上升意味着二审法官在当前的考评机制之下缺乏追求落实普遍性的规则之治(更不用说发展新规则)的动力。综上,这两个数据的起伏变迁因此也是现代程序架构在中国部分"失灵"的一个间接证据。

(四) 人民信访量、民商事案件再审收案量以及再审发改率的变迁

首先,人民信访量和民商事再审收案量之间存在一定内在的联系,或者有一种不太准确的、前后相继的因果关系。具体而言,由于人民信访是启动再审的一个渠道,人民信访量的变迁因此和民商事案件再审收案量的变迁有一定同向变动的可能。由于再审意味着对生效判决既判力的破坏,大规模的再审收案本身就标志着现代法治要求的规则之治和司法终局性无法实现。其次,由于再审的对象是已经生效的民商事判决,如果再审案件的发改率(改判和发回重审的再审案件占再审总量的比率)逐年上升并维持在较高的水平,这意味着民商事审判的质量一直在下降且始终不高。最后,由于最高法院从2002年起重新强调法院调解,调解率也是从那时起成为测度法官司法工作质量的重要考核指标,由于全国法院系统也是从那时开始侧重考核民事法官的民事调撤率指标(不管在一审、二审还是再审),我预测21世纪以来的再审调撤率(即以调解和撤诉结案的再审案件占再审收案总量的比率)会有一个逐年走高的态势。值得提出的一点是,由于最高法院于2009年提出了更加强调法院调解的民事司法政策("调解优先,调判结合"),我预测2009年以后民事再审调撤率的上升势头会更加迅猛。

以下就是反映了上述变化的变迁图。

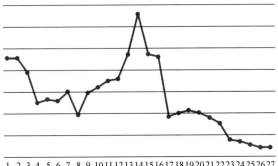

图 6.4　1986—2012 年间人民信访量变迁图

注：图中横轴表示时间，"1"表示 1986 年，以此类推，"27"就表示 2012 年；图中纵轴表示法院人民来信来访数量，单位是件。

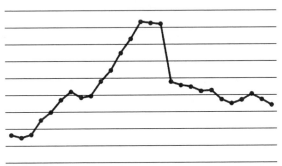

图 6.5　1986—2012 年间民商事案件再审收案量变迁图

注：图中横轴表示时间，"1"表示 1986 年，以此类推，"27"就表示 2012 年；纵轴表示民商事再审收案量，单位是件。

根据以上三图，我们发现人民信访数量的变迁态势果然和民商事案件再审收案量的变迁相似，即都有一个大体上先上升后下降的过程；都在 2000 年达到最高点；也都在 2003 年以后有一个相对平缓的过程。至于再审发改率，自 1998 年起就一直快速攀升，虽然最近几年有所下调，但仍然维持在 37.9% 的高位。而民事再审调撤率的变迁果然如我所料，自 2001 年之后呈现逐年上升势头。以上三个图至少能验证以下三点：(1) 中国老百姓的程序正义观并没有被塑造出来，他们仍然保存着对实体正义的追求，人民信访数量在已经急剧收缩的今天依然有二百余万的规模就是明证；(2) 大量再审案件的存在导致中国的"终审不终"，二审终审制和司法终局性在很大程度上没有受到尊重；(3) 民事再审发改率的居高不下意味着民事审判质量并不高，而民事再审调撤率的逐年上升则标志着在挑战生效判决的例外程序中同样不能实

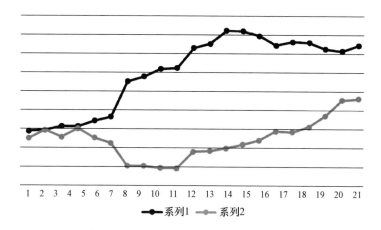

图 6.6　1992—2012 年民商事案件再审发改率、再审调撤率变迁图

注：图中横轴表示时间，"1"表示 1992 年，以此类推，"21"就表示 2012 年；纵轴表示民商事案件再审发改率或调撤率。其中"系列 1"代表再审发改率，"系列 2"代表再审调撤率。

现规则之治和程序法治。中国民事诉讼法确定的部分原则（比如当事人处分原则、诉权保障原则、自愿调解原则等）和重要制度（比如上诉制度、两审终审制度等）也正在这些数据中显示了其"失灵"的方式和程度。

综上，不论从定性的角度还是定量的角度，可以确定从域外法治诸国移植而来的现代程序制度，在当下中国确实已在一定程度上出现了"失灵"。

四、程序法治为何"失灵"：一个法官管理的角度

但程序法治为何"失灵"？陈瑞华教授曾就刑事程序"失灵"的问题给出了五个原因，即现有法律没有确立有效的程序性制裁和程序性裁判机制、程序制度的设计带来了过高的实施成本、绩效考评指标引导和鼓励法官规避法定程序、既有程序规则的自相矛盾以及缺乏有效司法体制的保障。[①] 可以说，这一总结是相当全面的，不仅考虑了程序制度的可实施性、程序制度实施的成本和收益，也考虑到了既有制度约束下法官的行动选择以及制度与人、新旧法律传统之间的博弈与制衡。本节从法官管理角度对程序失灵原因的分析正是在这一研究的基础上展开，与之不同的只是切入点和角度。

首先看大众化的法官遴选制度。与域外法治国强调法官的专业性和职业化不同，司法改革前的法官遴选制度强调法院干部的政治化和大众化，因

---

① 陈瑞华：《刑事程序失灵问题的初步研究》，载《中国法学》2007 年第 6 期。

为"法律、法律科学和司法工作并不神秘,只要坚持党的原则顽强的学习,善于密切联系群众任何人都可以有所作为。工农出身的司法干部更有条件作好司法工作,在人民司法体系的建树上作出贡献"。①

但是,面对正在转型变迁的当代中国,这些缺少专业法律知识和审判经验的大众化法官却很难回应市场经济和现代工商社会的需求,相反,要构筑和落实市场经济之制度基础的现代法治(普遍性的规则之治)亟须一批专业化、职业化的法官。原因在于,一方面,由于精巧复杂的现代程序制度很重要的一个功能就是解决案件审理过程中的信息不对称以及分散裁判风险②,除去当事人和律师的因素不谈,制度化解决信息不对称的现代证据制度,其本身就内含着对专业化法官的需求。不管是英美法中根据个案和社会情势对案件事实、证据和规则适用的自由裁量,还是大陆法上强调的自由心证和释明,通通要求法官,特别是初审法官,拥有对人性的通透认识和对证据法的精深理解,更能在事实疑难案件中游刃有余地运用证据规则化解事实难题。另一方面,在涉及法律模糊、法律漏洞和理由冲突等法律疑难案件的审理和判决书的撰写中,不仅能在法律和道德、理性和良知之间达成平衡并促成和保持法律的一致性和确定性③,更能在立法所不及之处通过解释方案的选择和法律续造实现基于司法个案的补充性的"规则之治"。在很大程度上,现代程序制度下的专业化法官学习、积累和拓展的是一套混杂了"精密理性"(指建立在逻辑三段论基础上的法律推理)和"实践理性"的专业化司法知识。④

改革开放以来,虽然市场经济的快速发展内生了对专业化法院和专业化法官的需求,但中国法院系统在遴选标准过低的前提下急剧扩容的法官队伍却仍然无法满足现代社会对司法专业性和司法稳定性的要求,"良莠不齐"的法官队伍也仍然不具备有效运作现代程序制度以及通过目的性解释和法律续造补充立法之不足的技能和知识。尽管1999年以来的此轮司法改革其重点之一就是培养专业化、职业化的法官队伍,但一来未能完成在既有庞大法官队伍基础上的人员分类改革(或者"存量改革"),二来在"党管干部"的政治

---

① 《破除司法工作神秘的观点(短评)》,载《人民司法》1958年第14期。
② 现代程序制度的信息功能,参见艾佳慧:《从社会变迁的角度重新审视程序制度的功能》,载《法商研究》2008年第6期。
③ 卡多佐就认为法官应使法律对于人类的深切而迫切的情感做出真切的回应,正义应为慈悲所支配。不仅如此,法官也应当在法律与道德、在法律的戒律与理性和良知的戒律之间保持必要的关系。参见〔美〕卡多佐:《司法过程的性质》,苏力译,商务印书馆1998年版。
④ "精密理性"和"实践理性"的概念及其区分是波斯纳法官的总结。在我看来,成文法传统的大陆法官可能偏重于精密理性,而判例法传统的普通法官更偏重和偏爱实践理性。参见〔美〕理查德·A.波斯纳:《法理学问题》,苏力译,中国政法大学出版社2002年版,特别是第一章和第二章。

要求下,统一司法考试制度缺少与之相配套和补充的法官遴选制度、法官薪酬制度和法官培训制度,"增量改革"因此也举步维艰。①

在2013年底重启一轮意在专业化、职业化的司法改革之前,我们对法官的要求一直以来不是贯彻党的领导和大走群众路线,就是鼓励解决纠纷、"案结事了",在强调能动司法、和谐司法(大概在2007—2013年间)的司法政策下就更是如此。因此,虽然如雨后春笋般出现的各地法学院为中国法官提供了大专、本科甚至硕士阶段的学历培训,但行政逻辑盛行的司法场域必然缺少促使法官积累专业司法能力和司法实践理性的制度条件,法院内部频繁的行政性调动也使得法官们没有动力积累运作现代程序制度和证据规则所必需的技艺和知识。② 举个不太恰当的譬喻,一个擅长送法下乡和调解纠纷的法官面对复杂精致的现代程序制度和证据规则,就如同一个用惯了犁耙耕牛的农人面对一台完全陌生的现代精密仪器,由于以往学习和积累的经验和知识并不能自动转换成有效操作这台程序机器的技术,当其努力运用既有经验想要驯服和掌控这台机器之时,不仅难以成功,而且很可能由于操作失误导致程序的"失灵"。在我看来,这可能是现代程序制度无法实现程序设计者预期的制度目标而在中国部分失灵的基于"人"的原因。

其次看法官管理的行政化,特别是法院内部的行政性调动制度。由于该制度在中国法院系统内部的普遍性,我在前面第二章已指出在现代社会需要专业化法官的大背景下,法院内部的行政性调动不仅无法稳定法官的行动预期并在此基础上积累专业司法知识,相反可能促使法官为了获得行政级别升迁而不得不投其(领导)所好,从而在本应独立、公正的法院系统形成鼓励法官积累与专业司法知识不兼容的行政职场知识的制度场域。不仅如此,由于消减了法官积累专业司法知识的动力,该制度还强化和正当化了院庭长审批和案件请示汇报制度,而这些制度正好和审判独立、二审终审、上诉等现代程序理念相抵触。

进一步,在中国,频繁的行政调动不仅存在于一个法院内部,也存在于上下级法院、各级法院和同级、上级党政之间。不仅上级法院可以抽调下级法院的法官,上级甚至同级党政机构也可以根据行政和党务需要调动下属法院

---

① 关于法院人员分类改革可能遇到的问题以及职业化改革与法官薪酬地方化之间的潜在冲突,可以参见艾佳慧:《中国法官最大化什么》,载苏力主编:《法律和社会科学》(第三卷),法律出版社2008年版;艾佳慧:《需要什么样的法院人事管理》,载《法律适用》2008年第10期。最新的研究,请见艾佳慧:《转型中国法官薪酬和遴选制度的微观激励基础》,载《法制于与社会发展》2021年第6期。

② 关于司法知识积累与法官行政性流动之间的深层次矛盾,参见艾佳慧:《司法知识与法官流动——一个基于实证的研究》,载《法制与社会发展》2006年第4期。

的领导。因此,行政性调动并不是一个法院内部的问题,而是一个法院系统,甚至是中国整个党政体制的问题。但是,如果法官的专业性是一个值得追求的目标,如果初审和上诉审(或者,事实审和法律审)的分工在现代工商社会有其必要,如果法官还是个需要专用性人力资产的专门职位,目前在整个法院系统,甚至整个党政体制内因上级领导意志而随意调动法官就是一个违背司法规律和现代程序法治的做法。

其实,在国家治理的层面,行政调动的目的意在实现中央对地方、领导对下属的有效控制以及制约在某地长期拥有权力可能产生的腐败行为,因此是一个地域广大的中央集权国家在代理人信息很难获得基础上的一个合理和有效的制度回应。也因此,不管朝代如何更替,中国历朝历代的官员们总是在天子(或中央)的调遣下在各地来回奔波和转徙。[①] 但就法官而言,由于其工作的特殊性(司法判断权内生的自由裁量性)意味着行政调动预期的制约腐败的制度目标无法实现,由于选择何种制度必须考虑其实施的预期成本和预期收益,针对专业法官的行政调动既无效率也缺少正当性。进一步,即便在整体层面上,行政调动制度在政治上有其必要性和合理性,宋代的王安石早已意识到其因无法稳定官员预期而导致官员短期行为的弊端。[②] 况且在现代社会,传统官僚制的思维模式和管理方式早已不再盛行。今天,不仅政府组织结构开始向扁平化发展,基于特定工作分析配备相应专业人员的专门化行政也开始大行其道[③],虽然现代行政制度因其"上令下从""效率导向"的特点需要一定程度的行政调动。

因此,既然行政性调动不仅影响专业司法知识的积累也无力消减司法腐败,既然传统官僚制都开始了其扁平化、专门化的现代转型,力图在社会变迁时代以独立、公正形象有效解决纠纷和实现规则之治的中国法院系统就没有

---

① 美国学者 James B. Parsons 曾对 23,300 名明代各朝、各级官员的官宦生涯进行过统计性研究,See, James B. Parsons, "The Ming Dynasty Bureaucracy: Aspects of Background Forces", in Charles O. Huncker (ed.), *Chinese Government in Ming Times: Seven Studies*, Columbia University Press, 1969. 据尤陈俊的引证,明朝时期,在州县层级,官员任期呈现逐渐缩短的趋势(明初尚有六年多,到明末就只有不到三年了),"官不久任,事不责成,更调太繁,迁转太骤"因此是个事实。参见尤陈俊:《历史语境中的海瑞定理 I:延伸性讨论》,载苏力主编:《法律和社会科学》(第五卷),法律出版社 2009 年版,第 240—241 页。

② 在王安石看来,频繁调动的弊端在于"且在位者数徙,则不得久于其官,固上不能狃习而知其事,下不肯服驯而安其教。贤者则其功不可以及于成,不肖者则其罪可以至于著"。只有让地方官员长期在一个地方执政,才可能"智能才力之士则得尽其智以赴功,而不患其事之不终,其功之不就也。偷惰苟且之人,虽欲取容于一时,而顾谬辱在其后,安敢不勉乎"。参见邓广铭:《北宋政治改革家:王安石》,生活·读书·新知三联书店 2007 年版,第 35 页。

③ 对现代公共行政功能和结构变迁的详尽分析,参见〔美〕菲利普·J.库伯等:《二十一世纪的公共行政:挑战与改革》,王巧玲、李文钊译,毛寿龙校,中国人民大学出版社 2006 年版,特别是第一章和第八章。

理由坚持和强化这一套为保障法院领导控制权的行政性调动制度。但有意思的是,因为担心之前遴选大众化带来的低素质法官无力抗拒权力增大后可能的"以权谋私"和司法腐败,中国司法运行的现实与该逻辑却正好相反。换句话说,中国改革开放以来的现代转型及其内生的对专业化法院和法官的需求,不仅没有弱化既有的行政性调动,相反在防止司法腐败的由头下更加强化和正当化了对包括法官调动在内的各种行政化管理。在以审判独立为前提的现代程序制度看来,这一由法院内部、上下级法院、上级和同级党政与相关法院叠加而成的"同构性"行政调动制度(或者干部交流制度)很难将中国法官塑造成为现代程序制度所要求的"无偏私的裁判者"。这是现代程序在中国失灵的一个基于司法行政管理制度的原因。

最后看法官绩效考评的数量化。对法官工作绩效的考评历来有之,但考评标准在不同时代却大为不同。在改革开放前,法官的考绩内容主要以政治性指标为主[①];改革开放以后的前二十年,法院绩效考评重定性、轻定量以及重描述、轻数据在今天的很多法院管理者看来仍然很不科学。但正如前面第三章指出的,改革开放以来,疏于严格遴选的法官群体解决纠纷的能力和职业操守因为纠纷的复杂和自由裁量权越发不受民众信任,正是在此背景下,各级党政部门开始对同级法院的工作绩效进行严格的量化考核,中国法院系统也以行政机关为参照系,走上了绩效考评数量化的"科学"管理之路。[②]

但法官的规则自由裁量权(在法律适用过程中运用各种解释技术在多个合法的法律解决方案之间进行合理选择的权力以及在立法有漏洞之时进行法律续造的权力[③])加上初审法官的事实自由裁量权(在关键的事实问题上,当证据出现矛盾时,基于自由心证的原则,初审法官有权选择和认定一个证据而否定另一个证据)[④],足以使得严格量化的绩效考评制度无法实现同级党政、上级法院和法院领导了解辖区内法院、下级法院和本院法官工作努力

---

① 比如政治坚定性和进取精神;执行政策法令的情况;工作责任心、积极性与纪律性;工作能力和工作成绩、业务熟练程度与精通程度;学习勤惰、民主作风、个人品德之优劣等。更详细的法官考绩和奖惩条件,参见侯欣一:《从司法为民到人民司法——陕甘宁边区大众化司法制度研究》,中国政法大学出版社 2007 年版,第 239—240 页。
② 一个对中国法院绩效考评制度的全面分析,参见艾佳慧:《中国法院绩效考评制度研究——"同构性"和"双轨制"并存的逻辑及其问题》,载《法制与社会发展》2008 年第 5 期。
③ 对法官自由裁量权的界定,参见梁迎修:《法官自由裁量权》,中国法制出版社 2005 年版,第 25 页。
④ 弗兰克在《初审法院》一书中相当全面地描述和揭示了初审法院中事实问题认定的困难性,在该书第一章的结尾部分,他指出,"初审法院的事实认定是司法工作中最困难的部分。正是在这一环节,司法机关最难令人满意;正是在这一环节,发生了绝大多数的司法不公;同样的,正是这一环节最需要改革"。参见〔美〕杰罗姆·弗兰克:《初审法院——美国司法中的神话与现实》,赵承寿译,中国政法大学出版社 2007 年版。

程度、廉洁程度和审判质量的制度预期，当然也无法减少因事后信息不对称而引发的法官道德风险和司法腐败。不仅如此，如同陈瑞华所总结的，就法院内部针对法官的绩效考评制度而言，由于绩效考核的结果轻则影响法官的年终奖金、评优创先，重则影响法官的声誉、形象和今后的升迁，为了追求对其有利的考核结果和避免对其不利的考核结果，法官往往会采取诸多在现代程序制度和理念下不会鼓励的行动，甚至采取各种为程序法律所不容的变通做法。① 这是现代程序制度在中国失灵的又一个基于法院管理制度的原因。

因此，中国法院大众化、行政化、数字化的法官管理模式导致中外程序制度看似表面一致实则运行逻辑完全不同的现实，这也可能是法学家们以域外法治国为参照系设计的现代诉讼制度在中国"铩羽而归"的制度根源。

五、两种审判模式和司法理念的竞争与较量

本节进一步探究程序"失灵"现象背后两种审判模式在社会变迁背景下的冲突和较量。鉴于一国流行的不同审判模式背后隐含着两种完全不同的对司法功能的不同认知，也可将之视为是两种迥异的司法理念的竞争和较量。

就民事诉讼而言，王亚新早就看到了以取得当事人和解或同意为目标、追求实质正义的调解型审判模式与在程序展开的基础上以获得一个"非黑即白"的判决为目标、追求形式正义的判决型审判模式之间本质性的差异。这是两种完全不同的程序结构，依循着完全不同的正当性资源和运行逻辑。② 在王亚新教授看来，调解型的程序结构没有一个必须如此的步骤和框架，非常具有弹性和个性化，其判决正当性来源于当事人对案件结果的认可和实体正义。判决型的程序结构与之完全相反，不仅有一套建立在司法独立、审判公开等原则上的严格程序，其判决正当性来源于法官中立基础上的程序正义。无偏私的裁判者、让举证者承担直至败诉判决这种不利判断的举证责任制度、当事人负责证据的提供和证明、庭审中的直接、言辞和辩论原则、审级制度以及初审和上诉审的分工等具体制度的设立也正是为了确保当事人主义主导下的程序正义的实现，因此是判决型审判正当化的制度体现。③

在刑事诉讼领域，虽然没有调解和判决的截然两分，但同样存在两种完

---

① 参见陈瑞华：《刑事程序失灵问题的初步研究》，载《中国法学》2007年第6期，第148页。
② 王亚新：《论民事、经济审判方式的改革》，载《中国社会科学》1994年第1期。
③ 更多对调解型审判模式和判决型审判模式的精彩分析，参见王亚新：《论民事、经济审判方式的改革》，载《社会变革中的民事诉讼》，中国法制出版社2001年版，第10—20页。

全不同的审判模式及其不同的程序结构,即以客观真实和实体正义为目标、公检法三机关以一种"流水作业"的方式共同打击犯罪的程序模式①和以法律真实和程序正义为目标、法官作为中立第三方根据法定程序在原被告双方质证、抗辩的基础上作出判决的程序模式。② 这两大模式不管在司法理念还是具体制度构建上均存在巨大的差异。在前者(可称为实体正义模式),正当程序和被告人权利保障是不重要的,准确破案和打击犯罪是最重要的制度目标;在后者(可称为程序正义模式),实体正义必须让位于程序正义,只要满足了正当程序的要求,即使最后判决有违于客观真实,大家也只能接受。

可以看到,虽然民事诉讼和刑事诉讼有很大的不同,但在分别追求客观真实和法律真实、实体正义和程序正义的意义上,民事诉讼中的调解模式/判决模式与刑事诉讼中的实体正义模式/程序正义模式其实没有多大区别。为了下文分析方便,不分民事诉讼还是刑事诉讼,笔者将追求实体正义和客观真实的审判模式统称为新传统审判模式③,将追求程序正义和法律真实的审判模式统称为现代审判模式。需要特别声明的是,"新传统模式"和"现代模式"只是一种韦伯意义上的理想型建构,事实上,传统农业社会的司法审判也有程序要求,而现代工商社会也很重视调解和多元纠纷解决机制(ADR)。④

由于没有普适的理想模式,判断审判模式好坏的标准只能看是否适合社会的需要以及是否是一个激励相容(incentive compatibility)⑤和相互配套的制度体系。如果基于执政者认知的司法理念而确定了某审判模式意图实现的制度目标,该审判模式下诸多有效的制度选择(或设计)就在于通过制度的

---

① 陈瑞华将中国公检法机关在刑事追诉中的工作关系概括为"流水作业式的诉讼构造",参见陈瑞华:《刑事诉讼纵向构造之研究》,载《刑事诉讼的前沿问题》,中国人民大学出版社2000年版。
② 这两种模式其实分别对应着帕克教授提出的"犯罪控制"和"正当程序"模式,参见 Herbert Packer, "Two Models of the Criminal Process", *University of Pennsylvania Law Review*, vol. 113, no. 1, 1964, p. 1.
③ 实际上,传统农业社会由于社会结构封闭、静止,这种熟人社会中的客观真实容易获得,因此追求实体正义是纠纷解决的当然之义,这种司法模式可称为传统模式。但虽然中国社会在改革开放前仍然是一种熟人社会(不管是陕甘宁边区的农业社会,还是计划经济下的城乡社会),我党创造并广为推广的"马锡五审判方式"给司法增加了不少政治功能。这种既同传统农业社会相似又区别于传统农业社会的司法模式,被强世功概括为中国司法新传统。本节也因此将这种审判模式称为新传统模式。关于中国司法新传统的相关讨论,请见强世功:《权力的组织网络与法律的治理化——马锡五审判方式与中国司法的新传统》,载《北大法律评论》第3卷第2辑,法律出版社2000年版。
④ 对"理想类型"和社会科学方法论的深入探讨,see Weber: *The Methodology of the Social Sciences*, Free Press, 1949.
⑤ 激励相容是机制设计理论中的一个术语,是指在市场经济中,每个理性经济人都会有自利的一面,其个人行为会按自利的规则行为行动;如果能有一种制度安排,使行为人追求个人利益的行为,正好与集体或社会价值最大化的目标相吻合,这一制度安排,就是"激励相容"的。

实施,使得在该制度下人们理性决策和博弈的结果足以实现或尽量接近该审判模式的预期目标。如果未能实现,或者该制度下人们理性决策和博弈的结果与该模式的预期目标不一致,这一制度的选择或设计肯定就有问题。用现代微观经济学的语言来说,这其实就是个体理性决策和博弈论、社会选择(或制度目标)、机制设计(或规则制定)之间的相互关联和制约。这就是机制设计文献中的"Hurwicz-Mount-Reiter"三角,一个分析制度有效性的有力框架。① 下图是一个该分析框架的简单示意图。

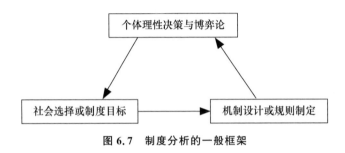

图 6.7 制度分析的一般框架

在上图中,规则或制度根据目标而设定②,"趋利避害"的理性个体在该制度下选择、行动和相互博弈,如果最后的博弈均衡与制度的预期目标相一致,该制度就是一个激励相容(incentive compatibility)并能自我实施(self-enforcement)的有效制度。否则就是无效的制度,其制度选择或设计因此需要进一步修改和调整。

接下来以此分析框架考察新传统审判模式和现代审判模式这两种完全不同的审判模式及其呈现出的两套程序结构和法官管理模式。以一种共时关联的整体主义制度观,在法院政治功能很强、社会交往多维度且密度不大、经济和技术不太发达的农业社会(比如陕甘宁边区)或者计划经济社会(比如改革开放前的中国),不仅纠纷和案件数量不多(这也是国家能够担负事实调查等司法成本的前提),处理案件所需的信息也相对容易得到。因此,大众化、地方化、行政化的法院管理模式与追求实体正义的新传统模式及其程序结构就能相互配合和支持。这是一套互补并相互加强的制度系统。在此制度系统下,法院是党的治理工具,司法的功能主要是动员民众和实现实体正

---

① 对这一现代微观经济学的三位一体结构理论(或机制设计文献中的 Hurwicz-Mount-Reiter 三角)的更多讨论,请见丁利:《制度激励、博弈均衡与社会正义》,载《中国社会科学》2016 年第 4 期,第 136—138 页。还可参见 Stanly Reiter,"Information and Performance in the (New) Welfare Economics", *The American Economic Review*, vol. 67, no. 1, pp. 226-234。

② 之所以说是"设定",是站在立法或者外部规则的层面上。如果是哈耶克所指的自生自发秩序或者长期重复博弈形成的能最大化社区福利的社会规范,由于这种社会规范是一种足以自我实施的有效机制,这一制度分析框架其实是"三位一体"的。

义。但在法院纠纷解决和规则之治功能凸显、人口流动频繁、社会交往密度很大但一次性交往居多、交通和通信技术相对发达的现代工商社会,不仅纠纷解决所需信息很难获得,案件数量的激增和规模化也使得国家无力再独自承担巨额的司法成本,这样才慢慢演进出了以当事人主义和程序正义为特点的现代审判模式,专业、独立的法院系统也正是在这一背景下配合该模式的需求而出现。因此,追求程序正义的现代审判模式及其程序结构与专业化、职业化的司法系统同样是一套相互支撑和配套的制度体系。在此制度系统下,法院是规模化的通过纠纷解决以落实规则、稳定预期,以及通过个案实现补充性的规则之治的公共机构,而司法的功能主要在于实现程序正义、稳定预期和统一法制。

以两种不同的审判模式为对象,将制度分析的一般框架适当调整,就有以下两图。

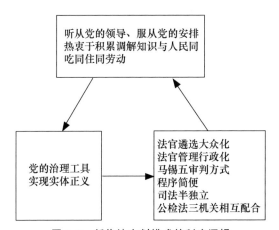

图 6.8 新传统审判模式的制度逻辑

注:司法半独立是指法院在党委和政府领导下按照法律审判案件,独立行使审判权。①

根据上图,以有效动员民众、实现实体正义和贯彻党的路线方针政策为目标的新传统审判模式,在没有前人经验的基础上,在近代中国经济文化最落后的陕甘宁边区摸索出了一整套有助于实现此目标且相互配合、相互支持

---

① 在研究陕甘宁边区司法制度时,侯欣一进一步将"司法半独立"理解为:(1) 边区司法工作必须坚定不移地接受中国共产党的领导,成为执行党的路线、方针和政策的工具;(2) 边区不实行三权分立的体制,司法权并非一项独立的权力,其产生和监督均受制于参议会;(3) 司法机关与行政机关并不是并立的关系,而是上下级关系,司法机关受同级政府领导并在政府领导下独立审判。参见侯欣一:《从司法为民到人民司法——陕甘宁边区大众化司法制度研究》,中国政法大学出版社 2007 年版,第 89—90 页。虽然新中国成立后相关正式制度有所改变(比如参议会变成了人民代表大会,也取消了政府对法院的领导权),但实际上陕甘宁边区这套半独立的司法体制一直延续到了今天。

的制度系统。具体而言,这一制度系统既包括大众化、地方化、行政化的法官管理制度,也包括简单方便的具体程序制度和审判制度,比如注重深入基层、调查研究的"马锡五审判方式",以及允许口头起诉、鼓励独任制、要求司法文书尽可能通俗易懂、上诉也要审查事实等方便民众的诸多程序制度。在这种实体正义观支持的审判模式下,法官主要由没有什么文化和法律知识但政治素质极强的工农干部担任。被此种司法模式选择出来的大众化法官在上述制度的鼓励之下,不仅积极听从党的领导、服从党的安排,在群众路线的指导下深入基层,与劳动人民同吃同住同劳动,更在长期调查研究的实践工作中积累了不少有助于实现实体公正的调解知识。新传统司法模式下法官们的如此行动反过来又在很大程度上促成了该模式预期的实现实体正义、成为党的治理工具等制度目标。因此,在制度分析的一般层面上,在社会相对简单、司法承担了很多政治功能的背景下,为实现实体正义而选择的这套制度系统不仅与法官的理性行动激励相容,更是适应于陕甘宁边区和计划经济中国的有效制度。

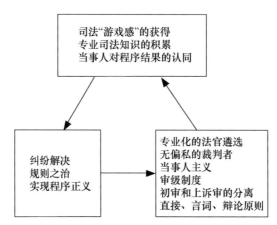

图 6.9 现代审判模式的制度逻辑

注:图中的司法"游戏感"是指虽然有权把自己的偏见和政策直觉同一个案件的决定联系起来,但法官在审判中还是愿意接受既定规则的制约。①

根据上图,现代工商社会由于纠纷的数量很大且解决纠纷所需的信息很难获得,不仅由国家承担所有案件的事实调查成本不现实,更很难实现传统社会要求的实体正义;市场经济对稳定预期和有效司法的需求,也使得法院

---

① 波斯纳认为司法游戏有一种避难所和转变现实的因素,它的原材料是生活的丑恶现实,但司法游戏却将之转换成关于权利和义务、主张与证据、预设与辩驳、管辖与能力的智识性争论。对于专业性法官而言,这足以成为一种宽慰。参见〔美〕理查德·A. 波斯纳:《超越法律》,苏力译,中国政法大学出版社2001年版,第155页。

的政治功能逐步让位于纠纷解决和规则之治。因此,现代司法模式的制度目标在此社会背景下只能是次优的程序正义以及据此而来的纠纷解决和规则之治。而司法独立、专家型法官、审级制度和当事人主义等一整套相互契合的现代程序制度正是在市场经济发展的历史长河中配合着该制度目标而生发出来的。在这一程序正义观支持的审判模式中,专家型的法官被挑选出来并在当事人的参与和竞争中主导着前述程序的展开。在长期的司法实践中,职业法官逐渐养成了波斯纳法官所概括的司法"游戏感",并积累了足以有效解决纠纷和制定规则的专业司法知识。诉讼当事人也会因自己在司法程序中的有效参与而愿意接受对自己不利的程序结果。因此,以制度有效性的一般逻辑来考察,在工商社会的背景下,由于现代程序制度下法官和当事人的行动和博弈结果能够实现现代司法模式的制度目标,因此严格遴选标准下产生的职业法官和现代程序制度也是一个激励相容且相当有效的制度架构。

综上可见,不管是新传统审判模式还是现代审判模式,在各自适应的社会背景下,其程序结构和制度安排都能有效保证信息的获得、裁判风险的分担、一定的社会控制以及错误成本的避免,因此都是有效的整体性制度安排。

就中国社会而言,如果没有1978年以来的改革开放以及因此而来的经济转型和社会变迁,原有的那一套意在实现实体正义和政治控制的新传统审判模式完全能够满足计划经济中国对司法的需求。但现实是,改革开放国策的推行改变了中国。市场经济的快速发展和现代工商社会的初步形成要求着独立、专业的法院和法官,司法的功能也在社会变迁的背景下悄然转换(尽管仍然承担着传统的纠纷解决和某些政治功能,但司法的稳定预期和规则之治的新功能已日益受到人们的重视),以司法专业化和法官职业化为导向的司法改革在某种程度上正是对此需求的回应。但创建于战争年代而定型于新中国成立初期、适应于农业社会和计划经济年代的新传统审判模式是一套相互嵌套和支持的制度系统,制度参与人也习惯于在此制度模式和相应的实体正义观和人民司法理念下行动、决策和博弈。因此,中国司法改革最大的问题就在于:在整体社会结构已悄然变迁、司法的功能与目标也已部分改变的今天,原有的那套审判模式和司法理念却在路径依赖、既得利益以及政治控制的结合下依然如故。在今天的中国,现代审判模式的表面引进完全不敌新传统审判模式的根深蒂固。这其实是导致很多司法改革措施无法落实,也是本章所讨论的现代程序制度部分"失灵"的深层制度根源。

六、没有司法的"司法"(代结语)①

上文从定性和定量两个方面论证了从域外法治国引进而来的现代程序制度和理念在当今中国基本上已经程度不同地失灵,并从法官遴选大众化、法院管理行政化(特别是法院内部的行政性调动制度)和法官绩效考评数量化等法院管理制度入手分析了程序失灵的初步原因。由于在中国民事诉讼和刑事诉讼实践中同时存在两种不同的审判模式,借现代微观经济学机制设计文献中的"Hurwicz-Mount-Reiter"分析框架,本章接下来考察了以实体正义为制度目标的新传统审判模式和以程序正义为主要目标的现代审判模式分别的制度逻辑、有效条件以及各自适用的社会背景。并进一步论证了当前程序"失灵"的根本原因在于回应市场经济需求的中国司法新功能及其配套程序制度不仅遭遇到了且不敌法院固有管理模式和司法理念的顽强抵抗。在某种程度上,中国百年司法史上两种司法话语(专业化司法话语与大众化司法话语)和两条司法路线(专家司法路线和人民司法路线)的冲突仍在持续上演。②

面对这一困境,中国下一步的司法改革应该何去何从? 是退回新传统审判模式的"城堡",还是继续面对着现今的制度混乱? 或者更勇敢和睿智一点,从现代工商社会亟须的司法制度和程序制度所要解决的信息和风险承担问题入手厘清目前的制度困境,从而找到未来司法改革的方向?

在今天的中国,虽然改革开放以来的社会变迁已使程序正义的审判模式和现代程序制度有了适合的社会环境和制度需求,但现代程序法治程度不同的"失灵"却彰显了这一外来的表面制度显然不敌已经深入人心且被正当化了几十年的新传统审判模式。因此,如果以现代程序制度为标准,虽然已经引进了不少现代程序制度和理念,中国今天的司法现状仍然是一种没有司法的"司法"。在很大程度上,中国目前的司法体制和程序制度内部存在相当大

---

① 这里的第一个"司法"指现代工商社会需要的以独立、专业、程序正义为关键词的专家型司法制度,后一个"司法"指源出于陕甘宁边区,以大众化、实体正义为关键词和以群众路线、实事求是为核心的人民司法制度。虽然都叫"司法",但两者背后蕴含着两种完全不同的司法理念和司法观。

② 在2007—2012年间,司法调解的全面复兴、"马锡五审判方式"的快速升温以及中国式能动司法模式(特征是积极司法和主动司法)的提出和推行就是有一个鲜活的例证。相关的研究,参见张卫平:《诉讼调解:时下势态的分析与思考》,载《法学》2007年第5期;吴英姿:《法院"调解"的复兴与未来》,载《法制与社会发展》2007年第3期;艾佳慧:《调解"复兴"、司法功能与制度后果——从海瑞定理Ⅰ的角度切入》,载《法制与社会发展》2010年第5期;苏力:《能动司法与大调解》,载《中国法学》2010年第1期;顾培东:《关于能动司法的若干思考》,载《中国法学》2010年第5期。

的制度张力和进一步冲突的可能。要想消解这一张力和冲突,在执政党,由于争议解决过程中的三方结构是一个极其有用的治理工具,如果建立现代程序制度获得的预期收益超过建立该制度可能承担的成本,他们就应当创制一个相对独立的司法审判权以换取解决争议的能力和威信的增加。① 在程序制度的设置方面,由于不管是法院还是当事人,均存在缺乏实现实体正义所需的案件信息,为增加司法的信誉度和提升司法权威,中国的程序制度改革应该加强各种尊重当事人参与权和程序推进权的程序制度建设。因为,"宣传正当程序,以程序技术充当正义,在现阶段,乃是控制冲突,使社会矛盾'法治化'的不二法门"。②

因此,在中国已经走上市场经济之路且不能回头的今天,"因循守旧"显然很不合适,供奉着"实体正义"牌位的中国式审判"城堡"也不是司法制度改革者的理想"避风港"。虽然在行政逻辑看来,"多一事不如少一事",但不想办法解决当前制度困境的改革者实际上是在逃避时代和社会赋予他的制度责任。因此,不管从社会需求还是制度责任,也不管是司法改革主事者还是司法制度研究者,都有责任和义务仔细考察和"凝视"中国司法制度混乱和程序法治"失灵"这一现象及其背后的深层问题,并在现代社会科学知识的帮助下,以一种实用主义的态度提出各种有助于解释现象和解决问题的方案。

———— * * * * ————

附录1:程序制度的信息价值

一、引　子

"所谓程序,就司法而言,即专为实现法律规定或'赋予'的各项权利而制定的一套套规则、方法和步骤"。③ 在现代社会,以有效制约国家权力,引导、限制当事人和法官行为为目标的现代程序制度,其价值不仅体现在能够有效地保障人权和当事人的诉讼权利,更能通过一套诉权对法官自由裁量权的程序制约来保障审判本身的正当性,实现因法院审级设定而达成的事后补充性的"规则之治"。虽然刑事诉讼法学者更强调人权保障和对国家权力的限制,"在自己的权益面临威胁时,人们不仅关注自己利益被剥夺的实际结果,而且

---

① 〔美〕马丁·夏皮罗:《法院:比较法上和政治学上的分析》,张生、李彤译,中国政法大学出版社2005年版,第46—47页。
② 冯象:《正义的蒙眼布》,载《政法笔记》,江苏人民出版社2004年版,第158页。
③ 同上注,第146页。

也重视自己被对待的方式;在不幸的结果确属不可避免的情况下,人们可能更加注意自己是否受到了公正、人道的对待"。① 而民事诉讼法学者更关注审判的正当性和效率性,"审判的正当性指的是审判的过程和结果在整体上为当事人以及社会上一般人所接受、认同和信任的性质"②,"只要达到了程序保障的要求,就使当事人在制度上失去了就实体和程序两方面表示不满或再行争议的机会,从而获得正当性"③以及一定程度上的效率性。但不管民事诉讼还是刑事诉讼,诉讼法的基本理念都在于"审判结果是否正确并不以某种外在的客观的标准来加以衡量,而充实和重视程序本身以保证结果能够得到接受则是其共同的精神实质"。④

从既有的两种程序理论出发,受惠于马克思"经济基础决定上层建筑"的理论,本文主要从社会变迁的角度讨论现代程序制度的信息功能。具体而言,现代陌生人社会给传统的纠纷解决带来了严重的信息问题、裁判风险分担问题和附随其上的司法正当性和效率性问题,因此,才需要复杂烦琐的现代程序制度和相应的程序正义观。不仅如此,现代程序制度还承担了刑事诉讼中的人权保障以及现代民族国家建立过程中法制统一的两种功能。最后,是一个回到中国语境中的简短结语。

二、既有的两种程序观

在程序法的学术传统中,存在两种不同的试图正当化程序制度的理论进路。一种是工具主义的程序观。如果将诉讼法视为实体法(substantive law)的"辅助法"(adjective law),相关程序制度的设计必然以是否能最终获得权利保障为核心,程序价值的基础存在于解决纠纷的内在目的之中。这种程序观最早可以追溯到边沁⑤,其后世传承者分别是秉承程序经济成本理论和程序道德成本理论的波斯纳⑥和德沃金⑦。但此种程序理论的问题在于,由于"集中关注的是发现真相,除了在正确的决定能够导致问题的解决这个意义

---

① 陈瑞华:《通过程序实现法治(代序言)》,载《刑事诉讼的前沿问题》,中国人民大学出版社2000年版,第2页。
② 王亚新:《论民事、经济审判方式的改革》,载《社会变革中的民事诉讼》,中国法制出版社2001年版,第6页。
③ 王亚新:《民事诉讼的程序、实体和程序保障(代译序)》,载〔日〕谷口安平:《程序的正义与诉讼》,王亚新、刘荣军译,中国政法大学出版社1996年版,第13页。
④ 〔日〕谷口安平:《程序的正义与诉讼》,王亚新、刘荣军译,中国政法大学出版社1996年版,第5页。
⑤ 参见〔英〕边沁:《道德与立法原理导论》,时殷弘译,商务印书馆2000年版。
⑥ See, Richard A. Posner, "An Economic Approach to Legal Procedure and Judicial Administration", *The Journal of Legal Studies*, vol. 2, no. 2, 1973, pp. 399-400.
⑦ R. Dworkin, *A Matter of Principle*, Clarendon Press, 1985, pp. 73-103.

上之外,它们忽视了解决问题活动本身"。① 因此,20世纪70年代以来出现了另一种在今天更有影响也更年轻的程序理论,即程序过程理论或程序价值理论,这种过程主义的程序观认为不管最后结果如何,程序本身具有一些独立于结果正确性的价值或利益,比如自治、人格尊严和天赋权利等。此种程序观的哲学启蒙者是罗尔斯②,法学界的代表人物是萨默斯③和马修④。如果说"从程序到经济及道德错误成本的因果链需要经过具体结果这一环节","从程序到过程价值或利益的因果链却不需要经过具体结果这一环节"⑤,因为程序的过程价值是一种源自过程本身的满足。作为程序法学者中的集大成者,贝勒斯成功综合前述两种程序观,发展出了一种以综合性程序价值(既包括降低经济成本和道德成本,也包括独立于裁判结果正确性的程序内在价值)为内容的程序正义理论。⑥ 在无法不面对复杂法律程序的现代社会,以其"统合性"和"全面性",贝勒斯的理论不仅获得了美国程序法学者的认可,更成为众多后法治国家移植和推广程序制度的理论正当性资源。

以上只是对程序价值和程序理论的一个粗略描述,但根据这些描述,再辅以一种透过语词看本质的眼光,可以发现程序在现代法治社会的普遍存在和程序正义诸理论其实只是事物的"一体两面"。换句话说,正是法律程序在现代社会的"华丽"存在,才有了诸多力图正当化程序制度的程序正义理论。不仅如此,在其他条件不变的前提下,可以推测一国程序制度越复杂发达,其程序理论也就越发完善和先进。由于理论永远滞后于社会生活而且永远是地方性的,我们可以说正是现代社会的需求创造了它的程序制度,而诉讼法学家创造的仅仅是关于程序制度的理论。⑦

其实,不管是程序价值理论还是程序正义理论,回答的都是现代法治社

---

① 〔美〕迈克尔·D.贝勒斯:《程序正义——向个人的分配》,邓海平译,高等教育出版社2005年版,第158页。
② 罗尔斯在《正义论》中借"切分蛋糕"这样一个思想实验,论证了一个事先同意的程序规则可以实现实体公正。参见〔美〕约翰·罗尔斯:《正义论》,何怀宏、何包钢、廖申白译,中国社会科学出版社1988年版,第81—84页。
③ See, R. S. Summers, "Evaluating and Improving Legal Process: A Plea for 'Process Values'", Cornell Law Review, vol. 60, no. 1, 1974, pp. 1-52. 一个述评,参见陈瑞华:《通过法律实现程序正义——萨默斯程序价值理论评析》,载《北大法律评论》第1卷第1辑,法律出版社1998年版。
④ See, Jerry L. Mathaw, "Administrative Due Process: The Quest for a Dignitary Theory", Boston University Law Review, vol. 61, no. 4, 1981, pp. 885-931.
⑤ 〔美〕迈克尔·D.贝勒斯:《程序正义——向个人的分配》,邓海平译,高等教育出版社2005年版,第155页。
⑥ 同上注。一个对贝勒斯程序正义理论的述评,参见陈瑞华:《走向综合性程序价值理论——贝勒斯程序正义理论述评》,载《中国社会科学》1999年第6期。
⑦ 此处借用了苏力的句式。参见苏力:《后现代思潮与中国法学和法制》,载《法治及其本土资源》,中国政法大学出版社1996年版,第289页。

会中程序的功能作用以及判断程序制度好坏的标准(比如是否能有效降低经济成本和道德成本,能否保障诉讼参与人的权利等)。但一个更深入也更根本性的问题在于,虽然"程序的正义观念是以发生、发达于英国法并为美国法所继承的'正当程序'(due process)思想为背景而形成和展开的。其思想系谱可溯及1216年制定的英国大宪章"①,但为什么复杂烦琐的法律程序会单单出现在现代工商社会?为什么丢勒笔下那任人摆布的无知的"正义姑娘"到了工业革命之际却摇身一变为象征"司法纯靠理智"的正义女神?② 或者,如果"程序是司法的正义给自己绑上的蒙眼布,是'刻意选择'与当事人及外界权势保持距离的一种政治伦理'姿态'"③,为什么这一"正义的蒙眼布"在现代法治国家显得特别重要?

三、程序制度的信息理论

以一种大历史的长焦镜头可以看到,16世纪以来,随着工业革命开启了资本主义的大门,市场经济的形成和不断扩展改变了人类的思维模式、生活方式和交往途径。在这一社会秩序重建的宏大背景下,"乡土社会的秩序由一个在原先的条件下保障人们如何合作生存的办法变成了一个阻碍人们在一个更大的社会内进行合作求得生存的问题"④,社会日益陌生化和交往的一次性也使得纠纷解决中的各种信息问题越来越严重。为了方便市场的自愿交易和纠纷解决,不仅需要在更大领域内形成更可预期、更加统一和普遍适用的规则,也需要一套能够有效传递案件信息和辨识、确定和分配诉讼责任的程序制度。因此,在很大程度上,程序制度在现代社会的出现和细化是为了回应和解决纠纷解决中的信息不对称以及分散因此而来的裁判风险。

具体而言,要有效和快速地解决纠纷,法庭最好能够拥有关于案件事实和双方当事人情况的基本信息。虽然我们面临的一直是一个信息不完全的世界,但在传统社会(或者乡土社会/小农社会/熟人社会),获得纠纷解决所需的信息往往不太成为问题。因为传统社会中的人们往往生活在小社区中,

---

① 〔日〕谷口安平:《程序的正义》,载《程序的正义与诉讼》,王亚新、刘荣军译,中国政法大学出版社1996年版,第4页。
② 意大利像章学家利帕在其《像章学》卷三(1593年)中对"正义"有这样的描述,"正义(Giustizia)。其形象为一蒙眼女性,白袍,金冠,左手提一秤,置膝上,右手举一剑,倚束棒(fasci)。束棒缠一条蛇,脚下坐一只狗,案头放权杖一只、书籍若干及骷髅一个"。并总结道:正义蒙眼,象征"司法纯靠理智"。转引自冯象:《正义的蒙眼布》,载《政法笔记》,江苏人民出版社2004年版,第144页。
③ 冯象:《正义的蒙眼布》,载《政法笔记》,江苏人民出版社2004年版,第149页。
④ 苏力:《现代化视野中的中国法治》,载《阅读秩序》,山东教育出版社1999年版,第160页。

大家是多维度的长期交往,"低头不见抬头见"。一旦有了纠纷,由于社区规则大家都了解而且不太复杂,解决纠纷的信息成本很低,就很容易在第三者的介入下消弭纠纷(这个第三者往往也是同一社区中的人或者组织,因此容易了解双方的情况,从而作出让双方都比较满意的判决)。即便偶尔出现事实无法准确确定的情况,但一来这样的情况不多,二来社区小,有了问题也不会太大。在那样的社会里,实体正义基本上可以实现,当然也就不需要耗时费力的程序制度。因此,即使是今天程序制度和理论异常发达的美国,在其立国之初程序制度也是非常简陋的。比如,1700年之前的较早时期,美国司法制度的特征在于"法院遍布于乡村,而不是集中在中心城市;法院邀请当地非专业人士对事实作出裁断;而且法院使自己的程序保持简明易懂,能够为普通公民所理解"。①

但"工业化使陌生人交往的机会大大增加,同时产生纠纷的可能性也在增加,新的权力中心和人口流动性的增强颠覆了传统的纠纷解决机制"。②不仅如此,在当今这个日渐现代化和陌生化的社会,正式纠纷解决中的信息不完全和不对称问题也变得越来越严重。在庭审中,法庭在有些情况下根本得不到必要的信息或者根本就没有信息,因为很可能只有一方当事人拥有信息,而该当事人可能既没有办法也没有意愿披露信息。这样,就出现了三个问题,其一,作为中立第三方的法官如何了解案件事实,并在了解事实的基础上及时处理纠纷;其二,如何让双方当事人了解相关法律和对手的信息以便减少无谓诉讼;其三,对于那些无法避免的因错误信息的引导而导致的司法错误,如何在当事人和法官之间分担责任和风险。面对越来越陌生化的社会、越来越复杂的法律规则和社会交往,现代司法制度该如何回应和解决因信息问题带来的现代社会纠纷解决的难题呢?另一方面,诉讼当事人主义和正当程序的实施可以发挥正当化诉讼结果的重要作用。由于诉讼当事人被给予了充分的机会表达自己的观点并提出证据,法官也对其主张和证据进行了慎重的考虑和审理,不仅参与诉讼而招致败诉和不利结果的当事人不得不接受该结果,整个社会也会因为程序的正当和公开而支持和信赖法院系统,这是司法权威得以形成的程序基础。"也只有这样'理性地'划定职权,信守'中立',法治才能打消冲突着的各社会阶级的疑虑,赢得他们的信任与合作,并最终把他们'一视同仁'收编为法治的对象。"③这也是尽管英美法系和大

---

① 〔美〕杰弗里·C.哈泽德、米歇尔·塔鲁伊:《美国民事诉讼法导论》,张茂译,中国政法大学出版社1998年版,第2页。
② 〔美〕马克·格兰特:《审判、诉讼及相关现象》,李满奎译,徐昕校,载徐昕主编:《司法:司法程序的实证研究》(第2辑),中国法制出版社2007年版,第301页。
③ 冯象:《正义的蒙眼布》,载《政法笔记》,江苏人民出版社2004年版,第157页。

陆法系的审判方式有许多区别,但两者都坚持当事人主义和现代程序制度的根本原因。与此同时,程序正义理论也开始大行其道并力图塑造和强化人们的程序正义观,即经过正当程序后得到的结果就是正义和合法的结果。在某种程度上,对正义"蒙眼布"的宣传和崇拜其实只是一种因案件事实和信息在现代社会无法获得后的"无可奈何"。

应对之一就是以当事人主义为中心制定复杂的程序制度。一方面,由于在一个现代的、人员高度流动、社会高度分工(因此知识是弥散的)的工商社会中,包括法官在内的任何国家公职人员,即使道德高尚,拥有高度的责任心和超乎常人的智识能力,他也不可能具有完全的知识和明察秋毫的决断能力。因此,这些复杂的程序规则,在一个意义上是对法官审判权的限制,而在另一个意义上,却也是对他权力行使的支持和对他个人的保护。[①] 季卫东曾以略带夸张的笔法指出了程序对法官的保护作用,"法官被要求忠实于程序,反过来程序也有效地保护了法官。即使初审判决被上诉审推翻,即使合法性判决造成被告自杀于狱中、市民暴动于街头的严重后果,作出判决的法官也不会受到追究。而且,程序对于行为以及意志等的严格限制使法官带有清教徒色彩,同时这也就使判决或多或少地带上神圣的光环,显然,让权力和权利同时受到审判程序的限制是一项明智的制度设置"。[②]

应对之二就是律师职业集团的兴起。作为专业获取案件信息和法律知识的群体,律师的出现在某种程度上是对传统纠纷解决人部分功能的替代。在美国,就抗辩制而言,不仅所有的"律师受训于该模式之下,因此倾向于相信它是公正的和准确的"[③],现代抗辩制也正因为律师的介入和积极参与而生气勃勃;应对之三就是民事诉讼中审前准备程序和证据开示、证据失效规则的制定,试图解决双方当事人之间的信息不对称问题。这一制度的有效实施不仅能减少当事人对司法制度和程序的滥用,还能减少当事人的讼累,有利于纠纷的解决(美国刑事诉讼中的"辩诉交易"其实也有这样的功能)[④];应对之四就是初审和上诉审法院的分离。初审法院主要负责事实问题和法律

[①] 参见苏力:《现代化视野中的中国法治》,载《阅读秩序》,山东教育出版社1999年版,第165—166页。
[②] 季卫东:《法治秩序的建构》,中国政法大学出版社1999年版,第32页。
[③] 〔美〕迈克尔·D.贝勒斯:《程序正义——向个人的分配》,邓海平译,高等教育出版社2005年版,第16页。
[④] 对民事诉讼审前阶段的相关介绍,参见〔美〕杰弗里·C.哈泽德、米歇尔·塔鲁伊:《审前阶段》,载《美国民事诉讼法导论》,张茂译,中国政法大学出版社1998年版,第108—132页。一个相当深入的研究,参见王亚新:《民事诉讼准备程序研究》,载《社会变革中的民事诉讼》,中国法制出版社2001年版,第70—136页。

的适用①,而上诉审法院则只审法律问题,或者能够转化为法律问题的事实问题,目的在于保证法律在时空环境下的统一适用以及根据社会情势和公共政策面向未来确立新规则。② 这种法院内部的职能分工不仅能将纠纷解决中遭遇到的信息问题限制在初审法院,更能解放上诉审法院以便保障其专心完成统一法制和确立规则之治的任务。

四、现代程序的其他功能

但还不仅仅只是解决纠纷解决中的信息不对称问题,现代程序制度的另外两个功能还在于刑事诉讼中的人权保障和现代民族国家建立过程中的法制统一。不过与信息问题的产生与解决一样,人权保障和统一法制功能的出现和确立也是相对的和有条件的,同样也反映了现代工商社会对程序的要求。先看人权保障。近三四百年席卷全球的市场经济运动造就了自立、自信、自尊、自强的独立个体,造就了宪政话语中的"公民"和现代民法体系中的"自然人",也使刑事惩罚上的人道主义关怀和刑事诉讼法领域独有的被告人权利保障在现代社会变得重要了起来。一方面,一个"面朝黄土背朝天"的农业社会不需要程序意义上的人权保障,也不可能生发出人权保障的理念;另一方面,一个政权初建尚不太稳定的国家也不会把人权保障当回事,巩固政权的需求远远超过了对老百姓(更不用说被视为专政对象的被告人了)基本权利的保障。因此,人权保障和被告人权利保障并不具有天然的正当性,而是有一定条件和背景制约的。即便是在人权保障喊得比谁都响亮的美国,以保障人权和被告人权利为内容的"正当程序革命"(或称"沃伦革命")也只是发生在政权稳定、市场经济发展良好的20世纪60年代。③

再来看统一法制和规则之治。第二次世界大战以来,与市场经济的所向披靡相配合或抗衡的另一运动是政治殖民地的独立和一大批现代民族国家的兴起。但现代民族国家的建立与现代程序制度之间却没有必然联系。无须法治和依附其上的程序制度,一个强势的执政党完全可以凭借自己强大的意识形态控制和严密的组织结构从上到下地控制组织和人事、推行和贯彻自

---

① 一个对美国初审法院及其事实认定的研究,参见〔美〕杰罗姆·弗兰克:《初审法院——美国司法中的神话与现实》,赵承寿译,中国政法大学出版社2007年版。一个对中国基层司法的社会学研究,参见苏力:《送法下乡——中国基层司法制度研究》,中国政法大学出版社2000年版。
② 一个对上诉审法官及其知识运用的经典表述,参见〔美〕卡多佐:《司法过程的性质》,苏力译,商务印书馆1998年版。
③ 对沃伦法院及其改革的讨论,参见〔美〕莫顿·J.霍维茨:《沃伦法院对正义的追求》,信春鹰、张志铭译,中国政法大学出版社2003年版;〔美〕小卢卡斯·A.鲍威:《沃伦法院与美国政治》,欧树军译,中国政法大学出版社2005年版。

己的路线方针政策,以实现其维系国家统一和建立现代民族国家的目标(比如新中国成立之初的中国共产党)。但一旦治理策略由"革命"模式转向"建设"模式,一旦确定了走市场经济之路,现代民族国家的兴盛和崛起就不得不依靠能够支撑市场经济发展和稳定市场参与人预期的法治及其背后的程序机制。正是在这一背景下,区分了事实审和法律审的审级制度才能在新的治理模式中发挥其"将国家(中央)的法律沿着审级结构的脉络辐射到整个辖区"的统一法制功能①,也才能自下而上地通过一定程序管道将事关法治稳定性的疑难案件传输到最高法院,以便实现辅助和支撑立法的、真正司法意义上的(以事后补充性为特点)"规则之治"。正是市场经济的良好运行需求着这样的法制统一和规则之治。

综上,不管是纠纷解决中信息问题的产生及其解决,还是人权保障和法制统一功能的出现,现代程序制度的出现和精细化无不和市场经济以及随后产生的现代工商社会的需求紧密相关。在很大程度上,先有了市场经济的产生和发展,才有了人权保障和法制统一的需要,也才有了为解决信息问题而出现的现代程序制度。因此,经济基础决定上层建筑;经济基础与上层建筑之间存在一定程度上的同构性。马克思的经典理论在这里再度得到验证。

五、结语:回到中国

确定了市场经济与现代程序制度之间隐含的因果关联之后,我们将议题拉回到中国。与西方已经发展了几百年市场经济的情况完全不同,如果从1992年算起,中国真正开始实践市场经济的时间还不到三十年(即便从改革开放之初算起,也不过四十余年)。虽然中国快速的经济转型和社会变迁内生出了对现代程序制度的需求,接受了域外司法理念和诉讼制度的中国法学家也在不遗余力地为现代程序制度的引进和移植"鼓"与"呼",但一来两千余年"自给自足"的小农经济模式培养和塑造了中国人强烈的实体正义观,要使以正当程序和程序正义为诉求的现代正义观深入人心还有待时日;二来我党自陕甘宁边区以来形成的、以群众路线和实事求是为特征的人民司法新传统,在一定程度上与专业化、程序化的现代司法理念不太兼容。能否培养中国老百姓对正义"蒙眼布"的信任和崇拜,能否在社会发展不平衡的当代多元化中国调和和解决中西司法理念之间的矛盾和冲突,因此成为从域外移植而来的现代程序制度能否在中国土壤中落地生根的前提条件。

---

① 对审级制度统一法制功能的深入分析,参见傅郁林:《审级制度的建构原理》,载《民事司法制度的功能与结构》,北京大学出版社2006年版,第5—14页。

附录2:各类司法统计数据一览表

表6.1 1981—2012年全国民商事收案及一审结案情况统计表

年份	人民调解收案量（件）	一审收案量（件）	一审结案量（件）	调解结案数量（件）	调解率（%）	撤诉量（件）	撤诉率（%）	调撤总量（件）	调撤率（%）	判决结案数量（件）	判决率（%）
1981	7805400	673926	662800	456753	68.9	66160	9.98	522913	78.9	70739	10.7
1982	8165800	778941	778358	530543	68.2	87316	11.2	617859	79.4	91423	11.7
1983	6978200	799989	792039	569161	71.9	85813	10.8	654747	82.7	93707	11.8
1984	6748600	923120	931358	678633	72.9	99393	10.7	778026	83.5	109466	11.8
1985	6332900	1072170	1056002	795610	75.3	99672	9.43	895282	84.8	122750	11.6
1986	7307049	1310930	1287383	961725	74.7	120087	9.33	1081812	84.0	161345	12.5
1987	6966053	1579675	1561620	1140548	73.0	160881	10.3	1301429	83.3	215954	13.8
1988	7255199	1968745	1905539	1406589	73.8	194727	10.2	1601316	84.0	255597	13.4
1989	7341030	2511017	2482764	1770618	71.3	284860	11.5	2055478	82.8	368785	14.9
1990	7409222	2444112	2452183	1611338	65.7	339759	13.9	1951097	79.6	442999	18.1
1991	7125524	2448178	2498071	1489227	59.6	383888	15.4	1873115	75.0	547698	21.9
1992	6173209	2601041	2598317	1534747	59.1	416209	16.0	1950956	75.1	596386	22.95
1993	6222958	2983667	2975332	1779645	59.8	481491	16.2	2261136	76.0	659908	22.2
1994	6123729	3437465	3427614	2017192	58.9	585692	17.1	2602884	75.9	764950	22.3
1995	6028481	3997339	3986099	2273601	57.0	705624	17.7	2979225	74.7	940629	23.6
1996	5802230	4613788	4588958	2477384	53.99	827247	18.3	3304631	72.0	1198947	26.1
1997	5543166	4760928	4720341	2384749	50.5	862065	18.3	3246814	68.8	1384039	29.3
1998	5267194	4830284	4816275	2167110	44.99	911423	18.9	3078533	63.9	1613005	33.5
1999	5188646	5054857	5060611	2132161	42.1	978732	19.3	3110893	61.5	1800506	35.6
2000	5030619	4710108	4733886	1785560	37.7	943071	19.9	2728631	57.6	1853438	39.2
2001	4860695	4615017	4616472	1622332	35.1	927397	20.1	2549729	55.2	1919393	41.6
2002	4636139	4420123	4393306	1331978	30.3	877424	19.97	2209402	50.3	1909284	43.5
2003	4492157	4410236	4416168	1322220	29.9	914140	20.7	2236360	50.6	1876871	42.5
2004	4414233	4332727	4303744	1334792	31.0	931732	21.6	2266524	52.7	1754045	40.8
2005	4486825	4380095	4360184	1399772	32.1	965442	22.1	2365214	54.2	1732302	39.7
2006	4628018	4385732	4382407	1426245	35.2	986780	22.5	2413025	55.1	1744092	39.8
2007	4800238	4724440	4682737	1565554	33.4	1065154	22.7	2630708	56.2	1804780	38.5
2008	4981370	5412591	5381186	1893340	35.2	1273767	23.7	3167107	58.9	1960452	36.4
2009	5797300	5800144	5797164	2099024	36.2	1494042	25.8	3593066	61.97	1959772	33.8
2010	8418393	6090622	6112695	2371683	38.8	1619063	26.5	3990746	65.3	1894607	31.0
2011	8935341	6614049	6558621	2665178	40.6	1746125	26.6	4411303	67.3	1890585	28.8
2012	9265855	7316463	7206331	3004979	41.7	1906292	26.5	4911271	68.2	1979079	27.5

表 6.2 1989—2012 年全国民商事二审相关情况统计表

年份	二审结案量（件）	二审发改量（件）	二审发改率（%）	二审调解数量（件）	二审调解率（%）	二审撤诉量（件）	二审撤诉率（%）	二审调撤量（件）	二审调撤率（%）
1989	136950	45717	33.4			8341	6.1		
1990	147946	51359	34.7			10403	7.0		
1991	168339	57493	34.2			12254	7.3		
1992	172948	54668	31.6	20885	12.1	12888	7.45	33773	19.5
1993	164442	50540	30.7	20067	12.2	12354	7.5	32421	19.7
1994	179687	52446	29.2	21172	11.8	14822	8.25	35994	20.0
1995	208263	61750	29.7	24085	11.6	17017	8.2	41002	19.7
1996	243510	72432	29.7	26036	10.7	20453	8.4	46489	19.1
1997	263664	81116	30.8	25463	9.7	23758	9.0	49221	18.7
1998	294219	92821	31.5	24948	8.5	26334	8.95	51282	17.4
1999	339929	101858	29.9	27121	8.0	31735	9.3	58856	17.3
2000	363522	108535	29.9	28435	7.8	35181	9.7	63616	17.5
2001	377672	100653	26.7	28391	7.5	36169	9.6	64560	17.1
2002	357821	97328	27.2	26281	7.3	34237	9.6	60518	16.9
2003	370770	96615	26.1	28359	7.6	36170	9.76	64529	17.4
2004	377052	93130	24.7	30155	8.0	40267	10.7	70422	18.7
2005	392191	90529	23.1	33492	8.5	43830	11.2	77322	19.7
2006	406381	88665	21.8	38232	9.4	49009	12.1	87241	21.5
2007	422041	86546	20.5	46083	10.9	51841	12.3	97924	23.2
2008	517873	95558	18.5	64371	12.4	58516	11.3	122887	23.7
2009	598355	101498	16.96	89886	15.0	73491	12.3	163377	27.3
2010	593373	91397	15.4	94316	15.9	74733	12.6	169049	28.5
2011	571762	83861	14.7	91172	15.9	77557	13.6	168729	29.5
2012	583855	82342	14.1	93711	16.1	77946	13.4	171657	29.4

表 6.3 1986—2012 年全国民商事案件再审相关情况统计表

年份	人民信访量（件）	再审收案量（件）	再审结案量（件）	再审发改量（件）	再审发改率（%）	再审调解量（件）	再审调解率（%）	再审撤诉量（件）	再审撤诉率（%）	再审调撤量（件）	再审调撤率（%）
1986	9071038	16606	16949	2731	16.1						
1987	9067102	15069	15219	3052	20.1						
1988	7745889	16839	16402	3092	18.9						
1989	4969221	25540	23739	4018	16.9						

(续表)

年份	人民信访量（件）	再审收案量（件）	再审结案量（件）	再审发改量（件）	再审发改率（%）	再审调解量（件）	再审调解率（%）	再审撤诉量（件）	再审撤诉率（%）	再审调撤量（件）	再审调撤率（%）
1990	5277241	30208	28464	4725	16.6						
1991	5120617	37528	36033	5772	16.0						
1992	5961254	42443	41271	5958	14.4	1974	4.8	3178	7.7	5152	12.5
1993	3820477	38762	40487	5970	14.7	2389	5.9	3582	8.8	5971	14.7
1994	5847948	39836	40673	6401	15.7	2133	5.2	3073	7.6	5206	12.8
1995	6361495	48384	47290	7418	15.7	3516	7.4	3619	7.7	7135	15.1
1996	6960162	54940	53883	9207	17.1	2842	5.3	3948	7.3	6790	12.6
1997	7131469	65442	62715	11414	18.2	3066	4.9	3980	6.3	7046	11.2
1998	9351928	73741	73494	20241	27.6			3838	5.2	3838	5.2
1999	13090635	83915	81949	23728	28.9			4247	5.2	4247	5.2
2000	9394358	83201	85155	26357	30.9			4014	4.7	4014	4.7
2001	9148816	82652	82550	25733	31.2			3792	4.6	3792	4.6
2002	3656102	48180	48916	17865	36.5	3427	7.0	997	2.0	4424	9.0
2003	3973357	46151	47412	17811	37.6	3406	7.2	945	2.0	4351	9.2
2004	4220222	45205	44211	18175	41.1	3647	8.2	764	1.7	4411	9.9
2005	3995244	42737	41461	17009	41.0	3967	9.6	548	1.3	4515	10.9
2006	3548504	43140	42255	16756	39.7	4504	10.7	560	1.3	5064	12.0
2007	3026370	37766	38786	14418	37.2	5008	12.9	577	1.5	5585	14.4
2008	1520946	35246	35704	13599	38.1	4452	12.5	612	1.7	5064	14.2
2009	1357602	37429	38070	14431	37.9	4853	12.7	1097	2.9	5950	15.6
2010	1066687	40906	41331	14965	36.2	5936	14.4	1709	4.1	7645	18.5
2011	790330	37740	38609	13794	35.7	6031	15.6	2747	7.1	8778	22.7
2012	800878	34324	33902	12620	37.2	5220	15.4	2621	7.7	7841	23.1

第三编

变 革

第七章　现代化进程中的司法改革
（1978—2018）
——理论推演与改革实践

势易时移，变法宜矣。

——古谚

伟大的成就是在实践经验的迷雾中取得的。

——奥克肖特①

从法官薪酬和遴选制度出发，本书第一编不仅深入探讨了作为前提性制度的法官薪酬制度和遴选制度，更进一步指出了中国法院系统绩效考评"同构性""双轨制"和数目字管理的特点及其生成机制，缺乏专业分工意识和前置性工作分析环节的行政性调动制度及其后果，更以一种全面和统合的视角总结了包括遴选、薪酬、培训、考评和调动制度在内的中国法官管理模式的特点及其"前世今生"。如果前面的第二编分别从最大化收入和行政级别升迁的中国法官以及现代程序制度的建构和"失灵"这两个角度讨论了这一法官管理模式带来了与现代工商社会亟须的程序法治相悖的诸多不利后果的话，在最后的第三编"变革"部分，我想立足中国社会正在进行的现代化转型背景，先从理论推演的角度讨论中国法官管理制度应该如何变革，然后概括2013年以后再度强调职业化、专业化方向的"四五改革纲要"的相关改革举措（与2007—2012年间推行的能动司法、大调解相比，此轮司法改革呈现了一种"拨乱反正"的改革基调），并简要分析理论推演和实际的制度变革之间的差异。更进一步，本编的后两章将以法官员额制改革和法院内部"扁平化管理"改革为例，深入讨论这两大改革举措背后的制度逻辑，以便透过相关改革的实效检验进行更深入的理论反思。

---

① Michael Oakeshott, *Experience and its Modes*, Cambridge University Press, 1966, p.321. 转引自〔意〕G. 萨托里：《政党与政党体制》，王明进译，商务印书馆 2006 年版，第 41 页。

一、引子:已有的变革经验及其不足(1999—2013)

自 20 世纪 80 年代末被动的以"谁主张,谁举证"回应法院"案多人少"问题的民商事审判方式改革以来,中国法院系统或大或小、或系统或零散的司法改革就一直没有停息过。就法官管理而言,二十多年来(特别是 1999 年以后)的改革举措不算少,也积累了不少的改革经验。由于"伟大的成就是在实践经验的迷雾中取得的",总结已有的变革经验并从审判工作特点和信息的角度发现其不足,说不定可以为下一步的改革提供方向并为未来变革的成功奠定一定的基础。

如果以遴选、薪酬、培训、考评和调动为一个整体的法官管理制度安排,中国此轮司法改革中"变"的方面有遴选、培训和考评制度,"未变"的方面有薪酬和调动制度。具体而言,以统一司法考试和审判长选任制度为代表,中国法官的遴选已经开启了其"职业化"和"精英化"的旅程;不同于改革前的"悄无声息"和政治化、边缘化,以学历教育为主的司法培训制度在其历史使命完成之后,法官任职前后的培训制度随法官职业化的进程而日渐重要,其制度设置也开始完善;与此同时,为控制和监督在现代化进程中自由裁量权越来越大的法官,绩效考评制度不仅越来越严苛,也越来越"科学化"和数量化。但与这些变化中的法官管理制度不同,法官薪酬的地方化和行政化,以及法院内部频繁的行政性调动仍然是司法改革中未被触动的制度"死角"。

由于法院的法官管理制度是一个相互制约和支撑的整体,由于法官和法官候选人是一个生活在现代社会和市场经济中的理性个体,更由于法官自由裁量权(或者法官工作低特定性)内在的难以监督性,既有法官管理制度变革中的"变"与"未变"不仅彰显了中国司法改革的成绩,也凸显了已有变革的不足、制度间潜藏的内在张力以及未来的变革方向。

先看成绩和经验。到目前为止,中国法院系统法官管理改革的成绩不仅体现在法官职业化从抽象的学术语言到具体的司法践行这一巨大的飞跃和胜利,还体现在司法改革主事者认识到了严格法官遴选的必要性和重要性,统一司法考试和人员分类改革的实施就是明证。虽然以学历教育为主的法官培训制度在短短的 20 年里以法学本科学历为基准拉平了 20 余万之前学历参差不齐的中国法官,量化的绩效考评对法官行为也有一定程度的监督和控制,但在我看来,与之前强调法官大众化的历史相比,既有改革最大的亮点集中体现在对法官职业化的强调以及各种具体的落实举措。

但问题在于法官职业化的前提条件能否满足。前述法官管理制度"变"

与"未变"之间的张力就体现在这里。在法官薪酬仍然地方化的现实制约下,尽管有法律职业资格考试,通过了该考试的法律人才未必愿意到经济不发达因此收入不高的地方去做法官;在法院内部行政性调动依然频繁的情形下,尽管从最高法院到基层法院都在推动法官的职业化和专业化,一个看似"职业化"的法官仍然有被行政调动和交流的可能,这其实在很大程度上违背了法官职业化的宗旨。因此,看起来轰轰烈烈的法官职业化运动,如果以一种后果主义的态度和一种整体制度观来考察其运行效果,就能发现其中的制度断裂和逻辑悖论。

还不仅如此,以学历教育为主的法官培训制度除了能在表面上提升法官的学历水平(这是反映各级法院领导政绩的一个重要指标),这种事后的学历教育不仅无法承担法学院教育筛选人才、传递信号的功能,也根本无法实现培训制度应有的培训初任法官、提高在职法官司法能力的任务。由于法官判断性工作的特殊性,本书第三章早就从信息的角度讨论过量化的法官绩效考评指标不仅不能反映法官工作的努力度、廉洁度和司法能力,相反会损害我们所追求和珍视的诸多程序价值。

应该看到,改革开放以来中国社会结构的转型变迁造就了对专业化司法的需求,既有的法官管理制度的改革在很大程度上其实是对这一需求的被动回应。但由于缺乏明确的改革方向和理论指导,我们发现中国法院涉及法官制度的司法改革或者出现"变"与"未变"之间的制度张力,或者出现改革措施的前后矛盾,甚至出现全力实施的制度无法实现预期目标的后果。中国法院的法官管理变革亟须一种整体的制度考量和一种基于社会科学的理论指导。

本章结构安排如下:在指出中国法官管理制度变革的经验及其不足之后,接下来的五个小节分别在理论推演的基础上展示未来的法官管理制度应该采纳的诸多变革方案。比如,从法官工作的特性分析和分类管理开始,以一种理想型的方法分析调解型法官和审判型法官各自拥有的司法知识和特点(理论推演之一);分别从内部遴选(主要是法院内部人力资源的有效分流,一种存量改革)和外部遴选(一种增量改革,主要是解决法官工作的参与约束问题和事前信息不对称问题)的角度探讨法官遴选制度和法官薪酬制度应有的改革逻辑(理论推演之二);从法院系统内部的职业晋升制度、判决公示制度以及可能的当事人选择法官制度出发,探究如何重建法官声誉机制。对当前声誉不佳的中国法官而言,司法改革主事者最重要的任务之一就是通过制度设计改变法官的效用函数,使得法官们对职业声誉的追求成为一个与司法改革总目标激励相容的制度,以解决法院和法官之间严重的事后信息不对称问题(理论推演之三);在此基础上,如何重构中国法院的法官管理模式,我的观点是,在新的社会背景和经济制度下,执政党应该调整和改变长久以来形成的人民司法理念和行政化司法观,以保障法官职业化的形成和法官专业司法知识的积累(理论推演之四)。最后,本章第七部分展示2013年启动的新一轮司法改革中涉及法官管理制度的若干改革举措,比如法官员额制改革、司法责任制改革、法院内部机构"瘦身"和推行"扁平化"管理以及地方法院人财物省一级统管等,并简要指出此次改革实践与前面理论推演的异同。

二、理论推演之一:明确分类管理与设置调解法官

亚当·斯密曾指出,"劳动生产力上最大的增进,以及运用劳动时所表现的更大的熟练、技巧和判断力,似乎都是分工的结果",不仅因为劳动者的技巧因业专而日进,更因为分工可以避免由一种工作转换到另一种工作所损失的效率和时间。① 从大的方面来讲,法院和专业法官的出现就是一种社会分工的结果,作为一种规模化解决纠纷的公共组织,法院以其规模效应和因分工获得的专业优势回应社会对司法的需求。从小的方面来讲,法院内部各专业法庭的设立也是为了获得分工优势而采取的组织形式。② 同理,一个法院内部的人力资源配置同样要遵循分工的道理,根据不同的选任标准区分职业法官、审判辅助人员和司法行政人员,并在此基础上促使后两者围绕着法官的审判工作通力协作。对于诉讼量巨大的现代社会而言,这无疑是一个有效提高司法效率以应对司法需要的解决之道。

还不仅如此,就中国法院而言,调解型法官和审判型法官由各自拥有的司法知识和纠纷解决逻辑有所不同,从理论上看也应该有一个分工,以保障现代社会纠纷解决和规则之治的实现。虽然自根据地时代传承而来的调解方式深入人心,在和谐社会和"司法为民"的号召下,各级法院也纷纷强调法官调解能力的提高,追求"能调则调,当判则判,调判结合,案结事了",但从理想型的层面分析调解和审判各自的工作特性,调解型法官和审判型法官不同的知识和信息获取方式却也相当必要。接下来先明确法院内部的分类管

---

① 〔英〕亚当·斯密:《国民财富的性质和原因的研究》,郭大力、王亚南译,商务印书馆1974年版,第5—8页。
② 由于分工的目的在于效率和节约成本,专业化法庭或法院的组织安排主要出现在案件压力比较大、纠纷比较多的欧陆法院,而美国法院,由于有民事审前程序和刑事辩诉交易,真正进入法院的案件并不多,因此并没有对专门法庭的需求。但据波斯纳的研究,20世纪60年代诉讼案件急剧增长以来(或称"诉讼爆炸"),美国联邦法院系统已经开始招架不住。因此,波斯纳建议为提高案件处理的效率和速度,联邦法院系统应该设立专门化的法院。参见〔美〕理查德·A.波斯纳:《专门化的法院》,载《联邦法院:挑战与改革》,邓海平译,中国政法大学出版社2002年版。

理,再讨论如何设置调解型法官。

(一) 明确法院内部的分类管理

对中国而言,认识到法院内部需要专业分工其实相当晚近。[①] "古代中国的政治生活遵循皇权至上的原则,皇帝集立法、行政与司法诸权力于一身,因而在各级体制中,行政与司法合一是古代中国司法制度的一个基本特点。"[②] 计划经济时代的"总体性"国家基本将纠纷化解在其设定并固化的城乡集体组织——单位和公社——之内,不仅不需要法院内部的分工,就连法院也可以不需要。但改革开放以来,市场经济的快速发展使得中国社会发生了深刻的社会结构变迁和现代化转型,短短的四十年间,法院诉讼量呈几何级数的增长。[③] 也正是在这样的社会背景下,最高法院认识到了法院内部分工和法官定编的重要性。从1999年的"一五改革纲要"到"四五改革纲要",最高法院一而再,再而三地提出要在法院系统内实行法院人员的分类管理改革,特别是近五年以来的法官员额制改革。[④]

在现代社会,法院作为一个为社会提供公共服务的组织,其核心工作不外乎通过独立行使审判权以实现"纠纷解决"和"规则之治"。但要实现这一目标,必须保证法官的独立审判权,必须在法院人员分类管理的基础上保证

[①] 虽然晚清司法改革已然实现了司法和行政的有限分立,也已就法官进行了精英化选拔和专业化训练,但彼时案件量并不大,法院内部的分工和分类管理的重要性因此并没有被人们充分认识。关于晚清司法改革和清末法官的选拔和培训,请参见公丕祥:《司法和行政的有限分立——晚晴司法改革的内在理路》,载《法律科学》2013年第4期;李启成:《司法讲习所考论——中国近代司法官培训制度的产生》,载《比较法研究》2007年第2期;刘焕峰、周学军:《清末法官的培养、选拔和任用》,载《历史档案》2008年第1期。

[②] 公丕祥:《司法与行政的有限分立——晚晴司法改革的内在理路》,载《法律科学》2013年第4期,第40页。

[③] 1980年全国法院系统共审结90余万案件,但到2017年,法院系统一年审结的各类案件总量已激增至一千多万件。相关数据请见历年的《中国法律年鉴》。

[④] 1999年的"一五改革纲要"提出需要"对各级人民法院法官的定编工作进行研究,在保证审判质量和效率的前提下,有计划、有步骤地确定法官编制"。2002年7月,最高法院发布的《关于加强法官队伍职业化建设的若干意见》明确提出要"实行法官员额制度,在综合考虑中国国情,审判工作量,辖区面积和人口,经济发展水平各种因素的基础上,在现有编制内,合理确定各级人民法院法官员额。"2005年的"二五改革纲要"继续提出要"根据人民法院的管辖级别、管辖地域、案件数量、保障条件等因素,研究制定各级人民法院的法官员额比例方案并逐步落实。"2010年发布的"三五改革纲要"更旗帜鲜明地提出要"完善人民法院编制与职务序列制度,研究制定与法官职业特点相适应的职数比例和职务序列的意见。"2014年公布的"四五改革纲要"更是史无前例地将"法院人事管理改革"列为头号问题,并制定了一系列具体改革方案,比如推动在省一级设立法官遴选委员会,从专业角度提出法官人选;将法院人员分为法官、审判辅助人员和司法行政人员,分类管理;对法官在编制限额内实行员额管理,确保法官主要在审判一线,等等。对"四五改革纲要"的权威解读,请参见张先明:《最高人民法院司改办主任解读四五改革纲要》,载《人民法院报》2014年7月10日。

其他人员能够有效辅助和支撑法官的审判工作。由此,在应然的法院人力资源管理层面,法院必须对不同类型的人力资源设计不同的遴选标准、薪酬水平和考评指标并依此执行。下图是一个简单的法院人员分类管理流程图。

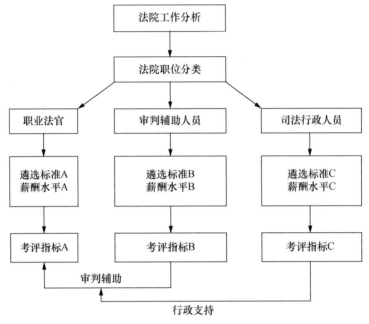

图7.1 法院人员分类管理流程图①

根据上图,以法官的独立审判权为中心,法院内部的分工有两个层次。第一个层次,是司法审判工作内的分工,将职业法官与审判辅助人员——法官助理和书记员——区分开来,使得法官摆脱烦琐的程序性和事务性工作,以便专注于案件的审判;第二个层次,是法院内部审判工作和非审判工作——主要是司法行政工作——的分工,原因在于审判权和行政权内在的本质差异②,目的是通过差异性的选任制度促使司法行政服务于以法官为中心的审判工作。在理想的层面上,不管是法官、审判辅助人员,还是司法行政人员,都应该由包括最高法院在内的相关国家级机关成立相应的委员会来拟定不同类别人员的遴选标准、薪酬水平和考评指标。由于不同类别的人员拥有不同的知识,需要不同的激励和威慑机制,这种符合司法规律的分类管理

---

① 该图受到库伯的人事管理过程图的启发。原图请参见〔美〕菲利普·J.库伯等:《二十一世纪的公共行政:挑战与改革》,王巧玲、李文钊译,毛寿龙校,中国人民大学出版社2006年版,第269页。
② 司法逻辑和行政逻辑的根本差异,请见苏力:《道路通向城市——转型中国的法治》,法律出版社2004年版,第188—195页。也可参见艾佳慧:《司法知识与法官流动——一种基于实证的分析》,载《法制与社会发展》2006年第4期,特别是第107—109页。

模式如能有效落实,一个尊重司法审判权的法院系统必然能在长期内有效提升司法效率和实现司法公正,进而重塑司法权威。在很大程度上,基于人员分类改革的法院人事管理制度的改革是中国进一步深化司法改革的基础和前提。

(二) 调解型法官和审判型法官

喻中在一篇文章里将吴经熊和马锡五视为现代中国两种法律传统(西方化的法律传统和乡土化的法律传统)的象征[①],在我看来,他们俩正好也是调解型法官和审判型法官的典型代表。在吴经熊看来,坐堂办案、完备程序、司法独立是法治之要义,法官只应服从法律,法律之外的政治因素或其他因素,完全可以置之不理[②];而马锡五审判方式最主要的特点却是深入民众和基层进行调查,在坚持党的领导、执行政策法令和维护群众利益的前提下进行合理调解,以及诉讼程序简便[③]。在喻中看来,现代中国并存的两种法律传统没有高下之分,差异只在于马锡五代表的乡土化法律传统满足了陕北乡村社区的需要,而吴经熊代表的西方化法律传统契合了上海国际市场的需求。[④]或者,调解型法官更适合乡土社会,审判型法官更符合现代工商社会对司法的需求。

其实,如果以调解为东方经验,判决为西方传统,王亚新早就从程序本身的形态和各自不同的正当性原理出发区分了调解型诉讼模式和判决型诉讼模式。在调解型模式中,着重于实质上的公正,程序只是帮助在实体方面达到正确结果的手段,调解的正当性依赖于当事人的同意,整个过程是法官寻求事实真相并说服当事人的过程,法官当然应该承担调解不力或错误审判的后果。在判决型模式中,着重于程序的完备和正义,法官尽管主持着程序的展开,却一直处于被动注视和倾听的位置,整个程序过程是双方当事人提供证据并力图说服法官的过程,对于因事实问题而导致的错误当然应该由当事人自己承担。"作为不同的纠纷处理样式和使纠纷处理正当化的策略,'判决型'的诉讼模式和'调解型'的诉讼模式各有其长处和短处,两者并无孰优孰劣的问题"。[⑤] 一般而言,"调解型"诉讼模式更适合纠纷比较少而且简单、信

---

① 喻中:《吴经熊与马锡五:现代中国两种法律传统的象征》,载《法商研究》2007年第1期。
② 参见吴经熊:《超越东西方》,社会科学文献出版社2002年版。
③ 参见张希坡:《马锡五审判方式》,法律出版社1983年版。
④ 喻中:《吴经熊与马锡五:现代中国两种法律传统的象征》,载《法商研究》2007年第1期,第139页。
⑤ 更多精彩的分析,参见王亚新:《论民事、经济审判方式的改革》,载《社会变革中的民事诉讼》,中国法制出版社2001年版,特别是第15—20页。

息容易获得的传统农业社会(或者乡土中国),"判决型"诉讼模式更适合纠纷数量多而且复杂、信息获取比较困难的现代工商社会(或者城市中国)。

建立在以上知识传统之中但又与之有所不同,我想从调解、审判不同的工作特点出发,以一种理想型的方法分析调解型法官和审判型法官不同的知识构造、知识积累途径以及其工作质量信息不同的获得方式和考核标准。

根据导论中的人事管理流程及功能结构图(图0.1),一个组织有效的人力资源管理建立在遴选之前的工作分析和职位分类基础之上,不同的工作和职位不仅决定了不同的遴选标准和薪酬标准,也同时决定了进入之后不同的培训制度和绩效考评制度。就中国的法官管理而言,虽然都是审判工作,在理论上调解和判决其实是两类不同的工作、两种不同的职位,由于各自所需和适合的人员分属不同的类型,遴选标准因此应该有所不同。

先看调解,由于强调在事实清楚的前提下取得当事人的和解和合意以结束案件,法官必然要主动了解案件事实、洞察双方的诉讼心理,并利用自己的权威和法律知识上的优势"背靠背"地做双方的工作,以求得双方和解和"案结事了"。正如刘思达所言:"在调解的过程中,技术化的法律知识基本上是派不上用场的,法官真正需要的是用当事人能够理解的语言和表达方式来化解矛盾、达成妥协,这种强调社会效果而非法律效果,强调解决纠纷而非确立规则的审判方式在我国当代法律改革的绝大多数时期都占据了主导地位。"[1]调解型法官的知识构造因此更多是当地习惯、人情世故和社会经验,用以适用法律和确立规则的法律知识只是一种补充或背景;更多调解知识和调解技巧也在日积月累的调解经验中逐渐获得和积累。在很大程度上,调解型法官是"向后看"的,调解的重点也在于具体纠纷的实际解决而不关注通过适用法律确立一般规则和稳定市场预期。

再看判决,由于强调当事人主义和程序正义,强调法官的消极中立,审判型法官的工作性质主要是一种基于法律规则和当事人提供的证据之上的判断权。要行使好这种判断权,审判型法官的知识结构就不仅要包括关于实体法和程序法的专门知识和技术以及良好的逻辑推理能力,也要有一种能够诉诸理性和良知、沟通法律和道德并洞察社会变迁和需求的能力,以便以一种弹性的方式保持法律的一致性和确定性。这种专业司法知识和技能的积累需要完善的职业保障、稳定的职业环境和长期的司法实践。与专注于解决个案纠纷的调解型法官不同,审判型法官是"朝前看"的,判决的重点也在于为市场经济中的参与人确认规则以及为现代工商社会提供规则之治。

---

[1] 刘思达:《法律变革的困境:当代中国法制建设反思》,载《失落的城邦 当代中国法律职业变迁》,北京大学出版社2007年版,第13页。

因此,虽然都是法官,调解和判决的工作特点和性质是完全不同的,调解型法官和审判型法官的知识构造和知识积累途径也大不相同。对于想获得辖下法官工作质量信息的法院管理者而言,调解型法官,特别是基层法院的调解型法官,因其重点在于"案结事了",而且调解知识和一般纠纷调停人的知识相仿,观测其产出,即调解成功率和双方当事人的认可度,可以比较准确地了解其工作的质量和努力度。与调解型法官不同,由于法官判断权的可选择性,审判型法官的工作质量信息却很难通过观测其产出而获得。声誉机制之外,当产出难以观测时,寻求投入方面的可观测变量最为可行。因此,除了考察审判型法官的学历水平和已有法律经验,另一个通常的做法是,严格规定法律程序,从而使法官的行动不仅受到当事人诉权的制约,也成为部分可观测的。虽然不能指望可以完全观测到审判型法官的努力水平,但是只要严格按照法律程序行动,至少可以保证达到现代工商社会需要的一种努力水平和产出水平。[①] 这是程序正义为何在现代社会如此重要的另一种解读。

综上,根据人力资源管理流程及功能结构图,调解和判决因其不同的工作特点需要两种不同的司法职位,并进而需要不同的遴选标准、薪酬标准和绩效考评制度。需要再次指出,此处调解型法官和审判型法官的区分只是一种基于理想型的分类,在中国的司法实践中,既有的司法传统和复杂的社会现实需要我们把两类法官和两种诉讼模式既分离又有机地结合起来。不仅"可以设想根据是农村还是大城市、是经济文化相对不发达地区还是发达地区、是人民法庭还是较高级别的法院、是婚姻家庭案件还是侵权合同案件等不同情况的不同条件来考虑调解过程和判决过程分离并结合的策略或方法"[②],也需要在一个法院内部考虑调解型法官和审判型法官的分工、分离和相互配合。

三、理论推演之二:重构内部遴选与外部遴选机制

对于现代秩序维护者的法院而言,设置法官遴选制度的重要目的是事前能够选择最优秀的法律人才进入法官队伍并在事后的意义上保证这些优秀法律人才能留在法院系统。鉴于中国法院的法官遴选存在"存量改革"和"增量改革"的问题,下面分别讨论法院的内部遴选和外部遴选机制的重构。

[①] 参见李小宁:《组织激励》,北京大学出版社2005年版,第137页。
[②] 王亚新:《论民事、经济审判方式的改革》,载《社会变革中的民事诉讼》,中国法制出版社2001年版,第29页。

（一）重构法院的内部遴选机制

之所以要讨论法院的内部遴选问题，是因为中国法院的法官编制已有21万之众，在此前提和背景下再向外大规模遴选优秀法律人才当法官不仅不太可行，而且太浪费。

体现了法院内部遴选精神的"存量改革"方案在《人民法院第二个五年改革纲要》中已经出现，即第34条："推进人民法院工作人员的分类管理，制定法官、法官助理、书记员、执行员、司法警察、司法行政人员、司法技术人员等分类管理办法，加强法官队伍职业化建设和其他各类人员的专业化建设。"①这被称为中国法院的人员分类改革。但中国的问题在于有效的人员分类改革和内部遴选在现实中很难实践。由于所有的中国法院实际上都掌握在以"一把手"院长为核心的院党组班子手中，由于厘定了职业法官资格之后紧接着就是针对精英法官的高收入和稳定职业保障②，拥有法院管理权的领导们怎么可能轻易让这么好的职业机会让与他人？因此，有些试点法院的改革经验直接就是职业"法官序列由院长、副院长、审判委员会委员、庭长、副庭长和选拔出来的审判员组成，法官只有级别上的区别，在审判权上完全平等"。③也因此，在当前的制度背景下，"谁来选"其实就是领导来选，遴选标准很可能只是领导的喜好（对普通法官而言，最优化其领导印象就更重要了），遴选程序实际上可有可无（或者只是演变成了对遴选结果的一种事后正当化）。

我们发现，即使在法院内部遴选（"再任法官"的遴选）这一环节，中国法官管理制度的整体性和相互制约也表现得非常明显。只要中国法院系统内部的"官本位"逻辑不松动，行政性调动背后隐含的行政化管理体制不变化，最高法院极力推行的法院人员分类改革（或者称之为法官的内部遴选制度）在实践中很有可能走样和变形。其不仅可能挑不到优秀的职业法官和审判

---

① 《人民法院第二个五年改革纲要》，载《中华人民共和国最高人民法院公报》2005年第12期。
② "假设现有工资水平在未来三年的年增长为10%，这就意味着法院系统的工资总量将会增长46%左右。如果将这46%的总量工资增长中的大部分分配给将来可能只占现有法院人员20%—40%的职业法官身上，他们收入的增加也将是相当可观的。"张志铭、李学尧：《论法院人员分类改革——以法官职业化为指向》，载《法律适用》2007年第1期，第46页。
③ 四川泸州中院的经验，参见任鸣、蒋继业、卢云云：《法院队伍建设的必由之路：法官职业化——全国法院法官职业化建设院长论坛综述》，载《法律适用》2006年第12期，第81页。甚至一些有见识的学者也认为，我们所说的法官如果"只包括目前各级法院审判委员会委员，即各级法院院长、副院长、庭长、副庭长和少数资深法官，则法官队伍素质立即就会有很大的提高"。参见刘会生：《人民法院管理体制改革的几点思考》，载《法学研究》2002年第3期，第19页。

型法官(其实不优秀也不要紧,反正还给配备高质量的法官助理①),更强化了法院系统既有的"官场逻辑"。我预测,如果这样的法院人员分类管理改革进一步推广和扩大,不仅法院内部真正出色的法律人才会流失,更有可能在未来吸引不到优秀的法学院毕业生。这其实是在很大程度上断了法院外部遴选人才的路子。

因此,重构法院内部遴选机制的具体举措有三。首先,法院内部应该根据一定的标准区分事务性法官、调解型法官与审判型法官,这既是一种法院人力资源的有效分类又是一种工作事务的有效分离。其次,就审判型法官而言,应该在法院内部制定一套严格的遴选标准和公开公正的程序并在既有的法官当中进行挑选。如果说在法院之外挑选法官是"外部遴选"的话,在法院内部的挑选就是一种"内部遴选",在很大程度上,它也是一种能够有效减轻法院和未来的职业法官事前信息不对称的制度设计。最后,最重要也最关键的现实问题在于"谁来选""遴选标准是什么"以及"遴选程序"如何设定。谁应当选择谁?一个基本的原则是应该避免选择中的偏好和偏见,应当由与待选法官没有任何牵扯的中立第三者对法官进行内部遴选。如果中国法院内部存在一个有效评价法官工作能力、品行的声誉机制,有一套公开、透明、科学的遴选程序,再加上"一个相对独立的、主要由法律同行组成的甄别、评审或者考评职业法官资格的专业委员会(或者直接称谓为法官委员会)"②,这一建基于中国当前实际的"存量改革"或许能完成在法院内部遴选出优秀职业法官的任务。

(二)重构法院的外部遴选机制

以一种长期的眼光,中国法院除了需要在内部遴选基础上进行有效的"存量改革",也需要在解决法官候选人参与约束以及法院和法官候选人之间事前信息不对称问题基础上的外部遴选,或者一种"增量改革"。

说到外部遴选,就不得不触及中国法院系统经常讨论的"法官荒"或"法官流失"问题。首先应该界定何谓"法官荒",如果"荒"指的是法院中的法官越来越少,已经不足以应付日常的法律工作,那么发达地区,特别是北京、上海、珠江三角洲、长江三角洲这些地方的法院便应该不存在"法官荒"的问题,相反倒有法学院的学生想进入这些法院而不能的问题。但如果"法官荒"指

---

① 对最高法院推行法官助理制度改革的批判,参见苏力:《法官遴选制度的考察》,载《道路通向城市——转型中国的法治》,法律出版社 2004 年版,第 258—264 页。
② 张志铭、李学尧:《论法院人员分类改革——以法官职业化为指向》,载《法律适用》2007 年第 1 期。

的是法律人才越来越不想进入法院(优秀者不愿进入哪怕是发达地区的法院,普通者不愿进入经济不发达地区的法院)或者法院中的优秀法律人才存在外流的情况,这个"法官荒"恐怕才有一般性的意义。江西省吉安市所辖13个基层法院1999—2003年间流出法官共102人,同期调入法院人数共计49人就是一个证据①;边疆少数民族地区的法院常年缺编严重而又后继乏人(一方面,优秀法律人才不愿进法院,另一方面,法院还得为完成政治任务不时招入军转干部),法官数量增加慢、减少快的现象是另一个证据。② 2013年,上海法院辞职的法官超过70名,2014年该数据大幅度上升,达到了105人,在辞职的86名法官中,有17个审判长,43人拥有硕士以上学历,63人是年富力强的"70后"又是一个证据。③

经济学思想的特点是抓住社会现象的"边际",因为在边际点上浓缩着为准确地理解社会现象的动态所需的有关信息。就法院的"外部遴选"或者"法官荒"问题而言,法官的"一进一出"就是其中的边际点,分析愿意进入或退出法院系统的法官的动机和行动可以解释"法官荒"的原因,并进而展示法官遴选制度与法官薪酬制度之间隐含的因果关联。

作为一个生活在职业选择相对自由的社会中的个体,由于其"趋利避害"、追求效用最大化的本性,选择法官职业必然是当法官带来的效用大于其他潜在职业的缘故。根据波斯纳的研究,人们接受法官职务邀请的基本条件是:

$$UJ(tj, ti, Ij, Rj, Pj) - UL(tL, Il) - C > 0$$

(其中,UJ是法官所获得的效用,tj表示法官每天用于审判的小时数,ti是他用于休闲的时间,I是金钱收入,Rj是声誉,Pj代表了除法官投票本身以外的其他法官效用的来源,包括众望、威望以及避免司法判决被撤销等等,UL是法官投入工作的时间,C是当法官所失去的机会的成本)④

以此分析一下在中国当法官可能的收益和成本。以一个普通法学院的普通应届硕士毕业生为例,如果不当法官,他有机会去公司、律所、银行或其他机构,因此这些潜在职业的预期收入就是该毕业生选择法官职业的机会成本。越是名校毕业生,越是在大城市,这个机会成本就越高。在小地方,虽然

---

① 更多的内容,参见彭海杰、周辉:《挑战与回应——基层法院人才流失情况的调查与思考》,载《人民司法》2005年第7期。
② 参见官晋东、张培贵:《法官职业化与边疆少数民族地区司法能力建设的思考》,载《人民司法》2005年第9期。
③ 请见陈沽琼:《司法改革能消解法官离职吗》,http:///www.shobserver.com/news/detail?id=4592,2020年9月12日最后一次访问。
④ 〔美〕理查德·A.波斯纳:《超越法律》,苏力译,中国政法大学出版社2001年版,第161页。

当法官的机会成本不大,但收入也不高,无法吸引普通的法律人才(更不要说相对优秀的法律人才了);在发达地区,虽然法院收入更高,对于法学院的优秀学生而言,从事法官职业的机会成本也随之增高,因此,一方面,发达地区的法院能够吸纳一些法学院的毕业生,另一方面,它又无法吸纳法学院能力出众的优秀毕业生。

上面只是就法院的进人而言,更值得关注的是"流出",那就是本书第一章、第二章中均指出的,由于市场经济高速发展提供的各种"外部机会"吸引了一些偏好风险、有更强市场竞争能力的法院法官。因此,我推断,愿意留在法院的这些法官肯定是一些风险规避,至多是一些风险中性的,更看重法官职位和更注重自己在法院的未来发展和行政级别升迁的法官。而"雪上加霜"的是,2002年以来推行的统一司法考试制度本意是为了解决中国法院法官的低素质状况(只有通过了司法考试的人才有进法院的可能,而法院里的法官也被要求需要通过司法考试),但这一制度在实际中运行的结果却与制度设计者的初衷大相径庭:不仅通过了司法考试的人员没有适当的程序和途径进入法院,法院内部通过了司法考试的法官反而愿意离开本法院,要么流向发达地区的法院,要么辞职从事预期收入更高的律师职业。如果这种逆向流动的趋势不减缓或消除,不仅外部遴选的前途堪忧,经济不发达地区的"法官荒"现象还会加剧。

该如何解决中国法院的这种"法官荒"呢?其实,不管是"进难",还是"出易",根源都在于在中国当法官的各种效用或收益之和不抵当法官的机会成本,或者现有的法官薪酬的行政化和地方化无法满足法官候选人的"参与约束"条件。这是"法官流失"和"法官离职"现象形成的根本原因,也从一个侧面证明了法官薪酬制度是法官遴选制度的前提性条件。因此,解决这些问题的办法就在于增加当法官的效用总和。

具体而言,由于各地经济发达程度不一样,从事法官职业的机会成本其实大不一样,为保证有人愿意去不发达地区当法官以及防止不发达地区的法官向发达地区流动,首先也最重要的是改革法官薪酬地方化,在有效"内部遴选"的基础上增加法官的工资,即在中国财政力量增长的基础上,由国家财政统一出资,保证各级各地的法官工资待遇在比较高的水平上基本相等,甚至还可以给在落后地区从事法官工作的人员更丰厚的待遇(这是一种经济学意义上的效率工资)。之所以如此考虑,是因为法官(代理人)工作的低特定性(或者判断权的可选择性)使得法院管理者(委托人)监督和核查法官工作质量的成本很高,由于高额核查成本的存在,委托人不可能像一般声誉激励模型中假设的那样能够实时观测代理人产出。因此,给予法官高于市场平均水平的效率工资有其经济学上的道理:法官高薪其实是在信息不完全条件下的一个激励契约(该契约并不是要代理人向委托人"奉献",而是尽可能使代理人的利益与委托人的利益捆绑在一起,或者一种激励相容),法官(代理人)为避免蒙受高于市场工资水平的损失,他会在缺乏有效外部监督的情形下廉洁奉公、努力工作。① 职业法官高薪这一激励契约的设计,就使得法官在追求个人利益的同时也增进了法院组织的利益,实现了个人和组织间的激励相容。

其二是降低法官现有的职业风险。"现代西方各国已经找到了将结果与过程在司法体系内很好兼容的方案,这就是将司法裁判或决定结果与司法过程相分离,依据不同的标准对其区别对待。具体讲,对司法机关及参与司法活动的其他职业机构以结果论,对司法从业人员(法官)以程序和行为论。"②这和法官高薪一样,也是为应对现代社会法官工作难以监督而不得不选择的制度,换一个角度,该制度其实和现代程序制度一样,均为明确法官司法责任、降低法官职业风险的一种有效设置。但目前中国的现代程序制度并没有真正建立起来,对实体正义的追求和公务员管理体制的现实,使得包括调解率、发改率、上诉率等各种指标在内的考评机制直接影响着法官的收入和升迁,无形中增大了法官的职业风险。而在其他条件不变的情况下,职业风险的增加肯定会降低法官的总效用。

一旦以法官高薪和职业保障解决了在位法官和法官候选人的参与约束问题,不仅在位法官不愿意离开法院,优秀的法律人才也会在职业选择之时优先考虑法院,法官流失问题因此也就迎刃而解。另一方面,面对法官工作难以监督的特点,为克服严重事后信息不对称所需的严格事前遴选也只有在法官高薪的前提下才能顺利实现。但是,如果法官薪酬地方化的现实不改变,即使我们制定了非常科学严格的遴选标准,比如要求初任法官必须通过法律职业资格考试,也是没有用的。该走的仍然会走,不来的仍然不会来。这就譬如一个自身条件很差、吸引不了好生源的学校,即使录取分数线定得很高也不可能吸引到优秀的学生,反倒可能成为一个笑柄。

还需要注意的一点是,严格的事前遴选标准和法官高薪只是在实体上确定了高质量法律人才能够进入法院,为保证其足以顺利进入法院系统,我们还需要一个组织机构和一套遴选程序。比如,可以仿效欧陆大陆法国家,在司法部设置一个法官遴选和晋升委员会,先让通过法律职业资格考试的人员

---

① 关于委托—代理理论和效率工资,参见张维迎:《博弈论与信息经济学》,上海三联书店,上海人民出版社 1996 年版,特别是第 496—501 页。
② 黄松有、梁玉霞主编:《司法相关职务责任研究》,法律出版社 2001 年版,第 108 页。

进行两年的司法见习,随后进行第二次司法考试,通过考试的人有权按照考核等级选择一审法院空缺的法官职位。法官须由法官遴选和晋升委员会推荐并由司法部部长任命。

四、理论推演之三:重建法官的声誉机制

在设计科学有效的绩效考评指标之外,我认为对法官进行有效管理不能仅仅依靠外部监督,更重要的是建立各种从内部激励法官重视职业声誉和努力工作的制度,这就是建构能够有效替代绩效考评制度的法官声誉机制。

之所以声誉机制很重要,是由于包括法院在内的公共部门的业绩主要依赖于人们的主观评价,对其业绩的评价又需要较长的时间,因此声誉激励是公共部门的主要激励机制。包括了职业精神和成就感的公共理念激励也是声誉机制的一部分,因为公共信念可以使法官/代理人产生内在的自我激励,从而降低社会对法院等公共部门的激励成本。对于目前声誉不佳的中国法院系统和中国法官,建立法院系统内部的晋升制度、判决公示制度和当事人选择法官制度可能是中国法官重建声誉的三个选择。

(一) 职业晋升制度

我这里所说的晋升制度仅仅指从基层法院到中级法院直至最高法院的职业升迁,而不是现行各级法院内部的,从书记员到审判员再到审判长、庭长副庭长、审判委员会成员,最后再到院长副院长的这类官场升迁。在我看来,后一类升迁其实只是中国法院系统行政化的一个具体体现和中国官场知识的一个生产场域。以一种经济学的眼光,各个上级法院在选拔法官时其实同样面临着"外部劳动力市场"和"内部劳动力市场"的选择。所谓外部劳动力市场,是指存在于企业和其他组织之外的劳动力市场,在这里指上级法院直接从法院系统以外的地方选择上诉审法官,比如应届毕业的法学院学生、军转干部以及从其他机构调入的行政干部等。所谓"内部劳动力市场"是指法院只将最低级的职位(比如基层法院法官或初审法官)对外开放,从外部劳动力市场招人(此即前述的"外部遴选"),其他较高级的职位(比如上级法院法官或者上诉审法官)一般只从法院系统的内部员工中聘任或晋升补位。[①]

法官职业晋升制度就是一种在下级法官中通过法院系统内部的劳动力市场选拔和聘用上级法官的隐形激励制度。外部招聘和内部提拔的相对效

---

① 参见张维迎:《产权、激励与公司治理》,经济科学出版社2005年版,第286—287页。

率依赖于信息的不对称程度。对那些所需能力很容易观察和度量的工作岗位,外部招聘可能很有效,但由于法官职位所需的能力并不容易观测和度量,更由于司法知识的积累是一种专用性人力资产投资,下级法官相当部分的人力资本和职业经验也是通过法院和司法实践而获得,法院系统内部的职业晋升肯定比外部招聘更为有效。因此,对于想要选拔司法专才的上级法院而言,从已经具备了相应司法知识并且在相对长的司法实践中显示了司法能力和一定道德水平的下级法官中,也即从"内部劳动力市场"选择和聘任有其相当的合理性。

不仅如此,这种选拔机制也有助于降低法官进入法院以后的"道德风险"问题,因此是一种使得法官看重自己职业前途和职业声誉而努力工作的声誉机制,在设置理论上完全有别于那些从外部监督和控制法官的,包括了绩效考评制度、审判监督制度、人大监督、新闻监督和人民信访制度在内的各种监督制度。以德国为例,德国法官晋升的一般规律就是逐级缓慢晋升,上一级法院的法官由下级法院法官充任,这样不仅保障了上级法院法官的专业素质,更因晋升须根据法官的工作实绩和表现,这对下级法院法官其实是一个重要的激励和制约。① 德国法官的晋升机制实际上使法院权力结构底层的法官有了在权力结构的阶梯上逐步上升的希望和空间,因此是一种有效的隐形激励机制和声誉机制。

人力资源学家拉齐尔曾总结过内部晋升的三大原则,就法院而言,其一,在晋升决定作出之前所需要经历的时间越长,则最有能力的人赢得晋升的可能性也就越大。这个交替过程就是等待晋升的过程,它将导致法院系统中最能干的法官将较多的时间用在工作上,而能力较差的法官最好是离开法院。其二,在法院系统内部基于相对比较所进行的晋升职位越多,则处在最高层职位上的法官和处在最底层职位上的法官之间的能力差别就越大。其三,从内部晋升比外部雇佣能够产生更好的激励性。只有当外部人比所有内部人都明显要强的时候,或者是当过去曾经出现过内部人相互串通共谋从而只付出较低努力程度的情况时,才应当采用外部雇佣的方式。② 在很大程度上,这三个原则基本上能反映理想层面上的法院晋升制度的大致特点。

当然,这一制度也不是没有它的问题,比如初审和上诉审的知识可能有差异,很多法学院毕业生可能并不愿意一毕业就去各个基层法院等。但第

---

① 对德国法官晋升制度的简单介绍,参见马怀德、周兰领:《构建合理的法官遴选与晋升制度》,载《法官职业化建设指导与研究》(第 4 辑),人民法院出版社 2004 年版,第 75 页。
② 〔美〕爱德华·拉齐尔:《人事管理经济学》,刘昕译,董克用校,生活·读书·新知三联书店,北京大学出版社 2000 年版,第 247 页和第 250 页。

一,初审和上诉审的视角虽然有所不同,但与内部晋升制度解决的法官道德风险问题相比,该制度的收益明显大于其可能的成本。第二,法院系统内部的劳动力市场和晋升制度建立在上一节集中讨论过的"外部遴选"基础之上,如果国家财力足以保证各级各地法官收入的高薪,并有一套使得法学院毕业生进入基层法院的制度保障和举措,内部晋升制度的前提条件就能得以满足。有了这样的制度安排,我们就可以预期所有法院系统的职业法官为了实现自己的职业梦想和更快的晋升,都会用心积累自己的专业司法知识和职业声誉,最后很可能形成一个法律人才和司法知识在法院系统内部的良性循环。

(二) 判决公示制度

该制度是指随着电子技术和互联网的发展,可以将各个法官和合议庭审结的判决书在各个法院的局域网甚至互联网上公布,以便公众了解法官的判决理由,判断法官的司法水准。在法官能力和廉洁度很难观察和衡量的情况下,判决理由的撰写不仅对法官的判断权是一种限制(因为法官的自由裁量权并没有免除法官的论证责任,法官仍然要通过判决理由证明自己判断的正当性和合理性[①]),判决书的写作在很多时候也能够体现法官的业务能力和司法水平。而边沁也说过,"没有公开就没有正义……公开是正义的灵魂。它是对努力工作的最有力的鞭策,是对不当行为最有效的抵制。它使法官在审判时保持法官的形象"。[②] 因此,将判决书和判决理由公之于众,对法官的审判行为是一个有效的监督和制约(一个技术上的建议,应该建立一个输入法官姓名就能阅读到其撰写的全部文书的数据索引系统)。

通过判决公开制度,法律共同体和一般民众可以借此了解法官的水平和能力,从而在长期内形成某法官的职业声誉,在一定程度上,判决公开其实就是前述内部晋升制度得以有效运行的一个制度前提。另一方面,为了获得判决的正当性和累积自己的职业声誉,法官不得不自发地努力工作和提高自己的司法能力。与内部晋升制度一样,判决公开同样也是一个能够自我实施并能内在地激发法官工作热情、培养法官职业精神和成就感的事后激励制度。

不过,该制度在中国的实施面临一些前置性的制度难题,特别是法院判决书中"内部审结意见"的存在很可能降低公示的意义和价值(公示的都是一些套话,真正有价值的东西不向人们展示)。其实,"中国的法官们从来没有

---

① 自由裁量权和法律论证的关系,参见梁迎修:《法官自由裁量权》,中国法制出版社2005年版,第30—31页。
② 转引自宋冰编:《程序、正义与现代化——外国法学家在华演讲录》,中国政法大学出版社1998年版,第288页。

忽视过'说理'对于证明自己行为正当性方面的价值,然而,向谁说理、以什么方式说理、说明的理由能不能见阳光,则在很多时候和很大程度上取决于官方对司法/诉讼制度功能的定位"。① 还有一个可能的质疑是有些当事人可能并不愿意自己的案子被公众知晓(特别是那些离婚、继承等涉及私隐的案件)。不过由于可以隐去当事人的相关信息,因此这不是一个问题。

(三) 民事诉讼中的当事人选择法官制度

在民事诉讼中,正式司法只是当事人可以选择的多种纠纷解决机制中的一种罢了,只不过是成本最高、强制力最强的一种处理方式。既然是一种可供选择和消费的司法产品,当事人为什么不可以选择法官审理自己的案件呢?有人指出,病人可以择医看病,民事当事人却不能选择优秀的法官审理自己的案件,在司法权威和法官声誉江河日下的今天,这一现实很可能使得很多当事人对法官产生了不信任感,从而"官司一进门,两头都托人"。这是写在纸面上的正式民事诉讼制度无法有效落实的问题,当事人不得不两头托人的现实更使得中国民众对司法公正丧失了信任,更进一步在根基上侵蚀了司法正当性和合法性的基础。作为促进司法公正的一种制度设计,2003年我国台湾地区颁布了《民事诉讼合意选定法官审判暂行条例》和《民事诉讼合意选定法官审判实施办法》,史无前例地赋予了当事人双方在民事诉讼中挑选法官的权利。

为有效避免司法不公和减少司法腐败,以台湾地区的司法实践为参照系,已有人建议祖国大陆也应该建立当事人合意选择法官的制度,因为,对当事人而言,该制度能极大地增加当事人对法官的知情权,在双方合意基础上选择的法官不仅使当事人对法官的怀疑情绪大大减少,也能促使当事人服从判决,有利于司法公信力和司法权威的提高。对法官而言,该制度实际上使得所有的法官都置身于当事人的选择和监督之中,势必使得那些职业道德好、业务水平精的法官脱颖而出,而那些道德差、水平低的法官很可能无人问津。② 从解决法院管理者和法官之间事后信息不对称的角度,我们发现当事人合意选择法官制实际上也是一种能在事后有效约束法官行为的声誉制度。

不过,这一制度的有效实施同样需要一些配套制度。其一是法官撰写的判决书向公众公开,这是法官职业声誉形成和当事人对法官评价的基础;其

---

① 傅郁林:《民事裁判文书的功能与风格》,载《民事司法制度的功能与结构》,北京大学出版社2006年版,第278页。
② 参见陈长生、何能高、揭萍:《我国民事诉讼合意选择法官审判之理性探讨》,载《人民司法》2005年第2期,第43页。

二,仿效医院,法院应该将所有民事审判法官的个人照片和相关资料公开,以便当事人作出符合内心意志的选择;其三,为防止谈判僵局的出现,一旦双方当事人在规定期限内无法达成法官选择的合意时,应该规定法院有指定法官或合议庭其他成员的"兜底"权力。除此之外,为保障该制度的真正落实,不仅需要明确当事人选择的时间、对象和程序,还需要明确当事人选择的方式、当事人选择法官合意不成的法律后果以及对当事人合意的适当限制等诸多具体规定。①

总而言之,在有效的法院内部遴选和初任法官外部遴选基础之上,构建法院内部的职业晋升制度、判决公示制度和当事人合意选择法官制度可以在很大程度上内化法官的自我监督。与目前大量的外部监督相比,这是一种着眼于设置和改造制度以改变法官的偏好和效用函数,最终使得法官们对职业声誉的追求成为一个与司法改革总目标激励相容的方法,因此也更为有效。

由于法官管理制度体系是一个相互制约和支撑的整体制度安排,以一种整体的制度观,我们发现不管是前面提到的内部遴选和外部遴选,还是这里的职业晋升制度和判决公示制度,目前的法官薪酬地方化和行政化是一个最大的制约和制度瓶颈。怎样才能让执政党认识到这一制度带来的不利后果并感受到相应的制度压力?

由于2007年4月1日正式实施的《诉讼费交纳办法》可能导致所有法院的收入骤减大约2/3,对于经济不发达地区的法院而言,法院财政和法官薪酬的地方化不仅使得许多法院的正常运作难以为继,更会加剧已经非常严重的"法官荒"现象。因此,虽然问题多多,此办法的实施倒真的有可能对决策者形成强大压力,促成法院财政和法官薪酬地方化的改革。如果真的决定由中央财政出面负责全国法院的资金问题的话,先不考虑法院内部的行政化问题,这倒可能为进一步的由国家财政统一出资保证各地法官在工资待遇上基本相等的改革扎下一个可以"路径依赖"的坚实根基。面对各地经济发达程度大不一样而且当法官的机会成本和外部机会差异很大的中国现实,如果真的有可能落实法官统一工资的改革,再下一步的改革就可以相应推行了,那就是国家推行法学院毕业生先去基层法院工作的决定,并同时启动法官从下级法院向上级法院内部晋升的制度(比如任何一个法学院毕业生在基层法院工作五年后,只要工作业绩优秀就有被提拔到中级法院的希望,然后依此类推)。如果真的有这样的连锁效应,不仅法官声誉机制可以建立,法院外部和内部的法官选拔也有了物质保障和制度保障。不仅如此,有了严格的事前遴

---

① 更多的细致分析,参见陈长生、何能高、揭萍:《我国民事诉讼合意选择法官审判之理性探讨》,载《人民司法》2005年第2期,第45—46页。

选和法官声誉机制的制约,依靠自我制约和职业伦理,难以监督的法官就不会再"吃了原告吃被告",司法权威和法官声誉也能在社会上慢慢恢复。

这好像为中国司法改革的未来描绘了一幅美好的图景,但其实现必须满足两个基本条件。其一,国家真的愿意拿出巨量的资金投入司法制度建设;其二,最关键的是,改革中国法院系统内部管理与被管理的行政化关系,这是上述美好构想得以实现的支点和基础。但这一限制却把我们从美好的理想图景拉回到了冰冷的现实世界,因为要改革中国法院的行政化管理谈何容易。因此,虽然"知识的作用在于能帮助人们做出正确决策",但面对现实时我们却感受到了中国司法改革的艰难性和长期性。

五、理论推演之四:重构法院的法官管理模式

要想理解进而解决当前司法改革进程中遭遇到的种种制度困境,就必须采用一种实用主义的态度和社会科学的方法,从信息和知识的角度对中国法院系统大众化、地方化、数字化、行政化的法官管理制度构架进行一番"伤筋动骨"的改革,或者在解决参与约束和激励相容约束的基础上重构中国法院的法官管理模式。

在提出整体性的变革建议之前,考察一下新中国法官管理体制的形成逻辑并展示在社会变迁背景下诸多不太成功的制度变革路径很有必要。首先是1949—1978年间成型并固化的大众化、地方化、行政化的法官管理体制。

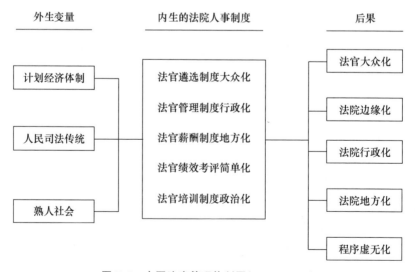

图 7.2　中国法官管理体制图(1949—1978)

根据上图,从新中国法官管理体制的形成过程,可以清晰地看到从选择

计划经济体制、沿袭根据地时期的人民司法传统到大众化、地方化、行政化法官管理模式形成,一直到法官大众化、法院行政化、程序虚无化等后果出现这样一个历史的和逻辑的顺序关系。因此,计划经济体制、源自根据地时期的人民司法传统和传统熟人社会是外生变量,在这种制度背景和社会背景基础上内生出了法官遴选大众化、法官管理行政化、法官薪酬地方化等诸多法官管理制度,并自然而然地引发法官大众化、法院管理行政化和程序虚无化等诸多制度后果。

正如我在第六章中指出的,在社会未曾变迁之前,法院这一套法官管理制度能够满足纠纷简单稀少的传统熟人社会对司法的需求。不仅如此,法院大众化、地方化、行政化的法官管理模式和人民司法理念、实体正义观其实是一套和传统熟人社会相契合并相互支撑和互补的制度系统,它们有其自身的制度逻辑和运行轨迹。"天不变,道亦不变",只要中国社会仍然是波澜不惊的"静止"社会,中国的法官管理体制就没有变动的必要。

问题在于1978年以来的改革开放改变了中国社会,也进而对中国法官管理制度形成了强大的变革压力。由于缺乏一个清晰的改革思路,也缺乏基于社会科学的理论指导,在既有法院管理体制和强大社会需求夹缝之间艰难前行的法官制度变革注定"前后失据",问题重重。下面是一个简化的法官管理制度变革图。

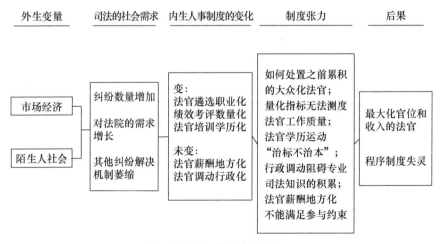

图7.3 中国法官管理体制变化图(1978—2013)

具体而言,四十余年前的改革开放使得中国走上了市场经济之路,社会转型和变迁也正是在此背景下渐次展开。对法院的法官管理体制而言,已经变化了的经济体制和社会环境是促成其变革的外部因素。由于纠纷数量和类型的急剧增长,"案多人少"的境况促发了强调现代程序制度和理念的民事审判方式改革；由于市场经济社会对专业化法官和规则之治的需求，中国法院系统也半被动半主动(因为法院和法官自身的收益)开始了法官职业化的变革之路。根据上图，此轮变革最大的问题是制度"变"与"未变"之间的张力和断裂，直接导致很多改革举措自相矛盾或者无法落实，大众化、行政化的法官管理模式仍然如故。因此，在新的经济体制和社会背景下，之前适应传统社会需要的法官管理体制只能造就最大化官位和收入的法官，引发当事人对法院系统的不满(民事诉讼率下降以及司法权威扫地)并在根基上消减现代程序制度的作用。

如果说法官遴选标准、法官绩效考评指标和法官培训计划是一些相对容易变革的制度，那么执政党的人民司法理念和法院管理行政化就是一些足以制约前述制度变革成败的深层制度和根本性制度。因此，此轮制度变革最大的问题在于，虽然中国法院系统以各种变革措施积极回应了市场经济和现代工商社会对专业化法院的需求，但在执政党人民司法理念、法官薪酬地方化和法官管理行政化等宏观制度环境依然如故的前提下开展的审判方式改革、程序制度改革和法官遴选制度改革只能造成诸多制度张力和困境。比如，法官遴选专业化与法官薪酬地方化之间的矛盾；绩效考评数字化与法官工作难以监督性之间的不兼容；以及群众路线、实事求是的人民司法理念与司法独立、程序正义的现代司法理念的深层冲突。

要想摆脱这些制度困境，在总结前述理论推演的基础上，我把中国法官管理制度整体性的改革建议分为前后相继又相互关联的六步。

第一，在全国层面上统一固定法官的薪酬并在国家财力增强的前提下由中央财政负责，通过改革法官薪酬的地方化，以满足优秀法律人才选择法官职业的参与约束；第二，明确根据法官等级确定法官薪酬，可以将法官纳入事业编制，废除根据行政级别高低确定法官薪酬的制度惯例(背后隐含着法官应该去公务员化)；第三，化解法官遴选大众化的问题，严格法官的初次遴选和法院系统内部的职业晋升制度，建立独立于最高法院的全国法官遴选和晋升委员会，以解决法院和法官之间的事前信息不对称问题；第四，构建包括晋升制度、判决公示制度和当事人合意选择法官等制度在内的法官声誉机制，解决法院和法官之间的事后信息不对称问题；第五，应该取消法院内部的行政性调动制度，不应该将专业法官视为一般政工人员而随意调动；第六，在新的社会背景和经济制度下，执政党应该适当调整和改变长久以来形成的人民司法理念和行政化司法观。

最后，重点讨论一下我党大众化、行政化的司法观。其实，早在清末修律之初就有了《法院编制法》和《法官考试任用暂行章程》，不仅初步划分了法院内部的司法权和行政权,还明确规定了职业法官只能从新式"法政学堂"毕业生中经考试录用,《法院编制法》第118条和第119条还规定在职律师可以取得高级审判厅的推事资格(法官资格),只不过高级审判厅需五年工作经验,最高法院需十年工作经验。① 这些都是看重法官遴选并能适度减轻法官职业信息不对称问题的办法。

但由于走的是"农村包围城市"道路(而中国传统农村是不太需要什么"规则之治"的),法律(当然包括法官)在战争年代和计划经济时期其实很不重要。在"打天下"期间,有效的社会动员才是其保证治理合法性和有效性的基础,其他的制度都要围绕着社会动员机制转,司法审判当然也不例外。以"马锡五审判方式"为典范,"共产党正是将司法审判或调解看作是对社会进行治理的最有效的场所或管道,通过司法调解,共产党将自己的政治意图或者意识形态有效地传达给了人民大众。在这一新的权力配置中,司法技术或者说法律这一配件的运作必须符合整个机器的操作原理,司法必须服从共产党治理社会的目的"。"正是在这种背景下,法院的性质与行政和公安的性质没有更本质的区分,它们之间也没有必要的分工,司法审判也不会有自己独立的运作逻辑,不会有自己独特的专业化要求。"②这种司法的治理化必然使得当时的治国者认识不到司法工作的特殊性。尤为重要的是,司法工作中的信息不对称问题在当时可能还不太严重,因为政策就是法律,更由于存在有效的意识形态控制(在一定程度上,这其实也是一种能很好减轻信息不对称问题的制度,而且不分事前和事后),只要找一些政治过硬、善于"从群众中来又到群众中去"的党员干部就能很好地完成党交给的任务。

因此,一方面,"打天下"期间,甚至"坐天下"初期对社会动员和社会治理的急迫需求,使得当时的治国者没有看到司法和法官工作的特殊性,当然更不会强调法官遴选的专业化。③ 另一方面,传统小农社会的纠纷比较简单加上对党员干部有效的意识形态控制都使得司法活动中的信息不对称问题还不太严重,党的路线方针政策也能够有效地贯彻到司法实践中去,其进行制

---

① 上述内容来自黄宗智先生的介绍,具体参见黄宗智:《法典、习俗与司法实践:清代与民国的比较》,上海书店出版社2007年版,第33—34页。
② 强世功:《权力的组织网络与法律的治理化》,载《法制与治理——国家转型中的法律》,中国政法大学出版社2003年版,第123页和第129—130页。
③ 还有一个原因,"1952年'司法改革'运动中旧司法人员被清除后,新中国的司法制度实际上已很难找到足够的法律人才的支持;加上当时人民法院作为专政机关,主要任务是镇压敌对阶级的反抗,巩固新生的政权;同时由于战争时期形成的高度集权体制难以立即转变",因此任用政治觉悟高而文化水平(更不要说司法水平)比较低的党政干部担当法官就是中国共产党当时的最优选择,对司法干部的行政化管理也就顺理成章。相关内容,参见刘会生:《人民法院管理体制改革的几点思考》,载《法学研究》2002年第3期,第16—17页。

度改革和制度创新的动力当然不足。只是到了今天,改革开放以来的经济发展和社会转型带来了巨量的社会纠纷,以陌生人交往为主的现代工商社会急需"普遍性的规则之治"。急剧的社会转型和变迁及其带来的诸多问题才迫使中国司法系统在党的领导下开始了漫长而艰难的"司法改革"之旅。但由于相互嵌套的制度具有稳定性和互补性的特点,更由于制度的"惰性"或者说"路径依赖"[1],执政党的司法观并没有多少实质性的变化。[2] 也因此,强调法院的行政化管理而不重视法官的事前遴选就是理所当然,也正是从这个角度,我们才能对当前名目繁多的各式监督和考评制度有了一种"同情式的理解"。但时代变了,"事情已经起了变化"。一方面,现代社会的特点以及对"规则之治"的强调使得法官的司法裁量权比根据地时代的传统农业社会不知多出多少倍,相应地,事后信息不对称或者代理问题也比那时严重得多。但另一方面,对法官,执政党最拿手而且曾经很管用的意识形态控制在价值多元(特别是金钱崇拜)的今天却已经不太管用了,虽然法官们绝大多数都是党员。正是在这样的基本变化下,我们发现,虽然执政党时刻注意对司法的控制和监督,极力强调"司法为民",但如果无视"趋利避害"的人性本能和无处不在的"信息不对称"在制度设计中的基本制约,无视法官审判工作中的自由裁量权导致的难以监督性,对法官的管理和监督就无法真正有效(不管相应的司法改革方案搞得多么红火热闹),"司法为民"最终很有可能走向其预期目标的反面。这是我们需要警惕和反思的。

六、法官管理制度的改革实践(2013—2018)

可能因为认识到目前这一套大众化、地方化、行政化的法官管理制度有碍于司法公正与司法效率的实现,自 2013 年起,在全面深化改革的政治背景下,中共中央组织并推动的一轮司法体制改革主要集中在法官管理制度上,比如意在推动法院内专业分工的人员分类改革(主要是法官员额制)、完善监

---

[1] 关于路径依赖,参见〔美〕道格拉斯·C.诺斯:《制度、制度变迁与经济绩效》,刘守英译,上海三联书店1995年版。另参见, David, P., "Clio and the Economics of QWERTY.", *American Economic Review*, vol. 75, no. 2, 1985, pp. 332-337; David, P., 1994, "Why Are Institutions the 'Carriers of History'?: Path Dependence and Evolution of Conventions, Organizations and Institutions", *Structural Change and Economic Dynamics*, vol. 5, no. 2, 1994, pp. 205-220。

[2] 近年来对人们陪审员制度的强调就是一例,但已有学者指出这一司法民主的制度本质上是与司法职业化和司法专业化相抵牾和冲突的。参见胡凌:《人民陪审员制度的多面向解释》,载苏力主编:《法律和社会科学》(2007年第2期),法律出版社2007年版。另外,对中国共产党人民司法群众路线的细致分析和批评,参见李斯特:《人民司法群众路线的谱系》,载苏力主编:《法律和社会科学》(第一卷),法律出版社2006年版。

督法官的司法责任制、意在消除法官管理行政化的法院内部的"扁平化管理"以及为了消除司法地方化的地方法院人财物省一级统管等。接下来逐一论之。

（一）法官员额制改革

首先需要界定何谓"法官员额制"。根据官方文件的相关表述，法院员额制是指在现有编制内，根据法院的管辖级别、辖区人口和面积、审判工作量、经济发展水平和法官保障条件等因素，制定各级法院的法官员额比例方案，形成由法官、法官助理和书记员组成的新审判工作机制。① 可以看出，法官员额制突出了法官这一专业职位的特殊性和重要性，其实施基础是法院内部的专业分工和人员的分类管理。

作为此轮司法改革的重头戏，法官员额制改革的初衷就在于通过严格法官入额标准和提高法官薪酬水平以提高中国法官质量。② 在实践中，此次改革的顺序和逻辑是先分流再提薪。③ 2014年6月，中央全面深化改革领导小组第三次会议审议通过《关于司法体制改革试点若干问题的框架意见》，明确建立法官员额制的目的是把高素质人才充实到办案一线，因此，严格把关法官入额标准，是法官员额制改革的重点。落实中央的要求，作为试点单位的上海高级法院，也明确规定在开展入额考核考试工作时，要严格标准、择优录取、宁缺毋滥，真正使业务水平高、司法经验丰富、能独立办案的人员选任到法官员额内。④《四五改革纲要》第50条要求：在国家和省一级分别设立由法官代表和社会有关人员参与的法官遴选委员会，制定公开、公平、公正的选任程序，确保品行端正、经验丰富、专业水平较高的优秀法律人才成为法官人选，实现法官遴选机制与法定任免机制的有效衔接。

根据此次改革的总体逻辑，法官分流重组之后，接下来就应大幅度提薪。基于此，人社部、财政部2015年12月23日印发的《法官、检察官工资制度改

---

① 此界定综合了《最高人民法院关于加强法官队伍职业化建设的若干意见》《二五改革纲要》《三五改革纲要》和《四五改革纲要》中涉及法官员额制的相关表述。另可参见柳福华、柏敏主编：《法官职业化的运作与展望》，人民法院出版社2005年版，第379页。
② 虽然刘忠认为2014年启动法官员额制的目的在于消解法院臃肿和法院人员构成再分类，但官方材料和最高法院的声音均表明这两大目的不是此次改革的根本性目标。在我看来，这些不过是严格法官入额标准、提高法官质量的附随目的而已。相关讨论，请见刘忠：《员额制之后：法院人员分类构成评析》，载《华东政法大学学报》2020年第6期，第88页。
③ 贺小荣：《四五改革纲要的理论基点、逻辑结构和实现路径》，载《人民法院报》2014年7月16日。
④ 《上海法院人员分类定岗工作实施方案》(2015年1月6日上海市高级人民法院党组会审议通过，2015年5月13日修订)，载姜平主编：《上海司法体制改革制度选编》，法律出版社2015年版，第39页。

革试点方案》(人社发[2015]111号,以下简称为《试点方案》)明确规定改革之后,进入员额的法官的工资水平按高于当地其他公务员50%左右确定。高遴选标准配备高薪酬水平,此次改革的思路看起来没问题,因为其不仅符合法官职业的要求,更暗合激励理论的基本精神。鉴于这一改革举措已于2017年7月在全国层面全面完成,作为研究者,需要进一步追问这一看起来符合司法规律的改革举措在实践中的效果如何,如果效果不太好,又会带来何种制度上的两难和困境。

(二) 司法责任制

在司法改革顶层设计者眼中,法官员额制、法院人员分类管理和司法责任制是一步"套棋"。具体而言,首先,建立符合职业特点的法官单独职务序列,科学确定法官与审判辅助人员的数量比例,优化审判辅助人员结构并完善司法行政人员管理制度。在根据既定标准和程序遴选员额法官的同时,确定法院内部的法官助理、书记员、执行员等审判辅助人员和司法行政管理人员并为之设定相应的管理制度。其次,确定了员额法官之后,这些政治素质好、办案能力强、专业水平高和司法经验丰富的员额法官就是案件审理中的主审法官,并为之配备必要数量的审判辅助人员。如果是合议制审判,应由主审法官担任审判长,如果合议庭成员都是主审法官的,原则上由承办案件的主审法官担任审判长。最后,为了实现"让审理者裁判,由裁判者负责"的目标,应该健全完善权责明晰、权责统一、监督有序、配套齐全的审判权力运行机制,该机制中最重要的一环就是由裁判者负责的司法责任制。

何谓司法责任制? 一般地,司法责任制包括两个构成要素:一是"让审理者裁判",二是"由裁判者负责"。前者是指保证主审法官、合议庭享有独立审判权,解决审理权和裁判权分离的问题,取消庭长、院长的审批权,实行法院内部司法裁判的去行政化。而后者要求主审法官、合议庭成员对所审案件承担法律责任,假如案件在审判质量方面存在瑕疵,或者出现了裁判错误,其将成为责任追究的对象。而在案件责任追究的范围上,诸多司法改革文件都强调实行办案质量终身负责制和错案责任倒查问责制。①

由于司法责任制的内容是"让审理者裁判,由裁判者负责",因此该制度看起来将审判权交给了主审法官和合议庭,体现了对专业化员额法官的信任。但实际上,为了确保法官的审判质量和审判效率,此次改革又进一步完

---

① 这是陈瑞华教授对司法责任制的界定,具体请见陈瑞华:《法官责任制度的三种模式》,载《法学研究》2015年第4期,第4页。司法责任制的追究模式,参见蒋惠岭:《未来司法体制改革面临的具体问题》,载《财经》2013年第34期,第130页以下。

善和强化了院庭长的审判管理机制和审判监督机制。具体而言,一方面,明确院、庭长与其职务相适应的审判管理职责,发挥审判管理在提升审判质效、规范司法行为、严格诉讼程序、统一裁判力度等方面的保障,强化审判流程节点管控;另一方面,明确院、庭长与其职务相适应的审判监督职责,健全内部制约监督机制,并依托现代信息化手段,建立主审法官、合议庭行使审判权与院、庭长行使监督权的全程留痕、相互监督、相互制约机制,确保监督不缺位、监督不越位、监督必留痕和失职必担责。① 因此,目前的制度安排是员额法官的审判权依然受到院庭长审判管理权和审判监督权的制约和监督。由于在今天的法院管理体制之中,院庭长是各种责任的剩余承担者,该制度设计有其合理性。

需要进一步讨论的是,法官应承担何种意义上的司法责任以及院庭长和审判委员会成员如何承担错判责任。首先,根据陈瑞华教授的梳理,在法官责任的追究上,我国存在三种制度模式,即结果责任模式、程序责任模式和职业伦理责任模式,前两类可归为"办案责任",后一类其实是一种"职业责任"。② 虽然以实体正义观和"实事求是"的认识论基础为依托的办案责任模式并不符合司法制度的基本规律,但实践中,各法院的法官追责模式仍然是以办案责任为主,职业责任为辅。其次,对于个体承办法官的责任追究相对容易,但追究集体负责的合议庭,特别是审判委员会的办案责任却不太好处理。但凭什么承办法官需要担责,集体审判的成员就不应该担责?答案应是否定的,但集体审判的成员要不要追究、如何追究、追究程序和追究方式应如何设定和操作,到今天仍然是一个悬而未决的议题。至少到目前为止,并没有相应的具体制度明确规定院长、庭长和审判委员会成员如何落实终身问责制和责任倒查制。

(三) 构建法院内部的"扁平化管理"机制

一直以来,中国法院系统内部繁密复杂、叠床架屋的内部架构一直都是法学界批评的焦点。在很大程度上,这种纵向的层级式链条因法院人员数量增加所起。正如刘忠所言,在法院内部出现日益细密的层级分等,是为了解决人员编制激增而进行的内部治理,但这种治理架构导致了很多非预期的负面效果,比如法院内部管理层级增厚、信息传递链密,会导致上级领导对链

---

① 具体内容,请见《最高人民法院关于全面深化人民法院改革的意见——人民法院第四个五年改革纲要(2014—2018)》第 29、30、31 条。
② 对三种责任模式的具体分析,请见陈瑞华:《法官责任制度的三种模式》,载《法学研究》2015年第 4 期,第 6—20 页。

条末端人员行为的识别钝化,以及导致法官自我认同降低、社会认同弱化、职业荣誉感淡薄等。① 正是由于纵向层级化的法院内部治理存在着若干问题,"四五"司法改革的重点和亮点之一就是推动法院内设机构改革,要求各级法院按照科学、精简、高效的工作要求,推进扁平化管理,逐步建立以服务审判工作为重心的法院内设机构设置模式。②

在法官员额制、司法责任制和审判权运行机制建设等若干改革举措大致完成和落实之后,意在法院内部机构大幅度"瘦身"的"扁平化"管理改革如约而来。2018年5月25日,最高法院和中央编办联合印发《关于积极推进省以下人民法院内设机构改革工作的通知》(法发[2018]8号),要求各级各地法院在2019年3月底前基本完成内设机构改革工作。根据最高法院和中央编办的要求,此次改革的重点是机构"瘦身"和内部结构再造。根据某试点基层法院的改革实践,此次内部结构再造是将原来繁多的内部机构通过合并同类项方式加以整合,比如将原来的民一庭、民二庭、行政庭、速裁庭和5个派出法庭合并为一个民事行政审判业务中心(也即将同一行政级别的9个内部机构合并为一个审判中心),将原来的各个刑事审判庭合并为一个刑事审判业务中心,将原来的执行局、法警队、技术室合并为执行指挥中心,将原来的研究室、审管办和信息化网管中心合并为审判管理中心,将原来的立案庭、诉讼服务中心、集中送达办公室合并为审判事务中心,以及将原来的政治处、办公室和监察室合并为审判保障中心。③

由于有前期试点的改革经验,比如深圳前海法院的"前海模式"和珠海横琴法院的"横琴模式",又有来自英美、德日诸国的制度经验。比如美国、英国的法院均未设置审判业务庭,其审判管理采取的是以法官为中心,由法官、法官助理和记录员组成的"法官办公室"模式;再比如德国、日本的法院虽然设置审判业务庭,但行政事务与审判事务相分离,因此管理法官等辅助事务已经从审判业务庭剥离出去了。因此,此次剑指法院内部纵向层级化等级链条的改革看起来完全符合司法规律,不仅极具科学性更具合理性。

但是作为一个侧重实证研究的研究者应该考察该制度的实际效果,我们需要在既定的政治架构框架和激励理论的审视下探讨该制度落实的可行性以及可能会出现哪些未预料的不利制度后果。这也是本书最后一章会集中

---

① 具体内容,请见刘忠:《规模与内部治理:中国法院编制变迁三十年(1978—2008)》,载《法制与社会发展》2012年第5期,第53—54页。
② 最高法院《关于全面深化人民法院改革的意见——人民法院第四个五年改革纲要(2014—2018)》第64条。
③ 资料来源:《司法机关机构改革来了! 法检将"瘦身"》,网址:https://baijiahao.baidu.com/s?id=1609040436844788907&wfr=spider&for=pc,2018年8月29日最后一次访问。

(四) 地方法院人财物的省一级统管

长期以来的司法地方化导致作为中央事权的司法权变成了地方事权,也因此出现了司法的地方保护主义。为什么会存在司法的地方保护主义?周黎安教授从信息经济学的角度给出了一个解释,那就是为了减少中央监督和决策的成本,中国传统的行政逐级发包制塑造了一个全能型的地方政府,中央政府将所有事务连同各种执政权力统一"打包"给了地方各级政府,其中就包括司法审判权。因此,在中国的行政体制下,行政权与司法权在地方政府一级是结合在一起的,统一为地方政府的施政目标服务,司法权也就具有严格的属地化特性。① 虽然2007年《诉讼费用交纳办法》实施后,中央和省级财政加大了转移支付力度,下拨办案补助专款,核拨国债投资资金。但湖北省高级法院的调研报告显示,目前法院经费保障体制仍然呈现出以地方财政为中心的特征。②

正是因为司法地方化不仅导致中央事权无法落实,更使得统一市场需要的普遍性的规则之治难以有效生长,因此中央下定决心要解决这一"顽疾"。党的十八届三中全会公报明确指出:"改革司法管理体制,推动省以下地方法院、检察院人财物统一管理,探索建立与行政区划适当分离的司法管辖制度,保证国家法律统一正确实施。"从中央的集权—分权逻辑来看,地方法院人财物省一级统管的改革举措在很大程度上可以归入1994年以来的"垂直管理的收权浪潮"之中。与之前地方法院的人财物统统归入当地党政管理的传统模式相比,当前的垂直管理和之前的不同之处在于,在法官遴选选任、法院机构设置和司法财政保障等方面完全由省一级统一管理,而不再依赖于地方政府。

从应然的角度而言,先推行地方法院人财物的省一级统管再到适当时候完成中央财政的统管,这个改革的路子应该是对的。问题的关键在于落实。但根据我这两年在法院调研的情况看,除了北京、上海这样的直辖市,该制度的落实情况其实并不乐观。

此轮司法改革涉及法官管理制度的改革举措当然不止以上四项,其他的还有法院内部的职业晋升制度("健全初任法官由高级人民法院统一招录,一

---

① 周黎安:《转型中的地方政府:官员激励与治理》,格致出版社、上海人民出版社2008年版,第230页。
② 参见湖北省高级人民法院课题组:《改革和完善人民法院经费保障体制的调研报告》,载《人民司法·应用》2009年第9期。

律在基层人民法院任职机制")、预备法官的训练制度("配合法律职业人员统一职前培训制度改革,健全预备法官训练制")、改革法官绩效考评体系(实践中,法官绩效考评指标有重大改变,比如取消了调撤率、上诉率等指标。据我的调研,江苏法院系统仅仅保留了四个考评指标,即结案比率、法定正常审限内结案率、上诉发改率和息诉服判率)等。与前面几节的理论推演相对照,我发现此轮司法改革与之相似的几点有:法院内部的人员分类改革、内部遴选(法官员额制改革)、职业晋升制度、法官薪酬去地方化。但"纸面上的法"不等于"行动中的法"。对于此轮改革,我们不应该仅仅看"四五改革纲要"上如何规划设计,更要考察实践中已经推进完成的改革举措之实效,甚至需要探究那些正在推行的各项改革之理论逻辑以及隐含的实践困难。

第八章 法官员额制改革:实效与困境

> 橘逾淮为枳。
>
> ——晏子①
>
> 只有相互一致和相互支持的制度安排才是富有生命力和可维系性的。否则,精心设计的制度很可能高度不稳定。
>
> ——青木昌彦②

不仅是法学界的同仁,司法改革的顶层设计者也看到了中国司法制度的症结所在:司法地方化和司法行政化。因此,2013年伊始的这一轮司法改革,各项改革举措均剑指行政化和地方化。除了地方法院人财物的省一级统管、司法责任制、最高法院巡回法庭、跨行政区划的司法机构设置之外,最重要的就是意在"去行政化"和"去地方化"的法官员额制改革了。该制度改革不仅目标非常清晰——法官遴选的高标准(以便废除法院内部行政化的院庭长审批制)和随后的法官薪酬高水平(以地方法院财政的省一级统管为前提)——先分流后提薪的改革逻辑也没有任何问题。因此,对于中国法院而言,似乎重要的就是如何将之贯彻落实了。

在局部试点和全面推行了三年之后,2017年7月,经最高法院的推动和各级各地法院的全力配合,万众瞩目的法官员额制改革宣布已经全面完成。③ 但改革宣告完成,问题就解决了吗?本章以法官问卷数据和访谈材料为基础,尝试探究这一场规模浩大的法官员额制改革的实际效果如何,可能存在哪些或明显或隐含的制度困境,俾便发现未来可以进一步完善的制度空间。"橘逾淮为枳"。究竟是什么制度土壤让这一看似完美的改革方案并没有完全实现其预期目标?

---

① 《晏子春秋·内篇杂下》。
② 〔日〕青木昌彦:《比较制度分析》,周黎安译,上海远东出版社2001年版,第19页。
③ 《中国法官员额制改革全面完成 12万余名法官入额》,"中国新闻网"2017年7月3日报道,网址:http://www.chinanews.com/gn/2017/07-03/8267471.shtml,2021年8月30日最后一次访问。

一、引　　子

根据中央司改办的会议精神,法官员额制改革的目标应该就在于通过严格法官入额标准和提高法官薪酬水平以提高中国法官质量。① 在实践中,此次改革的顺序和逻辑是先分流再提薪。② 高遴选标准配备高薪酬水平,此次改革的思路完全没有问题,因为其不仅符合法官职业的要求,更暗合本书第一章所揭示的激励理论的基本精神。

在顶层设计者眼中,法官员额制是前提、人员分类管理是方法,而司法责任制是"牛鼻子"。但问题在于:

(1)法官入额的高标准在实践中真正落实了吗?在法官员额制改革已全面完成的今天,已经入选的12万名法官是否均为业务水平高、司法经验丰富、能独立办案的优秀法官?(2)法官高薪落实情况怎样?此次改革是否消解了法官薪酬的地方化和行政化?(3)实践中,法官们是否认同法官员额制的预期目标已经实现?不同地域的法官以及员额法官和未入额的法官对这些问题的态度是否有所差异?如果有,原因是什么?(4)当前已经全面完成的法官员额制改革未来可能会在哪些方面遭遇制度困境,又该如何化解?

二、一个动态的制度变迁模型

在第一章,我们界定了何谓法官薪酬制度和法院遴选制度,确定了法官薪酬水平和法院遴选标准是其中最重要的子制度,并以法官薪酬水平高低和法院遴选标准高低作为分类维度在理想类型的意义上构建了一个基本的、静态的制度组合框架。如果说第一章侧重以一种比较的实然视角考察人类历史上曾存在和仍存在的几类制度组合,然后再从普遍性的规则之治如何落实的角度讨论现代工商社会应该选择何种制度组合的话,本章将构建一个动态的制度变迁模型以考察改革开放以来我国法官薪酬水平和法院遴选标准的

---

① 2014年6月,中央全面深化改革领导小组第三次会议审议通过《关于司法体制改革试点若干问题的框架意见》,明确建立法官员额制的目的是把高素质人才充实到办案一线,因此,严格把关法官入额标准,是法官员额制改革的重点。人社部、财政部2015年12月23日印发的《法官、检察官工资制度改革试点方案》(人社发[2015]111号,以下简称为《试点方案》)明确规定改革之后,进入员额的法官的工资水平按高于当地其他公务员50%左右确定。

② 贺小荣:《四五改革纲要的理论基点、逻辑结构和实现路径》,载《人民法院报》2014年7月16日。

动态变化,进而指出其应该演进的制度方向。

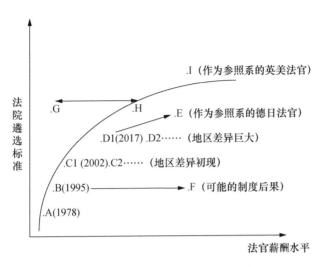

图 8.1　法官遴选和法官薪酬制度动态变迁图

注:图中的各点代表不同时代、不同国家在法官遴选标准和法官薪酬水平方面的制度组合。特别注明,G 点代表中国明清两代的官员遴选标准和薪酬水平,由于该制度会导致非常严重的道德风险和贪污腐败,所以对地方长官,西方国家目前一般推行"高薪养廉"制度,在理论上,制度组合点已从 G 点演进至(高遴选标准,高薪酬水平)的 H 点。

在上图中,横轴代表法官薪酬水平,越往左表示薪酬水平越低,越往右表示薪酬水平越高;纵轴代表法官遴选标准,越往上表示遴选标准越高,越往下表示遴选标准越低。该坐标图的每一点都代表一种制度组合,其中越靠近坐标原点的制度组合越呈现出(低薪酬水平,低遴选标准)的制度特点,越远离坐标原点的制度组合越呈现出(高薪酬水平,高遴选标准)的制度特点,而在该坐标图的左上代表着(低薪酬水平,高遴选标准)的制度特点,相对应的右下代表着(高薪酬水平,低遴选标准)的制度特点。以一种静态的制度组合论,我们发现在明清两代,皇帝以科举取士(高遴选标准)但只给官员低薪(低薪酬水平)的历史现象位于该坐标图的左上部分,以 G 点表示;在陕甘宁边区和计划经济时代,中国共产党创造并实践的相关制度(即法官的低遴选标准配合低薪酬水平)正好位于左下部分,此处以 A 点表示之;在比较法意义上最常见的法官高遴选标准和高薪酬水平的"双高"制度组合,位于该坐标图的右上部分。相对而言,由于德日法官的遴选标准和薪酬水平均低于英美法官,因此以图中的 E 点代表德日法官薪酬水平和遴选标准,I 点代表英美的法官薪酬水平和遴选标准。但无论古今中外,在理论上均不存在法官低遴选标准再配合高薪酬水平的制度组合,该坐标图右下的各种制度组合在很大程度上应该仅仅是一个抽象的理论存在。

以一种制度变迁的动态视角,我们来考察改革开放四十多年以来中国法官遴选标准和法官薪酬水平的变迁动向,并进一步指出既有制度变迁的必要性和复杂性。首先,假定 A 点为中国法院系统 1978 年实践的制度组合。作为制度变迁的起点,A 点代表法官薪酬水平在全国层面上均很低(计划经济时代的法官薪酬呈现低水平的均质化),且法官遴选标准极低。随着 1978 年先农村后城市次第展开的经济体制改革,社会流动性增加了,涌入法院的民事、经济纠纷越来越多了,仓促应战的中国法院的首要应对之法就是扩编增员。但就法院遴选标准而言,随着改革的推进和社会经济的发展,进入法院的案件越来越多也越来越复杂,这直接导致法院内生出了对法官能力的要求,在实践中法院进人的条件因此也在相应提高。与此同时,随着经济水平的发展,各地法院法官的薪酬也在进行相应的提高。这一制度变迁的过程直到 1995 年《法官法》的出台暂时告一段落。因此,我们将图中的 B 点代表 1995 年时的制度组合,从 1978 年的 A 点演进到 1995 年的 B 点,在整体意义上中国法官遴选标准在逐渐提升(从不太要求法官文化水平到要求高中、中专文化一直到 1995 年规定高等院校法律专业毕业),而法官薪酬水平也在持续地小幅度增加。

自 1995 年颁布《法官法》一直到 2002 年国家司法考试制度(《国家司法考试实施办法》规定,担任法官、检察官、律师和公证员必须通过国家司法考试)正式实施,是中国法官遴选制度的再次变迁。几乎与《法官法》颁布时间前后脚,1993 年的公务员工资制度改革在制度上明确了地方津贴制度①。由于中国法院系统长期实行属地的"块块管理","法院的人、财、物全归'块块'管"②,因此,这一制度变化使得在横向的全国性比较下,各地经济发展水平不平衡导致法官薪酬水平在地区差异上呈现出非常显著的特点。在图 8.1 中,虽然 C 点所在的制度组合可以近似模拟 2002 年时的法官遴选标准和法官薪酬水平,但是各地区之间的巨大差异已经慢慢凸显。因此,就 C 点而言,在法官遴选标准上只是一个理论上和应然上的提高,而在法官薪酬水平上并不具有一个统一的全国性标准,从 B 点到 C 点的制度变迁在很大程度上仅仅是一个应然的事后归纳罢了。

更进一步,从 2002 年到 2017 年修订的《法官法》明确规定初任法官必须通过国家司法考试又是一个不小的制度进步,至少在纸面制度的制定上。在

---

① 《李鹏总理、罗干秘书长、宋德福部长在全国推行国家公务员制度和工资制度改革会议上的讲话摘要》,载《中国人才》1993 年第 11 期。
② 王怀安:《法院体制改革初探》,载《人民司法》1999 年第 6 期,第 30 页。

图中,以 D 点代表之。但问题在于,这十几年的法官薪酬地方化却愈加严重,使得能够落实国家司法考试这一相对而言的遴选高标准只能是经济发达地区的法院或者审级比较高、地理位置比较好的法院。综合以上的制度变迁,我们发现基于根深蒂固的行政化、属地化治理逻辑,改革开放四十年来,与法官遴选标准一路向上的清晰走向不同,我国的法官薪酬水平不仅没有在经济发展的过程中实现专业化和统一化,反而更加的行政化和地方化。

因此,以图 8.1 而论,中国目前的法官遴选标准和法官薪酬水平在整体上究竟处于何种位置其实并不清楚。一方面,在很多经济发达地区的法院,2002 年以后能够达到高遴选标准和高薪酬水平的 D 点的制度组合,但在很多经济不发达的中西部地区,特别是"老少边穷"的基层法院,法官薪酬水平很低,即使法律要求法院提高法官遴选标准,他们也无法实行和落实。另一方面,即使在经济发达地区的各级法院,虽然这十来年确实进了很多既通过了统一司法考试又毕业于法学院甚至名牌法学院的优秀法律人才,但在二三十年前同样以低遴选标准(主要通过招工招干的方式)进了很多并不具备专门化法律知识的法官。虽然其中很多事后已经通过各种职业学历教育的方式获得了大专、本科甚至法律硕士文凭,也虽然其中肯定有一些法官通过自己的努力钻研获得了相对全面和专业化的法律知识(比如通过了统一司法考试),但在一般性的层面上,判断这些极具中国特色的"旁门制"法官在审判业务能力上并不太优秀应该不为过。① 基于此,我们可以初步判断,中国法院遴选标准和法官薪酬水平于 1978—2018 年间"从低到高"的制度变迁只具有整体和应然的意义,因为当下中国各地法院的制度组合实际上具有非常强烈的地区差异和内部差异。特别需要注意的是,我们发现,如果改革实践中法官的遴选标准并不严格,现实中就可能会出现法官的低遴选标准和高薪酬水平的制度组合。在图 8.1 中,表现为从左下的 B 点向右下的 F 点的变迁。但由于"德不配位",这一制度组合不仅没有激励功能,更缺乏现实和历史的正当性。

另外,需要多说几句的是,根据图 8.1,中国未来的法官遴选标准和法官薪酬水平应该还会沿着当下的制度变迁方向继续提高,比如仿效德国两次司

---

① 波斯纳法官总结过大陆法系国家和英美法系国家法官的不同特点。在他看来,以美国为代表的英美法系国家的司法部门是一种"旁门制"司法,其法官是一群第二次职业的"旁门制"法官;与之不同的是欧陆法系的国家,它们的司法部门是一种职业制司法,其法官当然就是一群法学院毕业即可被挑选并入职且仰赖于职业晋升的职业制法官。我国的这种"旁门制"法官虽然也是从法院以外的其他部门进入,但其遴选的低标准迥异于英美法系国家的遴选高标准。关于旁门制法官和职业制法官,请见〔美〕理查德·A.波斯纳:《法官如何思考》,苏力译,北京大学出版社 2009 年版,第 120—127 页。

法考试制度并加上长达两年的司法官职前培训制度,这其实是进一步提高初任法官的遴选标准;再比如通过法院内部法官的有效分流然后大幅度提高员额法官的薪酬水平。在很大程度上,虽然达不到遴选标准更严、薪酬水平更高的Ⅰ点(比如英美国家的法官制度),未来的制度变迁的理想愿景指向图8.1中的E点(类似于德日这样的法官制度)应该是没有错的。

三、"再任法官"的遴选和薪酬:实践中的入额标准和薪酬水平

根据上一节的分析,我们发现如果说改革开放四十多年来中国法院遴选标准的历时变迁方向是一路向上的话,那么此次的员额制法官改革要求在共时的情况下从现有的法官中挑选出一批有专业水准和司法经验的优秀法官。在我看来,这其实是一种在既有法官群体中实现"再任法官"遴选的制度安排。但由于被挑选的法官已经是经过法定程序(各级人大)任命的法官,在很大程度上,这一改革其实是中国变法过程中突破既有制度框架的中国经验的又一次实践。如果员额制改革能够确实能达成选出一批职业化的优秀法官的制度目标,这一改革就有其正当性基础。但问题在于,现实中的员额法官遴选制度(其中既包括遴选主体,也包括遴选程序和遴选标准)能否实现这一预期目标?

先看此次法官入额的遴选主体。"四五改革纲要"要求在国家和省一级分别设立由法官代表和社会有关人员参与的法官遴选委员会,但鉴于该遴选委员会并不熟悉法院情况和待选法官的相关信息(一种必然的信息不对称),实际上,在各高级法院内部政治部下设的遴选办公室才是真正的遴选主体。比如,上海高级法院就明确规定上海市法官遴选(惩戒)工作办公室在市高级法院党组领导下开展工作,该办公室的主任由该院政治部主任兼任,且实行主任负责制。① 至于中级法院和基层法院,则直接由院内设立的遴选办公室,或者"三考"(考试、考核和考评)工作领导小组办公室负责这一遴选工作。② 可以

---

① 《上海市法官遴选(惩戒)工作办公室工作规则(试行)》(2015年2月16日上海市高级人民法院党组会议审议通过)第1条、第2条、第3条和第4条。请见姜平主编:《上海司法体制改革制度汇编》,法律出版社2015年版,第14页。

② 比如位于东南地区的N中院的员额法官遴选工作就是通过在法院政治部下设"三考"办公室进行的。《N市中级人民法院司法体制改革试点过渡期法官入额考试、业绩考核与考评工作实施细则(修订)》(N中法(2016)154号)第3条规定:"法官入额遴选工作在省法院、省法官遴选委员会和市法院党组领导下,由市法院'三考'工作领导小组办公室负责组织实施。市法院'三考'工作领导小组办公室设在市法院政治部。"

看出,不管是高级法院还是中基层法院,员额法官的遴选机制与之前的内部人才选拔机制差别不大。原因在于,遴选办公室设在各法院政治部,统一在院党组领导下工作,该机构自然受法院党组和院长的领导。实践中,此次改革拟定的员额比例太低(大概是中央政法编制的33%),法院内部已有的经过人大任命的法官又太多(虽然实践中各法院比例不一,但占编制人数的60%左右是有的),这就必然导致"人多粥少"。由于法官能否入额的关键是院党组是否推荐,因此,根据前面第一章概括的行政化的内部选拔逻辑,除了"论资排辈",候选人能否入额还是由党组和院长来决定。①

再看遴选标准和遴选程序。实践中,遴选程序看起来公开公平且一视同仁,包括个人报名和岗位承诺、资格审查、组织业绩考核和考评以及组织考评等程序,最后由院党组确定最终的推荐人选。遴选标准却因人而异:首先,法院院长、副院长和审判委员会委员基本上都可以入额②;其次,根据业绩考核情况,审判员可被择优确认入额;最后,助理审判员必须参加司法能力考试,通过者由遴选办公室联系业绩考核情况,择优入额。以上三种标准呈现出一种由低到高的样态。

这样的遴选主体和遴选标准很可能无法保证入额的法官均为业务水平高的优秀法官。首先,在目前"条块结合"的宪制架构中,以院长为代表的法院领导们最重要的任务是成为一名合格的政治家和管理家,而不是一位精通法律的法律家。③ 其次,根据前面中国法官队伍自1979—2001年间大规模扩张的基本事实描述,我们判断很多入额法官(包括年龄在四五十岁的法院领导,基层法院尤甚)是20世纪八九十年代以招工招干、部队转业的方式进入法院的,彼时的法院准入门槛其实很低(高中、中专,最多大专水平即可),即便他们后来在最高法院主导的学历运动中获得了法律本科,甚至法律硕士的学位。

我们发现,在此轮改革之前,在审判一线审案的都是普通法官,法院领导

---

① 位于东南地区另一个经济发达城市W市中院就明确规定:"确定拟定人选。根据业绩考核、考评情况,由院党组研究,择优提出推荐入额人选。"请见《关于印发〈W市中级人民法院司法体制改革试点过渡期法官入额遴选工作实施方案(试行)〉的通知》(W中法[2016]67号)第16条。
② 在实践中,有的法院在遴选试行方案中规定了"不分管审判(执行)业务的院领导和不再审判(执行)岗位的审判委员会委员,暂不参加首批法官入额遴选"。但很快又在修订方案中取消了这一条。请见《关于印发〈N市中级人民法院司法体制改革试点过渡期法官入额考试、业绩考核与考评工作实施细则(修订)〉的通知》(N中法[2016]154号)第8条:"不分管审判(执行)业务的院领导和不再审判(执行)岗位的审判委员会委员,暂不参加首批法官入额遴选的规定不再执行。"
③ 一个关于法院院长角色的出色研究,请见左卫民:《中国法院院长角色的实证研究》,载《法学研究》2014年第1期。

主要负责对这些法官的监督、考评和管理。改革之后,那些原来甚少审案的法院领导们代表专业化程度上的低遴选标准成为业务水平高、司法经验丰富的员额法官,而原来那些勤勤恳恳在一线审理案件的普通法官们则变成了辅助领导们办案的法官助理。

根据第一章引入的激励理论,法官的严格遴选是法官高薪的制度前提。由于员额法官遴选出来之后接下来就是法官的大幅度提薪,因此一个需要追问的问题就变成那些已经进入员额的法官为什么就应该享受高薪?从现实情况来看,目前入额的部分法官并没有经过严苛的遴选,身居其位更多的是特定历史条件所成就。① 因此,我的初步判断是中国全面实施法官高薪的制度条件并未完全具备。

问题在于,虽然目前法官高薪的条件并未完全具备,但由于法官提薪制度已然制定,我们还是需要了解法官高薪的落实情况以及此次改革是否消解了法官薪酬的地方化和行政化。"四五改革纲要"提出推动省级以下地方法院经费统一管理机制改革,然而,由于根深蒂固的属地化管理传统的存在,法官薪酬地方化仍是不得不面对的现实。② 只有基于薪酬地方化现象,我们才能真正理解人社部、财政部联合制定的《法官、检察官工资制度改革试点方案》规定员额法官的工资水平应高于当地其他公务员50%。这里的重点不是"50%",而是"当地"。由于法院的职级编制和工资发放标准受当地党委组织部和人社局管理,所以,在实地调研中,N市某基层法院政治部主任才这样告诉我:

> 司改以后,法官的工资套改都要先跟当地组织部和人社部门沟通。人家不给你通过你就不行,必须要省法院和省人社联合发个文这个事才算解决,看到省人社发的文他们才同意。(访谈编号:JCG1801)

另外,包括法官在内的中国公务员的工资结构也普遍存在"基本工资比重太小,津贴、补贴比重过大"的情况。③ 由于《试点方案》中提到的50%其实

---

① 赖波军:《司法运作与国家治理的嬗变:基于对四川省级地方法院的考察》,北京大学出版社2015年版,第222页。
② 我在对位于西南地区的C1中院和位于东部地区的N中院的调研中证实了这一点。更能验证这一观点的有力证据是,"五五改革纲要"避而不谈法院经费改革的省直管,只谈人事管理的省直管,即第39条:"稳妥推进省以下地方法院编制、人事管理改革。推动完善省以下的地方法院机构编制由省级机构编制部门管理为主,高级人民法院协同管理的体制。配合有关部门健全完善中级、基层人民法院领导干部管理体制。"
③ 参见左卫民等:《中国基层司法财政变迁实证研究(1949—2008)》,北京大学出版社2015年版,第221页。

只是基本工资(也即职务工资和级别工资)的50%,从工资全额来看,法官工资涨幅似乎并不大。我的调研发现,在法官薪酬制度的改革中,实践中有两个层次的分配:第一个层次是当地党政根据当地公务员的平均工资标准,先测算法院有多少编制、职级和职数,然后给法院一个薪酬总量;第二个层次是由院党组领导的政治部设计一个院内的具体分配方案。一般而言,政治部会先根据员额法官的行政级别确定不同的标准,然后将薪酬总量的40%作为每月增加的基本工资,将剩下的60%作为绩效工资,根据年终或者每季度的考核情况分档次发放。① 为鼓励法官办案,领导一般只拿平均的绩效工资。这一分配方案看起来很公平,甚至还有向一线法官倾斜的考虑。但由于法院内部实际上根据行政级别来确定薪酬发放标准,中国法官的薪酬行政化问题并没有得到很好的解决。因此,如果说员额制改革前中国法官薪酬的内部行政化是一个问题,改革之后,该问题不仅没有消解相反更加严重了。请看一个实例:

> 其实之前行政级别的工资差距还不是那么大,但员额制改革以后差距真的很大。比如我是二级法官,副科待遇,但我们庭长他是四高、副处待遇就比我高很多。每个月至少也高出三四千吧。(访谈编号:JCG1801)

另外,在实地调研中,我发现基层法官对此次改革承诺给员额法官提薪的具体落实情况意见很大。用某受访法官的话来说,就是

> 实际上,员额法官工资根本没有加多少。但是我们忙完以后,人家司法局加了工资,政法委和公安也加了,人家悄无声息,每个人工资都涨了,加的不比你少,但是我们成为众矢之的。真的,就司改搞得轰轰烈烈。(访谈编号:CJJS1801)

综上,由于部分入额的法官并不具备高超的司法能力,现实中法官薪酬的双重分配机制使得法官薪酬地方化和行政化并没有得到有效化解,以一种激励理论和制度现实的双重审视,我们发现,这一举国瞩目的制度改革其实还有进一步完善的制度空间。

---

① 比如N市中院就是这么规定的。《N市中级人民法院法官审判绩效考核办法》第16条规定:"绩效考核奖金包括基础性部分和奖励性部分,由法官考评办公室在人力资源和社会保障、财政部门核定的奖金总量中统筹分配。其中,基础性部分不超过绩效考核奖金总量的40%,每年度具体比例由院党组研究确定,按月平均发放;奖励性部分依据绩效考核结果每季度计发一次。"

四、法官员额制的预期目标:实效检验

上一节指出了法官员额制改革实践中存在多元化的法官遴选标准以及双重的法官薪酬分配机制,并由此预判该制度希望实现的法官高遴选标准和高薪酬水平实际上并没有实现。本节接着讨论该制度是否加剧了法官的流失、在中国法官的心目中是否实现了制度设计者预期的法官专业化和职业化、是否有效提高了案件的审判质量和效率以及是否实现了司法权威的提升。本节的数据来自2018年春夏在实地调研中获得的法官问卷,其中位于西南地区的C3法院系统,发出问卷200份,回收问卷共174份;位于东部经济发达地区的N法院系统,发出问卷850份,回收法官问卷共800份,合计974份有效问卷。① 其中员额法官453人,包括行政管理人员、法官助理和书记员在内的非员额法官共521人。

由于C3法院和N法院分属中国的东部和西部,法院管理水平和经济发达水平均存在一定程度的地区差异,因此,我推断C3法院的样本法官对法官员额制的不满程度会高于N法院的样本法官,也即在法官员额制改革认同度上,C3法院的法官会系统性地低于N法院的法官。另一方面,由于目前各法院并没有真正落实承诺给员额法官的高薪酬,也未为他们配备足够的审判辅助人员(法官助理和书记员),再加上进入员额制改革后工作量剧增的同时还要承担办案责任终身负责的巨大压力,因此,我推断目前已进入员额的法官对该改革的满意度说不定还会低于非员额法官。

由于我的问卷内容涉及样本法官的基本信息(包括目前在法院的职位、从事审判工作年限以及每月审结案件量)、法官流失的基本情况以及对法官员额制改革的主观认同度,下面先分类展示本次调研的样本数据,再结合地区差异、是否员额法官、审判工作年限差异和审判工作量差异进一步对不同变量和法官主观认同度进行交叉分析和Ologit模型(有序Logistic回归分析,ordinal logistic regression)分析。

---

① 需要在此说明的是,此处的C3法院的法官数据仅为一个基层法院的法官数据(由于各种原因,C3中院的法官数据无法获得),而N法院的法官数据既包括N中院又包括其辖下的几个基层法院。虽然从实证研究的角度看,除了区分地区和是否员额法官,似乎应该区分不同审级的法官,然后观察他们对员额法官改革的态度是否有系统性差异,但一方面由于C3中院的数据无法获得,这个区分没办法呈现,另一方面,由于中国法院系统至今没有建构起真正的审级制度(事实审和法律审的二分),这个基于审级的差异可能并不重要,甚至并不存在。

(一) 样本法官基本情况

1. 样本法官所在职能部门的相关数据

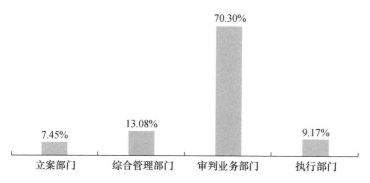

图 8.2　2018 年样本法官职能部门分布柱状图

根据上图,我们发现样本数据中,目前分布在审判业务部门的比例最高,为 70.3%,其次是综合管理部门,比例为 13.08%,分布在执行部门和立案部门的分别为 9.17% 和 7.45%。

2. 样本法官目前职位的相关数据

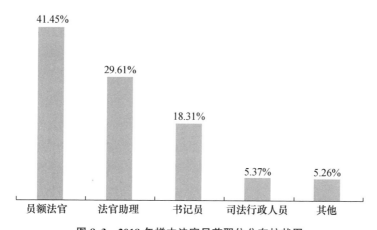

图 8.3　2018 年样本法官目前职位分布柱状图

根据上图,我们发现样本数据中员额法官比率为 41.45%,其他的非员额法官(需要注意,此处的非员额法官重点在于"非",而不是"法官")中,法官助理比率为 29.61%,书记员为 18.31%,司法行政人员(综合管理部门人员)为 5.37%,其他为 5.26%,合计比率为 58.55%。

3. 样本数据中员额法官和非员额法官所在部门的相关数据图

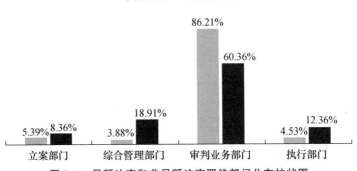

图8.4 员额法官和非员额法官职能部门分布柱状图

根据上图,我们发现样本数据中员额法官和非员额法官虽然在各个职能部门均有分布,但在审判业务部门的比率最高,分别为86.21%和60.36%,员额法官分布在综合管理部门、立案部门和执行部门的比率分别为3.88%、5.39%和4.53%,均系统性地低于非员额法官(分别为18.91%、8.36%和12.36%)。

4. 样本数据中的员额法官月均结案数据

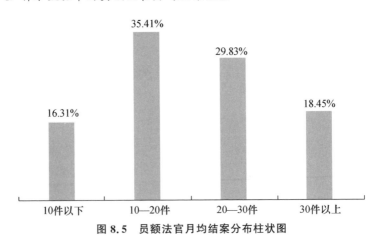

图8.5 员额法官月均结案分布柱状图

如果基本沿袭第五章的月均结案数据确认标准(10件以下视为5件,10—20件和20—30件的分别以15件和25件计算,30件以上算35件),根据上图,我们可以粗略计算出样本法官的平均月均工作量为20件。与第五章在2004年和2014年两次调研的法官月均结案量(分别为8.7件和10.2件)相比,该数据显示员额制改革后,法官的工作量有了不小的增加。原因既可能是这几年法院收案量在逐年上升,但更大的原因在于员额制改革后一线审案法官人数大幅度减少,在法院收案量逐年上升的前提下,法官工作量由此激增。

(二) 法官流失情况的基本数据

1. 员额制改革后法官流失是否更严重的情况

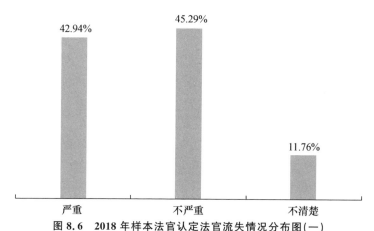

图 8.6　2018 年样本法官认定法官流失情况分布图(一)

注:样本数据为 C3 法院的 174 名样本法官。调研时间:2018 年春夏。

根据上图,我们发现有几乎一半的样本法官认为员额制改革后法官流失情况更严重了。鉴于本次调研样本法院只有一家且样本数据偏少,这一结果也许并不能服众。但如果未来有更多的调研数据和证据证实了这一现象,那么上一节指出的员额制改革可能导致法院优质法律人才的流失就有可能是一个真实的警告。

2. 流失法官是否男性居多的数据

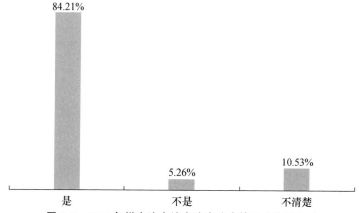

图 8.7　2018 年样本法官认定法官流失情况分布图(二)

注:样本数据为 C3 法院的 174 名样本法官。调研时间:2018 年春夏。

根据上图,我们发现高达八成以上的样本法官认为流失出去的法官男性居多,只有极少数样本法官不这样认为(比率仅为5.26%)。该现象在一定程度上帮助我们理解了很多法院(特别是基层法院)不得不重用女性法官的无奈和苦衷。

3. 流失法官是否45岁以下的相关数据

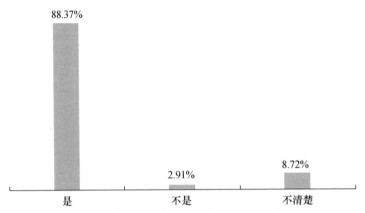

图8.8 2018年样本法官认定法官流失情况分布图(三)
注:样本数据为C3法院的174名样本法官。调研时间:2018年春夏。

根据上图,我们发现样本法官普遍认为流失出去的法官大多为45岁以下的法院中坚力量(比率高达88.37%),认为不是的比率仅为2.91%,这一现象和前面第二章讨论过的法官主动流动的内在逻辑吻合,即面对市场经济带来的"外部机会",只有更年轻、更有能力和更风险偏好的法官愿意离开法院寻求更好的职业发展和经济收入。

(三) 样本法官对法官员额制改革的主观认同度数据

1. 主观认同度数据的一般分析

1.1 所有样本法官就员额制改革是否实现法官专业化和职业化提升的主观认同度数据

根据上图,我们发现有15%的样本法官认为员额制改革根本没有实现预期的法官专业化和职业化提升;温和否定(包括"部分实现"和"不好说")的样本法官比率比较高,约有67%[①];认为完全实现了预期目标的样本法官仅有一成。

---

① 之所以将选择"部分实现"和"说不清"的法官视为对改革实效持温和否定而不是温和赞同,是因为在实地调研中,我专门就此问题和部分样本法官有过交流,他们说之所以如此选择,是觉得改革并不那么成功,但在他们心目中又没有达到完全无效的地步,所以选择比较温和的中间答案。后面两个改革实效的选择上也存在同样的情况,因此,我将选择"部分实现""说不清"和"不好说"的样本法官统统视为此次改革实效的温和否定者。

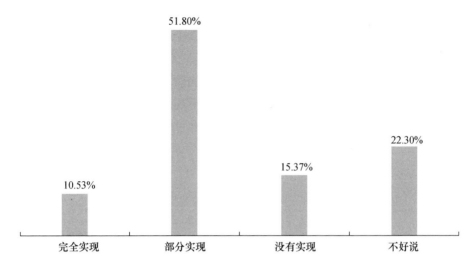

图 8.9 样本法官认定是否实现法官专业化和职业化提升的柱状图

注:样本数据共 974 份,其中 N 法院 800 份,C3 法院 174 份。

1.2 所有样本法官就员额制改革是否有效提高案件的审判质效的主观认同度数据

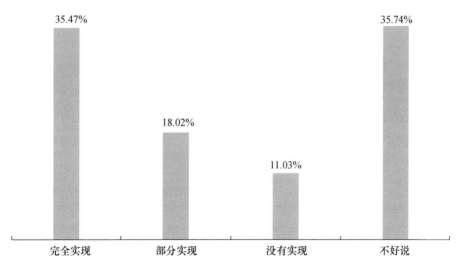

图 8.10 2018 年样本法官认定是否有效提高审判质效的柱状图

注:样本数据共 974 份,其中 N 法院 800 份,C3 法院 174 份。

根据上图,我们发现样本法官认定员额制改革是否提高审判质效的比率分布基本是"三三制",即认为提高了审判质效的约三分之一多一点,认为没有提高甚至反而有减损的比率接近三分之一,而选择"说不清"的也占三分之一多一点。如果说选择"说不清"是样本法官对改革实效未达到其内心所愿的一种温和表达,加上绝对否定的法官比率,该图显示仅有三分之一的法官认为改革已经达到预期目标,而有将近三分之二的法官对改革实效是存疑甚至完全否定的。

1.3 所有样本法官就员额制改革是否实现司法权威提升的主观认同度数据

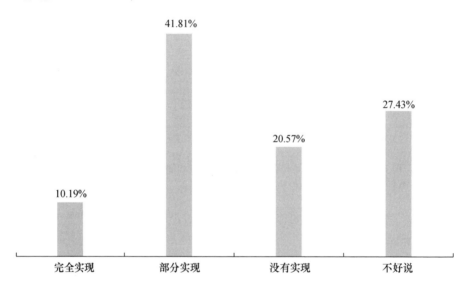

图 8.11 2018 年样本法官认定是否实现司法权威提升的柱状图

注:样本数据共 974 份,其中 N 法院 800 份,C3 法院 174 份。

根据上图,我们发现样本数据中认为完全没有实现司法权威提升的法官比率超过两成,认为完全实现了预期目标的样本法官仅有一成,剩下的 70% 左右均持温和否定的态度。

为更进一步揭示数据之间的隐含关联,接下来首先就地区差异、是否员额法官对员额制改革效果主观认同度进行数据对比然后交叉分析,再以员额法官审判年限、月均审结案件量、所在部门、所在地区为变量进一步对法官的主观认同度进行 Ologit 模型分析。

2. 主观认同度数据的对比和交叉分析情况

2.1 分地区比较

2.1.1 N 法院和 C3 法院的样本法官在员额制改革是否实现法官职业化提升的主观认同度上的对比数据和交叉分析

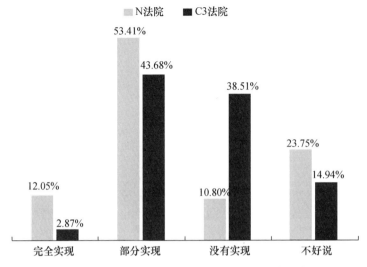

图 8.12 是否实现法官职业化提升的分地区对比数据柱状图

表 8.1 是否实现法官职业化的地区交叉分析表(%)

描述项	N 法院(N=800)	C3 法院(N=174)	卡方检验
完全实现	12.05	2.87	Pearson chi2(3)= 91.8914 Pr=0.000
部分实现	53.41	43.68	
没有实现	10.80	38.51	
不好说	23.75	14.94	
总计	100	100	

注:上图卡方检验在 0.001,水平差异显著。[①]

2.1.2 N 法院和 C3 法院的样本法官在员额制改革是否有效提高案件的审判质效的主观认同度的对比数据和交叉分析

---

① 卡方检验就是统计样本的实际观测值与理论推断值之间的偏离程度,实际观测值与理论推断值之间的偏离程度就决定卡方值的大小,如果卡方值越大,二者偏差程度越大;反之,二者偏差越小;若两个值完全相等时,卡方值就为 0,表明理论值完全符合。在表 8.1 以及后文的表 8.2—表 8.6 中,卡方值均较大,这表明不管是分地区还是分法官类型,就法官员额制的主观效果而言,不同地区和不同法官类型均存在显著的差异。需要特别注意的是,由于表 8.1、表 8.2、表 8.3 中的卡方值远大于表 8.4、表 8.5 和表 8.6 中的卡方值,这意味着不同地区法官对员额制改革主观态度的差异要高于不同法官类型对员额制改革主观态度的差异。

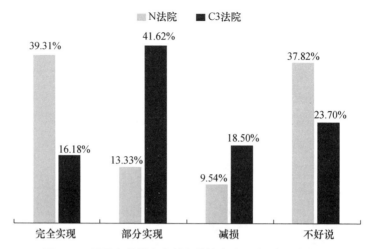

图 8.13 是否有效提高审判实效的分地区对比数据柱状图

表 8.2 是否有效提高审判质效的地区交叉分析表(%)

描述项	N法院(N=800)	C3法院(N=173)	卡方检验
提高	39.31	16.18	
没有提高	13.33	41.62	Pearson chi2(3)=
有所减损	9.54	18.50	104.4112
说不清	37.82	23.70	Pr=0.000
总计	100	100	

注:上图卡方检验在 0.001 水平差异显著。

2.1.3 N法院和C3法院的样本法官在员额制改革是否实现司法权威提升的主观认同度的对比数据和交叉分析

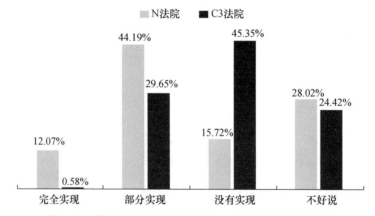

图 8.14 是否实现司法权威提升的分地区对比数据柱状图

表 8.3　是否实现司法权威提升的地区交叉分析表(%)

描述项	N 法院(N=798)	C3 法院(N=172)	卡方检验
完全实现	12.07	0.58	Pearson chi2(3)= 87.9760 Pr=0.000
部分实现	44.19	29.65	
没有实现	15.72	45.35	
不好说	28.02	24.42	
总计	100	100	

注：上图卡方检验在 0.001,水平差异显著。

根据以上数据和图表,我们的初步结论是,无论在是否实现了法官的专业化和职业化、是否有效提高了案件的审判质量和效率以及是否实现了司法权威的提升的主观认定上,N 法院和 C3 法院的样本法官就员额法官制的主观效果上都存在显著的地区差异,换句话说,虽然法官们对此次改革的效果评价均不太高,但 C3 法院的样本法官对法官员额制改革的认同度还是要远远低于 N 法院的样本法官。具体而言,以员额制改革是否实现提高审判质效的主观认同度为例,认为完全没有实现预期中提高审判质效的比率,C3 法院法官的数据是 61.12%(包括了"没有提高"和"有所减损"),而 N 法院法官的数据仅为 22.87%(同样包括"没有提高"和"有所减损")。该数据显示,C3 法院的样本法官在这个问题上对该改革持全部否定态度的法官超过六成,而 N 法院的样本法官对此全然否定的比率大概只有前者的三分之一。整体而言,与 C3 法院的样本法官相比,在改革实效的主观认同度上,N 法院样本法官否定的主观态度更为温和,因为在三个问题上回答"部分实现""不好说"或"说不清"的比例加总,分别高达 77.14%、37.82%和 77.21%,而 C3 法院的对应数据分别是 58.6%、23.7%和 54%。根据我的推断,之所以 C3 法院样本法官有如此强硬的否定态度,可能和此次改革在 C3 地区并没有真正落实顶层设计者的预期承诺(主要是法官薪酬)有关,N 法院样本法官态度之所以比 C3 法院的样本法官温和不少,原因可能在于 N 市这边的法官薪酬落实的比 C3 地区到位,毕竟地区间的经济差异在这里摆着。

2.2　区分是否是员额法官进行比较

2.2.1　样本数据中员额法官和非员额法官在员额制改革是否实现法官专业化、职业化提升的主观认同度上的对比数据和交叉分析

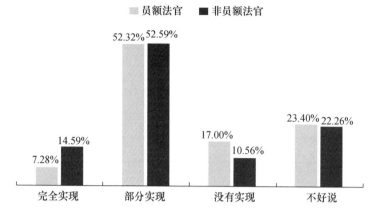

图 8.15 是否员额法官在是否实现法官专业化提升的对比数据柱状图

表 8.4 是否实现法官职业化的职位交叉分析表(%)

描述项	员额法官(N=453)	非员额法官(N=521)	卡方检验
完全实现	7.28	14.59	Pearson chi2(3)= 19.1052 Pr=0.000
部分实现	52.32	52.59	
没有实现	17.00	10.56	
不好说	23.40	22.26	
总计	100	100	

注:上图卡方检验在 0.001,水平差异显著。

2.2.2 样本数据中员额法官和非员额法官在员额制改革是否有效提高案件的审判质效的主观认同度的对比数据和交叉分析

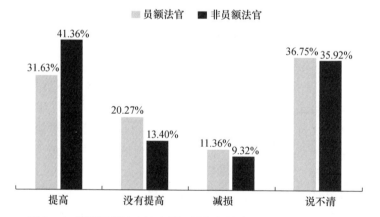

图 8.16 是否员额法官认定是否提高审判质效的对比数据柱状图

表 8.5　是否提高审判质效的职位交叉分析表(%)

描述项	员额法官(N=449)	非员额法官(N=515)	卡方检验
提高	31.63	41.36	Pearson chi2(3)= 14.0057 Pr=0.003
没有提高	20.27	13.40	
减损	11.36	9.32	
说不清	36.75	35.92	
总计	100	100	

注:上图卡方检验在0.01,水平差异显著。

2.2.3　样本数据中员额法官和非员额法官在员额制改革是否实现司法权威提升的主观认同度的对比数据和交叉分析

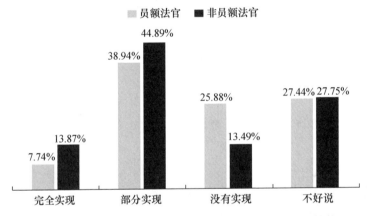

图 8.17　是否员额法官认定是否提升司法权威的对比数据柱状图

表 8.6　是否实现司法权威的职位交叉分析表(%)

描述项	员额法官(N=452)	非员额法官(N=519)	卡方检验
完全实现	7.74	13.87	Pearson chi2(3)= 29.5612 Pr=0.000
部分实现	38.94	44.89	
没有实现	25.88	13.49	
不好说	27.43	27.75	
总计	100	100	

注:上图卡方检验在0.001,水平差异显著。

根据以上数据,我们的初步结论是,无论在是否实现了法官的专业化和职业化、是否有效提高了案件的审判质量和效率还是在是否实现了司法权威的提升的主观认定上,员额法官的主观认识和非员额法官的主观认识都存在巨大差异。具体而言,虽然法官们对此次改革的效果评价均不太高,但在既有的数据中,已经进入员额的法官对此次改革的认同度均低于非员额法官。具体而言,认为该改革完全没有实现预期效果的比率,员额法官的数据分别是17％、31.63％(包括了"没有提高"和"有所减损")和25.88％,而非员额法官的数据分别是10.56％、22.72％(同样包括"没有提高"和"有所减损")和13.49％。既有数据显示,在三个预期目标是否实现的主观评价上,员额法官的绝对否定比率均高于非员额法官。认为该改革部分实现预期效果或者说不清的比率,员额法官的数据分别是75.72％、36.75％和66.37％。而非员额法官的数据分别是74.85％、35.92％和72.64％。这些数据显示,员额法官和非员额法官认为此改革实现了部分目标或者说不清楚的比例大致相当。为什么员额法官持绝对否定的比率比非员额法官更高?根据我的推断,原因可能在于实践中没有给员额法官配备足够的审判辅助人员以及过于沉重的司法责任制。请看调研中一个受访员额法官的陈述:

> 在我们法院,一共有22个审判团队,只有6个速裁团队和2个刑事审判团队配齐了审判辅助人员,即1个员额法官、1个法官助理再加1个书记员。因为我们法院有70％的案子都交给速裁团队,所以要给他们配最足的法官助理,而且都是以前有过办案经验的、暂时没有入额的年轻法官。但其他的肯定配不齐,比如民一庭2个员额法官,只有1个法官助理;民二庭3个员额法官,也只有1个法官助理;民三庭2个员额法官,只有2个书记员,根本没有法官助理。我们只能配齐前面的,其他庭能保证一个庭一个法官助理就不错了。(访谈编号:CJJS1801)

3. Ologit模型的回归结果

3.1 法官员额制是否实现法官职业化提升的Ologit模型分析

表8.7 是否实现法官职业化提升的Ologit模型回归结果表

自变量	模型1 (关键自变量 是分类变量)	模型2 (关键自变量 是连续变量)
员额法官审判年限(5年以下为参照组)		
5—10年	−0.299	
	(0.357)	
10—20年	−0.622+	
	(0.356)	

(续表)

自变量	模型1 (关键自变量 是分类变量)	模型2 (关键自变量 是连续变量)
20年以上	−0.588+	
	(0.350)	
月均审结案件数(10件以下为参照组)		
10—20件	0.198	
	(0.274)	
20—30件	0.024	
	(0.282)	
30件以上	0.506	
	(0.334)	
员额法官审判年限(连续变量)		−0.177+
		(0.093)
月均审结案件数(连续变量)		0.095
		(0.100)
所在部门(立案部门为参照组)		
综合管理部门	−0.674	−0.676
	(0.627)	(0.627)
审判业务部门	−0.318	−0.309
	(0.414)	(0.413)
执行部门	−1.051+	−0.943
	(0.616)	(0.612)
地区(N法院为参照组)		
C3法院	−1.223***	−1.176***
	(0.248)	(0.244)
截距1	−2.514***	−2.459***
	(0.552)	(0.568)
截距2	−1.263*	−1.212*
	(0.542)	(0.557)
截距3	1.777**	1.809**
	(0.553)	(0.569)
样本量	950	950
Pseudo R^2	0.0321	0.0287

注:1. 括号里的数字是标准误(或标准误差);2. 显著性水平+ $p<0.10$,* $p<0.05$,** $p<0.01$,*** $p<0.001$。下表同。

2. 因变量"法官员额制是否实现法官专业化和职业化的提升"是序数变量,选项"没实现""不好说""部分实现""完全实现"分别赋值1到4分。

3.2 法官员额制是否有效提高了案件的审判质效的 Ologit 模型分析

表 8.8 是否有效提高案件审判质效的 Ologit 模型回归结果表

自变量	
员额法官审判年限(5年以下为参照组)	
5—10 年	−0.773*
	(0.362)
10—20 年	−0.796*
	(0.361)
20 年以上	−0.727*
	(0.353)
月均审结案件数(10件以下为参照组)	
10—20 件	0.337
	(0.272)
20—30 件	−0.136
	(0.280)
30 件以上	0.304
	(0.320)
所在部门(立案部门为参照组)	
综合管理部门	−0.673
	(0.566)
审判业务部门	−0.425
	(0.387)
执行部门	−0.284
	(0.590)
地区(N法院为参照组)	
C3 法院	−1.365***
	(0.235)
截距 1	−3.469***
	(0.550)
截距 2	−2.084***
	(0.533)
截距 3	−0.396
	(0.524)
样本量	946
Pseudo R^2	0.0436

注:因变量"法官员额制是否有效提高了案件的审判质量和效率"是序数变量,选项"没实现""不好说""部分实现""完全实现"分别赋值 1 到 4 分。

3.3 法官员额制是否实现司法权威提升 Ologit 模型分析

表 8.9 是否实现司法权威提升的 Ologit 模型回归结果表

自变量	
员额法官审判年限(5 年以下为参照组)	
5—10 年	−0.520
	(0.342)
10—20 年	−0.710*
	(0.340)
20 年以上	−0.477
	(0.333)
月均审结案件数(10 件以下为参照组)	
10—20 件	0.235
	(0.267)
20—30 件	−0.036
	(0.275)
30 件以上	0.279
	(0.321)
所在部门(立案部门为参照组)	
综合管理部门	−0.190
	(0.586)
审判业务部门	−0.037
	(0.395)
执行部门	−0.489
	(0.588)
地区(N 法院为参照组)	
C3 法院	−1.347***
	(0.243)
截距 1	−1.835***
	(0.527)
截距 2	−0.562
	(0.520)
截距 3	1.877***
	(0.533)
样本量	949
Pseudo R^2	0.0353

注:因变量"法官员额制有没有实现司法权威的提升"是序数变量,选项"没实现""不好说""部分实现""完全实现"分别赋值1到4分。

面对法官员额制改革,我们需要了解审判年限、月均结案数、所在部门和地区差异等因素中哪些更多影响样本法官对改革效果的主观态度,这就需要多变量的因果分析。在此,我们用 stata 对样本数据进行 Ologit 模型回归分析,将样本法官主观认定员额制改革的效果为因变量。在自变量中,除了地区差异,还加入审判年限、月均结案数和所在部门。根据表8.7、表8.8和表8.9呈现的回归结果,我们发现在控制了相关变量后,有三个变量对样本法官的主观看法有显著影响,分别是样本法官所在法院、员额法官审判年限以及所在部门(体现了不同的岗位性质)。就所在法院而言,以"N法院"为参照组,C3法院的回归结果均为负值,且显著性水平为 $p<0.001$,说明C3法院的样本法官在员额制改革提高法官职业化水平、提高审判质效和提升司法权威方面均比N法院样本法官更为不看好。

就员额法官审判年限而言,以"5年以下"为参照组,我们发现审判年限在10年以上(包括10—20年,也包括20年以上)的法官比审判年资较浅(5—10年)的法官更为不看好员额制改革在提升法官职业化方面的效果,显著性水平均为 $p<0.1$。在员额制改革能否提高审判质效方面,三个对比组(5—10年、10—20年和20年以上)样本法官的主观看法的回归结果均为负值,其显著性水平均为 $p<0.05$。在员额制改革能否提升司法权威方面,仅一个对比组(10—20年)样本法官的主观态度为负数,意味着该组法官比其他三组法官更不看好员额制改革在这方面的实效,其显著性水平 $p<0.05$。

就所在部门而言,以"立案部门"为参照组,我们发现执行部门的法官比审判业务部门和综合管理部门的法官更为不看好员额制改革在提升法官职业化方面的效果。该部门样本法官就此问题主观态度的回归结果为负数,其显著性水平均为 $p<0.1$;在员额制改革能否提高审判质效以及能否提升司法权威方面,三个对比组的回归结果与参照组相比虽均为负数,但显著性均不明显。

综上,根据上述实证数据和相关分析,我们可以得出一个初步结论,即大多数样本法官对此次法官员额制改革实际效果的主观认定其实不太乐观。另外,法官的主观态度因所在地区不同和是否员额法官而有不小的差异,这一现象提醒我们,在法官员额制改革的实践中,可能欠缺既有承诺的兑现和相关制度的配套。

五、法官员额制改革的制度困境

接下来,本节尝试从制度具有整体性和关联性的角度探讨此次改革未来可能会遭遇哪些或明或暗的制度困境。

首先是青年法官的职业前景问题。前面第一章在讨论法官遴选标准的时候就指出,近十年来很多经济发达地区的法院已经能够吸引通过了国家司法考试(现在称之为国家法律职业资格考试了)且法学院本科甚至研究生毕业的年轻人了,但问题在于这些年轻人进来之后如何激励他们努力工作?从激励理论的角度看,一个不外乎高薪,另一个就是法院内部稳定的职业晋升。根据霍姆斯特罗姆的理论,职业前景对于刚刚步入职业生涯的年轻人来讲是最能起到激励作用的。因为这些新人刚刚出道,其能力和水平都不为人所知,其能向众人表现的空间是最大的。在这个意义上,如果这些新人有广阔的职业发展空间,将来事业的发展前景能给他们的激励远远高于现在的工资激励。①

暂时不谈年轻法官的薪酬激励问题②,目前最重要的问题可能在于员额制改革在很大程度上阻碍了法院内这些优秀年轻人预期职业前景的实现。原因有三。其一,法院员额有限。一方面,中央政法编制的39%是硬杠杠,另一方面,第一批入选的员额法官已经用了33%甚至更多的比率,给他们剩下的员额岗位相当有限。其二,经过了这一轮的"再任法官"内部遴选之后,法院内部还剩余大量没有入额的审判员。由于目前各法院内部拥有审判员资格的法官比率占政法编制的60%还多,即使第一次没有入额,这些只需考核工作量即可入额的审判员还虎视眈眈地盯着后面极少的入额名额,又哪里轮得上这些甚至连助理审判员都没有混上的年轻人?其三,即便各法院内既有的审判员未来都入了额,还有大量通过了司法能力考试和考核的助理审判员排在他们前面。这些资历尚浅的法官助理何年何月才能入额?

我的判断是如果对自己的职业前景感到失望,最近几年进入法院的这些高素质法律人才未来可能会有很大的流失概率。就高素质法官的遴选和培养而言,这不得不说是一个极为严峻的大问题。

与此问题相关的一点是,由于每个法院都有大量的审判员、助理审判员和法官助理没有入额,最高法院"四五改革纲要"中提出的职业晋升机制("健全初任法官由高级人民法院统一招录,一律在基层人民法院任职的机制"以及"建立上级法院法官原则上从下一级法院遴选产生的工作机制")其实很难实现。基于内部消化原则,就上级法院而言,至少要将目前院内备选的大量人员全部"消化"之后才有意愿和能力从下级法院遴选员额法官。但问题在于既有的员额法官不退休,就没有多余的位置来安置院内那些等待入额的审判员、助审员和法官助理,更谈不上从下级法院遴选了(除非是从下级法院招

---

① See, Holmstrom, Bengt, "Managerial Incentives Problems: A Dynamic Perspective", *Review of Economic Studies*, vol. 66, no. 1, 1999, pp. 169-182.
② 在调研中就有法官就提到这一点,由于很多年轻的法官助理不能享受到涨薪的激励,就这部分人怎么调动他们的积极性其实是一个难题。

募法官助理协助上级法院处理过于繁重的司法工作)。如果司法改革的顶层设计者一时头脑发热,再学习一下域外的法官终身制,或者推行法官延迟退休制度,那这个问题至少在最近三十年将完全无解。

其次是法官去公务员化或者法官薪酬去行政化的可行性问题。法官员额制改革的预期目标就是去行政化,不仅要去法院内部的行政化(废除院庭长审批制,还权于员额法官和合议庭),更要去法院外部的行政化(通过地方法院人财物的省一级统管,根除法院对地方政府的依赖以及地方政府对法院的控制)。这个"理想很丰满",但现实可行性如何呢?

我的基本判断是,只要中国逐级分包的"属地化"管理体制不变,不管是法院去行政化还是法官去公务员化,这个看起来很美的制度理想很难实现。原因也有三。第一,正如经济学家周黎安教授所言,为了减少中央监督和决策的成本,中国传统的行政逐级发包制塑造了一个全能型的地方政府,中央政府将所有事务连同各种执政权力统一"打包"给了地方各级政府,其中就包括司法审判权。因此,在中国的行政体制下,行政权与司法权在地方政府一级是结合在一起的,统一为地方政府的施政目标服务,司法权也就具有严格的属地化特性。①

第二,不仅各法院人员的编制、职级和职数目前仍然完全掌控在地方党委和政府手中,就连每年法院应发给员额法官的绩效也要由当地党政根据当地公务员的平均工资标准确定一个法院总量后予以发放。在实地调研中,位于东南地区的某基层法院的政治部主任这样告诉我:

> 现在困扰我们最大的一个问题还是职级和职数问题,检察院就比我们好,因为他们人少。比如,他们只有60个人有30个职数,和我们法官有100人也只有30个职数,那绝对是不一样。我们法院到现在有三分之一的人还是科员,所以我们现在就是要啃硬骨头,搞职数和职级问题,向区里面要职数职级。这对我们法院来讲绝对是个大事,我们院长天天都在忙这个。(访谈编号:CJJS1802)

因此,面对身处"条块"宪制框架和双重领导体制下的法院和法官,法官薪酬的去地方化和去行政化其实还只是一种法治理想。

第三,在当下的中国法院,不管是普通法官还是法院领导,其主观的共有信念仍然不能摆脱行政级别的影响。用青木昌彦的主观博弈均衡论加以解释,就是如果将制度概括为关于博弈重复进行的主要方式(博弈规则)的共有

---

① 周黎安:《转型中的地方政府:官员激励与治理》,格致出版社、上海人民出版社2008年版,第230页。

信念的自我维系系统,那么基于行政级别竞争的博弈规则就是由法官和法院领导的策略互动内生的,该观念存在于参与人的意识中,并且是可自我实施的。① 以下两份法官访谈内容(访谈对象分别是 2013 年调研时的 C1 中院某法官以及 2018 年夏天调研时的 N 法院某法官)可以部分说明这个问题。

> 我现在享受副科的待遇,虽然我是二级法官,我也不知道二级法官该拿什么,但我知道副科该拿什么,大家根深蒂固的观念。按照法官等级来领取薪酬的话,我觉得太难了,因为财政部组织部人家不理解你这个体系是怎么构成,没法给你靠,最后还是要归到行政级别上来。(访谈编号:CJJS1801)

> 很多人说要让法官的待遇去公务员化,但如果和公务员的待遇不一样,我们法官去党政口发展的出口就堵死了。这是一个两难。(访谈编号:FJSC1301)

最后一个制度困境在于,最高法院想通过法官员额制践行法院内部的人员分类管理有可能无法落实。以四川省高级法院为例,2003 年,四川省高级法院法官数量达到 370 名,占全院人数(455 人)的 81.3%,直接从事审判工作的法官为 251 人,约占全院人数的 55.2%,而直接从事审判辅助工作的书记员仅为 19 名,法官与书记员的比率为 100∶7.5。用赖波军的话来说,这其实是一种"司法内部结构失衡"。② 因此,如果未来书记员通过市场的外包方式招入,而法院内部的大量未入额人员并不可能自动转成审判辅助人员的话,法院内部如何进行基于员额法官和审判辅助人员的有效分类?更具根本性的一点是,在理论上,此次改革想在法院内部分出辅助司法的行政管理人员,但事实上,其他综合口(政治部、机关党委、纪检监察、行装处等)人员,很难被定义为审判辅助系统,因为他们大多是法官的领导和管理人员。③ 因此,不管在分类管理的第一层次还是第二层次,目前的改革可能均未获得预想的成功。以下的访谈材料可能帮助我们直观地感受这一点。

> 艾:原来都是一样办案的法官,突然你变成员额法官,我变成助理了,这种合作会受影响吗?

> 受访法官:你说的这种现象基本上是没有。在我们法院,有的没有入员额的法官已经四十几或五十几了,这种人根本就没让他做法官助

---

① 〔日〕青木昌彦:《比较制度分析》,周黎安译,上海远东出版社 2001 年版,第 11 页。
② 赖波军:《司法运作与国家治理的嬗变:基于对四川省级地方法院的考察》,北京大学出版社 2015 年版,第 163 页。
③ 同上。

理。虽然如果让他们也做法官助理的话,肯定是1∶1∶1,但是你把这些人放进去真的是影响这个团队,人家也不愿意接受的。你还不如把一些事情分散出去让他去做,比如执行或保全,再给他配备一两个人手,让他主观上感觉好一些。至于辅助人员,只有等以后招了新的年轻人再培养,再做新的法官助理。(访谈编号:CJJS1803)

六、一点余论

从一个动态的制度变迁模型出发,我们考察了改革开放四十多年以来中国法官遴选标准和法官薪酬水平的变迁动向和实践中的复杂态势,并分别以实地调研的访谈材料和法官问卷数据为依据论证了此次员额制改革承诺的高遴选标准和高薪酬水平并未落实,以及顶层设计者预期的改革目标可能并没有真正实现。并进一步以制度具有整体性、关联性和主观博弈性为视角,分析此次改革可能会遭遇青年法官的职业前景不明朗、法官薪酬去行政化和去地方化很难实现以及法院内部的人员分类改革无法落实等制度困境。

为什么中国法院的制度改革如此艰难?青木昌彦的理论可以为我们部分解惑,因为中国的司法改革不仅仅是纸面上明确规定的种种改革举措,系统性的配套制度之外,它还需要改变更基础的制度下各行动主体的主观信念。除此之外,一个更加根本的问题是,我们知道某个制度及其均衡结果是好的,但我们未必知道如何从我们所处在其中的那个不好的制度均衡跃进到另外均衡的途径。这是博弈论给我们的启示,也是我们在历史和现实的实践中一次次碰壁得到的教训。① 在很大程度上,这既是包括激励理论在内的社会科学理论难以根本避免的局限性,也是人类社会制度变革的最大困难所在。

———— * * * ————

附录:法官调查问卷(三)

1. 您目前所在部门属于:立案部门(　　)
　　　　　　　　　审判业务部门(　　)
　　　　　　　　　综合管理部门(　　)

---

① 丁利:《制度激励、博弈均衡与社会正义》,载《中国社会科学》2016年第4期,第156页。

　　　　　　　　　　执行部门（　　）
2. 您目前在法院的职位是：书记员（　　）
　　　　　　　　　　法官助理（　　）
　　　　　　　　　　员额法官（　　）
　　　　　　　　　　行政管理人员（　　）
3. 如果您是员额法官，请问您目前在：立案部门（　　）
　　　　　　　　　　　　　　　　审判业务部门（　　）
　　　　　　　　　　　　　　　　综合管理部门（　　）
　　　　　　　　　　　　　　　　执行部门（　　）
4. 您从事审判工作已有：五年以下（　　）
　　　　　　　　　　　五—十年（　　）
　　　　　　　　　　　十一—二十年（　　）
　　　　　　　　　　　二十年以上（　　）
5. 您每月审结的一审案件：5 件以下（　　）
　　　　　　　　　　　　5—10 件（　　）
　　　　　　　　　　　　10—20 件（　　）
　　　　　　　　　　　　20—30 件（　　）
　　　　　　　　　　　　30 件以上（　　）
　　每月审结的二审案件：5 件以下（　　）
　　　　　　　　　　　　5—10 件（　　）
　　　　　　　　　　　　10—20 件（　　）
　　　　　　　　　　　　20—30 件（　　）
　　　　　　　　　　　　30 件以上（　　）
6. 法官员额制改革之后，您所在的法院法官流失严重吗？
　　严重（　　）　　不严重（　　）　　不清楚（　　）
7. 流失的法官是否男性法官居多？
　　是（　　）　　不是（　　）　　不清楚（　　）
8. 流失的法官是否 45 岁以下的居多？
　　是（　　）　　不是（　　）　　不清楚（　　）
9. 和以前相比，您认为实施了五年的法官员额制有没有实现法官专业化和职业化的提升
　　完全实现（　　）　部分实现（　　）　没有实现（　　）　不好说（　　）
10. 和以前相比，您认为实施了五年的法官员额制是否有效提高了案件的审判质量和效率

提高(　　)

没有提高(　　)

不仅没有提高,相反还有减损(　　)

说不清(　　)

11. 和以前相比,您认为实施了五年的法官员额制有没有实现司法权威的提升

完全实现(　　) 部分实现(　　) 没有实现(　　) 不好说(　　)

第九章　目标责任制下的法官管理
——兼论法院扁平化管理的制度基础

> 运用一个设计理论来评价另一个以不同设计理念为基础的体制的特征，会导致深刻的误解。运用一个设计理论来改革以另一个不同设计理念为基础的体制，会产生出许多高昂的代价和不可预料的后果。
>
> ——文森特·奥斯特罗姆①

> 政法机关是专政机关，掌握生杀大权，更要置于各级党委的领导之下。如果不要党的领导，或者自成系统，实行垂直领导，脱离各级党委的领导，不紧紧依靠党的领导，就不可能把工作做好，不可能胜利完成任务……在这方面，苏联的经验教训是不可少的。
>
> ——彭真②

一、引　子

最高法院"四五改革纲要"第64条规定："按照科学、精简、高效的工作要求，推进扁平化管理，逐步建立以服务审判工作为中心的法院内设机构设置模式。"这看起来是一个符合司法工作特点和司法规律的改革方向。因为根据第二章的论述，依附于法官个人身上的"特殊型人力资产"由于其自身的不可替代性和难以监测性，必然使得来自上司的直接管理没有多少效率，因而法院组织的管理幅度就应当很大，扁平化的水平型组织就是适合于司法工作

---

① 〔美〕文森特·奥斯特罗姆：《美国公共行政思想危机》，毛寿龙译，上海三联书店1999年版，第106页。
② 彭真：《在五大城市治安座谈会上的讲话》，(1981年5月21、22日)，载《彭真文选(1941—1990年)》，人民出版社1991年版，416页。

特点和法院管理的有效的组织形式。① 比如,赖波军基于四川省高级法院院志的第一手历史资料发现,"在历史中,民国中期的四川高等法院共有 237 人,其中法官仅有 19 人,而这 19 名法官办理的案件数量,比今天四川高级法院(直接从事审判的)251 名法官办理的案件数量还要多"。② 这就是扁平化管理的效率优势。"因为在专家为主体的机构中,需要的往往是一种横向的网络结构,而不是纵向的'权力等级链'。"③所以,法院内部机构设置呈现扁平化是司法专业化的必然结果,这是现代组织理论的基本原理,更是此次改革方案的正当化基础和理论支持。

但问题在于,我们看到太多看起来很美的制度设计在实践中走样变形了。"四五改革纲要"力图推行的这一法院扁平化管理之改革能幸免于难吗?

在"五五改革纲要"已推行第四年的今天,我们发现"四五改革纲要"确立并力图推行的这一扁平化管理方案其实并未得到真正的落实。作为法官管理制度的研究者,虽然该制度在实践中并未落实,我们还是应该在既定的宪制框架、政法传统和激励理论的审视下探讨该制度落实的前提条件以及在条件不具备时进行制度设计可能会出现哪些预料之中的制度后果。具体在本章,我将以 20 世纪 80 年代以来中国党政机构盛行的目标责任制为背景,呈现法院目标管理责任制的基本框架,并通过具体的考评和奖惩机制来进一步展示法院系统中"一把手"院长、院长之下的各级法院领导和普通法官围绕着目标责任制展开的互动机制及其制度后果。至此,答案应该很清楚了,最高法院试图推进的法院内部管理扁平化改革在此制度背景下确实没有成功的可能性,其运行和实践甚至可能会进一步强化法院系统内部的行政化以及法院院长的"剩余控制权"。

---

① 英美法系国家的司法制度和法院体系其实就证实了这种管理组织结构的有效性。相关文献,参见〔美〕理查德·A.波斯纳:《法理学问题》,苏力译,中国政法大学出版社 2001 年版,特别是"法律的本体论"一章中的"法律问题有正确答案吗?";〔美〕理查德·A.波斯纳:《超越法律》,苏力译,中国政法大学出版社 1999 年版,特别是"法官最大化些什么?"一章;〔美〕理查德·A.波斯纳:《联邦法院——挑战与改革》,苏力译,中国政法大学出版社 2002 年版,特别是"治标之策"一章中的"加强管理"一节。Henry A. Abraham, *The Judicial Process, An Introductory Analysis of the Court of the United States, England and France*, 7th ed., Oxford University Press, 1998.

② 赖波军:《司法运作与国家治理的嬗变:基于对四川省级地方法院的考察》,北京大学出版社 2015 年版,第 346 页。

③ 同上注,第 347 页。

二、"嵌入""条块"宪制架构中的法院目标责任制

翻开各级法院工作报告,我们都会发现一系列数字,用来概括过去的一年里的收案数、审结的各类案件数、结案标的额、执行案件受理数、执结数、执行到位金额数、判处罪犯数等各方面的情况,与此同时还会列举未来在这些方面要实现的增长目标。这些数字既描绘了过去一年法院的绩效,又提出了未来的工作重点和目标。

在这里,数目字不只是用来描绘法院政绩和目标的手段,它更是一种法院管理和施政的工具。除了要完成来自同级党政的责任状(我称之为"横向归口分包"),还要完成最高法院和上级法院的各项任务(我称之为"纵向逐级发包")。这些"责任状"所具列的承诺到了年终要进行评比和考核,在中期还有来自党政部门和上级法院的检查和监督。最后,这一目标责任制还会进一步延伸为普通法官的岗位责任制,"责任状"不仅详细列举法官应承担的各项职责,对应一系列具体化、数字化的考评标准,并对各种失职、违纪等消极行为的扣分标准详细加以说明。

在中国法院系统,无论是普通法官,还是法院领导,目标管理责任制都是悬在他们头上的一把"达摩克利斯之剑"。根据王汉生、王一鸽的界定,所谓目标管理责任制,简言之,就是将上级党政组织所确立的行政总目标逐次进行分解和细化,形成一套目标和指标体系,以此作为各级组织进行"管理"(如考评、奖惩等)的依据,并以书面形式的"责任状/书"在上下级党政部门之间进行层层签订。因此,目标管理责任制是以指标体系为核心,以责任体系为基础,以考核奖惩体系为动力,辐射形成目标管理网络,以期获得最佳行政效能的一套综合管理办法。对于组织管理者而言,目标管理责任制实质上就是为实现一定的组织目的,将经济利益同责任相结合,将奖励同制裁相结合的一种制度。[1]

问题在于,党政机构为什么会将法院视为目标管理责任制的对象,法院内部为什么同样要实施这一目标管理责任制?根本原因还是中国独具特色的官僚管理体制,即多层级的政治架构和属地化行政发包体制相互作用的结果,它们内含于传统帝国逻辑的"集权—分权"体制,又在新的历史条件下以一种独特的方式演化出来。因此,本节先讨论党政机构实施的目标管理责任制,下一节再以此为基础分析法院内部实行的目标责任制。

---

[1] 王汉生、王一鸽:《目标管理责任制:农村基层政权的实践逻辑》,载《社会学研究》2009年第2期,第1页、第16页。

政党和政府公共部门应该采取什么样的治理结构？一般是韦伯意义上的官僚制，即基于理性原则设计的层级式管理结构，行政官员的特点是专业化、职业化和非人格化（指官员只服从上级而非个人）。① 但中国的各级党委和政府之间的关系却没有严格采取韦伯意义上的官僚制，而是一种更接近于市场关系的逐级发包制和目标责任制。立基于周黎安教授的研究又有所突破，我认为当代中国地方党政治理机制的核心要素除了属地管理、纵向发包、同级竞争和上下协作这四方面②，还应该加上一个同级党政内部基于专业分工的横向分包，它们相互支持、相互补充并构成一个内在一致的治理系统。在很大程度上，目标管理责任制的产生和流行正是基于属地化管理的行政逐级发包制，其历史源头甚至可以追溯到秦汉时期建构的中央集权体制。

根据苏力对传统中国宪制结构的研究，在分布了无数离散村落共同体的辽阔农耕区内，要构建并建立持久的大一统王朝，就"一定要构建一个高度中央集权的超大型政治共同体，为农人提供基本的和平和安宁，获得他们的归顺和认同，促使他们以缴纳税赋兵役甚至参加科举考试等方式参与和支持国家政治"。③ 而在春秋战国时期各国的制度竞争中，确保各国有效政治经济军事动员和竞争而言，郡县制毋庸置疑更为优越。经过争议和战争（讨伐"七国之乱"），在汉初的制度竞争中，相对于历史悠久的宗法分封制，"年轻"的郡县制获得了胜利。苏力认为之所以汉初确立了以郡县制为核心的中央集权统治，因为"在当时的条件下，只有这样的宪制才更有可能防范因宪制架构重大缺陷而导致的国家分裂和内战。当汉武帝通过独尊儒术进一步推进意识形态上的中央集权后，汉承秦制，终于在国家政权结构上完成了中国宪制的这一伟大转变"。④ 因此，苏力才断言"需要是创造之母，在这一视野中，中央集权的疆域大国的出现，对于中国的时空语境，其实只是或几乎是别无选择"。⑤

但也正是因为是地域广大的中央集权大国，中国历代统治者一直饱受委托—代理问题（隐含着财政约束、信息约束和激励困难）的困扰。而在传统农业中国，秦初确立的郡县制以其属地化管理和行政发包的特征有效克服了这

---

① 对官僚制理论的深入分析，请见〔德〕马克斯·韦伯：《经济与社会（下）》，阎克文译，世纪出版集团、上海人民出版社2010年版，第1095—1103页。
② 周黎安认为，当代中国地方官员治理机制是属地管理、纵向发包、财政分成和横向竞争的统一体。更多深入的分析，请见周黎安：《转型中的地方政府：官员激励与治理》，格致出版社、上海人民出版社2008年版，第219页、第223页。
③ 苏力：《大国宪制：历史中国的制度构成》，北京大学出版社2018年版，第25页。
④ 同上注，第238页。
⑤ 同上注，第533页。

一困扰。"萧规曹随"。郡县制因此成为后世路径依赖的制度起点和效法蓝本。也因此,中国自秦以来的中央和地方的行政关系,一直体现出以下基本模式:朝廷无所不管,一切政令条例皆出自朝廷,但具体实施和监督执行,则完全由地方政府负责。具体表现为,在历史上,行政逐级发包和属地管理一直是高度合一的,实行"块块管理"。① 而统治者之所以选择纵向的行政逐级发包制,是源于其面临的财政压力和国家税收征收能力很弱。在很大程度上,"王政不下县"就是因为朝廷对农业剩余汲取能力有限,无法支持一个庞大的官僚组织,因此,乡土社会的治理不得不仰赖地方化的乡绅,并由此形成一个皇权和绅权的有效合作。② 因此,周黎安认为"属地化的行政发包制就是中国古代集权者在治理成本和收益之间进行精心权衡和选择的结果,是在信息和财政两个约束下进行理性选择的产物"。③

1949年以来,除了政权下沉到乡镇一级之外,国家治理最令人瞩目的变化就是"条条"部门(中央垂直管理部门)的出现和中国共产党的统一领导。在前者,使得自古以来的属地管理演变成更复杂的条块管理新格局,即央地关系由单纯的块块管理演变成条块管理结构;在后者,"党政军民学,东西南北中,党是领导一切的"。④ 因此,中国共产党领导下"条块"之间既协作又制约的政治结构是当代中国最真实的宪制结构。在同级党政关系中,这一关系更加复杂。在很大程度上,虽然党委领导政府,但党委在具体的行政治理上又得仰赖政府的大力协作。

因此,在讨论目标管理责任制之前,我们必须先理解当代中国的党政架构和政治运行机制。实际上,在1954年9月召开的第一届全国人大后,中国政治运行的基本方式就已确定:纵向上,中共中央领导各级地方党委、上级党委领导下级党委;横向上,党委对同一区划层级内的人大和"一府两院"及群团机构进行一元化领导,党委是各级政权层级的中枢。这种政治结构的核心是没有无党之政治。⑤ 在中国共产党的一元化领导体制下,纵向上,下级党委要受上级党委领导,横向关系上,各个职能部门要接受同级党委的领导,包括最高法院在内的各级法院当然更不能例外。

---

① 周黎安:《转型中的地方政府:官员激励与治理》,格致出版社、上海人民出版社2008年版,第58页、第66页。
② 关于皇权和绅权的合作和制衡,请见费孝通、吴晗等:《皇权与绅权》,生活·读书·新知三联书店2013年版。
③ 周黎安:《转型中的地方政府:官员激励与治理》,格致出版社、上海人民出版社2008年版,第68页。
④ 毛泽东:《毛泽东著作选读下册》,人民出版社1986年版,第832页。
⑤ 刘忠:《四级两审制的发生和演化》,载《法学研究》2015年第4期,第46页。

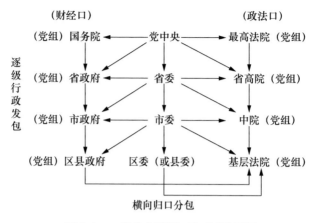

图 9.1　当代中国"党、政、法"关系图

根据上图,党中央是一切权力的中心,是所有党政事务的总委托人(也是总发包人),而整个政治治理结构是纵向逐级发包机制与横向归口分包机制的有机统一。首先,要落实党制定的路线、方针、政策,必须从党中央到省委、市委和区县党委逐级整体发包以实现之。"谁主管,谁负责"。这是一种属地化管理又是一种逐级的责任发包,各级党委书记是第一责任人。这是纵向的党的一元化领导。其次,以党中央为核心进行横向的归口分包,比如最高法院属于政法口,而国务院属于财经口等。与综合性任务的纵向逐级发包不同,这是一种基于专业分工精神的专项性任务的横向归口分包。但在党的领导方面,党中央对同一区划层级内的国务院和最高法院等国家机构实行一元化领导,国务院和最高法院内部只能设党组,受党中央领导。这是横向的党的一元化领导。而在横向的归口分包方面,各国家机构的党组书记是第一责任人。

除了党委系统属地化的逐级发包机制之外,在党的领导下,政府系统同样实行属地化的逐级发包机制,只不过作为一国的总政务机构,国务院是国家政务任务的总发包人,而各级政府是分级承包人,各级政府首脑就是综合政务承包后的第一责任人。这种党政体系就是自古以来的"块块"管理在当代中国呈现的独特形式。王汉生、王一鸽认为,在中国,特别在基层政权,"块块"管理一个具有特色的运行方式是政治与行政的混合运行,即政治过程往往借助于行政过程,而行政过程也常常要借助于政治过程,而目标管理责任制则为实现这种过程混行提供了制度保障。比如,在上下级政府间签订的综合责任书中,往往让下一级的党委书记当"第一责任人"。这种安排不仅给党参与(介入)行政事务以合法性,而且也使党的领导作用得到了保证。①

---

① 王汉生和王一鸽在中国基层政权的研究中发现了这一独特的运行模式。具体内容请参见王汉生、王一鸽:《目标管理责任制:农村基层政权的实践逻辑》,载《社会学研究》2009年第2期,第21—22页。

"块块"管理模式下,除了来自上级党政的综合性任务的逐级发包,要将此任务在自己管辖的"块块"内落实完成,就必须仰赖基于专业分工的横向归口分包。不管在党委还是政府,要完成上级交代的任务,必须和属下的分管部门或者各业务部门进行专项性任务的归口分包。作为负责社会治安综合治理、维稳工作、法制宣传、营商环境保障等任务的法院,自然是地方党政任务分包的重要部门。而各级法院院长(一般兼党组书记)自然就是签署目标责任状的第一责任人,承担所在法院所有人事管理和审判事务的剩余责任和兜底责任。在实践中,有的地方法院会与同级政府和同级党委分别签署两份责任状,有的地方法院只和当地党政系统签署一份责任状。这种差异一般根据同级党政的协同程度而定。

为什么法院要接受来自同级党政分派的这些政治任务？除了党的一体化领导之外,现实的原因在于法院的人事权和财政权掌握在同级党政手中。根据"党管干部"原则,除了各级法院院长由上级党委和上级法院党组共同决定之外①,法院内的其他干部均由同级党委决定任命。而在省以下实行财政分成的现实财政体制下,各地法院的财政支持均来自当地政府。当然了,在中国当下的权力架构体系中,"各级党委才是政治权力的真正归属者,同时也是法院经费保障状况的最终决定者"。② 因为在党和国家的分口管理体制下,政府是财经口的分管者,因此就财政问题形成的决策同时也代表了同级党委的财政决策。左卫民等在调研中发现,对法院院长而言,如果是人事就是书记最重要,如果是财政,主要还是找省长、市长或者县长。③ 因此,法院在各项工作中配合和服务于当地党政自然理所应当。

与"块块"管理的政府机构不同,党的领导下的中国法院系统却是一种"条条"管理。所谓"条条",是指一种主要负责"业务指导"的垂直化部门。就中国法院系统而言,虽然《人民法院组织法》规定了上下级法院只有监督与被监督的关系,但是除了审判业务上的监督与被监督,上下级法院还有更多人事管理、审判管理、财物管理等方面的管理与被管理关系。因此,虽然没有来自上级法院的责任状要签署,下级法院在日常审判、审判管理、政务管理方面却仍然要受到上级法院的各种考核,比如最高法院或各高级法院在年初会制定涉及法院各方面工作的数字化指标和计算方式,以此要求各级法院完成,

---

① 根据"下管一级"的组织人事制度,各级法院院长的任命决定权归属于上级党委,本级党委有选拔建议权,上级法院有协管权。但最近十年有重大变化,在法院系统应该实行垂直化管理的改革声浪中,上级法院在下级法院院长任命中的权力有重大提升,很多下级法院的院长从上级法院派任已是事实。但这个现象究竟是好是坏还需进一步研究。关于法院院长如何产生,请见刘忠:《条条与块块关系下的法院院长产生》,载《环球法律评论》2012 年第 1 期。
② 左卫民等:《中国基层司法财政变迁实证研究(1949—2008)》,北京大学出版社 2015 年版,第 252 页。
③ 同上注,第 270 页。

并在年末进行法院间的排名评比。在某种程度上,这也是一种逐级的纵向发包。下级法院的院长自然是这些指标完成工作的第一责任人。

综上,如果以中国位于某省某市某县的某基层法院为例,该法院实际上有三个"婆婆",分别是当地党委、当地政府和上级法院,而该院院长除了要签署并完成两份(或一份)来自同级党政的责任状,还要落实上级法院要求的各项指标任务。这是在当代中国"条块"结合的党政架构下,目标管理责任制下各级法院必须承担和完成的政治任务和业务指标。

三、法院内部的目标管理责任制

在当代中国的宪制结构(中国共产党领导下的"条块"结合体制)下,我们理解了中国法院的政治地位就是服务和配合党政的各项工作,目标责任制不过是方便好用的具体管理方式罢了。但问题在于,作为第一责任人的法院院长如何落实和完成来自同级党政、上级法院(背后还有上级党政的政治要求)的责任状和各项指标?这就必须要在一个法院内部仿造国家治理结构"再造"一个纵向逐级控制和横向归口分包的目标责任管理机制。

首先,我们必须清晰地界定一个法院内院长的权力集中机制。

我国最高法院有关文件将纷繁的法院管理事务归纳为审判管理、司法政务管理和司法人事管理三类。① 不管在哪级法院,审判工作由归口的各副院长负责,审判管理工作一般交给审管办(有的法院还有研究室),人事管理由政治部负责执行,财物管理由行政装备处负责。作为整合三大系统功能的手段,在于院长主持的审判委员会、党组会议或院长办公会议之集体决策。②

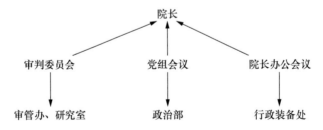

图 9.2 法院院长权力集中机制简图

上图中,法院院长通过审判委员会、党组会议和院长办公会有效掌控了法院内部的三大权力,分别是审判管理权(隐含着法院内部的最终审判决定权)、人事任命权(表现为干部任用建议权、直接任命权和法院内部的行政调

---

① 谭世贵、梁三利等:《法院管理模式研究》,法律出版社 2010 年版,第 10 页。
② 赖波军:《司法运作与国家治理的嬗变:基于对四川省级地方法院的考察》,北京大学出版社 2015 年版,第 162 页。

动权)和财权(比如法院内部的薪酬分配决定权、装备购置决定权、基建管理权等)。而审管办、研究室、政治部和行政装备处就是院长落实这三大权力的具体执行部门。

虽然在当下"条块"既结合又相互制约的宪政架构中,法院仅仅是服务于党政工作的一个职能部门,或者党政治理网络中的一个"点"。但随着改革开放不断深入的历史进程,社会转型和市场经济发展使得越来越多案件涌入法院,随之而来的就是法院规模扩大和内部纵向等级化的逐步形成。由于除了在行政级别上有差异,中国各级法院内部的组织架构几乎相同。为简化分析,本节以2013年的C1中级法院为样本,展示其内部复杂繁密的纵向等级化架构。① 下面是该法院的组织架构图。

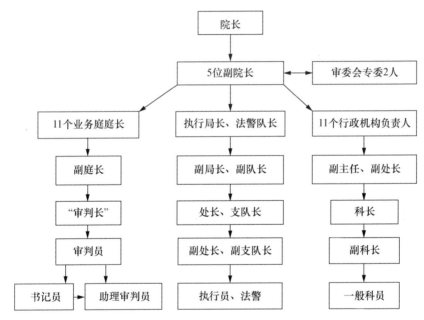

图9.3　C1中院内部组织人事架构图②

---

① 2013年8月,笔者在该法院调研,以下资料均来自此次调研。该法院地处西南地区的某省会城市,该城市在行政级别上属于副省级。
② 需要声明四点。(1)本图是一个简图。在审判组织这一支线,在书记员未单独序列管理之前,从书记员到院长之间有着遥远的11个层级,分别是法官助理、助审员、审判员、审判长、副庭长、庭长、审委会委员、审委会专委、党组成员、副院长和常务副院长。(2)在书记员单独序列管理之后,由于该书记员属于单独序列管理的聘用制人员,在该院的组织人事架构中,书记员因此不是一个单独的层级,只是在审判工作中服务于审判员和助理审判员的审判辅助人员。(3)由于该市为副省级城市,根据我国的行政级别设置规定,该院院长的行政级别为正厅级,副院长一般为副厅级。由于审委会专职委员按照规定享受同级党政副职待遇,所以与副院长的级别平行。(4)该中院实施审判长选任制度以来,选拔了一批业务能力较强的法官担任审判长并享受副处待遇。在实践中,审判长职位俨然已成为一种准行政级别。因此,在该图中,笔者将这种具有准行政级别的职位标注了双引号。

根据图9.3，我们发现该法院内部的纵向科层化相当醒目，其组织架构也很庞杂，除了现行《人民法院组织法》规定可以设立的审判机构、综合业务机构、审判辅助机构和行政管理机构，①还有职能繁多且设置弹性的后勤部门。② 一方面，根据《人民法院组织法》第27条的要求，"人民法院根据审判工作需要，可以设必要的专业审判庭"，但"现实的问题是，法院规模历经三十年的持续激增，导致法院内部结构样态发生巨大变化：内设庭室越来越多，人员分类、分层、分级管理日益繁复"。③ 就C1中院而言，其业务庭不断裂变和增殖的后果就是12个中层机构，包括刑一庭、刑二庭、少审庭、民一庭、民二庭、民三庭、民四庭、立案一庭、立案二庭、审监庭、行政庭和执行局，其中执行局又下设执行一处、执行二处和综合处三个下属单位。④ 另一方面，在司法行政和事务管理方面，该院的组织设置也称得上是"叠床架屋"，其内容相当繁复。除了功能相对单一的离退处、监察室和技术室，政治部下设干部处、教育处和法官管理处；研究室下设调研科和综合科；办公室下设秘书科、档案科、督察督办科、外事接待科和综合科；审管办下设质效管理科和审委会工作科；司法行政装备管理处下设车管科、财务科、行管科、装备科、保卫科和机关服务科；信息化工作处下设维护保障科和应用技术科；新闻宣传处下设宣传科和网络信息管理科，法警支队下设一大队、二大队、三大队、警务科和警政科，就连机关党委也要内设办公室。⑤

在很大程度上，这一繁密的纵向等级化链条结构正是法院内部目标管理责任制得以运行的组织基础。事实上，在各级法院，针对各职能部门的"目标管理责任制"以及延伸出的法官或其他职位的"岗位责任制"，正是落实院长

---

① 现行《人民法院组织法》(2018年修订)第27条规定："人民法院根据审判工作需要，可以设必要的审判业务庭。法官员额较少的中级人民法院和基层人民法院，可以设综合审判庭或不设审判庭。人民法院根据审判工作需要，可以设综合业务机构。法官员额较少的中级人民法院和基层人民法院可以不设综合业务机构。"第28条规定："人民法院根据工作需要，可以设必要的审判辅助机构和行政管理机构。"
② 2004年夏天我带队的调研小组曾经到访过该中院，当时负责接待我们的是培训处的人员，但到2013年8月我带队再度到访之时，"培训处"不见了，多出了"审管办"和"信息化工作处"。2018年夏，在撰写本章初稿的时候，我又造访了该法院的网站，发现在一年不到的时间里，又增设了"新闻宣传处"和"监察室"两个中层的行政管理部门。
③ 刘忠：《法院规模与内部治理——中国法院编制变迁三十年》，载《法治与社会发展》2012年第5期。
④ 需要注明的是，虽然执行局在很多人看来属于审判业务部门，且在行政级别上比一般的业务庭还高出半级(执行局局长一般都是党组成员)，但笔者认为其实质上只是一个专事执行的准行政机构，因此在图9.3中将其与同样具有执行任务的法警队放在了一起。
⑤ 就法院人员配备而言，2013年该院在编406人，审判人员(包括执行局和立案庭)共189人，行政后勤人员227人，聘用制的书记员和法官助理共159人。如果剔除掉院长、副院长、庭长和审委员专委这类不怎么直接审理案件的法官，该院一线法官只有120人左右，不到全院政法编制人数的三分之一。

责任状的制度化支持手段,而由于院长承担院内所有人和事的"剩余责任",所以强化对法官的内部监督制约(或者审判管理权)成为院长实现剩余控制权并化解剩余风险的必然举措。下面是一个法院内部目标管理责任制落实实施机制的简图。

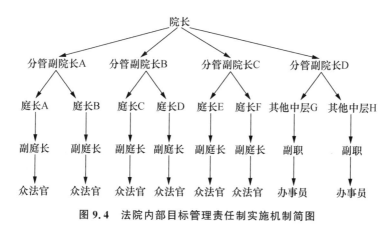

图 9.4 法院内部目标管理责任制实施机制简图

对外,法院院长是和当地党政签署责任状的第一责任人,也是落实上级法院相关任务和指标的总负责人;对内,中国法院内部仿造党政架构又构建了一套以纵向逐级发包和横向归口分包为特征的目标管理责任制。具体而言,法院院长将其签署的责任状和上级法院部署的任务横向分包给各分管院长,然后由分管院长发包给手下的中层干部(比如庭长和其他中层领导),庭长再将任务发包给副庭长,最后是落实到法官个人的"岗位责任制"。可见,在法院内部的等级制链条中,工作的展开是以相应的行政控制手段层层发包下去,使任务得到明确无误的执行。针对各职能部门的"目标管理责任制"以及延伸出的法官或其他工作人员的"岗位责任制"正是一种明确权责的制度化支持手段。

赖波军对法院实施的这套目标管理责任制有过相当准确的概括。在中国法院,同级党委确定的中心工作,最高法院自上而下部署的主要任务,被不断地充实到责任制中。实践中,目标管理责任制经三个层级得以完成:第一层次是各级法院与同级党委签订责任状,责任人是法院院长,这就是"政治承包制"的由来;第二个层次是由法院领导小组与各职能部门签订责任状,副院长为部门目标分管负责人,各部门主要领导为部门目标直接责任人;第三个层次在各职能部门展开,落实到个人的"岗位责任制"。① 有了这种法院内部目标管理责任制的理论视野,我们也能更好地理解前面第三章提出的法院绩

---

① 赖波军:《司法运作与国家治理的嬗变:基于对四川省级地方法院的考察》,北京大学出版社2015年版,第227页。

效考核"双轨制"现象。在此制度下,虽然法官考核与各部门的岗位目标管理挂钩,但是各庭室的领导并不参与本部门的考核,因为他们的责任不是对下属法官,而是对法院(或院领导)负责。他们的考核和评选是在院领导主持下,根据是否完成分包任务在全院中层领导范围中进行。

实践中,党政机构针对法院的目标管理责任制和法院内部的目标管理责任制在很大程度上实现了无缝衔接。这里有来自四川省高级法院和某基层法院的两个实例。其一,自1994年高级法院参加党委目标考核工作以来,目标管理责任制一直延续下来。在党委领导之下,高级法院作为地方职能部门实施目标管理责任制顺理成章。一方面,目标管理责任制强化了高级法院对同级党委负有的责任,另一方面,法院内部的目标管理责任制成为确保法院各项工作顺利完成、保障工作质量、提高工作效率的重要制度化手段。① 其二,C县政府为调动各部门积极性,在年终目标考核奖励上实行完成目标基础奖励和先进单位奖励相结合的激励机制,由县财政拨出200万元作为专项资金。实行目标考核结果与领导干部和公务员评优挂钩奖惩。凡未全面完成目标任务且位居后三位的责任单位,取消领导班子成员评选优秀领导干部和优秀公务员资格,该单位年度优秀公务员等级比例下调10%。于是,政府主导的目标管理责任制无障碍地导入基层法院的管理之中。②

四、目标管理责任制下的考评与奖惩

正如有学者指出的,目标管理责任制在诞生之初,主要是为了改变和克服市场化改革以前全能主义国家及其官僚体系对于整个社会日趋僵化的管理和动员模式,其特点在于在上下级权威关系的基础上,加入一种更具平等意涵的"责任—利益连带"关系。③ 在很大程度上,这正是周黎安概括的科层化的纵向行政发包加市场化的横向官场竞争的一种政府治理机制。④ 或者,一种"官场"加"市场"的激励机制。作为一种隐含了市场契约性质的管理机制,目标管理责任制的核心就是通过考评奖惩来落实责任。但这套考评和奖惩机制是如何运作并发挥作用的呢?

---

① 赖波军:《司法运作与国家治理的嬗变:基于对四川省级地方法院的考察》,北京大学出版社2015年版,第226页。
② 左卫民等:《中国基层司法财政变迁实证研究(1949—2008)》,北京大学出版社2015年版,第395—397页。
③ 请见工汉生、王一鸽:《目标管理责任制:农村基层政权的实践逻辑》,载《社会学研究》2009年第2期,第29页。
④ 周黎安:《行政发包制》,载《社会》2014年第6期,第25—35页。

首先应该考察当地党政机构和上级法院是如何考评法院院长并根据考评成绩进行相应的奖惩的。当地党政主要考核法院是否完成了综合治安管理工作、维稳工作以及是否实现为当地经济发展"保驾护航"的目标。一般而言,就法院整体而言,需要与同级其他党政部门一起竞争排名,奖惩主要是年终的"奖优"(有物质层次的奖金也有精神层次的记功、表彰)和"罚差"(取消单位评奖资格和奖金,甚至领导调职和降职),或者能否实现"保底"(基本奖)。对院长而言,除了目标考核结果要与领导干部和公务员评优挂钩奖惩,涉及维稳和综治的还有强激励的"一票否决"制。比如,中共中央就规定"从1999年起,凡基层和中级人民法院年内发生一起法官贪赃枉法造成重大影响的案件,除对当事者依法严肃查处外,法院院长要到当地党委、人大和高级人民法院检讨责任。凡省、自治区、直辖市年内发生两起的,高级人民法院院长要到省委、省人大和最高人民法院汇报查处情况,检讨责任。发生情节特别严重、造成恶劣影响、被追究刑事责任案件的,因严重官僚主义,用人失察,疏于管理而负有直接领导责任的法院院长要向选举或任命机关引咎辞职"。① 这其实是一种让法院院长为院内法官不当行为承担连带责任的"连坐制"。②

就上级法院而言,虽然在《人民法院组织法》上并没有规定太多管理上的内容,但实践中,上级法院对下级法院的管理却是方方面面的。比如,对下级法院院长,上级法院对其要求是一手抓业务工作,一手抓队伍建设("一岗双责")。根据《北京市高级人民法院关于北京市法院各级领导干部"一岗双责"暂行规定》,就队伍建设方面,主要是落实请示汇报制度、人才选拔和年终考评工作和党风廉政建设;就业务管理方面,主要是健全审判管理、定期质量考评和总结审判经验。③ 上级法院往往制定相当繁复细致的考评指标(主要包括办案量、审判质量、审判效率、审判技能等)和复杂的计算方式,每年甚至每季度在下辖法院之间展开竞争并进行高低排名。排名靠后的法院和院长会有相应的惩罚(至少是社会规范意义上的惩罚,比如排名靠后的领导会"没面子"或"丢脸")。随着"智慧法院"建设和信息化建设的要求,最近几年上级法院对下级法院又增加了审判管理全程留痕、开庭全程录音录像、审判公开、

---

① 最高法院《关于贯彻中共中央〈关于进一步加强政法干部队伍建设的决定〉建设一支高素质法官队伍的若干意见》,法发[1999]22号,载最高人民法院办公厅编:《中华人民共和国法官守则》,人民法院出版社2000年版,第59页。
② 苏力曾以司法的制度定位和制度逻辑不同于行政部门为切入点,批评过这一极具连坐性质的法院院长"引咎辞职制"。请见苏力:《司法的制度定位》,载《道路通向城市:转型中国的法治》,法律出版社2004年版,第167—195页。
③ 《北京市高级人民法院关于北京市法院各级领导干部"一岗双责"暂行规定》,载北京市高级人民法院编:《首都法院改革与建设规范》,知识产权出版社2002年版,第319页。

裁判文书上网、实现类案推送等新要求。

再看法院院长是如何通过考评对法官进行奖惩的。由于我国不同层级的法院之间在职能上是高度同构和重叠的,各级法院院长是总承包人和第一责任人,因此法院内部考评与中国地方政府逐级行政发包制的逻辑非常相似。① 即在一个以法院院长为第一责任人展开的院内逐级发包和横向归口分包的体制中,最核心是法院内部的各级承包人,他们就相当于在发包链条上的一个又一个"结点"。因此,法院内部治理的核心之一就是各级责任的界定和落实,具体有两种基本方式:分管制和包干制,分管制限于法院内的主要领导(分管副院长),每个领导负责分管某一方面的工作,与分管制相配套运行的是各分管领导和所辖部门之间的包干制。层层分管制和包干制的结合深刻反映了中国法院内部治理内含的三个基本要素——逐级发包、横向分包与考评奖惩——的高度融合,成为中国法院内部治理的一个极其显著的特点。

由于法院院长必须对所有的承包任务负全部和最终的责任,为此,必须给予"一把手"院长在院内统管一切的权力。换句话说,由于院长在目前的党政架构和上下级法院的管理系统中是第一责任人和责任"兜底者",所以一方面,他要通过院内的目标管理责任制将其承包的相关工作层层发包并界定和落实各级责任,并最终落实到每个法官的岗位目标责任;另一方面,为了尽量减少和防止院内法官的工作失误以及随后的职业风险,他又不得不仰赖强大的审判流程管理和审判委员会制度监督、管理甚至控制每个法官在每一个案件审理中的每一个环节。而能和这种审判流程管理配合默契的就是数字化的绩效考评机制。作为一种各级法院考核普通法官工作业绩的量化指标体系,就是通过审判流程管理核算单个法官的相关指标,再将扣分制度和奖惩制度建立在考核结果之上的方式,最终完成法院院长监督、制约和激励法官的任务。因此,王亚新教授才指出"在对案件的过程和结果进行监督和管理的体制下,每一名承办法官对于特定案件程序流程的控制管理,实际上交织着或传递了组织对法官个人的控制管理"。②

之所以法院院长会对潜在的职业风险如此规避,是因为作为一位欠缺职业专长且缺乏外部市场机会的行政化官僚,在相当长的时期内,包括院长在内的中国政府官员其实处于一个非常封闭的"内部劳动力市场",即一旦被上

---

① 对中国地方政府行政逐级发包制度的具体分析,请见周黎安:《转型中的地方政府:官员激励与治理》,格致出版社、上海人民出版社 2008 年版,第 198 页。又请见周黎安:《行政发包制》,载《社会》2014 年第 6 期,第 1—38 页。
② 王亚新:《社会变革中的民事诉讼》(增订版),北京大学出版社 2014 年版,第 162 页。

级领导罢免、开除(或者引咎辞职——作者注),就很难在政府组织外找到其他工作。这种仕途内外存在的巨大落差,会产生一种很强的"锁住"效应,造成一旦进入行政体制就必须努力保住职位并争取一切可能的晋升机会。① 这一"内部劳动力市场"的存在甚至能回溯至中国古代。苏力就指出,在大一统的农耕中国,官员的技能专长是一种别无他用的专用人力资本,若因任何过错甚或差错被罚俸、降职、免职或撤职,失去的或减少的俸禄以及其他附带收益,对官员都构成惩罚激励。②

也正是以这种"内部劳动力市场"的视野,我们才能真正理解为什么法学界都在批评请示汇报制度,比如说认为其存在不仅使得诉讼法上规定的上诉制度和二审终审制度"失灵",更破坏法院组织法规定的上下级法院之间监督与被监督的关系等,但该制度却在司法实践中如此稳如泰山、牢不可破。

关于法院内部的请示汇报制度,已有一种正当化解释,即认为该制度的运行以严格的等级制为基础,将经验与级别、权力要素相粘合,通过逐级的内部请示,形成具体决策与普遍规范的链接,最终实现了司法运行的整体化。在很大程度上,这种"矛盾上交"的制度实践,其实是时代赋予它的一种司法正统性再生产的非正式策略。③ 依托于当代社会科学中的"弱激励"理论和"庇护"理论,我将提供另一种可能更具说服力的解释。

已经有学者指出行政逐级发包制下地方官员晋升的强激励机制(非升即走的"政治锦标赛"④)无法解释真实世界普遍存在的弱激励现象,比如业绩和努力程度不一致、组织不解雇或惩罚下属,以及整个激励系统不愿意给下级差评等。⑤ 这实际上就是组织内部绩效考评的"弱激励"现象⑥,往往表现为上级部门更多强调"保证所有下级都完成任务,在完成任务基础

---

① 周黎安:《转型中的地方政府:官员激励与治理》,格致出版社、上海人民出版社2008年版,第90—91页。
② 苏力:《大国宪制:历史中国的制度构成》,北京大学出版社2018年版,第286页。
③ 赖波军:《司法运作与国家治理的嬗变:基于对四川省级地方法院的考察》,北京大学出版社2015年版,第11页。
④ 周黎安教授首次提出了中国地方官员竞争中的"政治锦标赛"现象,具体内容请见周黎安:《中国地方官员的晋升锦标赛模式研究》,载《经济研究》2007年第7期。
⑤ See, G. P. Baker et al., "Compensation and Incentives: Practice vs. Theory", *Journal of Finance*, vol. 43, no. 3, 1988, pp. 595-616. 李晟也认为无论从实证数据还是制度规范层面,都无法充分证明晋升锦标赛在当代中国省级行政区域中的存在。请见李晟:《"地方法治竞争"的可能性:关于晋升锦标赛理论的经验反思与法理学分析》,载《中外法学》2014年第5期。
⑥ See, P. M. Blau, *The Dynamics of Bureaucracy: A Study of Interpersonal Relations in Two Government Agencies*, University of Chicago Press, 1955.

上体现差距,但差距不能太大"。① 上级部门为什么要"庇护"下级部门? 原因在于上下级之间存在一种连带责任,而这正是目标管理责任制的特征所在。

区别于"对事不对人"的科层管理体制,目标管理责任制是由多个不同行政等级的责任主体相互勾连而成的管理体系。该制度的特征就在于各责任主体之间存在一种责任连带关系,而干部考核体系就是一种责任链条,它将各责任主体联结起来,纳入一个责任利益共同体当中。② 而正是因为法院内部的上下级,甚至上下级法院之间存在一种责任连带机制,比如某法官审理案件经常被上级法院发回改判,这不仅影响该法官所在法庭的考核绩效,也会影响所在法院在上级法院考核中的绩效和名次,甚至上级法院在更上一级法院考核中的绩效和名次。更严重的,一个法官违法乱纪,甚至会导致法院院长被迫引咎辞职,这就使得法院内部的院庭长不得不要求法官将复杂疑难案件向他们甚至上级法院请示汇报,以减少可能的职业风险。另一方面,法官为了转移自己的审案风险,也会主动将自己把不准的案件向院庭长或上级法院请示汇报,甚至通过院内程序交给审判委员会处理。

有研究指出,某一指标的激励强度越大,人们规避风险的动机越强,寻找目标替代的可能性就越大。③ 在很大程度上,这就是上级"庇护"下请示汇报制度的生成逻辑,而目标管理责任制就是该制度之所以长期稳定存在的重要基础。

但问题的复杂性在于,这一长期稳定存在的请示汇报制度反过来又是中国司法缺少公信力和司法程序缺乏正当性的根本原因。正如王亚新教授所言:

> 事实上,如果特定案件的处理在实体上有相当的难度,或者涉及敏感的社会或政治因素,承办法官一般都会向审判庭的庭长、副院长、院长或者审判委员会请示汇报,以便获得指示或咨询意见。另一些情况下高层级的资深法官也会主动介入某一具体案件的实际处理。某些重大或复杂的案件甚至可能卷入更广泛的社会、经济和政治过程中,其处理及最终结果主要由法院和诉讼程序外的因素所决定,法官和程序不过是处理过程的形式或外观而已。这种案件虽然是少数,但牵动的利益关系和社会影响都最为复杂,以致在相当程度上塑造了法院在中国的一般形

---

① 练宏:《弱排名激励的社会学分析——以环保部门为例》,载《中国社会科学》2016 年第 1 期,第 84 页。
② 王汉生、王一鸽:《目标管理责任制:农村基层政权的实践逻辑》,载《社会学研究》2009 年第 2 期。
③ See, R. Michels, *Political Party: A Sociological Study of the Oligarchical Tendencies of Modern Democracy*, Piscataway, Transaction Publishers, 1999.

象,构成了中国民事诉讼所面临的正当性危机的深层原因之一。①

五、法院扁平化管理的制度基础

本章开篇即指出最高法院在"四五改革纲要"中大力推进的法院扁平化管理(或者法院内部机构的"瘦身")改革,其理论基础似乎源于法官人力资产的特殊性("背景导向型")和基于专业化分工(隐含着去行政化)的现代组织理论。但在中国条块管理的党政架构下,更重要的,在法院内外盛行的目标管理责任制下,这一力求司法专业化的改革不得不承受意料之中的失败。

本节先讨论法院扁平化管理得以可能的几个制度条件,再以当下的中国法院现状和目标管理责任制为前提分析这一改革取向之所以不太可能成功的几个原因。

何谓法院的扁平化管理?根据管理学的界定,相对于纵向的层级化管理,扁平化管理的特点是管理层级少,管理幅度大。由于大幅度减少了管理层级,可以提高信息流通效率和减少上下级之间的信息扭曲及信息成本。由于有效管理幅度有限(一般基层管理为15—20人,中层管理为10人,高层管理一般小于7人),所以组织人数比较少是适用扁平化管理的前提。而当一个组织的人数确定后,由于有效管理幅度的限制,就必须增加管理层次。管理层次与管理幅度呈反比。由于企业内员工众多,IBM公司内部的管理层次曾经高达17层。②

根据这一界定,再加上国外法院的制度实践之经验,我们可以将法院适用扁平化管理的前提概括为三点。首先,是法官人数少,比如美国联邦最高法院只有9个大法官,各个联邦上诉法院的法官人数也很少,比如联邦第七巡回上诉法院只有20多个法官,地区法院的法官也不到百人;其次,法院内部的运行仰赖一种基于专业化分工的专家系统,也即法官均为具备丰富司法经验和高超司法能力的法律专家;最后,不管是民众还是统治者,对这些专家型法官均很信任,不仅没有针对他们的事后监督管理,更不可能对他们的审判工作展开和奖惩挂钩的绩效考评。

以此观之,中国法院系统可能没有适用扁平化管理的基本前提。首先,不管是全国性数据还是每个具体法院的数据,中国法官数量众多。根据刘忠的研究,经过九次大规模增编,法院编制从1979年的5.9万人扩充到了2007

---

① 王亚新:《社会变革中的民事诉讼》(增订版),北京大学出版社2014年版,第167页。
② 请见王凤彬、郑红亮:《IBM公司的兴衰及其对我国企业的启示》,载《改革》1997年第2期,第108页。

年的33.7万人①，就连力图分流减员的法官员额制改革后，全国的员额法官数量也高达12万余人。② 就每个法院而言，经过40年的扩编增员，就连最小的基层法院，有中央政法编制的法官可能也有一百余人了。如果每一层级的有效管理幅度有限的话，请问法院内部有这么多法官，如何扁平化管理？我在位于东南地区的某基层法院调研时，关于扁平化管理，有个法官说得很好：

> 最高院推行扁平化管理，我觉得它是为了司法责任制落实得更加公平公正，防止司法腐败。它这个最大的打算就是弱化监管的同时让一线法官承担责任。但问题在于现在监管根本不可能弱化，反而在增强。还有一点更重要的，随着案件量增多法官也越来越多，相应的法院内的管理人员也在不断地增加。我们法院大概两三百人，像一些大的法院，比如北京的海淀法院，现在就有975人，差不多一千人了，这种情况下，你怎么实行扁平化？（访谈编号：CJJS1804）

其次，很多中国法官并不具备现代工商社会所需要的既能够"定分止争"又能在立法不及之处重塑规则的能力（在很大程度上，这是一种能够落实现代"规则之治"的司法技巧与经验），因此，法院内部并不存在这种作为司法正当化基础之一的专家系统，更不用说法院的运行要仰赖于该系统的存在。相反，中国法院内部充斥着多层次的、复杂的权力等级，呈现出浓厚的纵向权力层级结构或等级化链条，这使得扁平化管理的运行缺乏基本的制度前提。

最后，也是最重要的，中国法院内外盛行的目标管理责任制使得法院领导通过审判管理流程和绩效考评机制监督管理法官成为日常的基本操作，法官的工作量大小和工作质效高低成为法院对其进行奖惩的根据。更需要我们注意的是，法院领导的这一监管虽然有违现代程序法治，但在中国的政治架构下却有其正当性和合理性。因为法院领导之所以要全力监管法官的一言一行，是因为法院内各责任主体之间存在一种责任连带关系，作为第一责任人的院长自然要履行其剩余控制权。

不仅如此，法官工作好坏、产出的司法产品质量如何还直接影响着法院院长的政绩并间接影响着院长未来的仕途升迁。因为，在中国，法院与一般行政机关一样嵌入在"条""块"交错的权力结构之网中，不仅法院审判、执行

---

① 请见刘忠：《员额制之后：法院人员分类构成评析》，载《华东政法大学学报》2020年第6期，第89页。
② 《中国法官员额制改革全面完成 12万余名法官入额》，"中国新闻网"2017年7月3日报道，网址：http://www.chinanews.com/gn/2017/07-03/8267471.shtml，2021年8月30日最后一次访问。

工作的顺利开展依赖于网络之中关联机关的配合,法院审判、执行的绩效如何也主要由网络之中的上级关联机关来评定。① 在这种宪政架构下,法院接受同级党政的领导并服务于党政的各项工作就是理所当然,而同级党政和上级法院要求法院院长率领全院干警完成落实各种责任状和相关指标考评也是分内之事。

我们可以从一个前高级法院院长的"政绩观"了解中国法院内部的层级化管理和绩效考评机制:

> 所谓政绩观,顾名思义就是指追求为政业绩的根本认识和态度。"一把手"的认识是否正确、态度是否端正,对一个部门或地方的施政影响至关重要。院长作为"一把手",应当成为审判管理的主角,善于准确把握审判工作整体运行态势,研判审判工作运行规律,及时"发号司令",确保司法产品整体产出质量。分管院领导作为审判业务条线第一管理责任人,应当善于管理、勤于管理、精于管理,以审判业务条线审判质量的提升,为全院整体审判质效贡献力量。庭长作为部门掌门人,应当严控案件审判流程,严格案件质量评查督导,严查案件数据信息,严考法官司法技能,切实提高实体审判工作的质量和效率。法官作为最广泛的审判管理责任主体,要加强自我管理,提高职业素养和专业技能,将公正、廉洁司法化作个人的思想准则和自觉行动。②

综上,从法院推行扁平化管理的三个前提条件出发,再结合中国法院的实际状况和目标管理责任制,我们分析了最高法院在"四五改革纲要"中试图大力推进的法院内部管理扁平化改革在目前的制度背景下之所以不可能成功的原因。当然了,最高法院想要推行这一改革说不定有它的目的,那就是借此改革更加强化法院系统内部的行政化。比如,当时宣传的法院扁平化试点就是一个弱化了审判反而强化了法院内部各项行政管理的方案,因为在该法院内部的八大中心中,只有两个是专业的审判中心,其余六个均为程度不同的管理中心。③

最后,关于法院内部的扁平化管理改革,我还想多说两句。中国法院系统的各项改革,只要上面想推动,下面各级法院肯定是要全力配合和落实的。

---

① 左卫民等:《中国基层司法财政变迁实证研究(1949—2008)》,北京大学出版社 2015 年版,第 407 页。
② 钱锋:《以正确的司法政绩观引领审判管理科学发展》,载《人民司法(应用)》2012 年第 13 期,第 30 页。
③ 资料来源:《司法机关机构改革来了! 法检将"瘦身"》,网址:https://baijiahao.baidu.com/s?id=1609040436844788907&wfr=spider&for=pc,2018 年 8 月 29 日最后一次访问。

但问题在于,这种配合是全力以赴还是"上有政策,下有对策"还真的说不清楚。下面的访谈中,关于基层法院全面取消研究室的改革实效就可见一斑。

艾:去年你们法院进了几个人?

受访法官:去年有6个,4个去了审判部门,我在办公室,另外有一个小姑娘去了研究室。

艾:不是没有研究室了吗?

受访法官:研究室虽然没了,但是我们还是叫那个名字,职能没有变。

艾:那官方名称叫什么?

受访法官:执行裁判庭,是执行局衍生出来的一个机构。

艾:那它算是执行局下面的一个机构吗?

受访法官:原则上算,但实际上承担的就是原来研究室的工作。

(访谈编号:CJJS1804)

六、不算是结论的结论

作为一种实践性的制度体系,目标责任制在上下级政府权威关系的基础上,引入了一种更具平等意涵的"责任—利益连带"关系,从而实际上创造出一种少见的政府间全面竞争的机制①,在很大程度上,这一政府间的全面竞争是改革开放以来中国全面崛起和经济腾飞的重要原因。②

与现代科层制相比,以属地发包为主要特征的目标管理责任制显然可以显著减少中央治理国家的监督和管理成本。但正如周黎安教授所指出的,中国的问题在于,国家治理长期贯彻的是自上而下的统治逻辑,普通公民参与国家治理和表达权利诉求的机会有限,加之法治不完善,使公共服务质量压力更多让位于治理的成本压力。对于这种治理模式而言,总委托人(最高统治者)必须面对各种可能的统治风险,因而必须在一些重要领域(比如人事权、干预权、审批权和指导权)采取集中控制的方式,最大限度防止统治风险的发生。这样就形成了中国独特的"集权—分权"的独特组合及其潜在的

---

① 王汉生、王一鸽:《目标管理责任制:农村基层政权的实践逻辑》,载《社会学研究》2009年第2期,第29页。
② 周黎安教授就认为逐级行政发包和横向政治锦标赛的结合可以解释中国经济为何在世人不看好的情况下获得高速增长的现象。请见周黎安:《转型中的地方政府:官员激励与治理》,格致出版社、上海人民出版社2008年版。

悖论。①

　　在这种国家治理逻辑下,加诸法院身上的目标管理责任制使得法院院长成为责任状的第一责任人,该制度在法院内部的复制不仅愈加强化了法院内部的纵向层级制和等级化链条,更正当化了法院院长通过审判流程管理和绩效考评机制控制每一个法官的内部监管机制。虽然有学者称赞中国法院经过长期实践探索、调整和总结,已逐步形成了一套较为稳定的以"中国式科层制"为特色的"多主体、层级化、复合式"的审判业务运行机制和管理体制②,但本章的结论却是这种审判管理体制不仅消解了现代程序法治的正当性基础,更使得种种意在推进司法职业化的改革步履维艰。

　　毋庸置疑,司法改革是中国社会转型中的一个重要的组成部分,也是中国政治体制和社会治理方式变革的一个重要部分③,但从制度互补性和整体性的党政体制的角度,我们可能就能够更清晰地观察中国司法改革的运行逻辑和内在困境,也能够清醒认识到很多来源于域外法治国的制度改革不容易成功的根本原因。因为制度变迁要成功,必须要求参与人行动决策规则的策略选择,连同相关的共有信念,同时发生一种基本的变化才有可能。④ 而制度设计者的社会目标,也只有在法律和其他社会规范所共同提供的制度激励下,经由理性的人们在社会博弈中的纳什均衡策略行为,才能够得以实现。那些没有在理性人的预设下和博弈思想指导下制定的改革方案,难以经受理性的利己主义者和机会主义者的冲击与时间的考验,就会逐渐成为"沙滩上的建筑"。⑤

---

① 周黎安:《行政发包制》,载《社会》2014年第6期,第22页。
② 顾培东:《人民法院内部审判运行机制的问题》,载《法学研究》2011年第4期,第5页。
③ 苏力:《经验的研究司法——〈联邦法院〉代译序》,载〔美〕理查德·A. 波斯纳:《联邦法院:挑战与改革》,苏力译,中国政法大学出版社2002年版,第Ⅷ页。
④ 〔日〕青木昌彦:《比较制度分析》,周黎安译,上海远东出版社2001年版,第235页。
⑤ 丁利:《制度激励、博弈均衡与社会正义》,载《中国社会科学》2016年第4期,第137页。

尾论　中国理论的可能性和中国问题的复杂性

一、中国理论的可能性

基于大量的实地调研数据,本书发现了中国法官管理制度变迁的几个现象:(1) 在法官外部遴选标准不断提高的同时法官薪酬的地方化和行政化却越来越严重;(2) 忽视知识分工和专业分工的必要性,法官在法院内部可以被随意地行政调动;(3) 法官绩效考评方式越来越数字化;(4) 中国法官群体普遍追求"行政级别升迁"和收入,并在此基础上概括总结了大众化、行政化、地方化的中国法官管理模式以及在经济转型和社会变迁背景下的"变"(法官遴选大众化向职业化的变化以及绩效考评数字化的出现)与"未变"(法官管理行政化和地方化)。与域外法治诸国相比,这是一些独特的中国现象和中国问题,既有的域外理论既涵盖不了又回答不了这些问题。也正是在这里,我们发现了中国学者基于中国问题提炼中国理论的可能性。

(一)法官管理有效性理论或者更一般的组织管理有效性理论

波斯纳法官曾在《法官最大化些什么?》一文中提炼和总结了美国联邦上诉法官的效用函数,他的分析表明收入、声誉、投票和休闲是美国法官的偏好。① 和本书第五章中提炼的中国法官的效用函数不同,由于美国法官的金钱收入固定,波斯纳认为收入不会对法官的审判效用和休闲效用产生什么影响,只是法官的兼职收入可能会影响休闲和某些法官的司法努力。比较中、美法官的效用函数,其中的差别非常明显。除去对休闲的追求具有共同性之外,美国的法官更多最大化声誉和投票效用(对于那些非同寻常的法官,声誉

---

① 该效用函数的正式模型,请参见〔美〕理查德·A.波斯纳:《超越法律》,苏力译,中国政法大学出版社1999年版,第157页。这个模型很简洁,但结合前文波斯纳就法官投票和休闲展开的深入分析,却很不准确。不仅"投票"这一美国联邦上诉法官最看重的偏好没有进入该效用函数,而且在我看来,所谓"众望""威望"这样的偏好实际上只是"声誉"的函数,不应该将它们并列。这些疏忽的存在很有可能是因为《法官最大化些什么》一文仅仅是演讲稿(根据波斯纳的介绍,这篇文章的最早版曾在乔治·梅森大学的一个讨论会上、在美国法律经济学协会的一次年会上,并作为哈佛大学的一次政治经济学讲演发表过),而不是正式发表的论文,波斯纳因此才不够仔细。请见〔美〕理查德·A.波斯纳:《超越法律》,苏力译,中国政法大学出版社1999年版,第Ⅳ页。

更具有压倒一切的力量),而其中国同行则更看重收入和行政级别升迁的最大化。

同为解决纠纷、实现规则之治的法官,其效用函数为什么有这样大的差异?答案有两个:其一,构成法官的人不一样。在美国,法官遴选制度相当苛刻和严格,具备优秀的法律职业业绩和司法经验是当然的前提条件。那些愿意当法官(满足其"参与约束"①)并符合遴选条件、通过了严苛遴选程序的法律人显然更愿意玩波斯纳称之为"司法游戏"的游戏(这在某种程度上是美国传统司法职业意识形态的函数)②,也更享受"投票"带给他们的效用。法官职位对他们更多意味着荣誉与责任。相反在中国,1999年司法改革之前几乎没有什么法官选任制度,也因此法院的法官良莠不齐,各色人等俱全(第五章中关于法官构成和法官学历的数据表明了这一点)。这样的法官显然很难具备波斯纳所称的"司法游戏感",也不太可能指望他们看重法官的职业荣誉和社会声誉。

其二,法官管理制度不一样。如果仅仅是人的不同,将经过千挑万选的美国法官放到中国,其效用函数就应该不会有太大的变化。但这却不是一个让人信服的假设,同时也反过来说明了制度的重要性。在美国,消除联邦法官激励因素的努力最多,法官终身制、既定的法官工资、很少的法官管理都是证据。③ 即便为了应对案件负担的增长,波斯纳提出要加强法官管理,但其措施也仅仅是统计法官的工作表现并公之于众以及重视判决引证率等,在我们看来其实仍然不太严格。④ 在中国,情形就完全不一样了。第五章已经指出了中国各种正式、半正式和非正式的法官管理制度对中国法官"如影随形"的监督与管理,不仅如此,出于对中国法官群体的不放心,还有来自党委、人大、媒体和公众的外部监督。可以说,对法官的监督和管理,中、美两国的制度几乎处于完全对立的两个极端。

因此,以一种开阔的比较视野我们发现了两种完全不同的法院管理图

---

① 即当法官对他有吸引力,也就是当法官的期望效用大于当法官的种种成本之和。
② 〔美〕理查德·A.波斯纳:《超越法律》,苏力译,中国政法大学出版社1999年版,第155—156页。
③ 就如同波斯纳法官指出的,"联邦法官可以懒惰,可以没有法官气质,可以糟践下属,可以毫无理由地训斥出庭律师,可以道德不良受到谴责,可以几乎是或就是老得走不动了,可以不断犯低级的法律错误并且判决不断被推翻,可以出于各种考虑将一些本来几天或几个星期就可以作出完美判决的案件拖上个几年,可以向传媒透露机要信息,可以赤裸裸地追求政治议事日程,以及可以有其他不良的行为(而如果是其他定了职的公务员或大学教师有这些行为就可能被解雇),他还是可以保住自己的职务。"〔美〕理查德·A.波斯纳:《超越法律》,苏力译,中国政法大学出版社1999年版,第128页。
④ 〔美〕理查德·A.波斯纳:《加强管理》,载《联邦法院——挑战与改革》,邓海平译,中国政法大学出版社2002年版,第234—251页。

像。一幅是域外的(包括美国也包括英国,在程度更轻的层面上,也包括了以德、法、荷兰等国为代表的欧洲),精挑细选的法官配以相对宽松的法官管理和监督;一幅是中国的(也是所有缺少现代司法传统的后法治国家的),低矮的法官进入门槛配以相当细密严格、但又可能相互冲突的法官管理和监督。先不论其效果如何,这两幅法官管理的图画看起来都还比较协调,换句话说,这两种完全不同、但却相互配套的法官遴选制度和法官管理制度其实分别是一种互补的整体性制度安排,而且相对稳定,因为"制度间共时性相互依赖可能会作为每个博弈域的均衡结果而出现"。①

但其内部相互协调的这两种整体性制度安排,社会效果却很不一样。由于历来都由德高望重、品行学识俱佳的律师和法学家担任,美国法官,特别是联邦法官在美国公众心目中的地位颇高,人们尊崇他们并信任他们的判决和司法意见,以至于托克维尔要说"美国的贵族是从事律师职业和坐在法官席位上的那些人"。② 而中国的法官呢?改革开放以及随之而来的社会转型变迁带来了巨大的社会冲突和纠纷,法院和法官的重要性也就在这一背景下凸现了出来。但在老百姓对司法的需求越来越大的同时,严格法官选任制度的缺失不仅使得素质低下的法官无法应对这一需求,更造成少数法官利用法定司法裁量权"左右逢源""上下其手"。对"司法不公""司法腐败"的民怨沸腾又使得执政党更进一步加强本已非常严格细致的法官管理和监督制度。如果严格甚至弥散化的管理制度能够有效制约这些素质相对不高而又有强烈收入偏好的法官,问题倒还好解决。但可惜的是,由于司法活动的低特定性和难以监管性,这些监管措施在实践中不仅可能变形,而且往往并不能奏效。

问题出在哪里,又该如何解释中外法官制度不同的社会效果呢?根子还在司法工作的特性以及信息问题上。

先来看信息问题。由于任何组织都要面对由于雇主和雇员之间信息不对称而带来的"如何选对人"和"如何激励人"的问题,作为"非营利性组织"的法院当然也不例外。这其实就是法院所要致力于解决的人力资源管理问题。首先是"如何选对人",这其实就是我们常说的法官遴选制度。我们都希望选出能力、人品都不错的人担任法官,但如何在众多申请者中选择出最合适的人选却不是一件容易的事。由于签订合同之前存在的机会主义,在信息不对称的情况下选择一个有才干的人不容易,选择一个品性好的人也不容易,选择一个德才兼备的人就更不容易。每个人的能力有别,人品有别,想加入法院的动机也不同。这种信息不对称使得申请者可能了解自己的情况而法院不了解,甚至有时甚至连申请者本身可能也未必了解自己究竟能干什么,是否

---

① 〔日〕青木昌彦:《比较制度分析》,周黎安译,上海远东出版社2001年版,第229页。
② 〔法〕托克维尔:《论美国的民主》,董果良译,商务印书馆1988年版,第310页。

喜欢并适合法官的职位和工作。这种事前的信息不对称,又称隐藏信息(hidden information),极易导致"劣币驱逐良币"的逆向选择(adverse selection)。①

那么,如何才能选对人,或者如何解决事前信息不对称带来的逆向选择问题?一句话,"解决这个问题依赖于如何设计机制使人们讲真话的收益大于撒谎的收益"②,而经济学的研究表明可以设计而且实践中也有很多办法能够缓解和解决这一困难。③ 第一种重要机制是信号传递(signaling),比如学历和受教育程度可以传递个人能力的信号,从而使受教育者在劳动力市场上显示出自己的能力。甚至"送礼"这一行为也能起到传递信号、增进合作的功能。④ 第二种机制是信息甄别(screening),指没有信息的那一方(比如雇主和保险市场的卖方),可以设计一个菜单让对方选择,然后通过对方的选择甄别对方的信息。⑤ 第三种是声誉机制,只要存在重复博弈的可能,声誉就是一个有效缓解信息不对称、促进合作的重要手段。⑥ 第四种是政府规制,主

---

① 研究"逆向选择"的开创性文献,参见 Akerlof, G., "The Market for 'Lemons': Quality Uncertainty, and the Market Mechanism", *Quarterly Journal of Economics*, vol. 84, issue 3, 1970, pp. 488-500;其他的一些经典文献还有,Rothschild, Michael, and Joseph Stiglitz. "Equilibrium in competitive insurance markets: An essay on the economics of imperfect information." *Uncertainty in economics*. Academic Press, 1978, pp. 257-280; Wilson, C., "The Nature of Equilibrium in Markets with Adverse Selection", *Bell Journal of Economics*, vol. 11, no. 1, 1980, pp. 108-130; Wilson, C., "A Model of Insurance Markets with Incomplete Information", *Journal of Economic Theory*, vol. 16, no. 2, 1977, pp. 167-207; Spence, A. M. "Job Market Signaling", in *Uncertainty in economics*. Academic Press, 1978, pp. 281-306; Spence A. M., *Market Signaling*, Harvard University Press,1974。
② 张维迎:《产权、激励与公司治理》,北京大学出版社 2005 年版,第 44 页。
③ 以下的理论总结也来自于张维迎教授的《产权、激励与公司治理》,同上注,第 44—47 页。
④ 相关的重要文献,参见 Spence, A. M., "Job Market Signaling", in *Uncertainty in Economics*, Academic Press, 1978, pp. 281-306; Spence A. M., *Market Signaling*, Harvard University Press, 1974; Eric A. Posner, *Law and Social Norms*, Harvard University Press, 2000。波斯纳的这本书已有中译本,参见[美]埃里克·A. 波斯纳:《法律与社会规范》,沈明译,中国政法大学出版社 2004 年版。
⑤ 这是斯蒂格利茨的重要理论贡献,参见 Rothschild, M., and J. Stiglitz, "Equilibrium in Competitive Insurance Market", *Uncertainty in Economics*, Academic Press, 1978, pp. 257-280; Stiglitz, J., and A. Weiss, "Credit Rationing in Markets with Imperfect Information", *American Economic Review*, vol. 71, no. 3, 1981, pp. 393-410。
⑥ 随着博弈论的引入,国外学界(不仅是经济学界,也包括社会学、法学和政治学界)对声誉机制和社会规范的研究可说成果卓著,其中的一些经典文献包括,Merry, Sally Engle, "Rethinking Gossip and Scandal, In Towards a General Theory of Social Control Fundamentals", in *Toward a General Theory of Social Control*, Academic Press, 1984, pp. 271-302; Schelling, Thomas C., "Promises", *Negotiation Journal 5*, 1989, pp. 113-118; Bensen, Bruce, "The Spontaneous Evolution of Commercial Law", *Southern Economic Journal*, vol. 55, no. 3, 1989, pp. 644-661; Ellickson, Robert C. *Order Without Law: How Neighborhoods Settle Disputes*, Cambridge: Harvard University Press,1991; Greif, Avner, "Reputation and Coalitions in Medieval Trade: Evidence on the Maghribi Traders", *Journal of Economic History*, vol. 49, no. 4, 1989, pp. 857-882; Macauley, stewart, "Non-Contractual Relations in Business: A Preliminary Study", *American Sociological Review*, vol. 28, no. 1, 1963, pp. 55-69; Migrom, Paul R., Douglass C. North, and Barry R. Weingast, "The Role of Institutions in the Revival of Trade: The Law Merchant, Private Judges, and the Champagne Fairs", *Economics and Politics*, vol. 2, no. 1, 1990, pp. 1-23。

要针对那些信息高度不对称的商品和市场,比如证券市场的信息披露制度以及对药品生产、销售的严格监管。

具体到法官的遴选,(1)几乎所有的国家(可能只有缺乏现代司法传统的某些后法治国家例外)都要求法官候选人具备最基本的法学本科学历,该学历就是一个花费了候选人成本因此能够显示被挑选者能力的有力信号;(2)由于法律职业共同体和司法服务市场的存在,法官候选人的能力和品性完全可以在长期的司法实践中得以体现,换句话说,其职业声誉能够有效减轻法官遴选过程中的信息不对称;(3)已有的法官薪酬制度能够剔除那些认为当法官的机会成本太大的法律人,在某种程度上固定的法官工资就是一种有效的信息甄别制度。因此,除了政府规制,消解事前信息不对称的种种制度设计在国外法官遴选制度中都有所体现。比如,在美国,联邦法官都是从长时间从事司法或与司法相关工作的律师、法学家或其他法律人中挑选。首先,这些人当然都有专门的法科训练背景,因为在法学院获得法律博士(JD)学位,这是从事法律工作的必备前提。其次,由于存在相对完善的司法服务市场和法律职业共同体,长期司法工作积累起来的声誉就能起到传递信号的功能,从而减轻法院和法官候选人之间的信息不对称。更何况一个人经历了岁月的洗礼之后对自己的偏好和能力会比年轻时了解得更清楚,一旦选择当法官当然就不再轻易动摇,而且他/她也不太容易受到金钱等物质利益的诱惑(因为既往的司法实践已经让他们拥有了不错的物质条件,用波斯纳的话来说就是其"道德成本"已经很低了)。这样的选任方式可以比较容易地解决法院在遴选法官时所面临的信息不对称问题。

除了英美,欧洲各国的法官选任制度同样非常严格。根据《德国法官法》,那些期望从事司法工作的人员必须先在大学里学习4—5年的法律,然后参加两次州统一司法考试。通过了严格初试的候选人要进行为期两年的司法实践培训,再接着参加州复试,包括长达40个小时的笔试(8项笔试,每项5个小时)和5个小时的口试。通过第二次州试后就可以申请法官资格,但只有两次考试成绩优秀和优异的前15%的申请人有被选拔的可能。另外,为了更好地了解候选人的品行,申请者被任命为法官前还必须通过一系列面试。最后,即使候选人被司法部任命为法官,最初也只取得见习法官的资格,在三年的见习期间,只要有迹象表明其不是从事司法职业的合适人选,那么可以在不通知本人的情况下解除其法官职务。[①] 虽然是有司法官僚化

[①] 上述关于德国法官遴选制度的内容,来自关毅:《法官遴选制度比较(上)》,载《法律适用》2002年第4期。除了德国,该文还详细介绍了英国、美国、加拿大、荷兰等国以及欧洲司法委员会遴选法官的具体程序和制度。

传统的大陆法国家,德国同样是根据信号传递、信息甄别和声誉机制的基本道理建立起严格的法官遴选程序和制度,从而比较有效地解决了这一事前信息不对称的问题。

因此,"如何选对人"其实是一个如何有效解决候选人"德"和"才"的问题。有了这样的认识,我们再反观中国的法官遴选制度。先不谈司法改革之前的法官选任(那时几乎就没有选任这一说),在很难了解候选人的道德水准和能力的情况下,中国现行制度(准确一点说,应该是未来的理想制度)是以能力为标准,即从通过司法考试(现在叫国家法律职业资格考试了)的人中选任(实际上更多可能从各个法学院通过了司法考试的应届毕业生中招聘)。但在相当缺乏司法职业伦理传统的当代中国①,如果忽视了对候选人"德"的考察,后果其实非常严重,其不仅直接导致法官道德成本的上升,更在一定程度上间接造就了难以解决的司法腐败问题。更糟糕的是,即便是通过司法考试这样一个不完美的法官遴选标准,在实践中也很难真正落实和有效。一方面,是通过了司法考试的应届法学院毕业生愿不愿意进入法院(或者,进法院是否满足其"参与约束")的问题。在各行各业都在竞争人才的今天,收入不高、责任和风险不小的法官职位对很多有能力并有更多挣钱机会的人而言并没有太多吸引力。②另一方面,那些法院内部通过了司法考试的法官倒有很多借此机会离开了法院,形成了司法考试制度设计者们没有意料到的一个"逆向流动"。③在当前的种种制约下,如何有效地遴选"德才兼备"的法律人才是中国法官选任制度最困难但也最重要的问题。

再来看"如何激励人"。法官一旦进入法院,如何制定制度和规则激励法官努力工作就成了法院人力资源管理中另一个重要的大问题。如果说"如何选对人"面临的是事前的信息不对称,解决的是逆向选择引起的"德"和"才"

---

① 一个完善的司法职业伦理传统在某种程度上是正式的法官管理制度的替代,这样一些能够为法官"自我实施"的行为道德规范能够部分弥补法官遴选过程中对候选人"德行"考察的忽视。福山也指出,很多组织"不通过严密的考核和问责制度并使用复杂的个人激励方法,而是依靠规范来寻求从特定性低的工作中获得最佳的绩效"。"依靠制度化的机制和非正式的规范相结合的办法,对提高特定性低的工作的绩效通常颇为重要。"参见〔美〕弗朗西斯·福山:《国家构建——21世纪的国家治理与世界秩序》,黄胜强、许铭原译,中国社会科学出版社2007年版,第44—45页;关于职业伦理,参见〔法〕爱弥尔·涂尔干:《职业伦理与公民道德》,渠东、付德根译,梅非、渠东校,上海人民出版社2001年版,特别是其中关于职业伦理讨论的第一章、第二章和第三章。对司法职业伦理的简单讨论,参见张薇薇:《法治背后的人治——职业法律家阶层存在条件探析》,载《北大法律评论》(第4卷第1辑),法律出版社2001年版,第194—196页。

② 我所在的北京大学2001级法律硕士班毕业180余人,最后进入法院的只有2人,大多数人都去了律所、银行和大公司,就是一个例证。

③ 苏力对此有过深入的讨论,请见苏力:《法官遴选制度的考察》,载《道路通向城市》,法律出版社2004年版,第253—254页。

的问题,那么"如何激励人"面临的就是事后的信息不对称,需要解决由于道德风险(moral hazard)而引起的"勤"和"绩"的问题。① 福山一语道破了组织管理理论中的核心问题,"许多组织理论均围绕着唯一一个中心问题,即法律授予的自由裁量权。组织理论的难题在于虽然效率要求在决策和权力中授予自由裁量权,但授权的每一个行动都带来控制和监督的问题"。② 一方面,为了组织的有效运作,必须有适度的授权,另一方面,由于机会主义行为和道德风险的大量存在,监督雇员是否勤奋工作以及考核其工作绩效又很困难。正是在这样的背景下,能够有效减轻解决道德风险问题(或者代理问题)的管理和监督制度才变得重要了起来。

什么制度能够有效解决由于信息的事后不对称而引发的道德风险问题?经济学家们已经给出了一些答案,比如组织内部的声誉机制,根据雇员过去的努力和可信任程度对其提升;风险分担合同,即期权制度,使得雇员和雇主的利益一致和趋同;"油锅"合同,即如果企业红利降低就解雇代理人;效率工资,即为了使代理人害怕失去工作,向他支付超出其能力或者高于其市场价格的工资;锦标赛制度,指几个代理人为一个职位竞争,胜者就任;第三方监督,指委托人(雇主)雇佣顾问来评价代理人的业绩等。③ 具体到法官的管理,由于法官职位具有很大程度上的国家垄断性(缺少市场的竞争),期权制度、锦标赛制度和"油锅"合同根本不可能适用;又由于法官工作低特定性的特点,或者说由于司法裁量权导致的难以监督,聘用第三方顾问评价其业绩基本也不可能。因此,能够有效消减法官事后"道德风险"问题的制度可能就只有法院系统内部的声誉机制和效率工资制度。

也因此,我们比较国外的法官管理制度,一个最明显的发现就是不论是英美,还是德日,法官的高工资是一个普遍的情形。除了法官工作本身的重

---

① 简单地说,"道德风险"是指当雇主期望的雇员行为不易观察清楚的情况下,签订合同以后产生的机会主义。对于事后信息不对称引发的道德风险问题,经济学家也有大量出色的研究。其中的一些经典文献包括,Alchian, A., H. Demsetz, "Production, Information Costs and Economic Organization", *American Economic Review*, vol. 62, no. 5, 1972, pp. 777-789; Jensen, M., W. Meckling, "Theory of the Firm: Managerial Behavior, Agency Costs, and Ownership Structure", *Journal of Financial Economics*, vol. 3, no. 4, 1976, pp. 304-360; Fama, E., "Agency Problems and the Theory of the Firm", *Journal of Political Economy*, vol. 88, no. 2, 1980, pp. 288-307; Holmstrom, B., "Moral Hazard in Team", *Bell Journal of Economiocs*, vol. 13, no. 2, 1982, pp. 324-340; Shapiro, C., and J. Stiglitz, "Equilibrium Unemployment as a Discipline", *American Economic Review*, vol. 74, no. 3, 1984, pp. 433-444;张维迎:《企业的企业家——契约理论》,上海三联书店、上海人民出版社 1995 年版。
② 〔美〕弗朗西斯·福山:《国家构建——21 世纪的国家治理与世界秩序》,黄胜强、许铭原译,中国社会科学出版社 2007 年版,第 44—45 页。
③ 这些解决办法来自拉斯缪森的总结。参见〔美〕艾里克·拉斯缪森:《道德风险专题》,载《博弈与信息——博弈论概说》,姚洋等译,北京大学出版社 2003 年版,第 229 页。

要性,其薪酬制度安排背后可能也体现了经济学之"效率工资"的道理。另外一个发现同样是普遍性的,那就是由法官声誉机制支撑的法院系统的内部晋升制度。欧洲不用说了,即使是对面前既没有"胡萝卜"又没有"大棒"的美国联邦法官,虽然概率不大,但从联邦地区法官提升为联邦上诉法官以及从联邦上诉法官提升为最高法院法官仍然是悬在他们面前的一点"胡萝卜"和激励。不过总体而言,由于严格和有效的筛选制度已经选出了一些有能力、有良好工作习惯和道德水准的法官,事后的信息不对称问题其实已经不太大,因此对他们已经不太需要过多的管理和约束(虽然也不能说完全不需要,声誉就是一个有效的约束机制)。"法官独立"也只有在这样的条件和背景下才有可能。

在中国,由于没有严格有效的法官选任制度,法官进入法院以后,如果缺乏有效监督以及对其工作努力程度和工作绩效的准确度量,法官的道德风险问题势必非常严重。因此,中国当前的法官管理制度是严密的公务员式的科层制管理,实践中运用前文已经详细分析过的行政化管理制度和审判质效评估指标体系来控制法官并衡量其工作能力和努力程度。但这种管理方式能否有效解决法官的道德风险问题却是存疑的。

综上,在功能分化的现代社会,分工、授权和信息分散化导致信息问题的普遍性,假以"逆向选择"和"道德风险"的理论视野,比较中西的法官管理制度,我们可以得出一个一般性的结论:

命题 1.1 事前的法官遴选制度越有效,事后的法官管理和监督制度就越少,也越不重要;反之,事前的法官遴选制度越没有效果,事后的法官管理和监督制度就越严格细密,同时也越重要。

这其实就是"如何选对人"与"如何激励人"之间的"trade-off",也即事前的法官遴选制度和事后的法官管理制度之间的相互替代,同时这一命题也是对前文所描述的两幅中外法官管理图像(内部看起来分别协调但却完全不同)的理论总结。更进一步,这一理论不仅仅适用于法院组织和法官,由于所有的组织都要面临"人性"和"信息"问题的制约(在很大程度上,这两个制约其实是"理性有限"的人类所面临的永恒局限),在很大程度上,其背后的理论寓意是具有普遍性的。因此,有了下面这个更普适的命题。

命题 1.2 事前的人才选拔制度越有效,事后的人员管理和监督制度就越少,也越不重要;反之,事前的人才选拔制度越没有效果,事后的人员管理和监督制度就越严格细密,同时也更重要。

该命题隐含着组织管理中可能存在的多重均衡,即在具体的组织制度设计时,根据自身特点和信息问题解决成本最小化的总原则在严格的事前选拔和事后的严格管理之间进行权衡和考量。同时,这也在一定程度上验证了福山的论断,"不论是私有领域还是公共部门,都不存在任何最佳的组织形式。组织设计没有普世的规则,这意味着公共管理学肯定不仅是门科学,还应具有艺术价值"。①

但问题仍然存在。不仅由于前文指出的中外不同的整体性制度安排迥异的社会效果,更由于不同组织所需的工作性质很可能大有不同,这一理论命题还需要进一步拓展和修正。为方便后面理论的进一步提炼,这里需要提前界定"工作特定性"这一概念。受经济学激励理论的启示,我认为所谓的工作特定性,主要是指工作行为的可观测性(observability)和可验证性(verifiability),隐含着监督的信息成本。如果工作行为即可观测又可事后验证,该工作的特定性就高,反之就低。

以此观之,以事后裁判为特点的司法工作,由于裁判权隐含着一种内在的自由裁量,因此法官的司法裁量权(既包括事实认定权,也包括法律适用和解释权)必然导致法官的思维过程既很难进行外部观测,又很难对之进行事后的验证或证实。换句话说,司法裁判工作必然呈现一种低特定性,导致很难对之进行有效的事后监督。如果缺乏严格有效的法官遴选制度,该特性的存在必然使得法院和法官之间事后的信息不对称非常严重,即便事后的法官监督和管理制度非常严格细密,问题可能也很难解决。这就是中国目前的困境所在。虽然既有的一整套细密复杂的制度能够解决一些表面上的道德风险问题②,但由于其忽视司法活动的特殊性,忽视法官审判活动的低特定性,这些制度安排不仅强化了需要减弱的法院行政化管理,还导致法官们为了保住自己的工资和奖金纷纷寻找各种方法推卸审判责任、分散职业风险,比如更加仰仗已有的案件审批制度和案件请示制度,甚至审判委员会制度。但这样的严格管理不仅不能减少法官审判工作中的道德风险③,反过来还非常不利于法官专业司法知识的获得和积累(对于身处城市中国的法官,这种司法知识又是相当重要和必需的)。不仅如此,这些为解决道德风险问题而设立的种种制度还更加强化了法院的内部行政性管理,而这种行政化管理又不利于法官专业司法知识的积累,法官缺乏司法知识又会更加依赖已有的行政性

---

① 〔美〕弗朗西斯·福山:《国家构建——21世纪的国家治理与世界秩序》,黄胜强、许铭原译,中国社会科学出版社2007年版,第44页。
② 所谓表面上的道德风险问题,指可以运用严格的事后管理适当消减的信息不对称情况,比如对法官考勤打卡可以促使法官按时上班,审限制度可以促使法官及时审结案件等。
③ 所谓审判工作中的道德风险,指由于法官司法裁量权的存在而导致事后管理不能消减信息不对称的情形,比如在法定范围内轻判还是重判,考不考虑加重或减轻情节,采不采信某个重要证据等无法监督和管理的法官工作。

制度,形成一种制度怪圈和制度的"恶性循环"。

借助中国法官管理制度的实例,我们发现了不仅"如何选对人"与"如何激励人"之间有一种"trade-off",工作特定性的高低更与"如何选对人"和"如何激励人"各自的重要性有很大的关联。具体而言,那就是工作特定性高或者比较好监督的行业,人才选拔制度不太重要(甚至需不需要选人都可以商量),但是事后的管理监督却相当严格;而那些工作特定性低或者不容易有效监督的行业,事后的管理监督由于用处不大因而不太重要,而事前的挑选和选拔必然是严之又严、慎之又慎的。因此,加上"工作特定性"这个重要的变量,前面的理论命题可以有如下的拓展和修正:

命题 2.1 特定性越高的工作,人才的选拔或者"选对人"就越不重要,而事后的有效激励和管理就越重要。

命题 2.2 特定性越低的工作,人才的选拔或者"选对人"就越重要,而事后的激励和管理由于功效不佳因而越不重要。

将以上两个命题加以综合,就有了下面这个极具普遍性和一般性的理论:

命题 2 对于组织管理而言,其工作特定性高低与人才选拔制度或者"选对人"的重要性恰好成反比,而与事后的监督管理制度或者"激励人"的重要性恰好成正比。

对这个理论命题,我们也可以用下面这个更直观的表格加以表示。

表 10.1 组织管理制度相对重要性表

	选对人	激励人
工作特定性低	很重要	不太重要
工作特定性高	不太重要	很重要

如果要更好地展示工作特定性高低以及"选对人"和"激励人"制度之间的连续性变化,下面这个坐标图可能会有所帮助。横轴表示工作特定性的高低,越往左,工作特定性越低,越往右,工作特定性越高;左边的纵轴表示人才选拔制度或者"选对人"的重要性,越往上,人才选拔制度越重要,越往下,越不重要;右边的纵轴表示事后的监督和管理制度的重要性,也是越往上该制度越重要,越往下,越不重要;而系列 1 表示人才选拔制度重要性曲线,系列 2 表示事后管理监督制度重要性曲线。

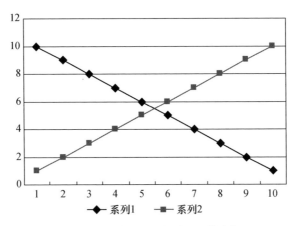

图 10.1 组织管理制度相对重要性坐标图

上图表明了"选对人"和"激励人"的重要性是怎样随着工作特定性的高低而变化的。举例而言,对于制造业的普通工人,其工作特定性很高,由于在生产流水线上的工作高度可观测、可验证,因此"选对人"根本不重要,当然也不需要什么人才选拔程序和制度,只要身体健康、有一点文化(甚至没有文化也行)就可以了。① 但是对进入工厂的工人,事后的管理和监督机制却是相当严格的,建立在系统的劳动分工基础之上、把生产划分为具有高度例行化的小而简单的任务(流水线作业就是典型)的泰勒主义就是如此监督的最高发展阶段。② 卓别林在《摩登时代》中的出色表演就是该制度或者泰勒主义的生动注脚。随着工作特定性的逐渐降低,人才选拔制度慢慢变得重要起来,相应地,事后管理和监督的重要性却在减弱。到了横轴的中点(工作特定性居中),人才选拔制度重要性曲线与事后管理监督制度重要性曲线正好相交,这意味着对于大多数工作特定性不大也不小的行业而言,事前的人才选拔与事后的管理监督同等重要,合理的制度设计应该根据事前、事后信息问题解决总成本最小化的原则进行适当的选择。因此,我们发现命题1、2是命题 2 的特例,只有在工作特定性居中、事前的人才选拔与事后的管理监督差不多同等重要的时候,"选对人"与"激励人"之间的"trade-off"才是有道理的。

最后,对法官、职业经理人、律师,甚至高校教师等人员的管理,由于司法审判、企业管理、法律服务和教学科研工作的低特定性,根据命题 2 和上图,严格甚至挑剔的人才选拔程序和制度就至关重要,事后的监督管理制度反而

---

① 所以我们看到没有多少文化的农民工一群一群地涌向深圳、上海等制造业发达的地区,而且经常是老乡带老乡地进入工厂打工。

② 关于泰勒主义或者科学管理理论,参见 Taylor, Frederick Winslow, *The Principles of Scientific Management*, Harper Brothers, 1911。

不太重要(因为此类工作一般很难监督)。对这类看重个人判断权、依靠个人自觉性的行业,由于事后信息不对称问题很难解决(司法裁量权和"业务判断规则"①的合理存在就是证据),"精挑细选的人才配以相对宽松的事后管理和监督"才是一个符合科学规律而且在现实中卓有成效的配套制度。但即便同为低特定性的工作,与其他有市场竞争机制的工作相比,由于法官职位的国家垄断性和缺乏竞争,法院和法官之间事后的信息不对称几乎没有什么可靠的其他解决办法,所以就更需要对法官候选人进行严格和长期的事前筛选。相反,虽然经理人和律师的工作也很难监管,但对于律师,由于存在竞争激烈的法律服务市场,"优胜劣汰"的市场机制能够传递其职业能力的信号从而自动为律师们定价,这在很大程度上减轻了律所和律师、律师和当事人之间事后的信息不对称;对于职业经理人,完善的职业经理人市场同样能够传递管理者的能力信号并为他们作价,这在很大程度上就是对其事后决策行为的一个有效制约。②

因此,由于法官市场的法定缺位,由于司法裁量权的普遍性③,即使在工作特定性都很低的行业中,法官职业事后的信息不对称情形也是最严重和最难消解的。但另一方面,"司法的全部功能都已经……转移了。表现在司法决定和判决中的国家意志就是以法官固有的主观正义感为手段来获得一个公正的决定,作为指南的是对各方当事人利益的有效掂量,并参照社区中普遍流行的对于这类有争议的交易的看法"④,"因此,法院手中的权力很大,从长远看来,'除了法官的人格外',埃利希说,'没有其他东西可以保证实现正义'"⑤。这其实从另一个角度证明了严格法官遴选制度之必要性,而有效的

---

① 所谓"业务判断规则"(business judgement rule),指面对瞬息万变的市场,职业经理人有根据自己的经验在自己的权力范围内做出商业判断的权利。除非证明经理人有明显过失,法院一般不会支持股东的诉讼。相关的讨论,参见张维迎:《业务判断规则》,载《产权、激励与公司治理》,经济科学出版社2005年版,第193—200页。

② 根据同样的逻辑,我们可以预测,对于很难监督和考核的高校教师,如果存在一个全国性甚至国际性的高校教师(或者教授)市场,能够快速有效地传递各领域教授们的能力信号和努力程度,然后据此为他们定价;一个流通性很好的教授市场既能解决高校选人时的事前信息不对称,更能在很大程度上对教授们形成强有力的制约,弥补高校和教授之间相当严重的事后信息不对称。

③ 法官不仅是案件裁判者,在很多时候,他还是"社会中的法律和秩序之含义的有效解释者"。由于立法的漏洞和缺陷,用卡多佐的话来说,法官"必须提供那些被忽略的因素,纠正那些不确定性,并通过自由决定的方法——'科学的自由寻找'——使审判、结果与正义相互和谐"。见〔美〕本杰明·卡多佐:《司法过程的性质》,苏力译,商务印书馆1998年版,第5—6页。

④ See, Gmeilin, "Sociological Method", *Modern Legal Philosophy Series*, vol. 9, no. 5, 1984, p.131. 转引自〔美〕本杰明·卡多佐:《司法过程的性质》,苏力译,商务印书馆1998年版,第45页。

⑤ 转引自〔美〕本杰明·卡多佐:《司法过程的性质》,苏力译,商务印书馆1998年版,第6页。

法官配套管理制度必然是该制度和司法职业伦理传统以及事后声誉机制(一种事后监督管理制度)的有机结合。

根据此处的理论建构和分析,再回头看当下的中国,我们不禁发现"低矮的法官进入门槛配以相当严格细密的事后监管制度"实际上是一套和法官职业特点不太吻合的法院管理制度。由于没有看到法官工作的低特定性和事后信息不对称的严重性,除了能有效增强已然很强的法院内部行政化管理,该制度结构在实践中可能不仅招揽不到优秀的法律人才,更难以真正有效地监督法官的审判工作。更进一步,在这样的制度结构中,中国法官也只能最大化其"行政级别升迁"和"收入","行政逻辑"在法院大行其道自然是"题中应有之意"。在很大程度上,我们应该根据信息经济学和机制设计理论的基本逻辑重新思考法官管理制度改革的未来方向。

接下来简要介绍一下程序制度的信息理论以及司法制度有效性理论。

(二) 程序制度的信息理论

根据马克思的"经济基础决定上层建筑"理论,我们发现市场经济是现代法治得以发生的最主要的社会经济基础,而法治以及附随其上的程序制度其实只是现代化这个席卷全球的历史性运动带来的与这一社会结构性变迁相互契合的组成部分。① 不同于传统小农社会,16世纪以来,随着工业革命开启了资本主义的大门,市场经济的形成和不断扩展改变了人类的思维模式、生活方式和交往途径,不仅社会结构从小范围的熟人社会逐渐转型为超大规模的现代陌生人社会,民商事纠纷解决中的各种信息问题也越来越严重。在我看来,现代程序制度在现代社会的出现和细化是为了回应和解决纠纷解决中的信息不对称以及分散因此而来的裁判风险。

具体而论,陌生人社会需要应对三个民商事纠纷解决中的信息难题:其一,作为事后中立第三方的法官如何了解案件事实,并在了解事实的基础上及时处理纠纷;其二,如何让双方当事人了解相关法律和对手的信息以便减少无谓诉讼;其三,对于那些无法避免的或因错误信息的引导而导致的司法错误,如何在当事人和法官之间分担责任和风险。对此,现代程序制度的应对之一就是构建一套用"结果意义上的举证责任"来解决案件事实无法查清时所谓"真伪不明"问题的民事证据规则,以及以当事人主义为中心制定一套保障诉权和审判权之间既合作又对抗的复杂程序制度。应对之二就是民事诉讼中审前准备程序和证据开示、证据失效规则的制定,试图解决双方当事

---

① 苏力:《道路通向城市:转型中的中国法治》,法律出版社2004年版,第166页。

人之间的信息不对称问题。应对之三就是初审(事实审)和上诉审(法律审)法院的分离,以实现基于司法个案的补充性的规则之治。以一种历史变迁的眼光,这些制度和理念的出现其实体现了人类社会结构变迁(从熟人社会到陌生人社会)后不得不从实体正义向程序正义转变的无奈。区别于事后正当化的程序正义理论,我把这种将现代程序制度的产生和发展归结于解决现代社会纠纷解决之信息难题的理论称为程序制度的信息理论。

(三) 司法制度有效性理论

现代陌生人社会除了给传统的纠纷解决带来了严重的信息问题和裁判风险分担问题,更带来了附随其上的司法正当性和效率性问题。如何解决?由于无论中西,几乎所有的程序制度和法官管理制度都意在回应上述信息和风险问题,司法制度的有效性也取决于能否成功突破信息和风险的制约。因此,如果公正与效率是司法的终极目标,如果所有人(既包括诉讼参与人或潜在诉讼参与人,也包括普通法官和法院领导)都是"趋利避害"的有限理性行动主体,法院应该受理确有争议且争议的解决有正外部性的案件(体现为通过法院的判决落实或明确规则,以稳定预期和促进陌生人之间的合作)以及以判决方式结案。但"应然"如何变成"实然"?除了需要一系列有效筛除潜在当事人提起机会型诉讼的制度化"篱笆",比如建构举证责任制度、诉讼费用制度和多元纠纷解决机制,更需要建构一套使得裁判者愿意且能够始终如一依法裁判的基础性制度。在现代工商社会,这就是本书集中讨论的法官高薪、严格的法官遴选、确保法官积累专业司法知识(熟练运用证据规则的知识以及正当化其判决理由的法律方法论知识等)的法官管理制度以及既制约法官又保护法官的现代程序制度。相反,如果在长期内,裁判者选择调解这种"含糊调停"的策略,将调高机会主义诉讼人的预期收益,从而在其他条件不变的情况下,未来会有更多的机会主义诉讼涌入法院,司法的效率性和公正性因此受损。

在我看来,一国司法制度安排(或变革)的成功与否应该以能否在国家可以负担的成本条件下解决诉讼当事人之间、诉讼当事人与法官之间以及法官与法院管理者之间的信息不对称,以及能否在诉讼当事人和法官之间有效配置因不可避免的事实难题而导致的裁判风险(这是司法和法院能够获得权威和正当性的基础)为标准。因此,在现代陌生人社会,一个有效的司法制度必须有机结合法官管理制度和现代程序制度,即只有建构并落实一套使得法官愿意并且能够始终如一依法裁判且能有效保障法官积累专业司法知识的法官管理制度和现代程序制度，才能实现司法的公正和效率。在很大程度上，这就是现代陌生人社会的司法制度有效性理论。

二、中国问题的复杂性和变革的艰难性

先看中国问题的复杂性。

细心的读者可以发现，前述提炼的三个中国理论若要成立，必须共享一个基本的理论前提，即当代中国已然实现了从计划经济到现代市场经济的经济转型，以及从乡土中国到城市中国，或者更准确地说从熟人社会到陌生人社会的社会结构变迁。只有具备了这一基本前提，为了保障市场经济主体的稳定预期，为了促进陌生人之间的相互信任，我们才需要现代法治（普遍性的规则之治）。进一步，为了实现普遍性的规则之治，我们除了需要普遍性的科学立法（譬如 2021 年 1 月 1 日起正式实施的《中华人民共和国民法典》），更需要一支足以落实这一事前制定的普遍性立法的专业法官队伍。这一批受过专业训练的职业化法官（隐含着法官遴选的高标准）除了应在简单和常规案件中通过依法判决落实立法已然明确的法条和规则之外，更需要在疑难案件的审理中通过事后的个案式的明确（在立法规则不明之处）或创造（在立法有漏洞之处）具体裁判规则以补充立法之不足并为未来人们的行为提供明确的规则指引。① 不仅如此，由于现代社会普遍的信息不对称，纠纷处理中的信息难题更使得我们必须建构一套程序法治以消解法官和当事人、当事人和当事人之间的信息不对称并据此使得法官在不得不的司法错误中有效脱身。② 以此观之，为了实现普遍性的规则之治，现代市场经济造就的陌生人社会亟须高质量的法律专才在既定程序的框架下通过依法判决和在"空隙处立法"（霍姆斯语）有效指引人们的行为并在此基础上实现稳定行动预期和促进陌生人合作的制度功能。正是在现代市场经济和陌生人社会的语境下，我们才理解了为何司法制度的有效性依赖于有能力依法判决和"漏洞"填补的职业化法官以及程序法治的建构和实施，为何现代工商社会的纠纷解决不得

---

① 在这个意义上，可以说市场经济就是法治经济，因为只有普遍性的规则之治能够提供足以使得市场经济生发和健康发展所需的制度基础和信任机制。关于市场经济就是法治经济的论述，请见习近平：《市场经济必然是法治经济》，载《浙江日报》2006 年 5 月 12 日"之江新语"专栏。也可见黄文艺：《高水平社会主义市场经济必然是高水平法治经济》，载新华网"学习贯彻十九届五中全会精神知识云课"，网址：https://baijiahao.baidu.com/s?id=1684152043112350441&wfr=spider&for=pc，2022 年 1 月 20 日最后一次访问。

② 桑本谦甚至将程序性规则和程序正义称为司法者的"脱身术"。具体分析，详见桑本谦：《疑案判决的经济学原则分析》，载《中国社会科学》2008 年第 4 期，第 119—120 页。

不从追求实体正义转向程序正义,以及为何现代工商社会的法官遴选必须高标准严要求,为何事后针对法官的监督管理很难奏效。

但中国问题的复杂性在于,当代中国并没有完全完成经济转型和社会结构变迁,我们还在历史三峡中艰难前行。因此,卢曼所言的社会分化当下并没有完全完成,法律系统还没有自成一体,更不用说自创生系统的建构和发展。① 但即便如此,当代中国已经初步建成有中国特色的现代市场经济已是事实。随着市场经济不断生长和发展,乡土中国和计划经济中国的熟人社会结构也已经逐渐演化变迁为以现代工商社会的陌生人社会结构为主、乡土社会的熟人社会结构为辅的共存局面。由此,就本书讨论的法官管理和程序法治(其实两者均为现代法治的具体落实)而言,在现代市场经济大背景以及陌生人社会必然的信息不对称条件下,我们需要回答:(1)法院系统如何才能吸引高质量的法律专才进入以及如何确保这些法律专才不会流失或离职?(2)这些法律专才在何种制度环境下才愿意依法判决并在此基础上积累专业司法知识?(3)由于现代社会必然导致的严重信息不对称和可能的司法错误,这些法律专才需要通过何种制度设计及其实施才能避免或降低当事人和民众对判决的不满以及分担不得不发生的司法错误?(4)这些法律专才在司法实践中积累的专业司法知识如何才能"凝固"为司法之法并成为普遍性规则之治的有机组成部分?

要有效回应上述问题,当代中国不仅需要设计科学的法官管理制度(比如法官遴选标准和薪酬水平的"双高"、不随意调动法官岗位以尊重专业司法知识的积累以及重构法官声誉机制和科学设计绩效考核指标等),更需要程序法治的建构和落实(既包括反思司法调解制度以确保法官依法判决,更包括在程序制度的设计上建构并落实法律审以确保基于事后个案的司法之法能实现对立法之法的有效补充,甚至为确保稳预期、促合作的现代功能,我们还应深刻反思意在为实现不可能实现的客观事实而忽视生效判决既判力的再审制度)。但正是在这里,我们发现了中国问题复杂性的一面,即科学法官管理制度的设计和落实除了需要消减根深蒂固的司法行政化和司法地方化之外,还需要我们在程序制度的设计和落实上全面反思立基于熟人社会结构和熟人之间纠纷解决机制的、以"马锡五审判方式"为代表的中国司法新传统,以及因为执着于追求在熟人社会容易实现但在现代陌生人社会基本无法实现的客观真实和实体正义而忽视法律审和基于个案的司法之法之生成的

---

① 关于社会分化以及分化的法律系统构建,请见泮伟江:《法律系统的自我反思——社会分化时代的法理学》,商务印书馆2021年版。关于自创生系统,请见〔德〕贡塔·托依布纳:《法律:一个自创生系统》,张骐译,北京大学出版社2004年版。

既有程序制度(以民事诉讼法而论,这些制度既包括司法调解制度,也包括二审终审制和再审制度等)。

由于当代中国的经济转型和社会变迁还没有彻底完成,中国问题的复杂性还在于陌生人社会之外,还存在大量的熟人社会和准熟人社会。或者,用周其仁教授的话来说,当今中国其实是一个熟人社会和陌生人社会杂糅的城乡中国。由于在熟人社会,交织紧密的社区一定会生发出一套自生自发的社会规范(既有实体规范也有程序规范)[1],且熟人之间的信息一般比较对称和完全且有一套基于血缘和地缘的信任机制。因此,一方面,同属于熟人社区的纠纷解决主体往往能够在获得客观真实的基础上解决纠纷,根本无须仰仗程序正义和为实现程序正义建构一套程序规则。另一方面,熟人社会结构往往是封闭、静止的,这种社会无须一套在全国层面上普遍、明确、稳定、公开的成文规则,更无须一个通过同案同判(或类案类判)来实现法律统一适用的司法系统和专业化法官,因此,熟人社会的纠纷无须依法判决,该社区的纠纷解决主体能积累的只能是在地化的调解知识和教化能力。以此观之,熟人社会(隐含着乡土中国)需要的法官(或国家提供的纠纷解决者)无须高标准的严格遴选(更不要说遴选标准是是否掌握专业化的法律知识),在激励理论的视野下,调解知识的在地化和调解能力的可验证性也使得这类法官无法获得应给予高薪的正当性证成。除此之外,鉴于熟人社会的纠纷解决强调客观事实和纠纷双方的妥协,因此也无须法官依法判决,更无须法律审的建构和保障事后个案的"司法之法"生成的一套程序机制。

因此,面对当今的城乡中国,我们是否应该根据不同社会的需求建构两套完全不同的法官管理制度和程序机制?具体而言,在以陌生人社会结构为主的城市中国,在法官管理制度方面,我们应该设计和落实法官遴选的高标准和法官薪酬的高水平、设立科学且不破坏程序法治的绩效考评指标、尊重专业知识分工以及在此基础上的专业司法知识和专业司法经验的积累以及重构法院内部的法官声誉机制。在程序法治建设方面,我们应该建构和夯实尊重诉权和证据规则的第一审程序、建立保障法官有能力有意愿依法判决的现代程序制度、在反思司法调解制度的前提下确立事实审和法律审的两分、确保上诉制度及其功能的有效落实,以及反思意在实现客观真实而忽视法律真实和生效判决既判力的再审制度。但在以熟人社会结构为主的乡土中国,

---

[1] 埃里克森通过在加州北部夏斯塔县的实地调研,发现熟人之间的重复博弈一定会生发出自生自发的社会规范,且这套规范往往是自我实施的,无需国家强力。更多讨论,请见〔美〕罗伯特·C.埃里克森:《无需法律的秩序:邻人如何解决纠纷》,苏力译,中国政法大学出版社2003年版。

在法官管理制度方面，无须严苛的法官遴选标准，也无须确保法官薪酬的高水平，熟知本土社会规范且有生活阅历、社会经验和良知的候选人经过简单的遴选程序均可成为乡土社会的"法官"(电影《马背上的法庭》中的主人公冯法官就是这类法官的典范)，绩效考评也相对简单，即当地民众是否认可法官的调解能力和人品。在程序制度方面，无须琐碎复杂的程序制度和证据规则，法官只需运用"马锡五审判方式"，通过田间地头的访谈和调查或者背靠背的调解方式获得当事人对基于双方妥协基础上的纠纷解决方案的认同。

以上是针对陌生人社会和熟人社会的两套法官管理制度和程序制度，但正如本书序言所言，"问题的复杂性在于，当代正在转型变迁的中国既有与国际紧密接轨的现代都市，也有雪域高原和崇山峻岭，这就呈现了大国转型背景下城乡二元结构的法官管理难题，或者一种结构性的法治难题。……以一种社会变迁的历时性维度，我们发现，随着中国越来越快速发展的城市化进程，更随着近几年国家'精准扶贫'战略的落地生根，不仅乡土社会和城市社会在空间上的区隔越来越模糊，传统中西部山区和边疆地区的人民也日益被连接到陌生人网络，这背后隐含着当代中国在法治类型和司法知识上'不得不'的转型。"

因此，虽然中国问题的复杂性使得纯粹的理论无法顺利地适用于对问题的分析，也在一定程度上对本书提炼的中国法官管理理论提了醒。但不管怎样，专业司法知识的特殊性和信息不对称的普遍性却在很大程度上支撑了本书基于解决信息不对称和参与约束、激励相容约束问题的法官管理改革逻辑。要想保障中国四十余年的经济成就并进一步促进和支撑未来的市场发展和经济增长，中国法院大众化、地方化、行政化、数字化的法官管理体制必须有所变革。这是本书的基本立场和观点。

再看司法变革的艰难性。

由于"制度变迁必然要牵涉一些(或全部)参与人发起的新的(创新性的)实验性选择，以及伴随着其他参与人对这些选择的策略性适应所形成的稳定性"①，制度的改革和变迁却并不那么容易。一个社会总是由一些相互"嵌入"或者相互"抵牾"的制度共同组成的，而制度，按照青木昌彦的定义，是指"一种社会建构，在同一域可能还存在其他社会建构的情况下，它代表了参与人内生的、自我实施的行动决策规则的基本特征，因而治理着参与人在重复性博弈的策略互动"。② 不仅如此，这些制度既可以被理解为由参与人的策

---

① 〔日〕青木昌彦：《熊彼特式的制度创新》，载吴敬琏主编：《比较》第 19 辑，中信出版社 2005 年版，第 11 页。
② 〔日〕青木昌彦：《比较制度分析》，周黎安译，上海远东出版社 2001 年版，第 187 页。

略互动而形成的社会构建，又可以被理解为约束参与人决策的外在之物，而从整体和动态的角度，这些制度即相互共时关联，又相互历时关联，通过分析由这些相互关联和互补的制度构成的整体性制度安排以及可能的制度危机和制度变迁，我们完全可以分析个人利益、个体理性和政策法令在制度关联和制度变迁中的作用。

具体到中国法院大众化、地方化、行政化、数字化的法官管理模式，特别是法官管理行政化为何如此持久和难以改变，有两个角度的分析和解释。其一是建立在"趋利避害"的人性假设基础之上的古典经济学解释。由于经济学的人性假定是指"人在约束条件下尽可能追求他的各种利益"，因而制度存在和长期存在的种种约束条件就至为关键。借用周其仁先生对计划公有制长期存在的三重约束的分析，我认为中国法院系统法官管理行政化长期存在而且很难改变的三重约束性条件是：第一重约束来自国家行为，也就是说法院组织制度设计者混淆了"司法逻辑"和"行政逻辑"，认定法院的管理应该以行政性管理制度为主；第二重约束，法院内部行政化的管理制度也造就了它自己的强大的利益集团，包括各个上级法院和法院内部大大小小的领导们；第三重约束，法院内部的行政化管理制度不仅影响现实的法官群体，还影响着未来所有想通过这一行政性制度获得官位升迁的法官。① 这三重约束的现实存在有助于说明，为什么法院行政化的法官管理制度一旦形成就可以维系很长的时期，也从另一个角度展示了改变既有制度的艰难和长期性。按照张五常的解释逻辑，这一制度费用极为高昂的法官管理体制之所以能够继续维持，其最主要原因就是改变这一制度的预期费用甚至远远超过维持这一制度的费用，因而除非因为可能的制度危机或者种种其他的内部外部条件导致改变这一制度的费用显著下降到小于维持该制度的费用时，该制度才有可能被改变。②

这是从人性假设和制度约束条件分析中国法院既有法官管理行政化制度安排能够长期存在的原因。另外一个角度就是体现了经济学最新发展的制度关联和制度变迁的博弈论解释。中国当前的法院内部行政性制度安排其实是一个由多个相关的制度构成的制度系统，它不仅包括司法决策过程中的集体决策制（特别是审判委员会制度），法官的行政级别制度，上下级法院关系的行政化，还包括案件审批制度、案件请示制度以及作为"非正式制度"或者"半正式制度"存在的法官内部行政性流动制度。这些制度在各自域内

---

① 对计划公有制三重约束条件的分析，参见周其仁：《原版序言》，载《产权与制度变迁——中国改革的经验研究》，北京大学出版社 2004 年版，第 5 页。
② 参见张五常：《中国的前途》，香港信报出版社 1985 年版，第 206 页。

都是一种纳什均衡。正如我在第二章分析法官内部行政性流动制度时所指出的,在目前的制度环境制约下,这种法院领导热衷于各种行政调动,法官们被动地接受种种行政性调动也许就是一个未必是"帕累托最优"的但是却相当稳定的制度均衡。因为,在这一制度均衡中,"所有的参与人把制度现象看作是相关的约束,并相应地采取行动,其结果是,制度被不断确认和再生"。①根据青木昌彦的理论和分析思路,这些行政化管理制度以特定的方式根据参与人的物质和人力资产的情况而赋予他们不同的内在价值,这种赋值必然是以重视行政晋升知识而忽视司法知识为特点的,因而,作为反应,参与人沿着增加行政晋升知识的方向积累资产缓和发展潜能,反过来又支持了各种行政化制度的再生产。这些在法院系统内部相互补充、相互强化的整体性制度安排具有稳定和持久的特点,但可惜的是,这样的制度安排不仅忽视司法的制度逻辑,也看不到有效积累专业司法知识的重要性。因此,也就证实了青木昌彦提出的一个理论命题,即"当不同域存在制度互补性时,帕累托低劣的整体制度安排有可能出现和延续。也有可能存在无法进行帕累托排序的多重制度安排"。②这决定了变革是痛苦决策的过程,是一个充斥着试错、学习、调整和适应的过程。由于制度的路径依赖和锁入效应,可能会使得一个社会只有恶化到不可收拾的极端底部才可能改选更张,即所谓"不撞南墙不回头"。③不同于"四五改革纲要"大张旗鼓地倡导司法职业化、专业化以及去行政化和去地方化,"五五改革纲要"却又重提法官遴选任命的政治标准和革命化,也许就是一个生动的例证。

最后,再谈一下"四五改革纲要"中以"地方法院人财物省一级统管"为改革举措的法院系统垂直化管理趋势的潜在问题。该制度意在消除中国长期以来的司法地方化,用最高法院的话来说,司法权是中央事权,不容地方置喙。但是司法地方化究竟是怎样形成的,又该怎样才能解决,却不是仅仅宣告司法权是中央事权就能解决的。还是要回到中国自古以来的"集权—分权"悖论才能深入理解消除司法地方化的制度困难何在。

从信息和激励理论的角度,周黎安教授探讨了中国最近二十几年来为何会出现从"垂直管理的收权浪潮"再回到属地化行政发包制的改革循环。首先,改革开放以来,尤其是1992年市场化改革以后,跨地域流动性的增强和市场经济的发展要求统一的全国性市场和规则之治。因此,从1994年起,中

---

① 参见〔日〕青木昌彦:《比较制度分析》,周黎安译,上海远东出版社2001年版,第242页。
② 同上书,第232页。
③ 丁利:《制度激励、博弈均衡与社会正义》,载《中国社会科学》2016年第4期,第156页。

国进入了一个"垂直管理的收权浪潮"阶段。与属地管理不同,垂直管理的特征在于一些"条条"部门在人事任命、人员编制、机构设置和财政经费等方面完全由上级统一管理,而不再依赖于地方政府。比如,2000年,国家药品食品监督管理总局成立,药品食品的质量监督由原来的属地管理一举变成省内垂直管理。与此同时,工商和质监等政府监管领域陆续进行了垂直管理的改革。然而,垂直化管理之后,食品药品的质量不仅并没有得到有效治理,更出现了国家药监局"一把手"局长郑筱萸的权力寻租和审批权腐败问题。2008年,中央决定放弃垂直管理,使之彻底回归原来的"属地发包管理",强调地方政府在食品药品安全监督中负总责,即"谁主管,谁负责"。工商和质监部门也遭遇了同样的命运,2011年,国务院办公厅48号文件取消了工商和质监的省级以下垂直管理。原因何在?

周黎安教授的回答是,此次垂直化管理本身并没有自动带来严格的规则、程序和细节化管理、长期持续的监管努力,以及廉洁尽职的新政人员,相反,我们看到是权力集中之后更加集中的腐败、权力寻租和监管缺位。另外,即使在垂直化改革之后,相当一部分资源,比如财政资金、人员和执法仍然掌握在地方政府手里,监管责任上移给垂直部门之后地方政府不愿配合,也是导致最后垂直化管理失败的重要原因。①

因此,回到司法权,该如何重新划分中央和地方政府的事权?从应然的角度上看,似乎中央政府应该负责全国性的公共产品(比如社会保障、环境保护、司法等),但是实际上重新划分中央政府和地方政府间的事权和财权分配才是极其重要的前提和基础。但在中国,自古以来中央事权和地方事权的划分却不是一个仅仅根据公共产品的收益范围进行相应技术划分的技术问题,而更多是根据公共服务导致的统治风险的溢出范围而定的。② 因此,中国的法官管理制度改革,甚至中国的司法改革,必然和中国长期以来的"集权—分权"的政治架构有着深刻的联系,实际上是牵涉整个政治体制改革的大问题。如果我们不理解造成当前中央和地方职责和事权划分格局背后的组织逻辑,就容易把问题简单化,或者干脆就给出根本不具可行性的方案。③ 这在很大

---

① 更详尽的分析,请见周黎安:《转型中的地方政府:官员激励与治理》,格致出版社、上海人民出版社2008年版,第83—85页;周黎安:《行政发包制》,载《社会》2014年第6期,第30—31页。
② 周黎安:《行政发包制》,载《社会》2014年第6期,第23页。
③ 周黎安:《转型中的地方政府:官员激励与治理》,格致出版社、上海人民出版社2008年版,第206页。

程度上是给力主司法权中央化的最高法院提了一个醒。①

就当代中国的法官管理模式而论,由于一项制度的变更除非同时系统的改变了参与人关于策略互动模式的认知,并且相应地引起他们实际策略决策的变化超出临界规模,否则它无法引致制度变迁。更由于为了改变一项帕累托低劣的制度安排,需要同时改变互补性制度(大爆炸观点),或者需要改变某一域的制度,然后通过互补性关系引发其他制度的连锁反应(渐进观点),因此,由各个相互关联互补的制度组成的这一法官管理范式,具有持久性和很难改变的特点,单独改变其中的某一制度可能很难撼动其整体性制度安排。因为,一种相互勾连和相互强化的"制度安排不一定必然是帕累托最优的,但它能够经受住克服单个域非效率的孤立实验的干扰"②。

这种"冷酷"但却相对"科学"的社会科学研究进路,不仅可以帮助我们认识到问题的严重性和制度改变的艰难,更让我们认识到法学研究者们提供的改革方案的实现难度。这个结论似乎有些悲观,但情况正在有所改变。2020年11月,习近平总书记在中央依法治国工作会议上强调,要在党的领导下坚定不移走中国特色社会主义法治道路,只有在法治轨道上推进国家治理体系和治理能力现代化,才能有效抵御国内外的重大风险挑战,为夯实"中国之治"提供稳定的制度保障,并最终为全面建成社会主义现代化国家、实现中华民族伟大复兴的中国梦提供有力法治保障。习近平的法治思想为中国未来的法治发展提供了蓝图和方向,由于转型变迁后的现代中国内生了对稳预期、促合作的现代法治的制度需求,当代中国需要建构并落实一套能够有机融合基于科学立法的立法之法和建立在法律审和判例制度上的司法之法的现代法治体系。只有在普遍性的规则之治(也即现代法治轨道)之下推进国家治理从传统的克里斯玛权威(赋能)到现代的法理权威(赋权、维权)的现代化转型,才能真正建成社会主义现代化国家并实现中华民族的伟大复兴。

---

① 一方面,虽然"四五改革纲要"中意在解决司法地方化的"地方法院人财物省一级统管"之改革举措在改革之初声势浩大,但鉴于省一级财政无力支持省以下各级法院的开支,更由于属地化管理下地方法院其实仍然在很多方面受地方政府管理,因此除了北京、上海等直辖市,这一改革在绝大多数省市根本没有落实下去,以至于"五五改革纲要"压根就不提地方法院财政的省一级统管了。另一方面,不同于法院院长产生需要同级党政、上级党政和上级法院党组的酝酿和协调,最近几年的新变化是地方党政基本退出了在地方法院一把手院长任命上的权力,实践中最高法院的庭长被直接空降到各省高级法院当一把手院长,以此类推,高级法院的庭长也直接空降到辖下中级法院当一把手院长,中级法院庭长同样可以空降到辖下基层法院当一把手院长。我在调研中了解到,在东南地区的N市法院系统,11个基层法院中就有10个法院的一把手院长是N中院的庭长下派到基层法院的。可见在人事任命上,中国法院系统的纵向行政化愈发强化。或许,这是实现了在人事任命上的司法权中央化?

② 〔日〕青木昌彦:《比较制度分析》,周黎安译,上海远东出版社2001年版,第236页、第233页和第229页。

不同于政治、经济、文化相互嵌套且呈现出超稳定制度结构的传统农业中国,随着改革开放以及附随其上的经济社会发展,当前的中国社会正在从超大规模的简单社会进阶到超大规模的复杂社会已是不争的事实。国家治理的现代化转型正是党和国家面对这一现代陌生人社会的战略应对,全面依法治国便是这一治理战略的具体体现。正是在习近平法治思想的指导下,我们发现为服务新时代中国的这一治理转型,我们必须在理论上正面回应为何现代法治(普遍性的规则之治)是当代中国国家治理能力现代化的内在要求,并以一种基于信息经济学、博弈论和激励理论的理论视野回答如何通过建立科学的法官管理制度和现代程序法治以保障普遍性规则之治的有效落实。因此,本书可以被视为基于实地调研数据,并运用理论社会学视野和决策主体互动博弈的信息经济学框架展开的对习近平法治思想在司法制度改革方面的理论证成和具体应用。

古人云,"路漫漫其修远兮,吾将上下而求索",谨以此献给中国的法官管理制度改革和司法改革。

主要参考文献

(按相关性排列)

(一) 英文著作

1. Abraham, Henry A., *The Judicial Process, An Introductory Analysis of the Court of the United States, England and France*, 7th ed., Oxford University Press, 1998.

2. Chandler, Alfred D., *Strategy and Structure. Chapters in the History of the American Industrial Enterprise*, The MIT Press, 1962.

3. Coase, Ronald H., *The Firm, the Market and the law*, University of Chicago Press, 1988.

4. Doeringer, P. and M. Piore, *Internal Labor Markets and Manpower Analysis*, Lexington, D. C. Heath, 1972.

5. Dworkin, R. *A Matter of Principle*, Oxford: Clarendon Press, 1985.

6. Ellickson, Robert C., *Order Without Law: How Neighborhoods Settle Disputes*, Harvard University Press, 1991.

7. Fuller, Lon, *The Morality of Law*, Yale University Press, 1969.

8. Haley, John, *Authority without Power: Law and the Japanese Paradox*, Oxford University Press, 1991.

9. Kreps, S. D., *Game Theory and Economic Modelling*, Claredon Press, 1990.

10. Kwai Hang Ng, Xin He, *Embeded Courts: Judicial Decision-Making in China*, Cambrige University Press, 2017.

11. Lee Epstein, William M. Landes, and Richard A. Posner, *The Behavior of Federal Judges: A Theoretical & Empirical Study of Rational Choice*, Harvard University Press, 2013.

12. Max Weber, *The Methodology of the Social Science*, Free Press, 1949.

13. Max Weber, *Economy and Society: An Outline of Interpretative Sociology*, ed., by Guenther Roth and Claus Wittich, University of California Press, 1978.

14. Masahiko Aoki, *Towards A Comparative Institutional Analysis*, The MIT Press, 2001.

15. North, Douglass C., *Structure and Change in Economic History*, Nordon Co., 1981.

16. North, D. C., *Institutions, Institutional Change and Economic Performance*,

Cambridge University Press, 1990.

17. Posner, Eric A., *Law and Social Norms*, Harvard University Press, 2000.

18. Posner, Richard A., *The Problems of Jurisprudence*, Harvard University Press, 1990.

19. Posner, Richard A., *Overcoming Law*, Harvard University Press, 1995.

20. Posner, Richard A., The *Federal Courts: Challenge and Reform*, Harvard University Press, 1999.

21. Schotter, A., *The Economic Theory of Social Institutions*, Cambridge University Press, 1981.

22. Spence, A. M., *Market Signaling*, Harvard University Press, 1974.

23. Williamson, O., *Markets and Hierarchies*, The Free Press, 1975.

24. Williamson, O., *The Economic Institution of Capitalism*, The Free Press, 1985.

25. Williamson, O., *The Mechanisms of Governance*, Oxford University Press, 1996.

(二) 英文论文

1. Akerlof, G., "The Market for 'Lemons': Quality Uncertainty, and the Market Mechanism", *Quarterly Journal of Economics*, vol. 84, no. 3, 1970, pp. 488-500.

2. Alchian, A., and H. Demsetz, "Production, Information Costs and Economic Organization", *American Economic Review*, vol. 62, no. 6, 1972, pp. 777-795.

3. Behn, R. D., "The Big Questions of Public Management", *Public Administration Review*, vol. 55, no. 4, 1995, pp. 313-324.

4. Bensen, Bruce, "The Spontaneous Evolution of Commercial Law", *Southern Economic Journal*, vol. 55, no. 1, 1989, pp. 644-661.

5. Bengt Holmstrom, "Managerial Incentives Problems: A Dynamic Perspective", *Review of Economic Studies*, vol. 66, No. 1, 1999, pp. 169-182.

6. Besley, Timothy, "Political Selection", *Journal of Economic Perspectives*, vol. 19, no. 3, 2005, pp. 43-60.

7. Chunyan Zheng, Jiahui Ai and Sida Liu, "The Elastic Ceiling: Gender and Professional Career in Chinese Courts", vol. 51, no. 1, *Law & Society Review*, 2017, pp. 168-199.

8. Coase, Ronald H., "The Nature of the Firm", *Economica*, vol. 4, no. 16, 1937, pp. 386-405.

9. Coase, Ronald H., "The Problem of Social Cost", *Journal of Law and Economics*, vol. 3, no. 5, 1960, pp. 1-44.

10. Cohen, Mark A., "Explaining Judicial Behavior or What's 'Unconditional' about the Sentencing Commission?", *Journal of Law Economics, and Organization*, vol. 1, no. 7, 1991, pp. 183-199.

11. Cohen, Mark A., "The Motives of Judges: Empirical Evidence from Antitrust Sentencing", *Internationnal Review of Law and Economics*, vol. 12, no. 3, 1992, pp. 13-30.

12. Delong, J. Bradford, Andrei Shleifer, "Princes and Merchants: City Growth Before the Industrial Revolution", *Journal on Law and Economics*, vol. 36, no. 2, 1993, pp. 671-702.

13. Douglas B. Bernheim, Michael Whinston, "Multimarket Contract and Collusive Behavior", *Rand Journal of Economics*, vol. 21, no. 1, 1990, pp. 1-26.

14. Fama, E., "Agency Problems and the Theory of the Firm", *Journal of Political Economy*, vol. 88, no. 2, 1980, pp. 288-307.

15. La Porta, R., Lopez-de-Silanes, F., Andrei Shleifer, Robert Vishny, "Law and Finance", *Journal of Political Economy*, vol. 106, no. 1, 1998, pp. 1113-1155.

16. Lazear, E. and S. Rosen, "Rank-Ordered Tournaments as Optimal Labor Contracts", *Journal of Political Economy*, vol. 89, no. 5, 1981, pp. 841-864.

17. Frank B. Cross, "Political Science and the New Legal Realism: A Case of Unfortunate Interdisciplinary Ignorance", *Northwestern University Review*, vol. 92, no. 2, 1997, pp. 251-326.

18. Frank B. Cross, "What Do Judges Want?", *Texas Law Review*, vol. 87, 2008, pp. 183-208.

19. Frank K. Upham, "Who Will Find the Defendant if He Stays with His Sheep? Justice in Rural China", *Yale Law Journal*, vol. 114, no. 7, 2005, pp. 1675-1718.

20. Galanter, Marc, "Cases Congregations and Their Careers", *Law & Society Review*, vol. 24, no. 2, 1990, pp. 371-395.

21. Gregory C. Sisk, "The Quantitative Moment and the Qualitative Opportunity: Legal Studies of Judicial Decision Making", *Cornell Law Review*, vol. 9, no. 3, 2008, pp. 873-890.

22. Greif, Avner, "Reputation and Coalitions in Medieval Trade: Evidence on the Maghribi Traders", *Journal of Economic History*, vol. 49, no. 6, 1989, pp. 857-882.

23. Greif, Avner, Paul Milgrom, and Barry R. Weingast, "Coordination, Commitment, and Enforcement: The Case of the Merchant Guild", *Journal of Political Economy*, vol. 102, no. 4, 1994, pp. 745-776.

24. Grossman, Sanford J., and Oliver Hart, "The Costs and Benefits of Ownership: A Theory of Vertical and Lateral Integration", *Journal of Political Economy*, vol. 94, no. 4, 1986, pp. 691-719;

25. Hart, Oliver, and John Moore, "Property Rights and the Nature of the Firm", *Journal of Political Economy*, vol. 98, no. 4, 1990, pp. 1119-1158.

26. Hart, Oliver, Andrei Shleifer, and Robert Vishny, "The Proper Scope of Govern-

ment: Theory and an Application to Prisons", *Quarterly Journal of Economics*, vol. 112, no. 4, 1997, pp. 1127-1161.

27. Holmes, O. Wendell,"The Path of Law", *Harvard Law Review*, vol. 10, no. 8, 1897, pp. 457-478.

28. Holmstrom, B., "Moral Hazard in Team", *Bell Journal of Economics*, vol. 13, no. 2, 1982, pp. 324-340.

29. Holmstrom, B., "Managerial Incentive Problems: A Dynamic Perspective", *Review of Economic Studies*, vol. 66, no. 1, 1999, pp. 169-182.

30. Holmstrom, B., and P. Milgrom, "Aggregation and Linearity in the Provision of Intertemporal Incentives", *Econometrica*, vol. 5, no. 2, 1987, pp. 303-328.

31. Holmstrom, B., and P. Milgrom, "The Firm as an Incentive System", *American Economic Review*, vol. 84, no. 4, 1994, pp. 972-991.

32. Jensen, M., W. Meckling, "Theory of the Firm: Managerial Behavior, Agency Costs, and Ownership Structure", *Journal of Financial Economics*, vol. 3, no. 4, 1976, pp. 304-360.

33. J. R. Hackman, and G. R. Oldham, "Development of Job Diagnostic Survey", *Journal of Applied Psychology*, vol. 60, no. 1, 1975, pp. 159-170.

34. La Porta, R., Lopez-de-Silanes, F., Andrei Shleifer and Robert Vishny, "Law and Finance", *Journal of Political Economy*, vol. 106, no. 1, 1998, pp. 1113-1155.

35. Lazear, E. and S. Rosen, "Rank-Ordered Tournaments as Optimal Labor Contracts", *Journal of Political Economy*, vol. 89, no. 5, 1981, pp. 841-864.

36. Macauley, stewart, "Non-Contractual Relations in Business: A Preliminary Study", *American Sociological Review*, vol. 28, no. 3, 1963, pp. 55-69.

37. Malcomson, J., "Work Incentives, Hierarchy, and Internal Labor Markets", *Journal Political Economy*, vol. 92, no. 3, 1984, pp. 486-507..

38. Miceli, Thomas J., and Metin M. Cosgel, "Reputation and Judicial Decision-making", *Journal of Economic Behavior and Organization*, vol. 23, no. 1, 1994, pp. 31-51.

39. Migrom, Paul R., Douglass C. North, and Barry R. Weingast, "The Role of Institutions in the Revival of Trade: The Law Merchant, Private Judges, and the Champagne Fairs", *Economics and Politics*, vol. 2, no. 2, 1990, pp. 1-23.

40. Holmstrom, B., "Moral Hazard in Teams", *Bell Journal of Economics*, vol. 13, no. 2, 1982, pp. 324-340.

41. Posner, Richard A., "An Economic Approach to Legal Procedure and Judicial Administration", *The Jounal of Legal Studies*, vol. 2, no. 1, 1973, pp. 399-458.

42. Qian, Yingyi and Chenggeng Xu, "Why China's Economic Reform Differ: the M-Form Hierarchy and Entry/Expansion of the Non-State Sector", *Economics of Transition*, vol. 1, no. 2, 1993, pp. 135-170.

43. Bengt Holmstrom, and Paul Milgrom, "The Firm as an Incentive System", *American Economic Review*, vol. 84, no. 4, 1994, pp. 972-991;

44. Roger B. Myerson, "Nash Equilibrium and the History od Economic Theory", *Journal of Economic Literature*, vol. 37. No. 3, 1999, pp. 1067-1082..

45. Rothschild, M., and J. Stiglitz, "Equilibrium in Competitive Insurance Market", *Quarterly Journal of Economics*, vol. 90, no. 6, 1976, pp. 629-649.

46. Shapiro, C., and J. Stiglitz, "Equilibrium Unemployment as a Discipline", *American Economic Review*, vol. 74, no. 3, 1984, pp. 433-444

47. Spence, A. M., "Job Market Signaling", *Quarterly Journal of Economics*, vol. 87, no. 3, 1973, pp. 355-374.

48. Stiglitz, J., and A. Weiss, "Credit Rationing in Markets with Imperfect Information", *American Economic Review*, vol. 71, no. 3, 1981, pp. 393-410.

49. Williamson, O., "Economics and Organization: A Primer", *California Management Review*, vol. 38, no. 2, 1996, pp. 131-146.

50. Williamson, O., "Public and Private Bureaueracies: A Transationn Cost Economics Perspectives", *Journal of Law, Economics & Organization*, vol. 15, no. 1, 1999, pp. 306-342.

51. Wilson, C., "A Model of Insurance Markets with Incomplete Information", *Journal of Economic Theory*, vol. 16, no. 2, 1977, pp. 167-207;

52. Wilson, C., "The Nature of Equilibrium in Markets with Adverse Selection", *Bell Journal of Economics*, vol. 11, no. 1, 1980, pp. 108-130.

53. Xu, Chenggang, "The Fundamental Institutiona of China's Reforms and Development", *Journal of Economic Literature*, vol. 49, no. 4, 2011, pp. 1076-1151.

(三) 中文著作

1. 〔美〕爱德华·拉齐尔:《人事管理经济学》,刘昕译,董克用校,生活·读书·新知三联书店,北京大学出版社 2000 年版。

2. 〔法〕埃米尔·涂尔干:《社会分工论》,渠东译,生活·读书·新知三联书店 2000 年版。

3. 〔美〕埃里克·A.波斯纳:《法律与社会规范》,沈明译,中国政法大学出版社 2004 年版。

4. 〔美〕艾里克·拉斯缪森:《博弈与信息——博弈论概论》,姚洋等译,北京大学出版社 2003 年版。

6. 〔美〕C.赖特·米尔斯:《社会学的想象力》,陈强、张永强译,生活·读书·新知三联书店 2005 年版。

7. 蔡定剑:《历史与变革:新中国法制建设的历程》,中国政法大学出版社 1999 年版。

8. 陈瑞华:《问题与主义之间:刑事诉讼基本问题研究》,法律出版社 2008 年版。

9. 〔日〕川岛武宜:《现代化与法》,申政武等译,中国政法大学出版社 1994 年版。

10. 〔美〕道格拉斯 G.拜尔等:《法律的博弈分析》,严旭阳译,法律出版社 1999 年版。

11. 〔美〕道格拉斯·C.诺斯:《制度、制度变迁与经济绩效》,刘守英译,上海三联书店 1995 年版。

12. 〔美〕道格拉斯·C.诺斯:《经济史上的结构和变革》,厉以平译,商务印书馆 1992 年版。

13. 邓广铭:《北宋政治改革家:王安石》,生活·读书·新知三联书店 2007 年版。

14. 丁卫:《秦窑法庭:基层司法的实践逻辑》,生活·读书·新知三联书店 2014 年版。

15. 董必武:《董必武法学文集》,法律出版社 2001 年版。

16. 〔美〕菲利普·J.库伯等:《二十一世纪的公共行政:挑战与改革》,王巧玲、李文钊译,毛寿龙校,中国人民大学出版社 2006 年版。

17. 〔新加坡〕方博亮:《管理经济学》,中国人民大学出版社 2005 年版。

18. 冯象:《政法笔记》,江苏人民出版社 2004 年版。

19. 冯象:《木腿正义》(增订版),北京大学出版社 2007 年版。

20. 〔德〕弗里德里希·尼采:《历史的用途与滥用》,陈涛、周辉荣译,刘北成校,上海世纪出版社 2005 年版。

21. 〔美〕弗朗西斯·福山:《国家构建——21 世纪的国家治理与世界秩序》,黄盛强、许铭原译,中国社会科学出版社 2007 年版。

22. 傅郁林:《民事司法制度的功能与结构》,北京大学出版社 2006 年版。

23. 〔意〕G.萨托利:《政党与政党体制》,王明进译,商务印书馆 2006 年版。

24. 〔日〕谷口安平:《程序的正义与诉讼》,王亚新、刘荣军译,中国政法大学出版社 1996 年版。

25. 侯欣一:《从司法为民到人民司法——陕甘宁边区大众化司法制度研究》,中国政法大学出版社 2007 年版。

26. 侯猛:《中国最高人民法院研究——以司法的影响力切入》,法律出版社 2007 年版。

27. 黄仁宇:《中国大历史》,生活·读书·新知三联书店 2007 年版。

28. 黄宗智:《法典、习俗与司法实践:清代与民国的比较》,上海书店出版社 2007 年版。

29. 江华:《江华司法文集》,人民法院出版社 1989 年版。

30. 季卫东:《法治秩序的建构》,中国政法大学出版社 1999 年版。

31. 姜平主编:《上海司法体制改革制度选编》,法律出版社 2015 年版。

32. 〔美〕杰罗姆·弗兰克:《初审法院——美国司法中的神话与现实》,赵承寿译,中国政法大学出版社 2007 年版。

33. 〔美〕杰弗里·C.哈泽德、米歇尔·塔鲁伊:《美国民事诉讼法导论》,张茂译,中国政法大学出版社 1998 年版。

34. 金观涛、刘青峰:《兴盛与危机:论中国社会超稳定结构》,法律出版社 2011 年版。

35. 金观涛、刘青峰:《开放中的变迁:再论中国社会超稳定结构》,法律出版社 2011 年版。

36. 景汉朝、卢子娟:《审判方式改革实论》,人民法院出版社 1997 年版。

37. 〔美〕卡多佐:《司法过程的性质》,苏力译,商务印书馆 1998 年版。

38. 赖波军:《司法运作与国家治理的嬗变:基于对四川省级地方法院的考察》,北京大学出版社 2015 年版。

39. 〔美〕理查德·A. 波斯纳:《超越法律》,苏力译,中国政法大学出版社 2001 年版。

40. 〔美〕理查德·A. 波斯纳:《法理学问题》,苏力译,中国政法大学出版社 2002 年版。

41. 〔美〕理查德·A. 波斯纳:《联邦法院:挑战与改革》,邓海平译,中国政法大学出版社 2002 年版。

42. 〔美〕李·爱泼斯坦、威廉·M. 兰德斯、理查德·A. 波斯纳:《法官如何行为:理性选择的理论和经验研究》,黄韬译,法律出版社 2017 年版。

43. 李浩:《民事诉讼制度改革研究》,安徽人民出版社 2002 年版。

44. 梁迎修:《法官自由裁量权》,中国法制出版社 2005 年版。

45. 凌斌:《法治的中国道路》,北京大学出版社 2013 年版。

46. 林建煌:《管理学》,复旦大学出版社 2003 年版。

47. 林毅夫、蔡昉、李周:《中国的奇迹:发展传略与经济改革》(增订版),上海三联书店、上海人民出版社 1999 年版。

48. 〔美〕罗伯特·麦克洛斯基:《美国最高法院》(第三版),任东来、孙雯、胡晓进译,任东来、陈伟校,中国政法大学出版社 2005 年版。

49. 〔美〕罗纳德·哈里·科斯:《企业、市场与法律》,盛洪、陈郁译,上海三联书店 1990 年版。

50. 〔美〕马丁·夏皮罗:《法院:比较法上和政治学上的分析》,张生、李彤译,中国政法大学出版社 2005 年版。

51. 〔美〕马克·赛尔登:《革命中的中国:延安道路》,魏晓明、冯崇义译,社会科学文献出版社 2002 年版。

52. 毛泽东:《毛泽东选集》,人民出版社 1991 年版。

53. 〔美〕迈克尔·D. 贝勒斯:《程序正义——向个人的分配》,邓海平译,高等教育出版社 2005 年版。

54. 〔美〕曼瑟尔·奥尔森:《集体行动的逻辑》,陈郁、郭宇峰、李崇新译,上海三联书店、上海人民出版社 1995 年版。

55. 〔美〕米尔伊安·R. 达玛什卡:《司法和国家权力的多种面孔》,郑戈译,中国政法大学出版社 2004 年版。

56. 泮伟江:《法学的社会学启蒙》,商务印书馆 2019 年版。

57. 泮伟江:《法律系统的自我反思:功能分化时代的法理学》,商务印书馆 2020 年版。

58. 彭真:《彭真文选(1941—1990 年)》,人民出版社 1991 年版。

59. 〔法〕皮埃尔·布迪厄、华康德:《实践与反思——反思社会学导引》,李猛、李康译,中央编译出版社 1998 年版。

60. 强世功:《法制与治理:国家转型中的法律》,中国政法大学出版社 2003 年版。

61. 〔日〕青木昌彦:《比较制度分析》,周黎安译,上海远东出版社 2001 年版。

62. 瞿同祖:《清代地方政府》,范忠信、晏锋译,何鹏校,法律出版社 2003 年版。

63. 宋冰编:《程序、正义与现代化——外国法学家在华演讲录》,中国政法大学出版社 1998 年版。

64. 宋冰编:《读本:美国与德国的司法制度及司法程序》,中国政法大学出版社 1998 年版。

65. 苏力:《法治及其本土资源》,中国政法大学出版社 1996 年版。

66. 苏力:《送法下乡——中国基层司法制度研究》,中国政法大学出版社 2000 年版。

67. 苏力:《道路通向城市:转型中国的法治》,法律出版社 2004 年版。

68. 苏力:《大国宪制:历史中国的制度构成》,北京大学出版社 2018 年版。

69. 沈国琴:《中国传统司法的现代转型》,中国政法大学出版社 2007 年版。

70. 孙笑侠:《程序的法理》,商务印书馆 2005 年版。

71. 〔美〕托马斯·C.谢林:《微观动机与宏观行为》,谢静、邓子梁、李天有译,李天有校,中国人民大学出版社 2005 年版。

72. 王定国等编:《谢觉哉论民主与法制》,法律出版社 1996 年版。

73. 王亚新:《社会变革中的民事诉讼》(增订版),北京大学出版社 2014 年版。

74. 汪庆祺编、李启成点校:《各省审判厅判牍》,北京大学出版社 2007 年版。

75. 〔德〕马克斯·韦伯:《经济与社会》,林荣远译,商务印书馆 1997 年版。

76. 〔美〕文森特·奥斯特罗姆:《美国公共行政思想危机》,毛寿龙译,上海三联书店 1999 年版。

77. 吴永明:《理念、制度与实践——中国司法现代化变革研究(1912—1928)》,法律出版社 2005 年版。

78. 吴英姿:《法官角色与司法行为》,中国大百科全书出版社 2008 年版。

79. 〔美〕西奥多·H.波伊斯特:《公共与非营利组织绩效考评:方法与应用》,肖鸣政等译,中国人民大学出版社 2005 年版。

80. 谢觉哉:《谢觉哉日记》,人民出版社 1984 年版。

81. 杨志勇、杨之刚:《中国财政制度改革 30 年》,格致出版社、上海人民出版社 2008 年版。

82. 喻中:《乡土中国的司法图景》,中国法制出版社 2007 年版。

83. 〔美〕詹姆斯·麦奎根等:《管理经济学——应用、战略与策略》(第九版),李国津译,机械工业出版社 2003 年版。

84. 张维迎:《博弈论与信息经济学》,上海三联书店,上海人民出版社 1996 年版。

85. 张维迎:《信息、信任与法律》,生活・读书・新知三联书店 2003 年版。

86. 张维迎:《产权、激励与公司治理》,经济科学出版社 2005 年版。

87. 张维迎:《理解公司:产权、激励与治理》,世纪出版集团、上海人民出版社 2014 年版。

88. 张五常:《中国的前途》,香港信报出版社 1985 年版。

89. 张五常:《经济解释——张五常经济论文选》,易宪容、张卫东译,商务印书馆 2000 年版。

90. 张宇燕:《经济发展与制度选择——对制度的经济分析》,中国人民大学出版社 1992 年版。

91. 周其仁:《产权与制度变迁——中国改革的经验研究》,北京大学出版社 2004 年版。

92. 周黎安:《转型中的地方政府:官员激励与治理》,格致出版社、上海人民出版社 2008 年版。

93. 左卫民等:《最高法院研究》,法律出版社 2004 年版。

94. 左卫民等:《中国基层司法财政变迁实证研究(1949—2008)》,北京大学出版社 2015 年版。

95. 左卫民、全亮等:《中基层法院法官任用机制研究》,北京大学出版社 2014 年版。

96. 张卫平:《民事诉讼:关键词展开》,中国人民大学出版社 2005 年版。

97. 张玉堂、刘宁编著:《薪酬管理》,北京大学出版社 2007 年版。

98. 周道鸾主编:《外国法院组织与法官制度》,人民法院出版社 2000 年版。

99. 《中国法律年鉴》(1982—2013),法律出版社、中国法律年鉴社按年分别出版。

(四) 中文论文

1. 陈杭平:《论中国法院的"合一制"——历史、实践和理论》,载《法制与社会发展》2011 年第 6 期。

2. 陈瑞华:《走向综合性程序价值理论——贝勒斯程序正义理论述评》,载《中国社会科学》1999 年第 6 期。

3. 陈瑞华:《刑事程序失灵问题的初步研究》,载《中国法学》2007 年第 6 期。

4. 陈瑞华:《法官责任制度的三种模式》,载《法学研究》2015 年第 5 期。

5. 陈瑞华:《法院改革的中国经验》,载《政法论坛》2016 年第 4 期。

6. 陈永生、白冰:《法官、检察官员额制改革的限度》,载《比较法研究》2016 年第 2 期。

7. 陈卫东:《司法"去地方化":司法体制改革的逻辑、挑战及其应对》,载《环球法律评论》2014 年第 1 期。

8. 陈柏峰:《缠讼、信访与新中国法律传统:法律转型时期的缠讼问题》,载《中外法学》2004 年第 2 期。

9. 丁利:《制度激励、博弈均衡与社会正义》,载《中国社会科学》2016 年第 4 期。

10. 方乐:《超越"东西方"法律文化的司法——法制现代性中的中国司法》,载《政法论坛》2007 年第 3 期。

11. 方乐:《审判权内部运行机制改革的制度资源与模式选择》,载《法学》2015 年第 3 期。

12. 方乐:《法官责任制度的功能期待会落空吗?》,载《法制与社会发展》2020 年第 3 期。

13. 傅郁林:《审级制度的建构原理——从民事程序视角的比较分析》,载《中国社会科学》2002 年第 4 期。

14. 傅郁林:《论最高法院的职能》,载《中外法学》2003 年第 5 期。

15. 〔法〕福柯:《尼采·谱系学·历史学》,苏力译,载《社会理论论坛》1998 年第 4 期。

16. 〔法〕福柯:《治理术》,赵晓力译,李猛校,载《社会理论论坛》1998 年第 4 期。

17. 甘阳:《中国道路:三十年与六十年》,载《读书》2007 年第 6 期。

18. 关毅:《法官遴选制度比较(上)》,载《法律适用》2002 年第 4 期。

19. 关毅:《法官遴选制度比较(中)》,载《法律适用》2002 年第 5 期。

20. 关毅:《法官遴选制度比较(下)》,载《法律适用》2002 年第 6 期。

21. 关毅:《德国模式的法官成长之路》,载《法律适用》2008 年第 5 期。

22. 顾培东:《中国司法改革的宏观思考》,载《法学研究》2000 年第 3 期。

23. 顾培东:《人民法院内部审判运行机制的构建》,载《法学研究》2011 第 4 期。

24. 顾培东:《当代中国司法生态及其改善》,载《法学研究》2016 年第 2 期。

25. 公丕祥:《全球化背景下的中国司法改革》,载《法律科学》2004 年第 1 期。

26. 何远琼:《站在天平的两端:司法腐败的博弈分析》,载《中外法学》2007 年第 5 期。

27. 侯欣一:《陕甘宁边区高等法院司法制度改革研究》,《法学研究》2004 年第 5 期。

28. 侯猛:《最高人民法院大法官的流动分析》,载《法律科学》2006 年第 2 期。

29. 贾宇:《陕甘宁边区巡回法庭制度的运行及其启示》,载《法商研究》2015 年第 6 期。

30. 刘斌:《从法官"离职"现象看法官员额制改革的制度逻辑》,载《法学》2015 年第 10 期。

31. 李浩:《法官离职问题研究》,载《法治现代化研究》2018 年第 3 期。

32. 李林:《论党与法的高度统一》,载《法制与社会发展》2015 年第 3 期。

33. 刘练军:《法院科层化的多米诺效应》,载《法律科学》2015 年第 3 期。

34. 李斯特:《人民司法群众路线的谱系》,载苏力主编:《法律和社会科学》(第一卷),法律出版社 2006 年版。

35. 李晟:《"地方法治竞争"的可能性:关于晋升锦标赛理论的经验反思与法理学分

析》,载《中外法学》2014年第5期。

36. 李晟:《法官奖惩:制度的逻辑与定位》,载《法律适用》2017年第7期。

37. 凌斌:《法治的两条道路》,载《中外法学》2007年第1期。

38. 刘会生:《人民法院管理体制改革的几点思考》,载《法学研究》2002年第3期。

39. 刘思达:《法律移植与合法性冲突——现代性语境下的中国基层司法》,载《社会学研究》2005年第3期。

40. 〔美〕鲁门·伊斯拉姆:《司法改革:路向何方?》,载吴敬琏主编:《比较》第17辑,中信出版社2005年版。

41. 刘守英、蒋省三:《土地融资与财政和金融风险——来自东部一个发达地区的个案》,载《中国土地科学》2005年第5期。

42. 刘作翔:《中国司法地方保护主义之批判——兼论"司法权国家化"的司法改革思路》,载《法学研究》2003年第1期。

43. 刘忠:《论中国法院的分庭管理制度》,载《法制与社会发展》2009年第5期。

44. 刘忠:《规模与内部治理——中国法院编制变迁三十年(1978—2008)》,载《法制与社会发展》2012年第5期。

45. 刘忠:《条条与块块关系下的法院院长产生》,载《环球法律评论》2012年第1期。

46. 刘忠:《"党管政法"思想的组织史生成(1949—1958)》,载《法学家》2013年第2期。

47. 刘忠:《格、职、级与竞争上岗——法院内部秩序的深层结构》,载《清华法学》2014年第2期。

48. 刘忠:《员额制之后:法院人员分类构成评析》,载《华东政法大学学报》2020年第6期。

49. 龙宗智、袁坚:《深化改革背景下对司法行政化的遏制》,载《法学研究》2014年第1期。

50. 泮伟江:《如何理解中国的超大规模性?》,载《读书》2019年第5期。

51. 〔法〕皮埃尔·布迪厄:《法律的力量——迈向司法场域的社会学》,强世功译,载《北大法律评论》第2卷第2辑,法律出版社2000年版。

52. 强世功:《权力的组织网络与法律的治理化——马锡五审判方式与中国法律的新传统》,载《北大法律评论》第3卷第2辑,法律出版社2000年版。

53. 苏力:《中国司法改革逻辑的研究——评最高法院的〈引咎辞职规定〉》,载《战略与管理》2002年第1期。

54. 苏力:《中国司法中的政党》,载《法律和社会科学》(第一卷),法律出版社2006年版。

55. 唐彭华:《司法行政权的合理配置与地方"两院"省级统管——以南京国民政府时期为例》,载《法学》2015年第5期。

56. 谭世贵、梁三利:《构建自治型司法管理体制的思考——我国地方化司法管理的问题与出路》,载《北方法学》2009年第3期。

57. 王怀安：《法院体制改革初探》，载《人民司法》1999 年第 6 期。

58. 王汉生、王一鸽：《目标管理责任制：农村基层政权的实践逻辑》，载《社会学研究》2009 年第 2 期。

59. 武力、温锐：《新中国收入分配制度的演变及绩效分析》，载《当代中国史研究》2006 年第 4 期。

60. 王禄生：《对本土制度语境下法官职业化的回顾、反思与展望——以三十年法院人事制度改革为分析样本》，载《四川大学学报（哲学社会科学版）》2010 年第 2 期。

61. 王禄生：《论现代型法官考评机制的建立——以四川省若干法院为实证依据》，《理论与改革》2012 年第 3 期。

62. 王禄生：《相马与赛马：中国初任法官选任机制实证研究》，载《法制与社会发展》2015 年第 2 期。

63. 王晨光：《法律运行中的不确定性与"错案追究制"的误区》，载《法学》1997 年第 3 期。

64. 王晨光：《对法官职业化精英化的再思考》，载《法官职业化建设指导与研究》第 1 辑，人民法院出版社 2003 年版。

65. 王亚新：《论民事经济审判方式的改革》，载《中国社会科学》1994 年第 1 期。

66. 王亚新：《围绕审判的资源获取与分配》，载《北大法律评论》第 2 卷第 1 辑，法律出版社 1999 年版。

67. 王赢、侯猛整理：《法律现象的实证调查：方法和规范——"法律的社会科学研究"研讨会综述》，载《中国社会科学》2007 年第 2 期。

68. 王申：《司法行政化管理与法官独立审判》，载《法学》2010 年第 6 期。

69. 王申：《科层行政化管理下的司法独立》，载《法学》2012 年第 11 期。

70. 吴英姿：《司法的限度：在司法能动与司法克制之间》，载《法学研究》2009 年第 5 期。

71. 夏锦文：《当代中国的司法改革：成就、问题与出路——以人民法院为中心的分析》，载《中国法学》2010 年第 1 期。

72. 杨清望：《司法权中央事权化：法理内涵与政法语境的混同》，载《法制与社会发展》2015 年第 1 期。

73. 杨凯：《审判管理理论体系的法理构架与体制机制创新》，载《中国法学》2014 年第 3 期。

74. 詹建红：《法官编制的确定与司法辅助人员的设置——以基层法院的改革为中心》，载《法商研究》2006 年第 1 期。

75. 张志铭、李学尧：《论法院人员分类改革——以法官职业化为指向》，载《法律适用》2007 年第 1 期。

76. 周黎安：《中国地方官员的晋升锦标赛模式研究》，载《经济研究》2007 年第 7 期。

77. 周黎安：《行政发包制》，载《社会》2014 年第 6 期。

78. 周黎安：《再论行政发包制：对评论人的回应》，载《社会》2014 年第 6 期。

79. 左卫民:《中国法院院长角色的实证研究》,载《中国法学》2014年第1期。

80. 左卫民:《省级统管地方法院法官任用改革审思——基于实证考察的分析》,载《法学研究》2015年第4期。

81. 张泽涛:《司法资格考试与我国法官选任制度的改革》,载《法学家》2003年第2期。

82. 章武生、吴泽勇:《司法独立与法院组织机构的调整(上)》,载《中国法学》2000年第2期。

83. 章武生、吴泽勇:《司法独立与法院组织机构的调整(下)》,载《中国法学》2000年第3期。

84. 朱孝清:《错案责任追究与豁免》,载《中国法学》2016年第2期。

85. 周永坤:《司法的地方化、行政化、规范化——论司法改革的整体规范化理路》,载《苏州大学学报(哲学社会科学版)》2014年第6期。

86. 周雪光、练宏:《中国政府的治理模式:一个"控制权"理论》,载《社会学研究》2012年第5期。

87. 周雪光:《权威体制与有效治理:当代中国国家治理的制度逻辑》,载《开放时代》2011年第10期。

88. 周雪光:《项目制:一个"控制权"理论视角》,载《开放时代》2015年第6期。